THE SOCIOLOGY BOOK 社会学大図鑑

社会学大図鑑

クリストファー・ソープ ほか著

沢田 博 訳

三省堂

Original Title: The Sociology Book

Copyright © 2015 Dorling Kindersley Limited

A Penguin Random House Company

Japanese translation rights arranged with

Dorling Kindersley Limited, London

through Fortuna Co., Ltd. Tokyo.

For sale in Japanese territory only.

Printed and bound in China

A WORLD OF IDEAS:
SEE ALL THERE IS TO KNOW

www.dk.com

執筆者紹介

クリストファー・ソープ（編集顧問）
　社会理論や文化社会学を専門とする社会学者で、アバディーン大学（スコットランド）で博士号を取得、学術誌「文化社会学」の共同編集長を務める。著書に『社会理論入門』（共著、2012）など。

クリス・ユイル（編集顧問）
　社会学者でロバート・ゴードン大学（スコットランド）講師。地域社会や職場における健康管理や都市空間の問題に詳しく、イギリス社会学会の理事も務めた。著書に『健康の社会学序説』（2011）など。

ミッチェル・ホッブス
　シドニー大学（オーストラリア）メディアコミュニケーション学部講師で、ニューカッスル大学（オーストラリア）でメディア社会学の博士号を取得。共著に『コミュニケーション、ニューメディアと日常生活』（2011）があり、メディア論、コミュニケーション論に詳しい。

ミーガン・トッド
　セントラル・ランカシャー大学（イギリス）の上級講師で、ニューカッスル大学（イギリス）で社会学の博士号を取得。ジェンダーやセクシュアリティ、暴力の問題に詳しく、現在はセクシュアリティに関する教本を執筆中。

サラ・トムリー
　著述家・編集者で心理療法士。DK社「大図鑑」シリーズの『哲学大図鑑』、『心理学大図鑑』を含む多くの社会科学書に寄稿している。

マーカス・ウィークス
　哲学を学び、教職に就いた後、著述家に転身。ミュージシャンでもある。DK社「大図鑑」シリーズを含め、芸術や科学に関する一般書に数多く寄稿している。

訳者
沢田博（さわだ・ひろし）
　「ニューズウィーク日本版」編集顧問。「図書新聞」、「ニューズウィーク日本版」、「エスクァイア日本版」の各編集長を歴任。編著書に『「ニューズウィーク」で読む日本経済』、『ジャーナリズム翻訳入門』など。訳書に『経営学大図鑑』、タリーズ『名もなき人々の街』『有名と無名』、ニッセンバウム『引き裂かれた道路』ほか多数。

目次

はじめに 10

社会学の成り立ち

心で敗れたら
国は滅びる
イブン・ハルドゥーン 20

放浪するにせよ定住するにせよ、
和解するにせよ対立するにせよ、
人は常に群れている
アダム・ファーガソン 21

科学は世界を改良する役に立つ
オーギュスト・コント 22

アメリカ独立宣言は
人類の半分を無視している
ハリエット・マルティノー 26

ブルジョア階級の凋落と
プロレタリア階級の勝利は
どちらも等しく避けがたい
カール・マルクス 28

ゲマインシャフトとゲゼルシャフト
フェルディナント・テンニース 32

人の体に似て、社会の各部分とニーズ、
機能は相互に関連している
エミール・デュルケーム 34

合理性という名の檻
マックス・ウェーバー 38

個人のトラブルも
公共の問題として理解する必要がある
チャールズ・ライト・ミルズ 46

普通でない出来事に
向けられてきた注意を、
最もありふれた行為に向けよ
ハロルド・ガーフィンケル 50

権力あるところに抵抗あり
ミシェル・フーコー 52

ジェンダーは、
言ってみればオリジナルのない模倣だ
ジュディス・バトラー 56

この社会が
不平等を生み出す

私はブルジョアジーを
社会的殺人の罪で強く非難する
フリードリッヒ・エンゲルス 66

20世紀最大の問題は
カラーライン（肌の色による差別）だ
W・E・B・デュボイス 68

貧しい人々は、
普通の暮らしの様式、慣習、
日々の活動から排除されている
ピーター・タウンゼント 74

ユニオンジャックに
黒はない
ポール・ギルロイ 75

帰属の感覚
ピエール・ブルデュー 76

オリエントとは
すべての東洋が閉じ込められた舞台だ
エドワード・サイード 80

ゲットーとは
黒人が住む場所だ
イライジャ・アンダーソン 82

自由のための道具が
屈辱の根源になる
リチャード・セネット 84

家父長制における男性の利益は、
覇権的男性性に凝縮されている
R・W・コンネル 88

白人女性は
この帝国主義的で白人至上主義的で
資本主義的な家父長制の共犯者だ
ベル・フックス 90

「家父長制」の概念を抜きにして
ジェンダーの平等は分析できない
シルヴィア・ウォルビー 96

群れから村へ、そして都市のディストピアへ

よそ者は個人として扱われず、
ある類型に属する「異邦人」と見なされる
ゲオルク・ジンメル 104

都市を、そして自らを再建する自由
アンリ・ルフェーブル 106

路上には人々の目が必要だ
ジェイン・ジェイコブズ 108

コミュニケーションだけが
コミュニケーションできる
ニクラス・ルーマン 110

何が良いことかは社会が明確にすべきだ
アミタイ・エツィオーニ 112

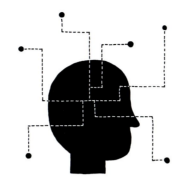

マクドナルド化は社会の
（ほとんど）すべての面で進んでいる
ジョージ・リッツァ 120

共同体の絆は弱まっている
ロバート・D・パットナム 124

ディズニー化で
ありふれた退屈が劇的な体験に変わる
アラン・ブライマン 126

ロフトで暮らすことは
ショーウインドウの中で
暮らすようなものだ
シャロン・ズーキン 128

グローバル化した世界に暮らすということ

すべてが流動化した時代に
確固とした全体性など
ありえない
ジグムント・バウマン 136

近代世界システム
イマニュエル・ウォーラーステイン 144

グローバルな問題に、ローカルの視点を
ローランド・ロバートソン 146

気候変動への対処は先延ばし
アンソニー・ギデンズ 148

多元的な知識形態の共存を
認めない限り
社会的正義は実現できない
ボアベンチュラ・デ・ソウサ・サントス 150

ネットワークで
新たな生産能力を引き出す
マニュエル・カステル 152

私たちは制御不能な世界に生きている
ウルリッヒ・ベック 156

まるで世界全体が
たえず移動しているようだ
ジョン・アーリ 162

歴史を呼び覚ますと
ナショナリズムが蘇る
デヴィッド・マックローン 163

グローバル・シティは
新規事業の戦略拠点
サスキア・サッセン 164

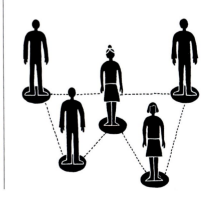

社会によって近代の受容方法は異なる
アルジュン・アパデュライ 166

変化のプロセスが
人間とコミュニティの関係を変える
デヴィッド・ヘルド 170

文化と秩序と私たちのアイデンティティ

「主我」と「客我」
ジョージ・ハーバート・ミード 176

近代社会を生きるには、幻想を持たず、
幻滅することなく抵抗することが必要だ
アントニオ・グラムシ 178

文明化の過程は常に
「先へ」進んでいる
ノルベルト・エリアス 180

大衆文化が政治的抑圧を強化する
ヘルベルト・マルクーゼ 182

未来の人間はロボットになってしまう
エーリッヒ・フロム 188

文化とは普通のものだ
レイモンド・ウィリアムズ 189

スティグマ。それは人の評価を
深く傷つけるスタンプのようなものだ
アーヴィング・ゴッフマン 190

情報ばかりが増え、
意味が減りゆく世界に私たちは生きている
ジャン・ボードリヤール 196

現代のアイデンティティは
脱中心化している
スチュアート・ホール 200

あらゆる共同体は想像の産物だ
ベネディクト・アンダーソン 202

世界中の文化がしぶとく前進を続け、
舞台の中央に行き着いた
ジェフリー・アレクサンダー 204

万国の労働者よ、さっさと消費に励め!

見せびらかすために
高額な商品を買い身につける
これぞ有閑階級の生きる道だ
ソースティン・ヴェブレン 214

天職と思えばこそピューリタンは
喜んで働いた。しかし私たちは強制的
に働かされている
マックス・ウェーバー 220

テクノロジーは芸術と同じく人間の想像
力をさらなる高みに導くエクササイズだ
ダニエル・ベル 224

機械が洗練されればされるほど
労働者の技能は衰えていく
ハリー・ブレイバーマン 226

自動化が進めば、
仕事のプロセスに対する
労働者の裁量は増える
ロバート・ブラウナー 232

ロマン主義の倫理は
消費社会の精神を促進する
コリン・キャンベル 234

人間を加工すると
「心の状態」という製品ができる
アーリー・ラッセル・ホックシールド 236

自発的な同意は強制と結びつく
マイケル・ブラウォイ 244

人がモノを作るのと同様に
モノは人を作る
ダニエル・ミラー 246

職場が女性化しても
ジェンダー格差はたいして減らない
テリ・リン・キャラウェイ 248

この社会の諸制度は
有益なのか有害なのか

宗教は抑圧された人々の深い溜め息だ
カール・マルクス 254

少数者による鉄壁の支配
ロベルト・ミヘルス 260

健康な人が病院で
出産する理由はなく、
病院で死ぬ必要もない
イヴァン・イリイチ 261

社会の圧力や期待に対する
自分なりの答えとして人は犯罪に走る
ロバート・K・マートン 262

「全制的施設」はその入所者から彼らの
援助システムもアイデンティティも奪う
アーヴィング・ゴッフマン 264

政府の役目は
物事を正しく配置することだ
ミシェル・フーコー 270

もはや宗教は
有効性も社会的意義も失った
ブライアン・ウィルソン 278

人のアイデンティティも行動も
他者からどう評され、
どう分類されるかで決まる
ハワード・S・ベッカー 280

経済危機は
直ちに社会の危機に転化する
ユルゲン・ハーバーマス 286

学校は貧者のためにもなるが
貧者を従属させる場でもある
サミュエル・ボウルズと
ハーバート・ギンタス 288

この社会ではいつどこで
モラル・パニックが起きてもおかしくない
スタンリー・コーエン 290

部族（小集団）の時代だ
ミシェル・マフェゾリ 291

労働者階級の子は
いかにして労働者階級の職に就くか
ポール・ウィリス 292

家族とは何か、性的な
アイデンティティとは？

男と女の違いを生み出すのは文化だ
マーガレット・ミード 298

家族はパーソナリティの生産工場
タルコット・パーソンズ 300

欧米の男性は告白好きな生き物
ミシェル・フーコー 302

異性愛は社会的な制度として理解され、
研究されるべきだ
アドリエンヌ・リッチ 304

家族のあり方は多様になり、
活動的で、今も変わりつつある
ジュディス・ステイシー 310

婚姻の契約は労働契約だ
クリスティーヌ・デルフィ 312

家事労働は自己実現につながらない
アン・オークレー 318

愛には犠牲がつきもの
ウルリッヒ・ベックと
エリーザベト・ベック＝ゲルンスハイム
320

セクシュアリティは肉体の問題というより、
信念やイデオロギーの問題だ
ジェフリー・ウィークス 324

クィア理論は
アイデンティティを根本から問い直す
スティーブン・サイドマン 326

社会学人名録 332

用語解説 340

索引 344

出典一覧・訳者あとがき 351

はじめに

ヒトは社会的動物だという。狩猟採集生活の時代（日本で言えば縄文時代）から、私たちは大なり小なり「群れて」暮らしてきた。そして徐々に群れを拡大し、より複雑な構造をもつ集団へと育ててきた。家族が一族となり、部族となり、村となり町となり、やがて都市国家ができ、国民国家ができた。一緒に住み、一緒に働こうという本能が「社会」というものを育て、その社会は私たちが新たな技術や知識を身につけるにつれて変化してきた。一方で社会のあり方は私たちの行動を縛り、暮らしに影響を与えてきた。

社会学は、社会の改良という近代の熱い想いから生まれた。
アルビオン・W・スモール
アメリカの社会学者（1854〜1926）

社会学は、集団内部における個々人の行動や、そうした行動が集団によっていかに形成されるかを研究する学問。集団の形成過程や集団間に働く力学、そうした力学（力関係）がいかに集団を維持し、また変容させ、それが社会にどのような変化をもたらすかを科学的に研究する。そこには社会の成り立ちや構造に関する理論的考察もあれば、そうした考察を政策に反映させる応用的研究も含まれる。社会の構造と、その社会に属する個々人の行動パターンの間には何らかの関係があるはずで、それを解明するために社会的な諸制度や組織、さまざまな社会的集団とその内部の階層構造などを研究するのが社会学だ。

意外に思われるかもしれないが、社会学は比較的新しい学問だ。古代中国やギリシャの哲学者も社会の存在や社会秩序の重要性に気づいてはいたが、その関心は社会学的というより政治的——つまり「社会はどうあるべきか、どう統治されるべきか」という問いに向かっていて、社会そのものを研究したわけではない。これら古代文明から生まれたのは哲学であり、社会学は「啓蒙の時代」の西洋社会における多様な変化から生まれた。

最も重要な変化は技術の進歩（機械の登場と、その結果としての産業革命）がもたらした。生産手段が決定的に変化し、豊かな工業都市が出現した。一方で啓蒙思想は信仰にもとづく伝統的・固定的な世界観に疑問を投げかけた。理性の力が脅かしたのは教会の権威だけではない。古い統治形態（君主制や貴族政治）も危うくなった。もっと民意を反映した政府を、という声が高まり、やがてアメリカやフランスの革命につながった。

社会と近代性

近代社会は啓蒙の時代から生まれた。そして18世紀の終わりごろ、この新しい社会を何とか理解しようとする試みから社会学が生まれた。そもそも近代性とは何か、近代になって社会はどう変わったのか。それが問題だった。当然のことながら、古き良き社会（家

族の絆、小規模な農村に見られる共同体の精神、共通の信仰にもとづく共通の価値観や信念など）の衰退を嘆く人もいた。しかし鋭敏な思想家たちは新しい社会勢力の出現に気づき、そうした勢力のもたらす変化が社会秩序を破壊もすれば創出もすることを理解していた。

こうした啓蒙精神の持ち主は社会の客観的な研究に取り組み、哲学や歴史学、政治学とは異なる科学的なアプローチを模索した。すでに物理学や化学、天文学、生物学などの諸科学は成立していたから、人々の行動を研究する科学（社会科学）が誕生する機は熟していた。

近代社会の礎が産業革命であり、それを支えるのが資本主義である以上、最初の「社会科学」が経済学だったのは当然のことだ。画期をなしたのはアダム・スミスの『国富論』（1776）である。しかし並行して社会学の基礎も築かれていた。先導したのはアダム・ファーガソンやアンリ・ド・サン＝シモン、そして19世紀初頭のオーギュスト・コントら。とくにコントはその科学的なアプローチにより、学問としての社会学を確立した。

コントに続いたのが偉大な3人の研究者だ。カール・マルクスとエミール・デュルケーム、マックス・ウェーバーで、それぞれに異なる手法で人々の社会的行動を分析・解釈し、その後の社会学の方向を決定づけた。近代社会における秩序の形成や破壊、変化をもたらす主要な要因について、まず唯物論者で経済学者のマルクスは資本主義の発展と、その結果としての階級闘争に着目した。一方でデュルケームは工業化のもたらす分業制に目を向け、マックス・ウェーバーは近代社会の世俗化・合理化に注目した。この3人にはいずれも後継者がたくさんいて主要な学派を形成し、その影響は今日まで続いている。

社会の科学

社会学は理性の時代の、つまり科学と合理的思考の産物だから、初期の社会学者たちはこの新しい学問を恣意的なものではなく、厳密に科学的なものとするために細心の注意を払った。まずコントは、自然科学と同様に社会学も実証的な根拠にもとづく科学であるべきだと宣言した。マルクスも科学的アプローチにこだわった。しかし社会学が「社会の科学」として認知されるには、デュルケームの登場を待たねばならなかった。

科学であるためには定量的な研究手法が必要で、数字の裏づけを伴わねばならない。マルクスもデュルケームも事実や数字、統計の裏づけをもと

> 人間の本性は
> 信じがたいほど柔軟で
> 対照的な文化的伝統にも適確かつ
> 対照的に対応していく。
> マーガレット・ミード

に自らの理論を構築した。しかし、社会の研究には定性的な手法が必要とする考え方もあった。その代表格がウェーバーで、彼は解釈的なアプローチを採用し、近代社会に生きることの意味を検証し、社会を構成する集団間の相互作用や関係性に注目した。

当初は、こうしたアプローチを非科学的と切り捨てる向きもあった。しかし20世紀も後半になると解釈的アプローチは再評価され、定量的研究と定性的研究を組み合わせた方法論が確立されていった。

社会の改良

多くの社会学者の見るところ、社会学は社会についての単なる客観的研究ではなく、社会の構造やシステムを分析・記述して終わる学問でもない。自然科学と同様、社会学の諸理論も実践的に応用でき、私たちの暮らす社会の改善に役立つはずだ。19世紀のコントやマルクスは、世の中の仕組みを科学的に解明することを通じて現実に変化をもたらそうとした。「哲学者は世界をあれこれと解釈するにすぎない。だが大事なのは世界を変えることだ」というマルクスの言葉を、しかと胸に刻んだ社会学者や政治家は少なくない。

一方、デュルケームは政治に深入りせず、社会学を純粋な学問として確立することに注力した。当時の学界に認知させるため、彼は社会学が客観的な科学であることを示そうと努め、18世紀末のフランス革命から続く政治的動乱からは距離を置いた。現実世界に関与せず、いわば「象牙の塔」に閉じこもろうとしたわけで、20世紀前半までの社会学ではこの態度が主流だった。しかし、やがてウェーバー流の解釈的アプローチが受け入れられるようになり、社会学は社会改良のツールと見なされるようになった。

この傾向は、とりわけマルクス主義の流れを汲む左翼的な社会学者に顕著だった。第二次世界大戦後、チャールズ・ライト・ミルズやミシェル・フーコーらは社会的権力の本質を検証し、私たち個々人が社会を形づくる以上に、社会が私たちの暮らしを規定していることを指摘し、どうすればそれに抵抗できるかを考察した。もっと中立的な立場の学者たちも、この時代になると「象牙の塔」を出て公共政策に関与し、社会の改良に貢献しようと考えるようになった。1972年にはアメリカの高名な社会学者ハワード・ベッカーが、こう書いている。「よき社会学は……（世の中の）組織や出来事に関する有意な記述と、そうした物事が起きた経緯に関する的確な説明と、それらの改善または廃止についての現実的な提案をもたらす」学問だと。

社会学の役目は、
科学の常として、
隠れたものを暴くことにある。
ピエール・ブルデュー

制度と個人

社会学を世の中に役立つ学問にするという自覚が深まるにつれ、20世紀後半には社会学に対する認知度、さらには人気が高まっていった。社会の諸問題を考察する学者が増え、社会学の対象領域も広がった。近代社会の構造、社会の成員を結びつける力、社会に混乱をもたらす要因。そういった伝統的研究領域だけでなく、これら領域間の関係や個人と集団の相互作用にも目が向けられた。

20世紀の初めまで、社会学にはマクロなアプローチ（社会全体を見つめ、社会を支える諸制度に注目する立場）と、社会に生きる個々人の経験に注目するミクロなアプローチがあった。しかし今はマクロとミクロの両面から対象に迫る一方、制度と個人の間に存在する多様な集団（階級、民族・宗教・文化的集団、家族、ジェンダーなどにもとづく集団）に注目するのが主流だ。

変化の速さも社会学に影響を及ぼしている。第二次世界大戦以降、古い社会的規範は次々に否定され、新たな規範が確立されている。公民権運動やフェミニズムの台頭で人種差別や性差別が問題視されるなか、社会学も理論面でこうした変化を支えてきた。ジグムント・バウマンが言うように「社会学の役目は（社会に生きる）個々人を助けることであり、その自由を守るのが社会学者の務め」なのだ。

インターネット時代

20世紀後半の技術革新は私たちの社会に、19世紀の産業革命に匹敵する（あるいはそれ以上の）変化をもたらした。自動化技術とコンピュータ化、サービス産業の隆盛、社会集団としての「消費者」の出現などが、私たちの暮らす社会の様相を大きく変え、現代社会はもはや近代（モダン）の延長ではなく、ポストモダン（脱近代）ないしポストインダストリアル（脱工業）の時代だと言われる。

通信手段と移動手段も急速に進化し、地球はますます狭くなった。こうしたグローバル化は地域社会の文化的・民族的アイデンティティにどのような影響を及ぼすのか。インターネットが普及し、海外旅行が当たり前になって、人と人のつながり方（ソーシャル・ネットワーク）はまったく変わった。顔と顔を合わせる必要がなくなり、半世紀前には考えられなかったような形のつながりが生まれている。一方で、こうした社会の変化を分析し、理解するための新しいツールも登場し、社会学は新たな段階を迎えつつある。■

**今の社会で求められる
真に政治的な行為は、
中立的かつ独立的と見える
諸制度の機能を批判し、
叩き、人々がそれらと
戦えるようにすることだ。
ミシェル・フーコー**

社会学の成り立ち

はじめに

1377年頃	1813年	1837年	1867年	1887年
イブン・ハルドゥーン、『歴史序説』で共同体に不可欠な**アサビヤー**（アラビア語で「連帯、結びつき」の意）の概念を提唱。	アンリ・ド・サン＝シモンが『人間科学に関する覚書』で、**社会の科学**という概念を提唱。	ハリエット・マルティノーが『アメリカ社会の理論と実践』で、奴隷や女性、労働者階級に対する差別と**社会的不平等**を告発した。	カール・マルクス、**資本主義の包括的分析**である『資本論』第1巻を上梓。	フェルディナント・テンニース、**伝統的共同体**と**近代社会**の差異を論じた『ゲマインシャフトとゲゼルシャフト』を上梓。

1767年	1830年～42年	1848年	1874年～85年
アダム・ファーガソンが『市民社会史論』で、資本主義の悪影響と戦うには**市民精神**が必要と論じた。	オーギュスト・コントが『実証哲学講義』で、**科学としての社会学**がいかに形成されたかを論じた。	カール・マルクスとフリードリッヒ・エンゲルスが『共産党宣言』で、プロレタリア革命による**社会変革**の必然性を論じた。	ハーバート・スペンサーが大著『総合哲学大系』で社会有機体説を唱え、人間社会も**適者生存**だと主張。

社会学が学問として確立されたのは20世紀になってからだが、もちろんそれ以前から多くの歴史家や哲学者が、社会についてのさまざまな考察を営々と積み重ねていた。

最初の社会学的著作と呼べるのは、おそらく14世紀アラブの思想家イブン・ハルドゥーンによる『歴史序説』だろう。しかし近代的な意味の社会学の礎が築かれたのは18世紀後半以降、つまり西欧社会で啓蒙思想が伝統的・宗教的な思想信条に取って代わり、産業革命で私たちの暮らしや働き方が大きく変わってからのことだ。この激動期を生き、さまざまな変化に通底する「近代性」の解明に努めた人々が近代社会学のパイオニアであり、彼らにとっての近代とは産業革命と資本主義の勃興がもたらし、社会の世俗化（信仰から科学へ）と合理主義の精神から生まれたものだった。

社会の科学

近代社会は「理性の時代」の産物であり、合理的な思考と科学的な発見を基礎としている。だから社会学の礎を築いたフランスの哲学者アンリ・ド・サン＝シモンやその弟子オーギュスト・コントらは、理論にはそれを支える証明可能な証拠（エビデンス）が必要と考えた。とくにコントは、社会秩序を支える諸力も（物理や化学の法則と同様に）一定の法則によって説明できると考えたばかりでなく、科学の応用が技術の進歩をもたらすように、社会学の応用は社会の改良に役立つと確信していた。

コント同様、カール・マルクスも社会の記述や解釈にとどまらず、社会の変革こそ学問的研究の目的と考えた。コント同様に科学的アプローチにこだわったが、マルクスが選んだのは物理でも化学でもなく、比較的新しい学問である経済学だった。

そのマルクスより百年ほど前、スコットランドの哲学者アダム・ファーガソンは早くも、資本主義に内在する利己主義が伝統的な社会の絆を脅かすと警鐘を鳴らしていた。また19世紀半ばにはハリエット・マルティノーが、工業化された社会における社会的不正を告発している。一方でフェルディナント・テンニースはファーガソンの

社会学の成り立ち

1895年
エミール・デュルケームがボルドー大学で**欧州初の社会学部**を創設、『社会学的方法の規準』を発表した。

1946年
チャールズ・ライト・ミルズらが『マックス・ウェーバー』で、**マックス・ウェーバーの思想を英語圏に紹介**。

1967年
ハロルド・ガーフィンケルが『エスノメソドロジー』で、社会秩序を構成する日常的行動の観察という**社会学の新しい方法論**を提示した。

1990年
ジュディス・バトラーが『ジェンダー・トラブル』で、**ジェンダーとセクシュアリティ**に関する伝統的な解釈に異議を突きつけた。

1893年
エミール・デュルケームが『社会分業論』で、人は**有機的連帯**によって相互に依存していると説いた。

1904年～05年
マックス・ウェーバーが『プロテスタンティズムの倫理と資本主義の精神』で**近代社会の発展について**新たな解釈を示した。

1959年
チャールズ・ライト・ミルズが『社会学的想像力』で、**社会を改善する方法の提案**こそ社会学者の役目だと論じた。

1975年
ミシェル・フーコーが『監獄の誕生』を発表し、社会における**権力の本質**に迫った。

警鐘に応えるかたちで、伝統的社会と近代社会では社会を結びつける力がまったく異なると指摘し、後世の社会学者に大きな影響を与えた。

19世紀も終わりに近づくと、社会学は歴史学とも経済学とも異なる学問分野として確立されるが、それにはエミール・デュルケームの貢献が大きい。科学的方法論を社会研究に持ち込むというコント流の発想を引き継いだデュルケームは、彼に先立つハーバート・スペンサーと同様、生物学にヒントを得て、社会を特定の役割を備えた「諸器官」から成る1個の「有機体」と見なした。

解釈的アプローチ

客観性にこだわることで、デュルケームの社会学は学界に受け入れられた。しかし社会的な事象のすべてを科学的方法で検証できるとか、社会にも科学的な法則があるとする考え方に誰もが同意したわけではない。たとえばマックス・ウェーバーはもっと主観的な「解釈」的アプローチを提唱した。近代社会の本質は何かという問いに、マルクスは資本主義と答え、デュルケームは工業化と答えたのだが、ウェーバーが注目したのは合理主義と世俗主義が個人に及ぼす影響だった。

こうして初期の客観的・定量的データ重視の姿勢に代わって、20世紀には数字にできない質的な事象（文化やアイデンティティ、権力など）に注目する社会学が台頭した。そして20世紀半ばには個々人の経験を重視するミクロな視点が主流となった。チャールズ・ライト・ミルズはパワーエリート（権力を独占するエリート層）が庶民の生活に及ぼす影響の解明こそ社会学者の役目だと唱えた。

この流れは第二次世界大戦後も変わらなかった。ハロルド・ガーフィンケルは社会学的研究の視座を根本的に変えるべきだと主張し、人々の日常的行動の観察から社会秩序を検証すべきだと論じた。またミシェル・フーコーは、力関係がいかにして個々人に社会的規範（とりわけ性的な規範）への同調を強いるかの解明を試みた。これを引き継いでジェンダーやセクシュアリティの分野で議論を深化させたのがジュディス・バトラーだ。■

心で敗れたら国は滅びる
イブン・ハルドゥーン（1332年〜1406年）

背景知識

テーマ
連帯（アサビヤー）

歴史に学ぶ

622年頃 アラビア半島のメディナに最初のイスラム共同体が成立。

1377年頃 イブン・ハルドゥーン、壮大な歴史書の導入部にあたる『歴史序説』を発表。

1835年 アレクシス・ド・トクヴィルが『アメリカの民主政治』第1巻で、市民社会では志を同じくする人々の連合が大切と説いた。

1887年 フェルディナント・テンニースが『ゲマインシャフトとゲゼルシャフト』を発表。

1995年 ロバート・パットナム、論文「孤独なボウリング」（後に書籍化）で社会関係資本（ソーシャル・キャピタル）の概念を提唱。

1996年 部族社会の見直しに挑むミシェル・マフェゾリが『ノマディスム（放浪的思考）について』を発表。

世の中にはなぜ栄える国（部族）と征服される国（部族）があるのか。何が、どう違うのか。14世紀アラブの思想家・歴史家イブン・ハルドゥーンはこの問いに延々と思いを巡らせ、ついに壮大な歴史書を書き上げた。その先頭に置かれたのが有名な『歴史序説』である。この著作は北アフリカのベルベル族とアラブ民族の社会を比較考察したもので、近代社会学の先駆的業績と位置づけられている。

栄える社会の成功の鍵は何か。ハルドゥーンは「アサビヤー」だと考えた。アラビア語で部族内の絆や連帯を意味する言葉だ。不安定な遊牧生活を送る部族民は、一族の絆（アサビヤー）が強くなければ生存さえ危ぶまれた。この意識が、文明の発展につれて社会への帰属意識や連帯感になった。

ハルドゥーンによれば、アサビヤーは小さな氏族・部族にも巨大な帝国にも存在するが、その社会が大きくなり年輪を重ねるにつれて薄まり、その文明は弱体化する。そして最後には、もっと若くて小さく、その分だけアサビヤーの強い集団に征服される。たとえ戦いに敗れても、それで国や民族が滅びることはない。しかし「心で敗れ（アサビヤーを失えば）、その国や民族は終わる」のだ。■

砂漠の遊牧民ベドウィン。イブン・ハルドゥーンは放浪の民の部族内に働く集団力学に着目し、その連帯感次第で社会は栄えもすれば滅びもすると説いた。

参照 フェルディナント・テンニース 32-33 ■ ロバート・D・パットナム 124-125 ■ アルジュン・アパデュライ 166-69 ■ デヴィッド・ヘルド 170-171 ■ ミシェル・マフェゾリ 291

社会学の成り立ち

放浪するにせよ定住するにせよ、和解するにせよ対立するにせよ、人は常に群れている

アダム・ファーガソン(1723年〜1816年)

背景知識

テーマ
市民精神

歴史に学ぶ

1748年 モンテスキューが『法の精神』で、政治の諸制度はコミュニティの社会的規範から導かれるべきと論じた。

1767年 アダム・ファーガソンが『市民社会史論』を発表し、資本主義における利己主義を批判した。

1776年 アダム・スミスが『国富論』を発表し、近代経済学の基礎を築いた。

1867年 カール・マルクスが『資本論』第1巻を発表し、資本主義批判を展開した。

1893年 エミール・デュルケームが『社会分業論』を発表し、社会を結びつける信念や価値観の重要性を指摘した。

1993年 アミタイ・エツィオーニが「コミュニタリアン(共同体主義)ネットワーク」を創設し、社会を支える道徳の再生を訴えた。

進歩は避けがたく、望ましいものであるが、それに伴う社会的コストにも常に注意を向けるべきだ。そう論じたのは18世紀イギリスの哲学者・歴史家アダム・ファーガソン。哲学者のデヴィッド・ヒュームや経済学者のアダム・スミスと並び、エディンバラを拠点とするスコットランド啓蒙思想派の有力メンバーだった。

アダム・スミス同様、ファーガソンも商業主義の原動力が自己利益の追求にあることは認めていたが、その一方で商業主義の発展に伴って伝統的な協力の精神や仲間意識がすたれていくことに危機感を抱いた。昔の社会は家族や地域社会に根ざしており、名誉と忠誠の重視ゆえに協調の精神が育まれた。しかし資本主義の下で自己利益が強調される時代には、協調の精神が弱まり、やがて社会は崩壊へ向かう。資本主義が社会の自己破壊の種をまくのを防ぐため、ファーガソンは「市民精神」を提唱し、人は自己利益よりも社会の利益を考えて行動すべきだと説いた。

時代の趨勢であった商業主義や資本主義を批判するファーガソンの思想は、当時の学界主流(アダム・スミスら)には受け入れられなかったが、後のヘーゲルやマルクスの政治思想に大きな影響を与えた。■

人は市民社会に生まれそこに留まる。
モンテスキュー
フランスの思想家(1689〜1755)

参照 フェルディナント・テンニース 32-33 ■ カール・マルクス 28-31 ■ エミール・デュルケーム 34-37 ■ アミタイ・エツィオーニ 112-19 ■ ノルベルト・エリアス 180-81 ■ マックス・ウェーバー 220

科学は世界を改良する役に立つ
オーギュスト・コント（1798年〜1857年）

背景知識

テーマ
実証主義と社会の研究

歴史に学ぶ

1813年 フランスの思想家アンリ・ド・サン＝シモンが「社会の科学」を構想した。

1840年代 カール・マルクスが社会変化の背景には経済問題があると論じた。

1853年 ハリエット・マルティノーがオーギュスト・コントの『実証哲学講義』の英語抄訳版を発表、コントの思想を英語圏に広めた。

1865年 イギリスの哲学者ジョン・スチュアート・ミルが社会学探究時代のコントを「善きコント」、政治に傾斜した晩年を「悪しきコント」と評した。

1895年 エミール・デュルケームが『社会学的方法の規準』を発表し、体系的な社会学の構築を進めた。

18世紀末のヨーロッパでは工業化が進み、伝統的社会は変化の荒波にもまれていた。とくに1789〜99年の革命を経験したフランスは新しい社会秩序の確立に苦闘していた。社会の急速な変化をどう説明すればいいのか。この問いに、アダム・スミスらは経済学で答えようとし、ジャン＝ジャック・ルソーらは政治哲学に答えを求め、アダム・ファーガソンは近代化が社会にもたらす影響を憂えた。しかしまだ誰一人として、政治学や経済学の理論に

社会学の成り立ち

参照　ハリエット・マルティノー 26-27　■　カール・マルクス 28-31, 254-59　■
フェルディナント・テンニース 32-33　■　エミール・デュルケーム 34-37　■
マックス・ウェーバー 38-45, 220-23

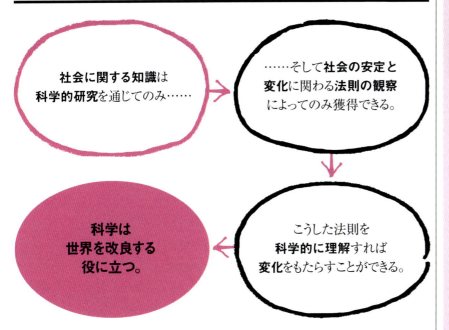

オーギュスト・コント

フランス南部モンペリエの生まれ。両親はカトリックで王党派だったが、本人は信仰を拒絶し共和主義者となった。1817年にアンリ・ド・サン＝シモンの助手となり、社会を科学的に研究する師の姿勢に大きな影響を受けた。しかし1824年に仲違いし、主としてジョン・スチュアート・ミルの支援の下で『実証哲学講義』の執筆に取りかかった。

この時期に精神を患い、妻カロリーヌ・マッサンとの結婚生活が破綻。その後、やはり離婚経験者のクロティルド・ド・ヴォーと激しい恋に落ちるが、その恋は成就せず1846年に彼女は世を去った。その後のコントは執筆に専念し、実証主義的な「人間性の宗教」の確立に余生を捧げた。1857年、パリで逝去。

主な著作

1830～42年　『実証哲学講義』全6巻
1848年　『実証主義概論』
1851～54年　『実証政治体系』全4巻

匹敵するような社会発展の理論を提示できずにいた。

一方、革命後の混乱が続くフランスにあって、社会主義の先駆者アンリ・ド・サン＝シモンは社会変化の原因を分析し、いかにすれば社会秩序を確立できるかを探ろうとした。そして社会発展には一定のパターンがあり、段階を踏んで進むと考えた。こうした考えを発展させ、科学的な手法で社会を包括的に研究しようとしたのが弟子のオーギュスト・コントだ。当初、コントは自らの研究を「社会物理学」と呼んだが、後に「社会学」という用語を採用している。

理解せよ、そして変革せよ

コントは啓蒙主義の申し子であり、理性を信じ、合理性と客観性にこだわった。啓蒙の時代に出現した科学的な手法に刺激を受け、コントはそれを哲学にもあてはめようと考えた。そこで自然科学とその方法論を緻密に分析し、科学の諸原則は知のすべての分野に適用されるべきで、理論は観察の上に構築されるべきだと論じた。これがコントの言う「実証主義」哲学の核であり、いかなる事象についての知識も実証的かつ科学的な探究から導かれなければならないと考えた。科学的な発見が技術を進歩させ、新しい技術が産業革命をもたらし、近代社会を生み出した。それを目の当たりにしていたコントにとって、科学は変化の原動力だった。

社会の秩序や変化のメカニズムを

オーギュスト・コント

理解することだけが社会科学の役目ではない、とコントは考えた。自然科学が自然環境の改良に役立ったように、社会科学も私たちの社会を変える役に立つのではないか。そうすれば人間社会の研究（社会学）は「諸学の女王」となれる。なぜなら社会は研究対象として最も複雑かつ難解だからだ。

私たちの知の探究における到達点。それが社会の科学的研究だとするコントの主張には師サン＝シモンの思想が色濃く反映されている。コントの言う「3段階の法則」によれば、私たちが世の中を理解する態度には3つの段階がある。最初は神学的段階で、すべては神（あるいは神々）の采配で決まると考えられていた。次が形而上学的段階で、そこでの主役は抽象的な実体だった。そして最後が実証的な科学の段階で、そこではすべての知が科学的方法によって検証されることになる。

社会がこうして進化するのであれば、社会学は人間社会の発展段階（狩猟採集から遊牧、農耕、商工業へ）を記述的に説明するだけでなく、発展の分析にまで踏み込まなければならない。コントによれば、啓蒙の時代までのフランス社会は神学的段階にあり、社会秩序は詰まるところ教会の規則によって決まっていた。しかし1789年の革命を経てフランス社会は形而上学的段階に入り、世俗的な原理や観念（自由や平等の権利など）によって秩序が形成されるようになった。しかし革命後の社会も欠陥だらけで、混乱が続いていた。安定を取り戻すには一刻も早く科学的段階に移り、新たな社会秩序を科学的に打ち立てるしかない。コントはそう考えた。

人間社会の科学

コントは科学としての社会学を、自然科学の諸分野の上に位置づけたかった。そこで考え出したのが諸学の階層構造だ。それは下位の学問の貢献により上位の学問が構築されるよう、論理的に構築された。ベースには数学があり、天文学を経て物理学、化学、生物学へと上昇していく。この「実証性」の階層の頂点に立つのは、もちろん社会学でなければならない。そのためコントは、これら諸学とその方法論をしっかり学び、そのうえで科学の手法を社会学に応用することにした。

コントがなによりも重視したのは観察にもとづく検証可能性で、すべての理論には証拠の裏付けが必要と考えた。ただし研究の方向性を指し示し、観察の範囲を決めるために一定の仮説が必要なことは認めた。そして社会学を大きく2つの分野に分けた。「社会静学」と「社会動学」である。前者

コントによれば、人の世界観は**3つの段階**を経て進化してきた。
最初の神学的段階は18世紀末の啓蒙思想によって終わりを迎え、
神ではなく人間の理性的思考で世界を解釈する形而上学的段階に移った。
その理性的思考を突き詰めたところに3つ目の、
すなわち科学ですべてを説明する段階が来た。

 神学的段階  形而上学的段階   科学的段階

| 初期の人間社会 | 1790 | 1800 | 1810 | 1820 | 1830 | 現在 |

> 社会学は他の科学を補完するものではない、それ自体で固有の自立した科学である。
> **エミール・デュルケーム**

> 科学が予測をもたらし、予測が行動をもたらす。
> **オーギュスト・コント**

社会学の成り立ち

は社会秩序を決定し、社会を安定させる力を研究対象とし、後者は社会の変化を導く力を対象とする。こうした力に関する科学的な理解があれば、社会を進化の最終段階に導くツールも見つかるはずだった。

コント以前にも、人間社会の分析に手をつけた人はいる。しかし、それを科学的研究にたえる学問と位置づけたのはコントが最初だ。また彼の議論は19世紀の工業社会が世俗的である理由を説明できたし、社会改良の道を示すこともできた。そしてコントは、自然科学が現実世界の問題を解決してきたように、社会学（諸学を統合する最上位の科学）の応用で社会の問題を解決し、より良い社会を築けると固く信じていた。

理論から実践へ

コントの思想が形成された当時のフランスは革命後の混乱期にあった。6巻からなる『実証哲学講義』の第1巻が出た1830年は、2度めの革命（7月革命）が起きた年でもある。

王制の打倒とナポレオンの帝政、そして王制の復活。激しく揺れ動くフランスは、秩序回復を望む勢力と変化を求める勢力とに割れていた。しかしコントは、自らの実証主義で第3の道を開けると信じていた。社会の客観的研究を踏まえ、イデオロギーではなく合理的思考に依拠した変革の道である。

その時代、彼の理論には賛同する人もいれば批判する人もいた。最も良き理解者は（フランスではなく）イギリスにいた。たとえばリベラルな知識人ジョン・スチュアート・ミルは、コントが執筆に専念できるように金銭的な支援をした。またハリエット・マルティノーは『実証哲学講義』の抄訳版を英語で刊行している。

コントは名声を築き上げたが、あいにく晩年の著作で汚点を残した。自らの実証主義を政治の世界に適用しようと試み、客観的かつ科学的なアプローチによる社会の検証を放棄し、社会はどうあるべきかを主観的かつ疑似宗教的に論じたからだ。この変節の背景には私生活での不幸（離婚、抑うつ、実らぬ恋など）があったとされる。

時はすでに19世紀半ば、社会の科学的研究には別のアプローチも台頭していた。やはり革命の波が押し寄せていたドイツで、カール・マルクスは経済学の観点から社会の発展を分析し、合理的思考よりも政治的行動による変革のモデルを提唱した。当時のヨーロッパが激動の時代だったことを思えば、競い合う社会主義と資本主義のはざまでコント流の実証的社会学が埋没するのは無理からぬところだった。■

> 哲学者は世界を解釈するだけ……
> 大事なのは世界を変えることだ。
> **カール・マルクス**

コントが『実証哲学講義』を世に問うた 1830年のフランスでは7月革命が起き、彼の待望した進歩の時代が到来したかに思えた。

アメリカ独立宣言は人類の半分を無視している
ハリエット・マルティノー（1802年〜1876年）

背景知識

テーマ
フェミニズムと社会的不公正

歴史に学ぶ

1791年 フランスの劇作家で活動家のオランプ・ド・グージュが1789年の人権宣言（『人と市民の権利宣言』）に対抗して「女性と女性市民の権利宣言」を発表。

1807〜34年 大英帝国の域内で順次、奴隷制を廃止。

1869年 ハリエット・テイラーとジョン・スチュアート・ミルが共著で『女性の征服』を発表（邦題は『女性の解放』）。

1949年 シモーヌ・ド・ボーヴォワールが『第二の性』を発表し、1960〜80年代フェミニズム運動の先駆けとなる。

1981年 国連の女性差別撤廃条約が188か国の批准により発効。

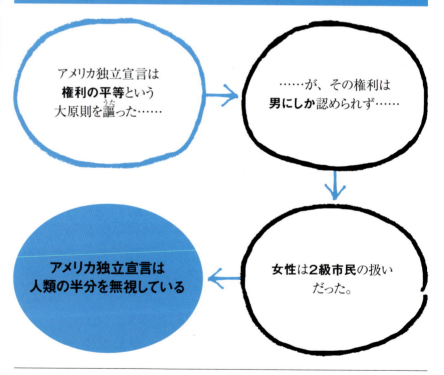

- アメリカ独立宣言は**権利の平等**という大原則を謳った……
- ……が、その権利は**男にしか認められず**……
- **女性は2級市民の扱い**だった。
- アメリカ独立宣言は人類の半分を無視している

　1776年7月4日、アメリカ合衆国は独立宣言において「われらは以下の真実を自明の理と信ずる。すなわち、すべての人（men）は生まれながらにして平等であり、その造物主によって侵すべからざる権利を付与されており、その権利には生存と自由、そして幸福の追求が含まれる」と高らかに宣言した。それから50年以上経った1834年から36年にかけて、ハリエット・マルティノーはアメリカ各地を旅し、アメリカ社会の現実がその理想といかに異なるかを克明に記録した。平等や民主主義の理想とアメリ

社会学の成り立ち

参照 ジュディス・バトラー 56-61 ■ R・W・コンネル 88-89 ■ シルヴィア・ウォルビー 96-99 ■ テリ・リン・キャラウェイ 248-49 ■ クリスティーヌ・デルフィ 312-17 ■ アン・オークレー 318-19

カ人の暮らしの現実は、あまりにも乖離していた。

すでに彼女はジャーナリストとして身を立て、主として政治経済や社会問題について数多くの記事を執筆していた。だから帰国後にまとめた『アメリカ社会の理論と実践』も単なる旅行記には終わらず、旅先で目にした社会的不正の数々を指摘できた。

弱者の解放を求めて

市民社会の成熟度は、そこで実際に暮らす人々の状況を見れば分かる。マルティノーはそう考えていた。いくら高邁な理想を掲げていようと、それが人々の暮らしに反映されていなければ意味がない。アメリカ社会の理想とされるもの、とりわけ自由という素晴らしい理念も、現実に奴隷制が続いているようでは「お笑いぐさ」だ。同じ社会に生きる一部の者が別の一部の者を支配する。そんな社会が「自由」と言えるのか。

マルティノーは生涯を通じて、市民社会のあるべき姿を追究し続けた。そしてアメリカにおける奴隷制の廃止を訴えるだけでなく、産業革命下のイギリスにおける労働者の処遇や、西欧社会全般における女性差別をも告発し続けた。

自由を標榜しながら女性の抑圧を続けるのは偽善であり、そんな社会は許せない、なぜなら人類の半分は女性なのだから。マルティノーはそう論じた。「市民社会の成熟度を判定するには、国民の半分が権力を握っているとき、残り半分の人がどんな状況に置かれているかを見るのが一番だ」。だから彼女は女性の参政権や教育を受ける権利を求めるだけでなく、家庭の内外で女性の自由を縛っている社会のさまざまな仕組みの告発を続けた。■

1776年7月4日、アメリカ13州の代表が集まって、すぐれて道徳的な政府の樹立を宣言した。しかしマルティノーには、歴然とした差別の残る社会でその理想が実現するとは思えなかった。

ハリエット・マルティノー

英国イングランドのノリッジ生まれ。両親は進歩的な思想の持ち主で、娘に高い教育を受けさせた。早くから政治や経済に関心を寄せていたが、1825年に父親が死去したため、ジャーナリストとして生計を立てた。文筆で頭角を現した彼女はロンドンに移り、1834～36年にはアメリカ各地を旅して、帰国後にアメリカについての社会学的考察を3巻からなる著書にまとめた。アメリカでの経験から、その後の彼女は奴隷制の廃止と女性解放に身を捧げることになった。

十代のころから深刻な難聴に悩まされていたが、めげずに1860年代まで活動を続け、その後はイングランド北西部の湖水地方に隠居。病を得て1876年に逝去。

主な著作

1832～34年 『政治経済の素描』
1837年 『アメリカ社会の理論と実践』
1837～38年 『道徳と礼儀の守り方』

ブルジョア階級の凋落とプロレタリア階級の勝利はどちらも等しく避けがたい

カール・マルクス（1818年〜1883年）

背景知識

テーマ
階級闘争

歴史に学ぶ

1755年 ジュネーブ（現スイス）の思想家ジャン＝ジャック・ルソーが、私的所有こそあらゆる不平等の源だと見抜いた。

1807年 ドイツの哲学者ヘーゲルが『精神現象学』を刊行し、歴史の進歩に独自の解釈を施した。

1819年 フランスのアンリ・ド・サン＝シモンが雑誌「ロルガニザトゥール（組織する者）」を発刊し、独自の社会主義思想を提唱。

1845年 フリードリッヒ・エンゲルスが『1844年イギリスにおける労働者階級の状態』を発表し、資本主義社会における階級対立を論じた。

1923年 フランクフルト大学に「社会研究所」が設置され、マルクス主義系の学者が集まった。

19世紀半ばのヨーロッパは、まだフランス革命（1789年）以来の政治的不安定を引きずっていた。反体制の気運が欧州大陸に満ち、旧秩序を打倒して民主的な共和国を樹立しようという試みが繰り返されていた。一方で、産業革命のもたらす変化にどう対応すればいいかの答えは出ていなかった。近代工業社会の抱える問題を政治の問題と捉え、政治的な解決を模索する学者もいれば、アダム・スミスのように問題の原因も解決策も経済にあると見る人も

社会学の成り立ち

参照 オーギュスト・コント 22-25 ■ マックス・ウェーバー 38-45 ■ ミシェル・フーコー 52-55 ■ フリードリッヒ・エンゲルス 66-67 ■ リチャード・セネット 84-87 ■ ヘルベルト・マルクーゼ 182-87 ■ ロバート・ブラウナー 232-33 ■ クリスティーヌ・デルフィ 312-17

いた。しかし、社会の構造そのものに踏み込む研究は皆無に等しかった。

1830年から1842年にかけて、フランスの哲学者オーギュスト・コントは、社会についての科学的研究は可能であり必要でもあると論じた。カール・マルクスも客観的かつ系統的なアプローチが必要と考え、率先してこのテーマに取り組んだ。しかしマルクスが手がけたのは、厳密な意味での社会学的研究ではなく、むしろ歴史学と経済学の観点から、観察と分析を通じて近代社会の構造を解き明かし、社会的不平等の原因を特定しようと試みた。コントにとっては科学が社会の変革を実現する方法だったが、マルクスは政治的行動が不可欠と見た。

歴史の進歩

マルクスの時代、社会の発展は一般に段階的な進化（狩猟採集から遊牧、農耕、そして近代の商業社会へ）と考えられていた。この概念を熟知し、工業社会の経済学的起源にも気づいていたマルクスは、社会の発展に関する独自の理論を考え出した。

大きな影響を与えたのは、ドイツの哲学者ゲオルク・ヘーゲルだ。彼の提唱した歴史の弁証法によれば、対立する社会的な力が統合され、相異なる思想間の緊張が解決されることを通じて社会は変化していく。しかしマルクスは思想よりも物質的な環境に着目

> **近代社会は2つの階級で構成される。産業を所有するブルジョア階級とプロレタリア（労働者）階級だ。**
>
> ↓ ↓
>
> **生産手段**を握ることでブルジョアは豊かになり、私的所有で**圧倒的優位に立つ**。
>
> プロレタリアは多数派だが持たざる者であり、**自らの労働力をブルジョアに売る**が、**搾取**ゆえにいつも貧しい。
>
> ↓ ↓
>
> **自己利益**を追求するブルジョアには連帯が生まれず、**たえまない競争**ゆえに経済危機が繰り返し訪れる。
>
> この非人間的状況でプロレタリアは疎外されるが、**集団としての自覚**を抱き、階級としての**集合的利益**を追求していく。
>
> ↓ ↓
>
> **だからブルジョア階級の凋落とプロレタリア階級の勝利は、どちらも等しく避けがたい。**

し、弁証法的唯物論を確立した。一方でフランスの思想家ジャン＝ジャック・ルソーらの影響も受けた。市民社会における不平等の原因は私的所有にあると、ルソーは論じていた。

マルクスによれば、社会の構造を決めるのは人々が暮らす物質的な条件であり、生産手段（富を生み出すための道具や機械）の変化が社会・経済的な変化をもたらす。この「史的唯物論」は、新たな生産手段の登場による封建制社会から近代資本主義社会への移行を説明できた。封建制の下では豪族・貴族が農業生産の手段を支配し、地主として小作農や農奴を働かせていた。やがて機械が登場すると、この新しい生産手段を所有したのは新興のブルジョア階級だった。彼らは機械の普及につれて封建貴族の支配に挑み、社会経済構造に変化をもたらした。»

カール・マルクス

マルクスは労働の形態によって、**歴史を5つの段階に分けた。**
歴史を動かすのは生産の支配的なモードであり、それによって社会的な階級が形成される。
人類史の初期段階には人々がモノを共有していたが、
マルクスの時代には二大階級の対立する資本主義の段階に到達、
その先には階級なき共産主義の段階が来ると予想された。

凡例：
- 生産手段の支配
- 人口面の多数派
- 集団的所有・支配

人類史の初期
- 階級なき社会（原始共産主義）

古代社会
- 社会的エリート
- 奴隷

封建時代
- 貴族階級
- 小作農（土地などへの権利を持たない農家や農業労働者）

資本主義
- ブルジョア階級（資本主義社会における支配階級）
- プロレタリア階級（生産手段を所有しない労働者）

歴史の終焉
- 階級なき社会（共産主義＝プロレタリア独裁により階級闘争は終わり、生産手段は共有される）

封建社会のはらむ矛盾に、それに取って代わる資本主義社会の種が含まれていた。マルクスはフリードリッヒ・エンゲルスとの共著『共産党宣言』で、「すべての既存社会の歴史は階級闘争の歴史だ」と述べている。封建制では貴族・豪族と小作農・農奴が対立していたが、近代工業社会では生産手段を所有するブルジョア階級（資本家）とプロレタリア階級（資本家の下で働く労働者）の対決になった。

階級闘争

マルクスによれば、階級間の対立・闘争は避けがたい。だから、かつての封建制社会と同様に、いずれ資本主義社会も崩壊する。取って代わるのは、マルクスの見立てでは、資本主義の落とし子であるプロレタリア階級のはずだった。

資本主義社会では物質的な欲望を満たすモノの生産方法が社会の構造を決定する。マルクスはそう考えた。つまり、資本家は彼らの所有する工場で、労働者によって生み出されたモノの剰余価値によって潤う。一方でプロレタリア階級は何も所有していないから、生きるためには資本家に自らの労働力を売るしかない。

これでは資本（生産手段）の持ち主が豊かになる一方で、労働者は貧しいままだ。そのうえ工場での労働は（昔の職人仕事と違って）単調かつ非人間的で、労働者が生産過程に関与することはできない。しかも供給が需要を上回れば、たちまち解雇されるリスクを伴っていた。

しかし、この抑圧から階級意識が芽生える。つまり、労働者も団結して組織的に行動すれば自分たちの利益を実現できるという認識だ。自己利益の追求こそ資本主義の本性だから、ブルジョア階級には連帯が生まれず、たえまない競争で経済危機が繰り返し

共産主義革命は1917年に現実となった——が、その舞台はマルクスの予想した先進工業国ではなく帝政ロシアだった。

社会学の成り立ち

訪れる。労働者階級の連帯が深まる一方でブルジョア階級は弱体化し、いつの日かプロレタリア階級が生産手段を取り戻し、階級なき社会がもたらされる。マルクスはそう考えた。

社会学への貢献

産業革命（工業社会の出現）で資本主義が成立し、資本家階級と労働者階級が形成されたというマルクスの分析は、単に頭の中で考えたものではなく、近代社会の成り立ちを経済・政治・社会の文脈で解き明かそうとする「科学的」な研究だった。そこからは階級対立と階級意識、搾取と疎外など、後の社会学にとって重要となるコンセプトが生まれた。

彼の思想に鼓舞された革命家は多く、20世紀のある時期には地球の総人口の1/3がマルクス主義を標榜する国で暮らしていた。

しかし社会を2つの階級に分け、社会の変化は階級闘争の不可避的な結果だとするマルクスの考えには異論もあった。たとえば、マルクスと並んで「近代社会学の父」と呼ばれるエミール・デュルケームとマックス・ウェーバーだ。

デュルケームは工業が近代社会を形成したことを認めつつも、問題は資本主義ではなく工業化そのものにあると論じた。

一方、ウェーバーは階級闘争の背景に経済的な理由があることを認めつつも、経済的な要因だけにもとづいて社会をブルジョア階級とプロレタリア階級に分けるのは単純すぎると考え、資本主義の発展には文化的・宗教的な要因も関与していて、これらが階級対立に反映されていると論じた。

20世紀前半になると、欧米圏の社会学に対するマルクスの影響は薄らいだが、いわゆる「フランクフルト学派」の社会学者や哲学者（ユルゲン・ハーバーマスやエーリッヒ・フロム、ヘルベルト・マルクーゼなど）はマルクスの思想を受け継いでいた。第二次世界大戦が終わり、東西冷戦の時代になると、アメリカではマルクス主義的な考え方がほとんど排除された。しかし欧州、とくにフランスには、マルクスの社会思想をさらに発展させようとする社会学者や哲学者がいた。

そして今は、新しい技術が再び世の中を変えようとしており、一方で深刻な経済的不平等が存在している。そのため社会学のみならず経済学や政治学の分野でもマルクスの基本思想に立ち戻ろうという動きがある。■

誰でも近代社会学の父を名乗れるが、真の父はカール・マルクスだ。
アイザイア・バーリン
ロシア系英国人の哲学者(1909〜1997)

カール・マルクス

いわゆる「社会科学の父」の一人とされるが、マルクスは経済学者、政治哲学者、そして歴史家でもある。生まれはドイツ西部のトリーア。自身は哲学や文学に興味を抱いていたが、法律家であった父の勧めでボン大学で法律を学んだ。後にベルリン大学へ移り、ヘーゲル哲学を研究。1841年にイエナ大学で博士号を取得。

ケルンで新聞記者となった後、盟友フリードリッヒ・エンゲルスと共に独自の経済・社会・政治理論を構築し、1848年に『共産党宣言』を発表。48年に欧州各地で起きた革命が頓挫したのを見届けてロンドンに渡り、以後は研究に専念。1881年に妻に先立たれてから健康を害し、2年後に64歳で死去。

主な著作

1848年　『共産党宣言』
1859年　『経済学批判』
1867年　『資本論』第1巻

ゲマインシャフトとゲゼルシャフト
フェルディナント・テンニース
（1855年〜1936年）

背景知識

テーマ
共同体と社会

歴史に学ぶ

1651年 イギリスの哲学者トマス・ホッブズが『リヴァイアサン』で、人間の本質と社会構造の関係を論じた。

1848年 マルクスとエンゲルスが『共産党宣言』で、資本主義が社会に及ぼす影響を糾弾。

1893年 エミール・デュルケームが『社会分業論』で、社会秩序を維持する有機的連帯と機械的連帯の概念を提唱。

1904〜05年 マックス・ウェーバーが『プロテスタンティズムの倫理と資本主義の精神』を発表。

2000年 ジグムント・バウマンが、グローバル化の時代における「リキッド・モダニティ（液状化する社会）」の概念を提唱。

社会的行動を導く**動機には2種類**ある。

↓ ↓

本質意志が導くのは協調した行動であり……

選択意志が導くのは特定の目標達成のための行動であり……

↓ ↓

……**伝統的共同体**（ゲマインシャフト）に特徴的に見られる。

……**近代社会**（ゲゼルシャフト）に特徴的に見られる。

19世紀も終わりに近づくと、知識人たちは近代の内包するもの、とりわけ資本主義産業社会の発展に目を向けるようになった。世に「社会学の祖」として知られるエミール・デュルケームとマックス・ウェーバー、フェルディナント・テンニースの3人もそうだ。テンニースの主たる功績は、1887年に発表した名著『ゲマインシャフトとゲゼルシャフト』で2つの対照的な社会集団の分析を行ったこと。この本でテン

社会学の成り立ち 33

参照 アダム・ファーガソン 21 ■ エミール・デュルケーム 34-37 ■ マックス・ウェーバー 38-45 ■ アミタイ・エツィオーニ 112-19 ■ ジグムント・バウマン 136-43 ■ カール・マルクス 254-59 ■ ブライアン・ウィルソン 278-79 ■ ミシェル・マフェゾリ 291

ニースは伝統的な農村共同体と近代産業社会の違いを指摘し、前者をゲマインシャフト（共同社会）と呼んだ。その共同体は家族の絆や同じ教会への所属などで支えられており、規模は小さく、みんなが目標や信念を共有し、信頼と協調の精神で行動を共にしていると定義した。

「選択意志」の勝利

しかし近代都市のように大きな社会集団では、分業の進展と労働力の流動化によって昔ながらの地縁血縁の結びつきは薄くなり、代わってゲゼルシャフト（利益社会）が出現した。そこでの人間関係は非個人的・表層的で、相互扶助よりも自己利益の追求がベースとなった。

ゲマインシャフトとゲゼルシャフトは対照的だが、どんな社会集団でも大なり小なり共存してきた。しかし近代の産業社会では、資本主義と競争原理によってゲゼルシャフトがゲマインシャフトを圧倒している。テンニースはそう論じた。

こうした理論の根幹にあるのは、人を行動へと駆り立てる「意志」の概念だ。テンニースによれば、意志には自然で直感的な「本質意志」と、理性的・合理的な「選択意志」の2つがある。前者は本能的で理屈抜きの、あるいは習慣・風習や道徳観念にもとづく行動を導く。ゲマインシャフトの秩序を維持するのは本質意志であり、人々はその社会のために行動する。

一方、選択意志が導くのはもっぱら合理的な判断にもとづく行動で、特定の目標達成を目指す。大きな組織、とりわけ企業などを動かすのは選択意志であり、これが資本主義社会におけるゲゼルシャフトを特徴づけている。

左翼的言動の目立つ人物だったが、テンニースは基本的に保守的な人で、社会の変革を説くよりも近代社会におけるゲマインシャフトの喪失を憂えていた。しかし彼の理論とその方法論は20世紀の社会学への道を開いた。ウェーバーは社会的行動の背景にある意志や動機に関するテンニースの知見を発展させたし、デュルケームの機械的連帯と有機的連帯の概念にもゲマインシャフトとゲゼルシャフトの対概念が反映されている。■

> ゲマインシャフトの起源は
> （ゲゼルシャフトと違って）
> その構成員よりも古い。
> **フェルディナント・テンニース**

フェルディナント・テンニース

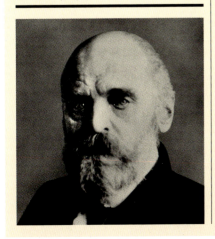

ドイツのノルトフリースラント（シュレスウィヒ＝ホルシュタイン州）に生まれ、ストラスブール、イエナ、ボン、ライプツィヒの各大学で学んだ後、1877年にテュービンゲン大学で博士号（古典言語学）を取得。

その後もベルリンやロンドンで研究を続け、1881年にはキール大学の講師となるが、遺産が転がり込んだおかげで自らの研究に専念でき、ドイツ社会学学会の創設メンバーとなった。その強い政治色ゆえに大学当局からは敬遠され、やっと教授になれたのは1913年のことだ。しかし社会民主主義に共鳴し、ナチスを公然と批判したため1933年に大学を追われ、3年後に80歳で死去。

主な著作

1887年 『ゲマインシャフトとゲゼルシャフト』
1926年 『進歩と社会の発展』
1931年 『社会学入門』

人の体に似て、社会の各部分とニーズ、機能は相互に関連している
エミール・デュルケーム（1858年〜1917年）

背景知識

テーマ
機能主義

歴史に学ぶ

1830〜42年 オーギュスト・コントが『実証哲学講義』を発表し、社会研究への科学的アプローチを提唱した。

1874〜77年 ハーバート・スペンサーが『社会学原理』第1巻で、社会とは進化する「社会有機体」であると論じた。

1937年 タルコット・パーソンズが『社会的行為の構造』で行為理論を説き、機能主義研究への注目を再び集めた。

1949年 ロバート・キング・マートンが『社会理論と社会構造』でデュルケームのアノミーの概念を発展させ、社会の「逆機能」を論じた。

1976年 アンソニー・ギデンズが『社会学の新しい方法基準』で、構造機能主義に代わる新たな理論を提示した。

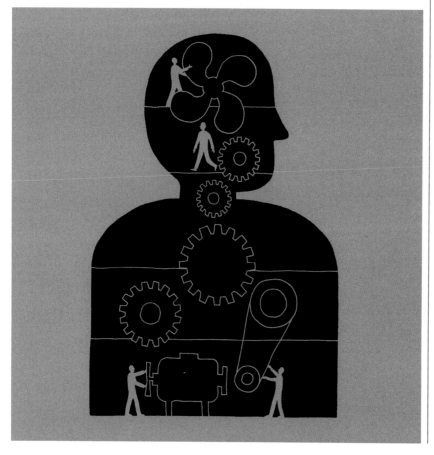

19世紀も後半になると、社会学は徐々にだが社会科学の独立した1分野として受け入れられ始めた。ただし哲学とは異なる学問を名乗る以上、科学的な方法論を確立する必要があった。

エミール・デュルケームは哲学の世界から社会学に転じた先駆者の一人で、社会学に必要なのは壮大な理論よりも確固たる方法論だと考えた。さまざまな場面に適用でき、近代社会の発展を理解するのに役立つ方法論である。カール・マルクスやマックス・

社会学の成り立ち

参照　オーギュスト・コント 22-25　■　カール・マルクス 28-31　■　マックス・ウェーバー 38-45　■
ジェフリー・アレクサンダー 204-09　■　ロバート・K・マートン 262-63　■　ハーバート・スペンサー 334

| 人類は小さくて**似た者どうしの共同体**から
大きくて複雑な社会へと進化してきた。 |

| 伝統社会では宗教や文化が**集合意識**を築き、
連帯を生み出していた。 |

| 近代社会では**分業**によって個々人の**専門化**が進み、
個人に注目が集まるようになり…… |

| ……そこでの**連帯**は**特定の機能**を分担する諸個人の
相互依存から生じる。 |

| 人の体に似て、社会の各部分とニーズ、
機能は相互に関連している。 |

エミール・デュルケーム

　フランス北東部エピナルの生まれ。家の伝統に背いてラビ養成学校を退学、世俗的な人生を選んだ。パリの高等師範学校で哲学を学び、1882年に卒業したが、オーギュスト・コントやハーバート・スペンサーの研究に親しみ社会科学への関心を強めた。

　卒業後はドイツで社会学を学び、1887年に帰国してボルドー大学にフランス初の社会学講座を開講、のちに「社会学年報」を創刊。1902年にソルボンヌ大学へ移り、06年に教授となり、生涯をソルボンヌで過ごす。しかし第一次世界大戦が始まって右翼的な民族主義が高まるなかで孤立感を深め、16年に息子アンドレを失ってからは健康を害し、翌17年に死去。

主な著作

1893年　『社会分業論』
1895年　『社会学的方法の規準』
1897年　『自殺論』

　ウェーバーと並んで社会学の祖とされるデュルケームだが、社会研究への科学的アプローチを試みたのは彼が初めてではない。学問の常として、先駆者もまた先人に学んでいた。

科学的モデルの誕生

　自然科学の頂点には人間社会の研究が立つべきだと論じて、社会学の基礎を築いたのはオーギュスト・コントだ。そもそも社会は人間という名の動物の集合体だから、自然科学の諸分野のうち、社会学に最も近いのは生物学だ。

コントはそう信じたが、これには異論があった。たとえばマルクスは、生物学ではなく（当時としては新興の学問である）経済学に依拠して社会の研究に取り組んだ。しかし1859年にチャールズ・ダーウィンの『種の起原』が刊行されると、既存の常識的な観念は徹底した見直しを迫られた。とくにイギリスでは影響が顕著で、その生物進化の理論を他の学問に応用する機運が生まれた。

　ダーウィン進化論に触発された哲学者で生物学者のハーバート・スペン

36 エミール・デュルケーム

デュルケームにとっての宗教、とりわけユダヤ教やキリスト教などの歴史ある宗教は基本的に社会の「制度」であり、人々に強い集合意識を抱かせるものだった。

サーは、近代社会の発展と生物の進化を重ね合わせ、どちらにおいても個々の器官（部分）が固有の機能を果たしている点に注目し、社会を「有機体」と捉える視点を確立させた。

デュルケームは、個々の器官（部分）が固有の役目を果たすというスペンサーの機能主義的概念と、社会はそれを構成する個人の総和よりも大きいとする考えを受け継いだ。一方でコント流の実証主義（科学的研究のみが真の知識をもたらすとする信念）の立場から科学的な方法論を確立し、近代社会の機能を解明しようと試みた。

デュルケームが注目したのは全体としての社会とその諸制度であり、そこに暮らす人々の動機や行動は二の次だった。そして何よりも社会をまとめ、秩序を維持するものに関心を向け、社会学の基礎には「社会的事実」、すなわち経験的に検証しうる「個人の外にある現実」があるべきだと論じた。

近代社会を特徴づけるさまざまな要素、つまり「近代性」と総称されるものの秘密を解き明かすこと。それが社会学の祖に共通する目的だった。そしてマルクスは資本主義に、ウェーバーは合理主義に着目したのだが、デュルケームは近代社会の発展と工業化、とりわけ工業化に伴う労働の分業に目を向けた。

機能的な有機体

デュルケームによれば、近代社会と伝統社会の違いは社会の成員を結びつける仕組みの根本的な変化にある。工業化の進展で、近代には新しいタイプの連帯が生まれた。デュルケームは博士論文「社会的労働の分割」で、この変化に関する自説を展開した。

狩猟採集型などの原始社会では、諸個人がほぼ同じ仕事をしている。個人の自給自足も可能だが、人々は目的と経験の共有によってつながり、信念や価値観も共有していた。そんな似た者どうしの社会では、デュルケームの言う「集合意識」が育まれ、それが構成員の連帯を支える。

しかし社会が大きくなり複雑になるにつれ、人々はそれぞれに専門化された技能を磨くようになり、自給自足型から相互依存型へと移行する。農民は馬に蹄鉄を打つのに鍛冶職人を頼り、鍛冶職人は食料を得るのに農民を頼る。そうして伝統社会における「似た者どうし」ゆえの機械的連帯に代わって、互いの違いを前提に助け合う有機的連帯が生まれてくる。デュルケームはそう考えた。

工業化の進展で分業は極限まで進

> 私たちが目指すべきは
> 完全に1人で生きていける
> 完璧な人間なのか、
> それとも全体の1部分、
> 有機体の1器官であればいいのか？
> **エミール・デュルケーム**

み、そのとき社会は複雑な「有機体」となる。そこでは個々の要素（器官）がそれぞれの機能を果たし、社会全体の健全性を支えている。社会が生物同様の有機体であり、どの部分（器官）にもそれぞれの機能がある。こうした社会観にもとづくアプローチが機能主義と呼ばれる。

この機械的連帯から有機的連帯への進化をもたらす「社会的事実」（およそ個人の意志の及ばない外的なもの）。デュルケームによれば、それは「動的密度」（人口の増加と人口密度）の上昇だった。動的密度が上がると限られた資源への競争が激化するが、密集して暮らす人々の間では社会的相互作用が活発になり、高まる需要を効率的に満たすための分業が発達する。

こうして、近代社会では諸個人の有機的相互依存が社会の成員を結びつける。しかしデュルケームは、急激な工業化に伴う分業の進展が社会問題

ミツバチの巣は働きバチの分業によって作られる。彼らは機能的な全体（巣）を作り出す一方、周辺の植物たちとの共生関係も維持している。

をもたらすことにも気づいた。分業の前提には、人にはそれぞれの個性があり互いに補い合っているという認識があるから、有機的連帯の下では共同体より個人に注目が集まり、伝統社会の結合力となっていた集合意識（共通の信念や価値観）が薄まる。そして行動の規範となる集合意識を欠く社会は方向性を見失い、不安定になる。従って有機的連帯の持続には機械的連帯の要素が保持され、人々が一定の目的を共有することが必要になる。

デュルケームによれば、近代社会では急激な工業化により分業も急速に進んだため、集合意識の希薄化を補うに足る社会の相互作用が発達しなかった。そのため人々はしだいに社会から孤立していった。とりわけ機械的連帯の下で存在した道徳的指針が失われた。集合的基準や価値観の喪失と、それに伴って個々人のモラール（やる気、意欲）が低下した状態を、デュルケームは「アノミー」と呼んだ。さまざまな地域における自殺のパターンを調べたときには、アノミーが人を自死に駆りたてることに気づいた。実際、カトリック信者のように集合意識の強い集団では自殺率が相対的に低く、そのことでデュルケームは、社会的連帯こそ健全な社会の鍵だと確信した。

科学としての社会学

デュルケームはケーススタディ（事例研究）や統計にもとづく経験的証拠を徹底して重視した。社会科学も自然

社会は単なる諸個人の総和ではない。
それは諸個人の連合によって
形成されるシステムであり、
それ自身の特徴を備えた
具体的な現実である。
エミール・デュルケーム

科学と同様の研究方法を用いるべきだというコントの実証主義を受け継ぎ、科学としての社会学を確立した。

しかし、その実証主義的アプローチに疑問を呈する向きもあった。マルクスをはじめとする思想家は、人間社会のように複雑で予測不能なものに自然科学の手法をそのまま適用することを拒んだ。個人よりも全体としての社会を重視したデュルケームは、個人主義に傾斜する時代の風潮とも合わなかった。個人の意志や経験と無縁に存在する「社会的事実」という概念も受け入れられず、その客観的アプローチも、社会秩序の説明にはなるが秩序を変える役には立たないと批判された。

それでも、社会は互いに異なるけれども相互に関連しあう部分（器官）からなり、各部分が独自の機能を持つという彼の分析は機能主義社会学の確立に貢献し、後のタルコット・パーソンズやロバート・キング・マートンらに影響を与えた。■

合理性という名の檻
マックス・ウェーバー（1864年〜1920年）

マックス・ウェーバー

背景知識

テーマ
合理的な近代

歴史に学ぶ

1845年 カール・マルクスが「フォイエルバッハに関するテーゼ」と題するメモで、社会の変革をもたらすのは観念ではなく経済だと指摘した。

1903年 ドイツの社会学者ゲオルク・ジンメルが「大都市と精神生活」で、都会暮らしが個人に及ぼす影響を論じた。

1937年 タルコット・パーソンズが『社会的行為の構造』で行為理論を提唱し、ウェーバーとデュルケームの対照的なアプローチの融合を目指した。

1956年 チャールズ・ライト・ミルズが『パワー・エリート』で、合理主義の行き着く果てに軍産複合の支配階級が出現すると論じた。

近代的な工業社会では**科学技術と経済**が発展した。

↓

しかし、それには**合理化の進展**と**官僚機構の形成**が伴い……

↓

……**新たな統制**が生まれ、**個人の自由**が制限され、**地域社会や血縁の絆**が薄れた。

↓

官僚的効率性は伝統的な人間関係をつぶし、人を「合理性という名の檻（おり）」に閉じ込めた。

19世紀後半までのドイツは中央集権が遅れ、その経済を支えていたのは工業よりも商業だった。しかし1871年に北部のプロイセン主導でドイツ帝国が誕生してからは一気に工業化が進み、イギリスやフランスに負けない工業都市が各地に出現した。とくに天然資源が豊富で強力な軍隊組織の伝統があるプロイセンでは、またたく間に規律正しく効率的な工業社会が形成された。

当時のドイツは近代社会が未成熟で、社会学が育つ素地はなかった。この時期に活躍したカール・マルクスはドイツ人だが、その社会理論は主としてフランスやイギリスでの観察にもとづいていた。しかし20世紀が近づくころには、後発ゆえに徹底して効率を重視するドイツ型近代社会に目を向ける研究者が現れた。その代表格がマックス・ウェーバーだ。科学の万能性を信じて「実証主義」を掲げ、社会の

研究でも客観的な手法にこだわったフランスのオーギュスト・コントやエミール・デュルケームとは異なり、ウェーバーは近代社会に暮らす人々の思いに寄り添った。

もちろん学問的な厳密さは求めたが、客観性にこだわるだけでは近代社会の解明はできないと、ウェーバーは考えた。なぜなら、大事なのは（毎朝同じ時間に工場へ出勤するなどの）社会的行動ではなく、その背景にある諸

社会学の成り立ち

参照 オーギュスト・コント 22-25 ■ エミール・デュルケーム 34-37 ■ チャールズ・ライト・ミルズ 46-49 ■ ゲオルク・ジンメル 104-105 ■ ジョージ・リッツァ 120-23 ■ マックス・ウェーバー 220-23 ■ カール・マルクス 254-59 ■ ユルゲン・ハーバーマス 286-87 ■ タルコット・パーソンズ 300-01

個人の社会的行為（社会あるいは他者を意識した行為）だからだ。こうした個人の行為は主観に発し、その行為を選ばせる何らかの価値観があるはずだから、それを解釈する必要がある。ウェーバーはそう論じた。

この解釈（理解）的なアプローチ（「理解社会学」と呼ばれる）は、デュルケームに代表される客観的アプローチを否定するものだった。デュルケームは全体としての社会に注目し、社会を相互依存的な部分（器官）から成る「有機体」と想定したが、ウェーバーは社会を構成する主体としての「個人」の経験に目を向けた。

近代＝資本主義社会は人間を疎外するというマルクスの主張に、ウェーバーは共感していた。しかしマルクスの唯物論や、文化・思想よりも経済を重視するアプローチには反発し、プロレタリア革命を必然とする主張も受け入れなかった。結果として、彼はマルクスとデュルケームの思想を統合し、近代社会の最大の特徴は「合理性」にあるとする理論を打ち立てることになった。

合理性という名の檻（おり）

ウェーバーは有名な『プロテスタンティズムの倫理と資本主義の精神』（1904〜05）で、いかにして西洋が古い風習や宗教的義務に縛られた社会から経済利益優先の世俗的社会へと進化したかを描いた。

> 私たちの時代の運命はなによりも世界の「呪術からの解放」によって特徴づけられる。
> マックス・ウェーバー

科学と工学の発達で工業化が進み、それに伴う資本主義は効率と費用対効果にもとづく徹底して合理的な選択を強いた。資本主義の勃興は物質的な富をもたらしたが、社会的な弊害も

チャーリー・チャップリンは映画『モダン・タイムス』（1936年）で、合理性を追求する近代社会で組織の「歯車」と化した工場労働者の悲哀を演じた。

> いずれ世界は、取るに足らない歯車と化し、取るに足らない仕事にしがみついて上を目指すだけの取るに足らない人間ばかりになるかもしれない。
> マックス・ウェーバー

多々あった。昔ながらの文化や精神的な価値に代わって合理性が万能になり、日々の生活を支配するのは冷徹な計算のみ。ウェーバーによれば、人はそんな世界に「呪術からの解放（宗教への幻滅）」を感じていた。

知識の増加が好ましい変化を生み、時代遅れの教会の命令ではなく論理的な意思決定が繁栄をもたらすこと。ウェーバーはそれを認めた。しかし合理主義が社会のあらゆる面で官僚制を発達させ、社会の管理体制を変えていくことにも気づいた。生まれ育ったプロイセンには強力な軍隊があり、その軍隊的な効率主義がドイツを新興工業国へと変身させる過程を目の当たりにしていたからだ。

ウェーバーによれば、官僚制は近代工業社会に不可欠な存在であり、その機械的正確さと効率性で社会に経済的な富をもたらすから、その肥大化を阻止することは不可能に思える。しかし宗教の退場によって理不尽な社会規範から解放されたはずの人々が、今度は官僚制の統制下に置かれてしまった。こんなことでは、せっかく教会の権威を否定して花開いたばかりの個人主義が窒息しかねない。今や人々は官僚主義の厳格なルールに縛られ、まるで合理性という名の檻に閉じ込められているようだ。しかも官僚主義は往々にして没個性的で縦割りの階層構造をもたらし、標準化された手続きが個性の出番を奪っていく。

人間性の喪失

完璧に整備された官僚的装置とその他の組織の違いは、機械と非機械的な生産手段の違いに匹敵する。
マックス・ウェーバー

こうして個人が「機械の歯車」と化していくことを、ウェーバーは憂えた。資本主義は個人を核とした科学技術のユートピアを約束したが、実際に生まれたのは労働と金に支配され、非妥協的な官僚制の監視下にある社会。この厳格な社会は個人の自由を制約するばかりか、その人間性を否定する。この徹底して合理的な官僚主義は、諸個人の社会的行為（人と人の関係や相互作用）にも影響を及ぼす。家族や共同体の絆、伝統的な価値観や信仰は置き去りにされ、社会的行為も効率性と合目的性に支配されるようになった。

合理化の目指すところは物事の効率的な遂行だから、個人の欲望は組織の目標達成に従属するところとな

ベルリンにあるドイツの首相府はドイツ政府の中枢であり、そこで働く官僚たちは合理的な政策の遂行に励む。

り、個人の自主性は失われる。仕事の細分化が進むと人々の相互依存は高まるが、個人レベルでは自分の社会的価値を決めるのは他人（官僚や工場主）だという思いが強まる。こうなると自分のスキルを磨こうという意欲は失せ、少しでもいい（賃金の高い）仕事に就きたい、高い社会的地位を得たいと願うばかりになり、創造性よりも生産性に重きが置かれる。

こうした幻滅感を、ウェーバーは官僚的合理性のもたらす物質的利益に対して近代社会が支払う代価と見なした。そのもたらす変化は大きく、道徳観どころか心理的・文化的な面にまで影響を及ぼす。精神的な価値は薄まり、人々の社会的行為は道徳や社会的指針よりも打算にもとづくところとなり、管理されたものとなる。

社会的行為と階級

ウェーバーは近代社会における魂の喪失を嘆いたが、完全に悲観することはなかった。官僚制の打破は困難だが、社会の生み出したものである以上、社会によって変えることもできると信じていた。マルクスは資本主義における労働者の搾取と疎外が不可避的に革命をもたらすと予言したが、ウェーバーは共産主義になると官僚支配が一段と強まると考え、むしろリベラルな民主主義の下でこそ官僚支配を市民の許容できる範囲に制限できると主張し、その許容範囲は自らの暮らしと「生活機会」を改善しようとする諸個人の社会的行為によって決まるとした。

地縁血縁や信仰に縛られた社会が封建社会を経て合理性と官僚制の近代社会へと進化したように、諸個人の振る舞いも感情や価値観にもとづく社会的行為から「目的合理的な行為」（費用対効果を踏まえた行動）へと進化しているはずだった。さらにウェーバーは、近代社会には3つの要素によって階層化され、それぞれの内部で生起する社会的行為がそれぞれに個人の生活機会に影響を及ぼすと考えた。経済状態で決まる階級と、名誉や名声で決まる地位（ステータス）、そして政治的な思惑にもとづく党派の3つであり、これらによって社会における個人の立ち位置が決まるとした。

評価の確立は死後に

諸個人の社会的行為の主観的・解

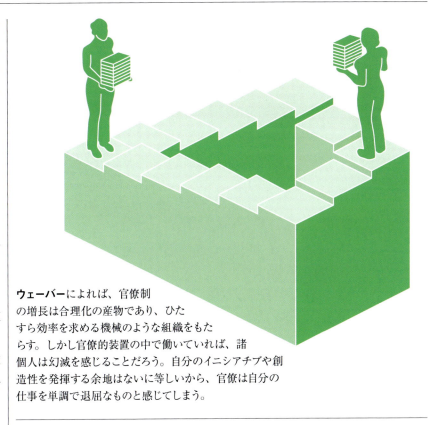

ウェーバーによれば、官僚制の増長は合理化の産物であり、ひたすら効率を求める機械のような組織をもたらす。しかし官僚的装置の中で働いていれば、諸個人は幻滅を感じることだろう。自分のイニシアチブや創造性を発揮する余地はないに等しいから、官僚は自分の仕事を単調で退屈なものと感じてしまう。

> この官僚支配の暮らしから逃れ、人間性のかけらだけでも保つために、私たちはこの機械にどう対抗すればいいのか。
> **マックス・ウェーバー**

釈的考察という斬新なアプローチを提出したことで、ウェーバーは20世紀社会学の一大潮流の基礎を築いた。デュルケームの実証主義に対しては自然科学の方法論を社会科学に適用するのは無理だと反論し、マルクスの唯物論的な決定論に対しては経済的な事実よりも人々の観念や文化が大事だと反論した。

こうした議論はゲオルク・ジンメルら同時代のドイツ知識人に大きな影響を与えたが、広く一般に受け入れられることはなかった。存命中は社会学者というより歴史学者や経済学者として知られており、社会学者としての評価が固まったのは死後のことだ。その研究の多くは死後に出版され、生前に翻訳された著作はわずかだった。20世紀初頭の社会学者たちは社会学を「科学」として認知させることに腐心していたから、ウェーバーの解釈的アプローチに反発を示した。主観的な解釈という考えや、社会全体より個人の経験を重視するアプローチは科学的な厳格さや客観性を欠くものとされた。もちろんマルクス主義の立場からする反論も多かった。

それでもウェーバーの考え方は、デュルケーム流の実証主義が衰えるにつれて徐々に受容されていった。たとえば、フランクフルト大学を中心とするフランクフルト学派に与えた影響は大きい。この学派は伝統的なマルクス主義の理論だけでは西洋における資本主義社会の形成を説明できないと考え、ウェーバーの解釈的アプローチと合理性の分析を受け入れた。彼らの一部はナチスの迫害を逃れてアメリカへ渡り、ウェーバー社会学を紹介。その考え方は第二次世界大戦後のアメリカで広く受け入れられた。たとえばタルコット・パーソンズは、当時の主流だった実証主義とウェーバー社会学の融合を試みている。

一方、ウェーバーの著作の翻訳や解説に力を注いだのはチャールズ・ライト・ミルズで、彼は合理性の「檻」というウェーバーの概念を発展させ、戦後アメリカ社会の構造に鋭い批判を浴びせている。

グローバルな影響

1960年代には、すでにウェーバー流の解釈的アプローチが学界の主流となり、デュルケーム以来の実証主義は影が薄くなった。諸個人の社会的行為と、合理的な近代社会の権力構造（官僚制）と個人の関係に焦点を当てるウェーバーの考え方は、その後も20世紀を通じて現代社会学の基礎であり続けた。

近年ではイギリスのアンソニー・ギデンズらが、社会全体を見渡そうとしたデュルケームと個人にフォーカスしたウェーバーの違いに着目し、どちらか一方が正しいという議論は不毛であり、そこにはマクロとミクロの視点の相違があると指摘している。また社会構造を形づくるのは経済的条件よりも文化や観念だというウェーバーの主張は、文化人類学などの台頭に道を開いた。

ウェーバーとマルクス

その後の社会の現実に目を向ければ、マルクスよりもウェーバーの分析に先見性があったと言ってよさそう

> 将来においても
> この檻に暮らす人がいるのか、
> あるいは
> 昔の観念や理想が復活するのか。
> 答えは誰も知らない。
> マックス・ウェーバー

フランツ・カフカはウェーバーと同時代の作家で、官僚社会の絶望を描いた。その作品には人間性の喪失や個人の無名化など、ウェーバーの主張に通じるものがある。

現代の半導体製造工場では、誰もが同じ防塵服をまとい、マスクで顔を隠して黙々と働いている。実に合理的だが、人と人のつながりはない。

だ。ウェーバーはマルクスの言う革命の必然性を退けたが、一方で合理性を追求する資本主義経済がいずれ世界中で伝統社会に取って代わると確信していた。また近代的技術社会は効率的な官僚制に依存するしかなく、そこに問題があるとしても、それは構造の問題ではなく管理者の能力の問題だと見抜いていた。つまり、官僚主義も行きすぎれば効率を（上げるどころか）低下させるということだ。

そして経済的な富と合理性の追求から冷酷な「鉄の檻」が生まれ、放っておけば完全に自由を奪われることにも気づいていた。マルクスは労働者の解放と共産主義国家の樹立を夢見たが、ウェーバーによれば、近代社会では誰の暮らしも（つまり資本家の暮らしも労働者の暮らしも）無慈悲な組織の効率性と個人の欲求・欲望との絶えざる対立に左右されるのだった。実際、この数十年で誇り高き個人経営の店はスーパーやショッピングセンターに取って代わられ、製造業や事務系の仕事は西洋諸国から遠く離れた低賃金の国へと移転されている。そして諸個人の希望や欲望は、いまだに合理性という名の檻に閉じ込められている。■

マックス・ウェーバー

「社会学の祖」としてカール・マルクスやエミール・デュルケームと並び称されるマックス・ウェーバーはドイツ中部エアフルトの生まれ。中流階級の知的な家庭に育ち、経済、歴史、政治、宗教、そして哲学を学び、1889年に博士号を取得。ベルリン、フライブルク、ハイデルベルクの大学で教鞭をとるかたわら、社会学的な思想を発展させた。

その業績は揺るぎないものだが、私生活では恵まれず、1897年に父親が死んでからは精神を病み、1920年に56歳で早すぎる死を迎えた。しかし資本主義の台頭に果たした宗教の役割を論じた著作は今も社会学の古典として読み継がれている。

主な著作

1904〜1905年 『プロテスタンティズムの倫理と資本主義の精神』
1919〜1920年 『一般社会経済史』
1921〜1922年 『経済と社会』

個人のトラブルも公共の問題として理解する必要がある
チャールズ・ライト・ミルズ（1916年〜1962年）

背景知識

テーマ
社会学的想像力

歴史に学ぶ

1848年 カール・マルクスとフリードリッヒ・エンゲルスが『共産党宣言』で階級闘争としての革命を宣言、資本主義社会はブルジョワジー（資本家階級）とプロレタリアート（労働者階級）の闘いだと述べた。

1899年 ソースティン・ヴェブレンが『有閑階級の理論』で、実業家たちは進歩と社会福祉を犠牲にして利益を追求していると指摘した。

1904〜05年 マックス・ウェーバーが『プロテスタンティズムの倫理と資本主義の精神』で、近代社会には経済的な階級と社会的な地位、政治的な権力という3つの要素によって階層化されると述べた。

1975年 ミシェル・フーコーが『監獄の誕生』で、権力あるところに抵抗ありと論じた。

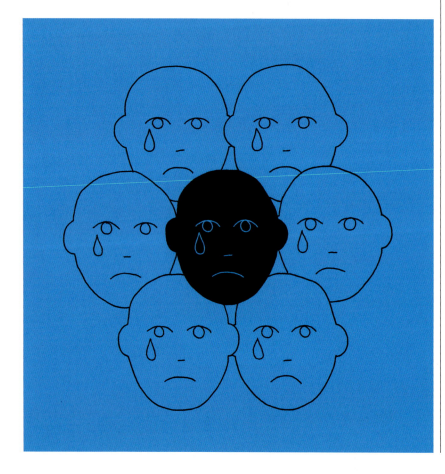

　第二次世界大戦後の東西冷戦時代を通じて、とりわけ50年代までの「赤狩り」の時代に、アメリカで公然と社会主義を掲げる社会学者は皆無に等しかった。しかしチャールズ・ライト・ミルズは筋を曲げず、逮捕されるリスクを承知で刺激的な著作活動を続け、アメリカ社会を牛耳る軍部や産業界のエリートたち（パワーエリート）を批判した。

　共産主義とその同調者を徹底して弾圧した「赤狩り」の時代、ミルズが学

社会学の成り立ち

参照 カール・マルクス 28-31 ■ マックス・ウェーバー 38-45 ■ ミシェル・フーコー 52-55 ■ フリードリッヒ・エンゲルス 66-67 ■ リチャード・セネット 84-87 ■ ヘルベルト・マルクーゼ 182-87 ■ ソースティン・ヴェブレン 214-19

```
個人のトラブルも公共の問題として理解する必要がある。
    ↓                                    ↓
しかし一般の人には、           →    「社会学的想像力」があれば
自分の問題を社会全体の問題と          この結びつきを捉え、社会の問題に取り組むことで
結びつける術がない。                  個人の暮らしを変えられる。
                                     ↓
         自らの知識を用いて個人と社会の結びつきを
         客観的に解明すること。
         それが社会科学を学ぶ者の道徳的義務だ。
```

界の主流に受け入れられることはなかった。それでもマルクス主義のイデオロギーにおもねることなく、近代社会のはらむ矛盾を批判し、それに気づくべき学者・知識人の独善が「大衆社会」の抑圧を許していると指摘した。

ともすれば異端視されがちだが、ミルズの学問的基盤はしっかりしていた。聡明かつ非妥協的な研究者であり、とりわけマックス・ウェーバーに傾倒していた。そしてウェーバーの「合理化」の概念をベースに独自の理論を構築していった。

非人間化する社会

ウェーバーによれば、近代社会は伝統的な風習や価値を捨てて合理的な意思決定を採用し、文化はもとより社会構造にまで及ぶ非人間化のプロセス

を進めていた。しかも、この「合理的」な社会組織は理性に従うものではなく、全員の幸せを目指すものでもなかった。またウェーバーはマルクス流の経済決定論よりも洗練された階級(階層)概念を提示し、経済的な富にもとづく階級に加えて、社会的な地位(ステータス)と政治的な権力(パワー)の階層があるとした。

こうしたウェーバーの理論を踏まえ、そこに含まれるラジカルな視点に気づいたミルズは、それを20世紀半ばのアメリカにおける合理化の分析に適用した。

ミルズはまず自国における労働者階級のあり方に目を向け、労働組合が資本家と結託して個々の労働者の抑圧に加担していることを批判した。しかしマルクス主義者と違って、資本主義そ

のものを攻撃したわけではない。ミルズから見ると、マルクス主義は経済的な側面しか考えず、商業主義の支配に伴う社会的・文化的な問題に対処できていなかった。

次に、ミルズは合理化の行き着く先にある官僚的中産階級(ホワイトカラー)の出現に目を向けた。20世紀半ばまでに、アメリカの中産階級は生産

誰もが自分の方法論を持ち、
誰もが自分の理論を持てばいい。
チャールズ・ライト・ミルズ

チャールズ・ライト・ミルズ

2008年の金融危機後、自動車産業の苦境で荒廃したデトロイトの街。しかし労働者たちが自らの窮状とパワーエリート（労組の幹部を含む）の行為を結びつけることはなかった。

過程から切り離され、職人の持つ伝統的な価値観と絶縁し、果てしない合理化のなかで人間性を失っていた。彼らは物欲に取りつかれ、知的にも政治的にも社会的にも無関心で、自分たちの暮らす環境をコントロールしようとしない「陽気なロボット」と化していた。

労働者階級が自滅し、中産階級も無能だとすれば、社会を支配するのは誰か。「パワーエリート」だ、とミルズは考えた。経済的な富を独占する資本家に加え、軍事力や政治力も独占する特権集団である（これには労働者を支配する組合幹部も含まれた）。合理性が支配する時代に決定権を持つのは資本家だとウェーバーは考えたが、半世紀後のミルズは軍部や政治家も巻き込んだ新たな支配階級の出現に気づき、時代は近代から「第4の時代」に移行

個人の暮らしも社会の歴史も、
その両方を理解してこそ
初めて理解できる。
チャールズ・ライト・ミルズ

したと論じた。自由と社会の進歩をもたらすはずだった合理化のプロセスが、ますます負の影響を強める時代の到来である。

こうした変化に、欧米型のリベラルな民主主義が対処できないのは明らかだったし、共産圏のマルクス主義も同様に無力だった。なぜか。ミルズによれば、問題は「大衆社会」における庶民が、一部エリートによる政治的・社会的権力の独占が自分たちの暮らしに及ぼす影響に気づかない点にある。大衆は日々の暮らしに忙しく、わが身に降りかかる出来事を社会全体の変化と結びつけて理解する余裕はない。失業、ホームレス化、借金地獄。そんな個々人のトラブルを、社会全体の歴史的変化の文脈で捉えようとはしない。ミルズの見るところ、大衆は「人と社会、自分史と歴史、自己と世界の相互作用を理解するのに必要な精神的素質」、つまり「社会学的想像力」を持ち合わせていなかった。

この社会学的想像力の欠如がパワーエリートの台頭を許した。そう考えるミルズは著書『社会学的想像力』(1959)で、批判の矛先を社会学や社会科学全般に向けた。一般の人が自分のトラブルを社会問題の文脈で捉えるのは困難だから、社会学者が率先して彼らを啓蒙し、鼓舞し、必要な知識や情報を提供すべきだ。ミルズはそう論じた。

社会はどうあるべきか

アカデミックな学者たちは日々の出来事に疎く、社会変革に関わるよりも壮大な理論の構築に腐心するばかりだ。ミルズはそう批判した。知識はみんなの役に立つべきであり、率先して行動を起こすのは社会学者の義務だと信ずるミルズは、今こそ大学という「象牙の塔」を出て民衆に語りかけ、社会の変革と個人の生活改善に役立つ知

識を届け、みんなが政治や社会の問題に関わるよう促すべきだと説いた。

その主張は社会科学のあり方にも疑問を突きつけた。当時の社会科学者はもっぱら中立的な観察者に徹し、社会や政治、経済の仕組みを客観的に記述・分析すればいいと考えていた。しかしミルズは、合理化の進展と一部エリートへの権力集中が個人の暮らしに及ぼす影響を暴くのも社会科学の役目だと論じた。そして社会を「あるがまま」に記述する客観的な研究に満足せず、社会学的想像力を駆使して、社会が「どうあるべきか」を考察すべきだと考え、財界や政界のエリートに代わって知的エリートが実質的に権力を掌握すべきだと主張した。

孤独な先駆者

当然のことながら、こうした批判は学界から敵意をもって迎えられ、ミルズは孤立することになった。階級闘争の質が変わり、新しい時代に突入した

無料のスープ店で順番を待つ失業者たち。ともすれば失業者は自分を責めがちだが、社会学的想像力を与えれば失業の社会的原因や結果に気づくことだろう。

という主張もほとんど受け入れられなかった。保守派の学者たちは、軍部と財界、政界のエリート層への権力集中（パワーエリートの出現）という概念も拒絶した。冷戦の時代には、ソ連（現ロシア）の全体主義に対抗するには権力の集中が不可欠と信じられていたからだ。

それでも彼の著作は広く読まれ、学界の外では一定の影響力を持った。「赤狩り」の暗黒時代を生き延びたアメリカの哲学者や知識人たちは、とりわけミルズの「パワーエリート」論に共感した。またミルズが1960年に発表した「新左翼への手紙」は、伝統的なマルクス主義と一線を画す新左翼の社会運動に刺激を与え、ドイツのヘルベルト・マルクーゼのように新左翼的なアプローチを採用する社会学者も登場した。

彼の思想は総じて時代の一歩先を行っていた。しかも1962年に早すぎる死を迎えたので、生前に評価が高まることはなかった。しかし1960年代のカウンターカルチャー（反体制文化）やミシェル・フーコーらの思想を先取りしていたのは事実。フーコーの権力観は、驚くほどミルズのそれに似ている。

終わりの見えない「対テロ戦争」や2008年に世界を揺るがせたアメリカ発の金融危機は、私たち一人ひとりの暮らしがいかに社会全体の大きな変化に左右されるかを思い知らせてくれた。■

チャールズ・ライト・ミルズ

独立心旺盛で徹底して権威に反抗したチャールズ・ライト・ミルズだが、そうした自分の性格には生い立ちが関係していると語ったことがある。子ども時代には親の都合で引っ越しが多く、孤独で寂しい思いもしたからだ。生まれはテキサス州ウェイコ、長じてテキサスA&M大学に学んだが、校風を息苦しく感じて1年で退学。テキサス大学オースティン校に転じて社会学を修め、哲学の修士号を取得した。才気煥発だが気難しい学生だったようで、ウィスコンシン大学では指導教官と対立し、博士論文の修正を拒んだ。1942年にどうにか博士号を取得したころにはメリーランド大学に籍を置き、博士論文の指導教官だったハンス・ガースと共著で『マックス・ウェーバー──その人と業績』を発表していた。

1945年にはグッゲンハイム財団の助成を得て名門コロンビア大学へ移り、ようやく安定を手にした。徹底した権威批判ゆえ学界の主流にはなりえなかったが、世間一般の評価は高かった。しかし1962年に心臓発作で死去。まだ45歳の若さだった。

主な著作

1948年　『新しい権力者──労働組合幹部論』
1956年　『パワー・エリート』
1959年　『社会学的想像力』

普通でない出来事に向けられてきた注意を、最もありふれた行為に向けよ
ハロルド・ガーフィンケル（1917年〜2011年）

背景知識

テーマ
エスノメソドロジー

歴史に学ぶ

1895年　エミール・デュルケームが『社会学的方法の規準』で、社会科学にも厳格な科学的方法論が必要と説いた。

1921〜22年　マックス・ウェーバーの「方法論的個人主義」が遺稿集『経済と社会』で詳述された。

1937年　タルコット・パーソンズが『社会的行為の構造』で社会理論の統合を試みた。

1967年　ハロルド・ガーフィンケルが『エスノメソドロジー』を上梓。

1976年　アンソニー・ギデンズが『社会学の新しい方法基準』で、エスノメソドロジーの概念を社会学の主流に押し上げた。

社会構造は一握りの一般的ルールによる**トップダウン**で決まるものではない。

むしろ日々の小さな交流や相互作用の積み重ねで、**ボトムアップ**でルールが作られる。

こうしたルールは、社会構造や制度よりも、日常生活における自発的な行動のなかに見いだされる。

普通でない出来事に向けられてきた注意を、最もありふれた行為に向けよ。

アメリカの社会学者タルコット・パーソンズは1930年代に、社会学の諸学派を統合して単一の理論を打ち立てようと考えた。そして1937年の著書『社会的行為の構造』で、マックス・ウェーバーやエミール・デュルケームらの考えを総合して社会学の普遍的方法論を提示しようと試みた。第二次世界大戦後の一時期まで、この考え方にはかなりの賛同者がいた。

その一人が、ハーバード大学でパーソンズに学んだハロルド・ガーフィンケルだ。ただし彼は社会学の「一般理論」構築という壮大な夢を追わず、社会の変化よりも社会秩序のルーツを探れというパーソンズの教えに刺激を受け、とりわけ科学的な人間観察の方法論にこだわった。

秩序は下から

社会秩序のルーツを探るなら「トップダウン」より「ボトムアップ」のア

社会学の成り立ち

参照　エミール・デュルケーム 34-37　■　マックス・ウェーバー 38-45　■　アンソニー・ギデンズ 148-49　■
アーヴィング・ゴッフマン 190-95, 264-69　■　タルコット・パーソンズ 300-01

プローチがいいと、パーソンズは考えていた。つまり、できあがった（上層=トップにある）社会組織や制度よりも、まずは日常的でミクロな（底辺=ボトムにある）人々の交流や相互作用に目を向けろということだ。

ガーフィンケルはさらに踏み込んで、従来の社会学的アプローチに代わる手法を考案し、これを「エスノメソドロジー」と名づけた。社会秩序を支える諸ルールは、さまざまな状況に対応して人がどう振る舞うかの積み重ねで作られるのであり、そうした日常の相互作用の観測によってこそ社会秩序のメカニズムを解明できると考えたのだ。

規範は破ってこそ分かる

ガーフィンケルの提唱した実験手法に「違背実験」というのがある。社会の規範（社会生活を成り立たせる上で

> 手続きとしては、
> まずは見慣れた光景から始め、
> その秩序を乱すには
> どうすればいいかを問う。
> それが私の好みだ。
> **ハロルド・ガーフィンケル**

不可欠だが、たいていは自覚されていないルール）を暴き出すための実験だ。たとえば、自分の両親に向かって「ミスター○○」「ミセス○○」などと呼びかける（あるいは単なる下宿人のような振る舞いをする）のは規範破り（違背）の行為であり、相手はたいてい動揺したり怒ったりする。しかし、そうした反応を誘発することで、無自覚だった規範があぶり出される。

こうしたエスノメソドロジーの手法は、在来の社会研究方法の欠陥を浮かび上がらせた。ガーフィンケルによれば、従来の社会学者は具体的な事例をもって理論の証明とする一方、同じ理論で個々の事例を説明してきた。これでは堂々巡りだ。むしろ社会学者は個々の事例をそれ自体として観察すべきであり、理論の構築など考えてはいけないとガーフィンケルは言う。

ガーフィンケルの『エスノメソドロジー』が出たのは1967年のこと。当時は正統を拒絶する「代替」思想が人気だったから、彼の難解な主張にも支持者はたくさんいた。もちろん当時の学界主流には受け入れられなかったが、20世紀末までには評価も落ち着き、今やエスノメソドロジーは社会学に新たに加わった研究方法と認知されている。■

ハロルド・ガーフィンケル

米ニュージャージー州ニューアークの生まれ。ニューアーク大学で経営学と会計学を学び、ノースカロライナ大学で修士号を取得。そのころから執筆活動を始め、短編小説が1941年の『ベスト短編小説集』に収録されたこともある。

第二次世界大戦に非戦闘員として従軍した後、ハーバード大学でタルコット・パーソンズに師事、博士号を取得。プリンストン大学とオハイオ州立大学で教鞭を取った後、1954年にはカリフォルニア大学ロサンゼルス校に移り、1987年に退官した後も名誉教授として教壇に立ち続け、2011年に死去。

主な著作

1967年　『エスノメソドロジー──社会学的思考の解体』

2002年　『エスノメソドロジーのプログラム』

2008年　『社会学的情報理論序説』

整然とした行列。それは暗黙の了解で生み出された組織の形であり、その根底には語られざる社会的なルールがある。

権力あるところに
抵抗あり
ミシェル・フーコー（1926年〜1984年）

背景知識

テーマ
権力と抵抗

歴史に学ぶ

1848年 カール・マルクスとフリードリッヒ・エンゲルスが『共産党宣言』で、資本家階級による労働者階級の抑圧を暴いた。

1883年 フリードリッヒ・ニーチェが『ツァラトゥストラかく語りき』で「力への意志」の概念を提示。

1997年 ジュディス・バトラーが『触発する言葉──言語・権力・行為体』で、フーコーの「権力‐知」の概念を発展させ、検閲やヘイトスピーチについて論じた。

2000年 イタリアのマルクス主義思想家アントニオ・ネグリとアメリカのマイケル・ハートが『〈帝国〉──グローバル化の世界秩序とマルチチュードの可能性』を著し、国民国家の枠を越えたグローバル帝国の出現を論じた。

社会秩序を維持し、あるいは変更する権力については、しばしば政治や経済の文脈で語られてきた。1960年代までの権力論はたいてい、政府や国が国民に行使する権力に関するものか、資本家と労働者という階級間の権力闘争に関するマルクス主義の議論だった。しかしどちらもマクロなレベルの権力を論ずるだけで、ミクロで低いレベルでの力関係については無視するか、マクロな権力行使の結果と見なしがちだった。

社会学の成り立ち

参照 カール・マルクス 28-31 ■ マックス・ウェーバー 38-45 ■ チャールズ・ライト・ミルズ 46-49 ■ ヘルベルト・マルクーゼ 182-87 ■ エーリッヒ・フロム 188 ■ ユルゲン・ハーバーマス 286-87

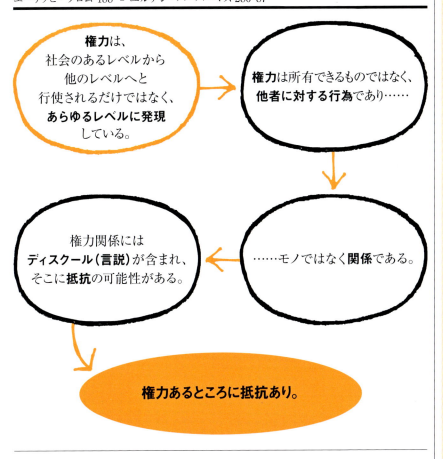

ミシェル・フーコー

フランス中西部のポワチエに生まれ、パリの高等師範学校で哲学と心理学を学んだミシェル・フーコーは博学の人で、社会学はもとより哲学、心理学、政治学、文芸批評の分野でも活躍した。しばしば構造主義やポスト構造主義との関連で語られるが、本人はそういうレッテルを嫌っていた。1950年代にはスウェーデンやポーランド、ドイツで教鞭を取り、1959年に博士号を取得。1966〜68年はチュニジアで教壇に立ち、帰国後はヴァンセンヌ大学の哲学主任教授に任じられ、2年後にはコレージュ・ド・フランスの哲学教授にも選ばれた。1984年にエイズ関連の感染症で死去。

主な著作

1969年 『知の考古学』
1975年 『監獄の誕生』
1976〜84年 『性の歴史』（全3巻）

しかしミシェル・フーコーは、そうした単純な権力論では現代の民主的な社会を理解できないと考えた。権力は国家や資本家だけが行使するものではなく、社会のあらゆるレベルに（個人間にも集団・組織内にも社会全体にも）認められる、つまりフーコー自身の言葉によれば「権力はどこにでもあり、どこからもやってくる」。また、権力は（武器と同様に）所有できるものだという伝統的な見方も退けた。フーコーによれば、所有できるのは権力を行使する能力（権能）であり、それは何らかの行為を伴ってこそ権力となる。つまり権力は（誰かの所有物ではなく）他者に働きかけ、他者の行為に影響を与える行為そのものだ。

権力関係

権力をモノではなく「関係」と見なすフーコーは、近代社会のあらゆるレベルに見られる力関係の検証を通じて、権力の本質を解明しようとした。力関係は個人とその人の暮らす国家の間にも存在するが、その人とその雇用主、その子どもたち、所属する組織な

どとの間にも別な力関係が成立している。フーコーは権力が社会秩序を形づくる主要な要因であり、今後もそうであることを認めつつ、力関係の本質が中世から今日までにいかに変化してきたかを論じた。たとえば彼の言う権力の「君主的」行使（残虐な公開処刑など）は、封建社会の支配者が臣民に服従を強いるための手段だった。しかしヨーロッパが啓蒙の時代に入ると、暴力や力ずくの統治は人道に反するとされ、そもそも権力行使の方法として有効ではないと考えられるようになった。

監視と統制

　苛酷な肉体的懲罰に代わって登場したのが、もっと浸透力のある（痛みを伴わず誰にも受け入れやすい）統制の手段、すなわち規律と訓練である。刑務所や収容所、病院、学校などの制度が導入され、権力の行使は単なる懲罰から服従の訓練へと変わり、そこで強調されたのは人々が特定の行動に走るのを防ぐことだった。そうした施設は人が犯罪行為に走る機会を奪うだけでなく、人の行動を矯正し、規制し、さらには監視し統制することも可能にした。

　とりわけ監視は、近代社会における権力行使の方法の進化において重要な意味を持つ。フーコーが注目したのは、イギリスの功利主義哲学者ジェレミー・ベンサムの考案した「パノプティコン」なる刑務所のプランだ。1つの監視所ですべての囚人の行動を24時間監視できるすぐれて効率的な刑務所。どの房も後ろから照明を当てられているので、監視所からは丸見えで、囚人は隠れようがなく、常に監視されている恐怖に囚われ、自発的に規律を守るようになる。もはや権力の効果的な行使に服従の強制は必要ない。人々が率先して規律を守るようになるメカニズムを確立すればいいからだ。

> フーコーの『性の歴史』は権力からの完全な解放を夢見ることへの警鐘だ。権力からの完全な解放などありえない。
> ジュディス・バトラー

行動の規制

　こうした権力行使のメカニズム（フーコーの言う「権力のテクノロジー」）は、今や現代社会にしっかり組み込まれている。社会の規範は強制力によって課されるのではなく、むしろ「牧師（司牧）的」な力の行使によって生み出され、人々の行動を導くものとなる。国や政府が人々に特定の振る舞いを強制し、あるいは禁止するのではなく、社会の構成員がさまざまなレ

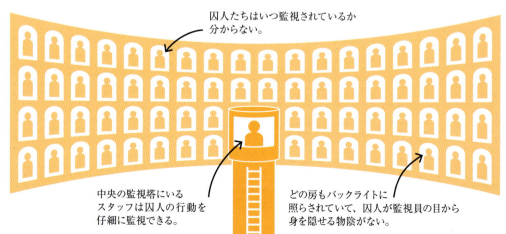

「パノプティコン」はベンサムの考案した監獄のプランで、フーコーに言わせれば究極の監視装置だ。常時監視が可能なので、囚人たちは進んで自らの行動を律するようになる。フーコーによれば、刑務所だけでなく上下の階層構造を持つ組織（病院、工場、学校など）はすべて似たような方向に進化してきた。

囚人たちはいつ監視されているか分からない。

中央の監視塔にいるスタッフは囚人の行動を仔細に監視できる。

どの房もバックライトに照らされていて、囚人が監視員の目から身を隠せる物陰がない。

社会学の成り立ち

フランス語の"pasteur"は「牧師」であり「羊飼い」でもある。フーコーの「牧師的」な力という表現はこのアナロジーを用いている。

ベルで力関係の複雑なシステムに参加し、お互いの行動を規制し合う。

こうした規範の浸透力は、社会が人々の態度や信念、習慣など（フーコーの言う「言説」）をどこまでコントロールできるかで決まる。どんな社会であれ、その信念システムは人々が一定の見解を受け入れることで生まれ、そうした見解が社会に刻印され、何が善で何が悪か、何が普通で何が異常かを定義するところまで強化される。

言説の支配

言説は常に強化される。それが権力の道具であると同時に効果でもあるからだ。言説は人々の思考や行動をコントロールし、結果として社会の信念システムを固めていく。何が善で何が悪かを決めるのは言説だから、それは「真理の体制」であり、一見したところ誰にも否定できない共通の知の体系となる。

フーコーは「知は力なり」という言い方にも異議を唱え、両者の関係はもっと微妙なものだと考えて「権力－知」という造語を当てた。つまり、知は権力を生み出すが、権力によって生み出されもする。どのような知を受け入れ、何を真実として提示し、どのような知を排除するか。それをコントロールすることが権力の行使なのであり、その一方で受け入れられた知（言説）は権力行使のプロセスで生み出されてもいく。

かつては人々に特定の行動を強制・強要するために権力が用いられたが、この「権力－知」関係は目に見える形の（警察や裁判所などの）装置や機関を伴わない。しかも浸透力が強いから、どうにも抵抗のしようがないと思えてしまう。実際、フーコーによれば政治的抵抗（革命など）が社会の変化につながる保証はない。なぜなら、それは国家権力と闘うだけで、今の社会で権力が行使されている日常的な場面には及ばないからだ。

言説は権力を伝え、
権力を強化するが、
それを傷つけたり
暴いたりもする。
ミシェル・フーコー

それでも抵抗は可能だ、とフーコーは考える。言説それ自体に抵抗すればいい。言説には別な言説で対抗できるからだ。特定の言説に従うという人々の共謀に依拠する権力は、少なくとも人々にある程度の自由を認めている。言説が権力の道具となるためには、その権力に従う人々を権力関係に参加させる必要があるからだ。そしてフーコーによれば、権力関係のあるところには必ず抵抗の可能性がある。抵抗がないなら、そもそも権力行使の必要はないからだ。

今も分かれる評価

こうした「権力－知」や「言説」の概念は難解で、同時代の学者からは恣意的であいまいなものと拒絶されることが多かった。それでもフーコーの講義や著作は大変な人気となり、『監獄の誕生』や『性の歴史』で展開された権力の概念はその後、社会学の主流にもある程度まで受け入れられたし、言説の分析はさまざまな分野で行われてきた。■

ジェンダーは、言ってみればオリジナルのない模倣だ

ジュディス・バトラー（1956年〜）

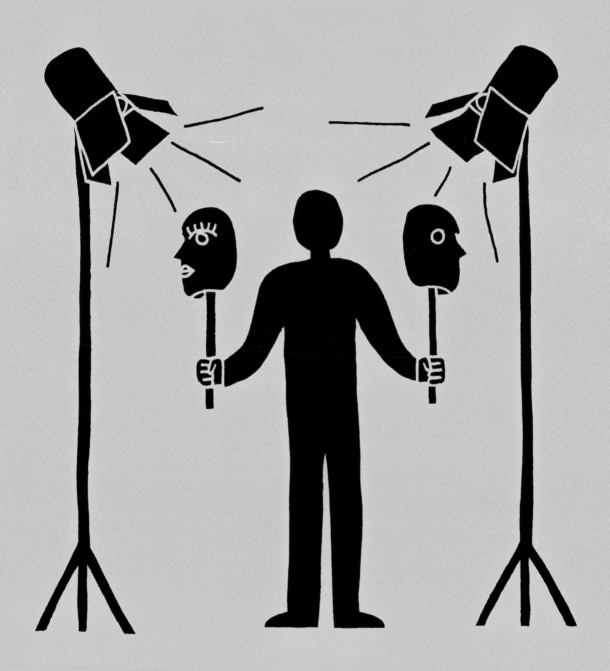

ジュディス・バトラー

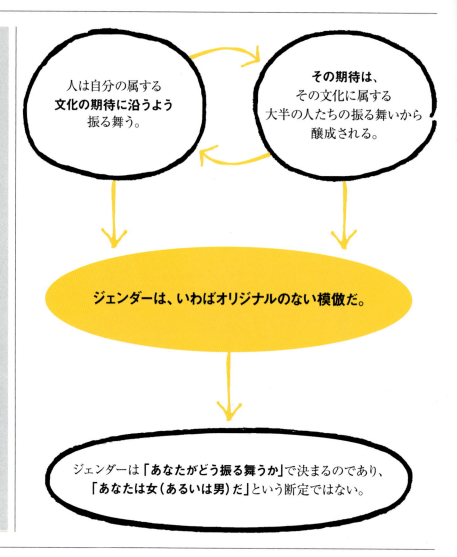

背景知識

テーマ
ジェンダーを演じる
（ジェンダー・パフォーマティビティ）

歴史に学ぶ

1905年 精神分析の祖ジークムント・フロイト（オーストリア）が『性理論三篇』で幼児の性欲について論じた。

1951年 フランスの精神分析学者ジャック・ラカンがパリで定例セミナーを始め、フロイトの「性的欲動」についての考察を深めた。

1970年代半ば ミシェル・フーコーが『監獄の誕生』で懲罰の体制を、『性の歴史』で性と権力、性的規範の形成を論じた。

1996年 スティーブン・サイドマンが『クィア理論と社会学』で、クィア理論を社会学的に考察した。

ジェンダーや性の問題が社会学の対象となったのは、第二次世界大戦後のことだ。先鞭をつけたのはフランスの思想家シモーヌ・ド・ボーヴォワール、1949年の著書『第二の性』で「人は女として生まれるのではない、女になるのだ」と宣言した。これに触発されて生まれたのが、1960〜80年代を席巻した「第2波」のフェミニズム運動だ。ボーヴォワールは生物学的な性別としてのセックス（性）とジェンダー（女性的または男性的であることを強いる社会的な力）を区別し、社会におけるジェンダーの役割を再検討する道を開く一方、女性解放運動の草分けともなった。

人類学者の仕事も欧米社会のセックス観に影響を与えた。たとえばマーガレット・ミードは南太平洋の島々や東南アジアに暮らす部族を調査し、男女間における行動の違いの多くは（生物学ではなく）文化で決まることを示した。発表された当時（1930年代）は衝撃をもって迎えられたが、戦後世代の研究者たちは前向きに受け止め、従来はタブー視されていたテーマ（乱交や浮気など）にも取り組み、そうした行動を「逸脱」として片づけず、社会現象として考察するようになった。

常識を覆す

欧米社会の常識的なセックス観に挑む戦いの先頭にはミシェル・フーコーがいた。権力は社会規範の刷り込みによって行使されるという持論にもとづき、1976年刊の『性の歴史』では、

社会学の成り立ち

参照　ミシェル・フーコー 52-55, 302-03 ■ マーガレット・ミード 298-99 ■ アドリエンヌ・リッチ 304-09 ■ ジェフリー・ウィークス 324-25 ■ スティーブン・サイドマン 326-31

> ジェンダーは模倣であり あるジェンダーを引き受けるということは、実際には誰も体現していない理想を模倣することだ。
> **ジュディス・バトラー**

ジェンダーのみならずセクシュアリティも文化によって形成されると論じた。ジェンダーの問題を初めて世に問うたのはボーヴォワールだが、フーコーはさらに進んで性的指向の問題も取り上げ、性的行動のすべてを社会との関連で論じようとした。

そのフーコーに続く世代が育ったのは、欧米社会の性的規範が緩み始めた時代だった。「フリーラブ、フリーセックス」の60年代があり、同性愛が（差別的にではあれ）認知されるようになり、女性解放運動の流れでセックスの解放も叫ばれた。

ジェンダー・アイデンティティ

そうした戦後世代を代表するのがアメリカのジュディス・バトラーだ。ジェンダーは社会的構築物だというボーヴォワールの主張に共感しつつも、バトラーは当時のフェミニズムに不満を抱いていた。ジェンダー論を掘り下げようとせず、男と女という紋切り型の分類から抜け出せずにいたからだ。彼女にとってのジェンダーは男性性と女性性といった単純なことではなく、セクシュアリティも同性愛か異性愛かの単純な問題ではなかった。ジェンダーもセクシュアリティもそんな二項対立で捉えてはいけないし、人が信じてい

ゲイ・プライドのデモ行進は1971年に初めてアメリカで行われ、同性愛差別に抗議し、セクシュアリティは男と女の間だけに存在するものではないと宣言した。

ジュディス・バトラー

1990年代から一貫してフェミニズムやジェンダー研究を牽引するかたわら、反戦・反資本主義・反人種差別の運動にも積極的に関わっている。アメリカ中部オハイオ州の生まれで、両親はロシア系とハンガリー系のユダヤ人。名門イェール大学に学び、1984年に博士号を取得。各地の大学で教えた後、93年にカリフォルニア大学バークレー校に移り、98年からは修辞学・比較文学担当の教授。2012年にテオドール・アドルノ賞を受賞。自身もレズビアンで、パートナーは政治学者のウェンディ・ブラウン。

主な著作

1990年	『ジェンダー・トラブル──フェミニズムとアイデンティティの攪乱』
1997年	『触発する言葉──言語・権力・行為体』
2005年	『自分自身を説明すること──倫理的暴力の批判』

> オリジナルってものがすべて何かに由来すると気づいたらきっと笑ってしまう。
> ジュディス・バトラー

るほど固定的なものでもない。むしろ流動的で、そこにはもっと多様なジェンダー・アイデンティティが含まれるはずだ。

そう考えるバトラーは、セックスもジェンダーも（生物学ではなく）文化で決まると主張した。なぜならジェンダーは「人がそうである何かではなく、人がそうする何か、……『あること』ではなく『すること』」だからだ。

従来、ジェンダー（女性性または男性性）は個人の生物学的な性別（女か男か）に由来し、それぞれの属する社会の規範に従うものと考えられてきた。しかしバトラーは、ジェンダー・アイデンティティを固定的に捉える考え方に異議を唱えた。彼女によれば、私たち自身の振る舞い（ジェンダーの演技）が私たちのジェンダーを決め、生物学的な性の見方も左右している。

人は自分の性に「ふさわしい」とされる振る舞いをしがちだが、そのとき人はジェンダー・アイデンティティに関する社会の（女／男ならこう振る舞うべきだという）規範を模倣し、実際には存在しない役を演じているにすぎない。そこに「女／男」であることの

オリジナルな規定はなく、オリジナルとされるものも別な何かに由来している。それでも女に生まれた人は「女らしく」振る舞い（たとえば男と結婚したいと思い）続け、女なら男とセックスするのが当然と思い込んでしまう。

しかしそれは、バトラーによれば「ジェンダーの演技（アクト）」にすぎない。女／男らしい装いをし、らしい振る舞いをし、らしい性行為をし、らしいセックス相手を選ぶ。そうした演技の数々を通じて、私たちは自分が女／男だと思い込む。私たちの使う言葉さえも「らしさ」に関する規範を強化し、それに従って振る舞うよう強いる。

攪乱する演技

バトラーによれば、こうした演技の徹底した繰り返しがジェンダー・アイデンティティを形成し、ついには「演技者（私たち）自身がそれを信じ、信じたとおりに振る舞うようになる」。こうした性的役割の押しつけには、攪乱（常識の強要するジェンダーの演技に逆らった演技を意図的に行うこと）で対抗するのが一番だとバトラーは言う。わざと異性の服装をするなど、「ジェンダーの演技性」を有効に使えば社会規範に挑戦できるだけでなく、自分自身のジェンダー観やセックス観も変えることができる。もちろん、軽

ジェンダー・アイデンティティ。それは人に本来的に備わる何かではなく、行為や振る舞いの産物だとバトラーは言う。特定の行為を繰り返して演じ、社会の定めたタブーを受け入れるうちに、社会公認の性的アイデンティティが構築されていく。

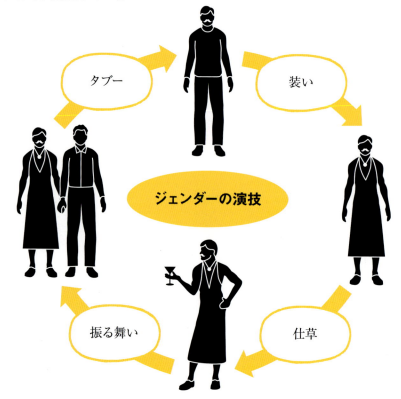

社会学の成り立ち

『プリシラ』(1994年)は2人の女装癖の男と1人の性倒錯者を主人公とするカルト的な映画。偏見を固定するだけと批判される一方、LGBTIの存在を堂々と描いた作品として高く評価する声もある。

い気持ちで試す(今日は男/女にしようかな、とか)のではいけない。本当の攪乱、ジェンダー演技を攪乱する行為であるためには、それを継続的に繰り返して行う必要がある。そうすれば社会の押しつけた性の規範にトラブルが起き、その人工性や根拠のなさが明らかになり、あらゆる性的アイデンティティ(ゲイ、レズビアン、バイセクシャル、トランスジェンダー、等々)が対等な権利を主張できるようになる。

変わるアイデンティティ

バトラーはセクシュアリティやジェンダー研究の問題領域を拡大し、後のクィア理論(男女の二項対立的な性規範を批判し、性規範を文化的に構築されたものと捉え直す考え方)への道を開いた。伝統的な男性性/女性性の議論にとどまらず、さまざまなセクシュアリティやジェンダー・アイデンティティを論ずることで、バトラーは性に対する私たちの見方が社会的に形成されることを明らかにした。

一方で彼女は活動家でもあり、そのジェンダー論の背景にはミシェル・フーコーの権力論があった。反復的・恒常的な特定の演技によって形成されるのは性的アイデンティティだけではなく、社会的・政治的な見解や態度も同様だと考え、そうした分野でも意図的で攪乱的な振る舞いを続けることで現状に対抗できると論じた。

その独創性と大胆さゆえ、バトラーには批判も多い。伝統的なフェミニズム研究者からの批判もあれば、性的規範をひたすら模倣する人には自由意志がないのか(実際には自分の意志で規範を破っている人が少なからずいる)という反論もある。

しかし批判する人より賛同する人のほうが多いのも事実で、社会学におけるジェンダーやセクシュアリティの研究にバトラーが与えた影響は大きい。彼女の功績か単にタイミングがよかったのかは別として、少なくとも欧米諸国では多様なセクシュアリティに寛容な人が増えていて、今や一部の国では同性カップルやLGBTI(レズビアン、ゲイ、バイセクシャル、トランスジェンダー、インターセックス)の存在が世間一般にも大衆文化にも(ほとんど抵抗なく)受け入れられている。こうなると私たちの性的アイデンティティを左右する「ジェンダーの演技(アクト)」の意味も変わってくる。■

>
> 女装は(規範を)攪乱する。それはジェンダーが生み出される模倣の構造を明るみに出し、異性愛こそ自然だという主張に異議を突きつける。
> **ジュディス・バトラー**
>

この社会が
不平等を生み出す

はじめに

1830〜40年代 ハリエット・マルティノーがアメリカでの黒人や労働者、**女性に対する差別**を批判。

1848年 カール・マルクスとフリードリッヒ・エンゲルスが『共産党宣言』で**階級闘争への決起**を呼びかけた。

1906年 マックス・ウェーバーが、民族集団の差別化は生物学的差異ではなく、**その社会に特有な世界観**によって生じると論じた。

1948年 国連総会で「**世界人権宣言**」が採択された。

1972年 リチャード・セネットとジョナサン・コブが『階級の見えない傷』で**階級意識の負の影響**を検証した。

1845年 フリードリッヒ・エンゲルスが『イギリスにおける労働者階級の状態』で、労働者の**抑圧と搾取**の実態を暴いた。

1903年 W・E・B・デュボイスが『黒人のたましい』で、アメリカ黒人への**人種的偏見**がいかに社会的に生まれたかを論じた。

1920年 マックス・ウェーバーが、近代社会では経済的な富と社会的な地位、政治的な力による**3つの階層**があると指摘した。

1964年 アメリカで公民権法が成立。人種や肌の色、宗教、性別、国籍などを理由とする**差別を禁じた**。

啓蒙思想と産業革命の技術革新から生まれた近代は、繁栄だけでなく公正な社会の到来を約束した。少なくともヨーロッパでは君主や貴族、教会の絶対的な権威が否定され、旧来の思想信条は台頭する合理的思考や科学的思考に取って代わられた。また技術革新はさまざまな職業に機械化をもたらし、新たな産業が生まれ、富が増加し、働く人々の生活も改善されるという希望が生まれた。

階級意識

しかし、現実の近代的な工業社会はユートピアとは程遠かった。19世紀ともなれば少なからぬ人々が、この進歩に伴う代償は重く、そのバラ色の約束の多くは果たされないことに気づいた。公正・公平な社会どころか、近代社会は新たな不平等を生み出していた。

こうした現実を研究した先駆者の一人が、工場で搾取される労働者に注目したフリードリッヒ・エンゲルスだ。エンゲルスはカール・マルクスとともに、資本家ばかりが潤う資本主義が労働者を抑圧していると論じた。

マルクスとエンゲルスは、近代社会の抱える問題を物質的・経済的側面から捉え、労働者階級（プロレタリアート）と資本家階級（ブルジョアジー）の分断が不平等の元凶だと見なした。

その後の社会学者たちは階級間の不平等を認めつつも、階級（階層）は経済的なものだけではないと考えた。たとえばマックス・ウェーバーは、経済力に加えて社会的地位や政治的立場による階層化も想定した。階級の存在と階級意識の問題は、その後も社会的不平等に関する研究で重要な位置を占め、ピエール・ブルデューの「ハビトゥス」のような概念をもたらした。

人種・民族による差別と抑圧

エンゲルスとマルクスは階級間の経済的な格差に焦点を絞ったが、社会の不公正に苦しむのは労働者階級だけではないと気づく社会学者もいた。

この社会が不平等を生み出す

イライジャ・アンダーソンが『街角に生きる黒人たちの研究』で、**黒人であることのスティグマと、なぜ彼らがゲットー（貧民街）に集まるのか**を検証した。

1978年

ピエール・ブルデューが**「ハビトゥス」**の概念を提唱し、無意識的な習慣などと社会集団への帰属意識の関係を論じた。

1979年

ポール・ギルロイが『ユニオンジャックに黒はない』で国家や民族、文化の固定的なアイデンティティが**人種差別を助長する**と批判した。

1987年

シルヴィア・ウォルビーが『家父長制の理論』で**家父長制の社会構造**と、それが女性を搾取するシステムを暴いた。

1990年

1978年

エドワード・サイードが『オリエンタリズム』で、西洋に根強くある**東洋に対する固定観念**を批判した。

1979年

ピーター・タウンゼントが『英国における貧困』で、**貧困の定義は相対的であるべきだ**と論じた。

1984年

ベル・フックスが『ブラック・フェミニストの主張』で、女性・人種・階級に対する**抑圧の連鎖**を告発した。

1987年

R・W・コンネルが『ジェンダーと権力』で、「男らしさ」は**社会的に構築された概念**であり、家父長制的な社会を強化していると論じた。

2009年

リチャード・ウィルキンソンとケイト・ピケットが、世の中を動かすの**は富でなく社会的な平等だ**と論じた。

たとえばハリエット・マルティノーは、権利の平等という啓蒙主義の理想と近代社会の現実のギャップを指摘した。彼女はアメリカを旅して奴隷制度の現実を目の当たりにし、自由を大事にする民主主義の下でも女性や少数民族、労働者などが社会の本流から排除されている現実を告発した。こうした複雑な差別・抑圧の構図には後のベル・フックスも言及している。

やがて奴隷制は廃止されたが、真の解放は訪れなかった。20世紀に入っても、アメリカは黒人に選挙権を与えず、政治から排除し続けた。奴隷制と植民地主義の落とし子である黒人差別は、アメリカだけでなくヨーロッパにも根強く残り、今日に至っている。W・E・B・デュボイスをはじめとする社会学者はヨーロッパ系白人の牛耳る欧米先進諸国における民族集団の地位を考察し、とくに人種と社会的不平等の関係に注目した。その流れは、黒人とゲットー（隔離された貧民街）の関係を研究したイライジャ・アンダーソン、西洋による歪んだ「東洋」観を分析したエドワード・サイード、近代の多文化社会においていかに人種差別を撲滅するかを探求したポール・ギルロイらに受け継がれている。

ジェンダーの平等を求めて

女性もまた苦難の末に参政権を得たが、家父長制的な社会において今もさまざまな差別を受けている。「第1波」のフェミニズムは100年以上かけて女性参政権の獲得に成功したが、第二次世界大戦後の第2波フェミニズムはジェンダーにもとづく差別・不公正が現代社会に深く根を張っている事実を暴き、その克服の道を探ってきた。

シルヴィア・ウォルビーは、女性を抑圧し続けている経済的・政治的な要因を単に追究するのではなく、社会の家父長制的構造を維持している社会制度の包括的な分析を試みた。一方、R・W・コンネルは「男らしさ」に関する固定観念や社会的規範が家父長制的な社会を強化していると論じた。■

私はブルジョアジーを社会的殺人の罪で強く非難する

フリードリッヒ・エンゲルス
（1820年〜1895年）

ドイツの哲学者フリードリッヒ・エンゲルスは、1842年から44年までをイギリスの工業地帯で過ごし、工業化が労働者やその子どもたちに与える悪影響を目の当たりにした。ブルジョアジー（資本家階級）は労働者に「苦しく貧しい暮らしを強いているのを承知で……それを改善しようともしない」。エンゲルスはそう訴えた。そして労働者の早すぎる死を招いているブルジョアジーが、状況を変えられる立場にありながら目を背けていることを「社会的殺人」と呼んで非難した。

産業革命の発祥地であるイギリスは、1840年代には文字どおり「世界

背景知識

テーマ
階級間の搾取

歴史に学ぶ

1760年 「飛び杼(ひ)」の発明（1733年）によりイギリスの繊維業界に革新が起き、産業革命が始まった。

1830〜40年代 イギリスで鉄道網が急速に拡大し、人、物、資本の移動を容易にした。

1844年 ジェームズ・グラハムの「工場法」により、イギリスの工場で働く労働者の最低年齢が8歳に引き下げられた。

1848年 マルクスとエンゲルスが『共産党宣言』を発表した。

1892年 ジェームズ・ケア・ハーディが社会主義者として初めて英国議会に選出された。

1900年 イギリスの労働者と労働組合の利益を代表する政党として労働党が誕生した。

1840年代、マンチェスターの**労働者居住地域の死亡率**は「最上流階級」の居住地域にくらべて68%も高かった。

↓

資本主義社会は労働者に、**不健康な生活環境と不安定な賃金、心身の疲労**を強いている。

↓

社会がそうした境遇に人々を追いやり、**早すぎる惨めな死**を招いているならば、それは殺人に等しい。

↓

私はブルジョアジーを社会的殺人の罪で強く非難する。

この社会が不平等を生み出す

参照　カール・マルクス 28-31　■　ピーター・タウンゼント 74　■　リチャード・セネット 84-87　■　マックス・ウェーバー 220-23　■
ハリー・ブレイバーマン 226-31　■　ロバート・ブラウナー 232-33

の工場」となっていた。その現場に立ち会うことで、エンゲルスはイギリスで進行しつつある巨大な、しかし静かな変化に気づいた。

工業化（大量生産）で物価は下がり、割高な職人仕事の需要は減った。やむなく人は仕事を求めて都市部へ移動したが、そこで待っていたのは劣悪な環境と不安定な収入。産業資本主義の経済には景気の変動がつきまとい、労働者の雇用は不安定だったが、資本家は労働者を使い捨てることで、ますます富を蓄えていった。

工業化のもたらしたもの

エンゲルスは最初の著作『イギリスにおける労働者階級の状態』において、マンチェスターやロンドン、ダブリン、エディンバラの労働者階級の過酷な暮らしぶりを描いた。どの都市も状況は似ていた。通りは排泄物の水たまりができて不衛生で、皮革のなめし工場から出る動物の腐敗臭が充満していた。コレラが大流行し、結核やチフスも蔓延した。労働者は一室だけのアパートや、家主が安く上げるために古い用水路の脇に建てた小屋の地下室に押し込まれ、衛生や健康への配慮は皆無だった。これが「イギリス第2の都市、世界第1の産業都市」であるマンチェスターの現状だと、エンゲルスは述べている。

労働者は力尽きるまで働かされ、怪我や寒さも防げない粗末な服を着ていた。手に入る食料は腐りかけた肉や萎れた野菜など、要するに資本家たちが捨てたものばかり。

職を失って収入が途絶えれば、この粗末な食事にもありつけなくなり、多くの労働者家庭が飢え始めた。そうして健康を害すれば、新たな雇用が生まれても再就職はできない。医者に行くお金もなく、家族全員が餓死することも少なくなかった。そんな労働者に必要な健康的な住環境、安定した雇用、そして適正な賃金を与えられるのは「その生死を決める力を持つ」資本家階級だけだ。エンゲルスはそう考え、今こそ資本家階級はこの社会の一つの階級を皆殺しにするような行動をやめるべきだと論じた。■

1840年代のイギリス労働者階級の家族。産業資本主義の下で彼らは社会的・経済的な困窮や健康被害に見舞われていた。

フリードリッヒ・エンゲルス

政治理論家にして哲学者でもあるエンゲルスは1820年にドイツで生まれた。工場経営者の父は、学校に通いたがらず家業にも就きたがらない息子に手を焼いた。エンゲルスは10代のときフリードリッヒ・オズワルドの筆名で論文を書き、左翼知識人との人脈を築いた。

その後、英マンチェスターにある父親の工場に勤務するなかで共産主義に傾斜し、1844年にパリを訪れてカール・マルクスと出会った。エンゲルスはマルクスの同志となり、財政的にも支援した。二人は『共産党宣言』を著し、1883年にマルクスが死去するまで活動を共にした。その後、エンゲルスは『資本論』の第2巻、第3巻を完成させる一方、自らも数多くの著作を発表した。

主な著作

1845年　『イギリスにおける労働者階級の状態』

1848年　『共産党宣言』

1884年　『家族・私有財産・国家の起源』

20世紀最大の問題は
カラーライン（肌の色による差別）だ
W・E・B・デュボイス（1868年〜1963年）

W・E・B・デュボイス

背景知識

テーマ
人種と民族

歴史に学ぶ

1857年 アメリカの連邦最高裁長官ロジャー・B・トーニーが、奴隷からの解放を求めるドレッド・スコットの訴えを退けた。黒人に市民権はなく、白人より劣等であるから平等には法律で保護されないとした。

1906年 マックス・ウェーバーが、民族集団は生物学的特徴によってではなく、集団内で共有される見方や習慣によって識別されると述べた。

1954年 アメリカの「ブラウン対教育委員会」裁判で、「分離すれど平等」の方針で黒人と白人の生徒を隔離した学校の設立は違憲との判決が出された。

1964年 公民権法が成立し、公共施設での隔離が違法となり、人種、肌の色、宗教、性別による差別が法的には撤廃された。

アメリカの南北戦争で南部の**奴隷が解放**される。

↓

政府が解放奴隷に**学校教育、自宅の所有権、銀行制度、法的救済制度を提供**する。

↓

それが白人の黒人への**憎悪**を募らせる。

↓

黒人は法的には自由を得たが、人種的偏見による**「社会の奴隷」**となる。

↓

偏見は法律では消せない。
20世紀最大の問題はカラーライン（肌の色による差別）だ。

19世紀末、アメリカの解放奴隷で社会改良家のフレデリック・ダグラスは、アメリカで続く黒人に対する偏見に心を痛めた。黒人は個人の所有物ではなくなったが、今や社会の奴隷になっているとダグラスは主張した。「この偏見とカラーライン（肌の色による差別）」は奴隷制の根強い名残であり、白人優位が職場や選挙、法廷、日常生活にはびこっているとした。

1903年にW・E・B・デュボイスは『黒人のたましい』を著し、カラーラインの概念について精査した。文学的にも学術的にも画期をなす同書は、南北戦争から1900年代初めにかけてのアフリカ系アメリカ人の立ち位置の変遷について、南部における黒人と白人の物理的、経済的、政治的関係から考察した。そして黒人と白人の機会や考え方の分断がなお残る状況を示して「20世紀の問題はカラーラインの問題だ」と結論づけた。

デュボイスはまず、白人は人種について露骨に語りたがらない代わりに、さまざまな形で偏見を実践していると指摘した。しかし、「厄介者になるのはどんな気持ちか」を本当は知りたがっているとした。

デュボイスは、その問いは白人の観点からしか意味をなさず、答えるのは難しいと考えた。黒人は自らを「厄介者」とは見なしていないからだ。続いてデュボイスは、この観点の二元性がいかに生じているかを考察し、自身が経験した初めての人種差別を例に挙

この社会が不平等を生み出す **71**

参照　ハリエット・マルティノー 26-27　■　ポール・ギルロイ 75　■　エドワード・サイード 80-81　■　イライジャ・アンダーソン 82-83　■
ベル・フックス 90-95　■　スチュアート・ホール 200-01

げた。小学生の頃、新しい同級生にグリーティングカードを受け取ってもらえなかったとき、「自分は周りの人たちとは違う」と気づいたという。

心の中ではみんなと同じだと感じていたが、「薄いベールで彼らの世界から締め出されている」ことを認識したと述べている。初めはそれに臆さず、ベールを破る必要も感じなかったが、やがて世の中のたいていの輝かしい機会は白人のためにあり、黒人には与えられないことに気づく。そこにはカラーラインが存在し、彼は権力と機会と尊厳と敬意を奪われた側に立っていた。

アイデンティティの危機

デュボイスは、カラーラインは内的にも存在すると示唆した。黒人は自ら

> 南部の中心的なパラドックスは人種の社会的隔離だ。
> **W・E・B・デュボイス**

を同時に二つの視点で捉えている。白人社会が自分たちに向ける侮蔑と哀れみの視点、そして、もっと捉えがたく曖昧な自己意識の二つだ。これらが合わさった状態を「二重意識」とデュボイスは呼んだ。「……二つの魂、二つの思考、二つの相入れない葛藤がある。

二つの敵対する理想が、一つの褐色の肉体の中にある」。

アメリカに生きる黒人の生涯の歴史はこの内的衝突の歴史であり、その衝突はこの世の黒人と白人の外的な闘いの結果であるとデュボイスは主張した。そして、黒人は二重意識を一つに統合し、真のアフリカ系アメリカ人の精神を見いだしたいと望んでいると示唆し、それはアメリカをアフリカ化することでも、「白人のアメリカニズムで自らのアフリカ精神を漂白する」ことでもないとした。

解放奴隷の運命

いかにして黒人は「厄介者」となったのか？　この問題を解き明かすために、デュボイスはアメリカの奴隷制の

アフリカ系アメリカ人が抱える「二元性」をデュボイスは二重意識と呼んだ。他人の視点を常に意識して自己認識せねばならない状態を指す。若い黒人男性は、医師でありながら(中央と左上)、同時に白人社会からは黒人男性のステレオタイプである危険な犯罪者やギャング(右上)として見なされることを強く意識している。

アフリカ系アメリカ人の職業上の自己イメージ

アフリカ系アメリカ人に対して白人社会の多くが抱く人種的ステレオタイプ

W・E・B・デュボイス

南北戦争で北軍を率いるユリシーズ・S・グラント将軍。共和党大統領候補に選ばれた1868年の選挙では、参政権を得た黒人有権者の票が大きな役割を果たした。

歴史と南北戦争の転換点に目を向けた。デュボイスによれば、奴隷制こそが1861年に始まった戦争の真の原因だという。北部の連邦軍が南部に進軍すると、奴隷は北軍に従軍しようと逃亡した。初め、奴隷は所有者の元へ帰されたが、やがて方針が変わり、労働力として軍に留まるようになる。

1863年に奴隷解放が宣言され、政府は難民・解放奴隷・放棄地局（解放奴隷局ともいう）を設立し、食料や衣服、放棄された土地を、大挙して逃げてくる貧窮した元奴隷に提供した。しかし、解放奴隷局を運営するのは軍の職員で、社会の再建能力には欠けていた。また、圧倒的な規模にも対応しきれなかった。解放奴隷に自営の農地を分配するという約束は、300平方キロメートル以上の土地が必要になることが分かった時点で、立ち消えになった。

> 奴隷制は終わったが、
> その影は今も消えず
> 国のあらゆる部分の倫理的雰囲気を
> 毒している。
> **フレデリック・ダグラス**
> アメリカの社会変革家（1818〜1895）

解放奴隷局の最大の功績の一つは、南部のすべての子どもたちが通える無料の学校を設立したことだ。デュボイスはこれが問題視されたと指摘する。なぜなら「南部では教育を受けた黒人は危険だと信じられていた」からだ。黒人が教育を受けることに対する南部の反発は、「灰や侮辱や血」となって表出した。

また、解放奴隷局は法廷にも分断の種を蒔いた。デュボイスによれば、同局は自ら行う裁判において黒人を優遇していた。一方で、民事法廷では元奴隷所有者が支持されることが多かった。デュボイスは、白人が同局から「何度も命令を受け、差し押さえられ、収監され、処罰され」ていたとし、そうして復讐心を燃やした（白人の）男たちから、黒人は脅迫され、殴打され、強姦され、惨殺されたと述べている。

1865年に解放奴隷の貯蓄を管理するための銀行も開設した。しかしこの取り組みは機能不全に陥り、やがて銀行は破綻し、預金も消失した。だがデュボイスは、「貯蓄に対する全信頼、たいていの人間に対する信頼」が失われたことの方が深刻であり、「国は今も黒人の怠惰をあざ笑い、その損失を補填できていない」と述べた。

解放奴隷局は自由労働の制度を整え、元奴隷の自営権を認め、法廷で黒人が自由人として扱われることを保証し、公立学校の設立も進めた。同局の最大の失敗は、元奴隷と元所有者のあいだに良好な関係を築けなかったことだ。むしろ、憎悪を増す結果となった。

かつて露骨に存在したカラーラインは、より見えにくい形で社会に残った。

妥協か扇動か？

戦後の「レコンストラクション（再建）」と呼ばれる時期、黒人が新たに獲得した権利の一部が失われた。1896年のプレッシー対ファーガソン裁判は公共施設での人種隔離を合法とし、南部における黒人分離のパターンを定着させ、その終焉は1954年のブラウン対教育委員会裁判を待たねばなら

この社会が不平等を生み出す

なかった。近代化のもたらす不安がクー・クラックス・クランや白人至上主義思想の再興を促し、リンチなどの人種差別的な暴力が増大した。

1895年、アフリカ系アメリカ人の政治家ブッカー・T・ワシントンが、後に「アトランタ博覧会演説」として知られる演説を行った。彼は、黒人は忍耐強く、白人の中流社会の規範に適応し、自己改善と教育によって前進し、自らの価値を示さねばならないと提言した。政治的権利の追求は見合わせ、経済的権利、法律上の公正をまず確保する方が、長期的には社会変革がより期待できるとワシントンは主張した。こうした協調的な態度が、当時のイデオロギーの主流となった。

デュボイスはこれに強く異を唱えた。『黒人のたましい』において、黒人が完全な市民権を直ちに獲得できるとは期待しないが、「自ら進んで放棄する」ことが獲得につながらないのは確かだと述べた。デュボイスは社会科学を通じた人種差別や隔離の排除を望んでいたが、政治的扇動が唯一の効果的な戦略だと考えるに至った。

カラーラインを超えて

1949年、デュボイスはポーランドのワルシャワ・ゲットー（ユダヤ人隔離地域）を訪ねた。ナチス占領時代に人口の3分の2が虐殺され、建物の85％が瓦礫となっていた。デュボイスは衝撃を受け、「黒人をめぐる問題をより完璧に理解」したと述べている。人種差別的な隔離と暴力が引き起こした凄まじい荒廃と破壊を目の当たりにし、カラーラインをめぐる自身の分析を再考した。そして、こうした現象はどんな文化集団や民族集団でも起こりうると断言した。1952年に雑誌「ユダヤ人の生活」に寄せた「黒人とワルシャワ・ゲットー」と題する原稿で、こう記している。「人種問題は……肌の色、身体の特徴、信条、地位の境界線を超えて生じるもので、人間の憎しみや偏見に原因がある」。それゆえ、問題は肌の色よりも「境界線」であり、それはどんな集団や社会においても差異や憎悪を際立たせうるとした。

活動家として、学者として

デュボイスは全米黒人地位向上協会（NAACP）の創設メンバーに名を連ねた。彼の思想の対象はアフリカ系アメリカ人にとどまらず、1920年代にはフランス汎アフリカ協会の設立を支援したし、世界各国で汎アフリカ会議の開催に携わった。

デュボイスはそれまで研究されてこなかった分野に、系統だったフィールドワークの手法を適用した。黒人の生活の詳細について実証的なデータを収集して分類したことで、広く信じられていたステレオタイプを排除できた。たとえば、都市に住むアフリカ系アメリカ人の生活実態を取り上げた『フィラデルフィアの黒人』（1899）では、犯罪の要因は生来の特性よりむしろ環境にあると示唆した。デュボイスが切り開いた社会学的研究や思想は、マーティン・ルーサー・キング・ジュニアをはじめ、後の公民権運動の名だたる指導者たちに絶大な影響を与えた。デュボイスは20世紀の最も重要な社会学者の一人とされている。■

W・E・B・デュボイス

ウィリアム・エドワード・バーグハード・デュボイスは、社会学者、歴史家、哲学者、そして政治指導者として活躍した。南北戦争が終わった3年後、アメリカのマサチューセッツ州で生まれた。

高校卒業後、ナッシュヴィルのフィスク大学、そしてドイツのベルリン大学で学び、そこでマックス・ウェーバーに出会う。1895年にハーバード大学で歴史学の博士号を取得し、アフリカ系アメリカ人で初めてのハーバード大学博士号取得者となる。1897年から1910年にかけてアトランタ大学で経済と歴史の教授として教鞭をとり、1934年から44年にかけては社会学部長を務めた。1961年にガーナへ移住し、「エンサイクロペディア・アフリカーナ」の編纂に携わるが、2年後に逝去した。デュボイスは数多くの著書、記事、随筆を執筆した他、4冊の雑誌を創刊、編集した。

主な著作

1903年　『黒人のたましい』

1920年　『ダーク・ウォーター――ベールの向こうの声たち』

1939年　『黒人、現在と過去』

貧しい人々は、普通の暮らしの様式、慣習、日々の活動から排除されている
ピーター・タウンゼント（1928年〜2009年）

背景知識

テーマ
相対的貧困

歴史に学ぶ

1776年 スコットランドの経済学者アダム・スミスが、生活必需品とは「その国の慣習において、たとえ最下層の人でも、それなしには真っ当な人と見なされない物」だと述べた。

1901年 イギリスの社会学者シーボーム・ラウントリーが『貧困──都市生活の研究』を刊行。

1979年 ピーター・タウンゼントが『英国における貧困』を刊行。

1999年 イギリス政府が「貧困と社会的排除調査」を実施。

2013年 フランスの経済学者トマ・ピケティが『21世紀の資本』を刊行。20か国の極端な収入格差を論じる。

20世紀初め、社会活動家のシーボーム・ラウントリーは、貧困とは「総収入が不足し、働ける肉体の維持に最低限必要なものを獲得できない」状態だと定義した。「最低限の生存レベル」を示すこの貧困の定義を用いて、各国政府は国民の基本的な衣食住にかかるコストを算出している。しかし、1979年にイギリスの社会学者ピーター・タウンゼントが「貧困」は絶対的な尺度ではなく、相対的剥奪の観点から定義すべきだと主張した。彼は各社会に平均的な生活環境や、食事、生活用品、日常の活動の基準があると指摘。個人あるいは家族がそれらを獲得する手段を持たないとき、彼らは通常の生活から社会的に排除され、物質的にも剥奪されているとした。技能不足や不健康も排除の要因になると考えた。

「子どもの貧困アクショングループ」を共同創設した著名な社会活動家でもあるタウンゼントは、豊かな社会において貧困が着実に減少しているという思い込みがあると指摘。社会の上層部と下層部で収入格差が拡大している現実に光を当て、国が豊かになるとき、富の配分が著しく不均衡だと、貧困に陥る人の数は必ず増えると訴えた。■

イギリスのフードバンクの需要がこの数年急増している。基本的な食料に加え、必需品ではないが、今では家庭にあるのが普通と見なされる食品もたびたび提供される。

参照 カール・マルクス 28-31 ■ フリードリッヒ・エンゲルス 66-67 ■ リチャード・セネット 84-87

この社会が不平等を生み出す

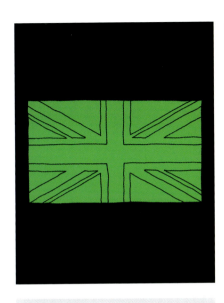

ユニオンジャックに黒はない
ポール・ギルロイ（1956年〜）

背景知識

テーマ
人種差別

歴史に学ぶ

18〜19世紀 生物学的な人種の概念が奴隷制や植民地主義の正当化に利用された。

1940年代 ナチスが「人種」を政治的不平等の正当化に用い、「人種の純粋性」という概念を打ち出した。

1950年 ユネスコが「人種」は社会的神話であると宣言した。

1970年代 ミシェル・フーコーが、人種の生物学的概念は一定の本質的特性と結びついて、植民地主義とともに生じたものだと主張した。

1981年 アメリカの社会学者アン・ウォータムが『人種差別の向こう側』を刊行。社会が「人種差別を乗り越える」のを妨げる5つの黒人による社会運動を取り上げた。

1987年 ポール・ギルロイが『ユニオンジャックに黒はない』を刊行。

『**ユ**ニオンジャックに黒はない』においてイギリスの社会学者ポール・ギルロイは、20世紀のイギリスにおける人種差別に焦点を当てた。ギルロイの指摘によれば、70年代のイギリスは「国家の衰退」に不安を抱いており、多くの識者がその原因に「同質で継続的な国民の血統の希薄化」、具体的には黒人の流入を挙げていた。

ギルロイは、「イギリス人らしさ」といった固定的な国民性の概念は、意図的にではなくとも、人種差別的な影響をもたらすと示唆した。20世紀の作家たちは決まって白人のイギリス人像をイギリス人らしさとして想定しているようで、黒人は常によそ者として扱われた。黒人はその「人種」ゆえに国家の一員として認められず、イギリスに対する忠誠心はないと見なされる傾向にあった。

ギルロイは人種の概念が歴史的、政治的な力を持ってきたことを認める一方、あくまで社会的に構築されたものであり、社会が作り出した概念にすぎないと主張した。一部の社会学者が人種のかわりに「エスニシティ」や「文化」をめぐる議論を提示する中、ギルロイはそういった概念もすべて捨てるべきだとした。

人種学

ギルロイによれば、人種の議論を続けるかぎり、人は「人種学」の言説から逃れられない。つまり、特定のステレオタイプや偏見、イメージ、アイデンティティなどを決めてかかる言説に囚(とら)われてしまう。

人種による分断は不可避であり当然であるという考えを捨て、かわりに「『人種』が意味をなさないような政治、経済そして社会のシステムを想像する能力」を築くことこそ解決の道だとギルロイは訴えた。■

参照 ミシェル・フーコー 52-55, 270-77 ■ W・E・B・デュボイス 68-73 ■ イライジャ・アンダーソン 82-83 ■ ベル・フックス 90-95 ■ ベネディクト・アンダーソン 202-03

帰属の感覚
ピエール・ブルデュー（1930年～2002年）

背景知識

テーマ
ハビトゥス

歴史に学ぶ

20世紀初頭　マックス・ウェーバーが「ある集団への帰属を望む人には、それにふさわしい生活のスタイルが求められる」と示唆した。

1934年　フランスの社会学者・文化人類学者のマルセル・モースがエッセイ「身体技法」を著し、ピエール・ブルデューが「ハビトゥス」の概念を再考する基礎となる。

1966年　イギリスの歴史家エドワード・P・トムスンが、階級とは「常に現実の人々の間に、そして現実の文脈において具現化される関係性」だと述べた。

2003年　アメリカの政治学者ナンシー・フレイザーが、資本主義社会には階級構造と地位序列という二つの従属システムがあり、相互に作用していると述べた。

マルクスからデュルケーム、ウェーバー、パーソンズにいたるまで、社会学者は社会階級の制度が再生産される仕組みを解き明かそうとしてきた。彼らは、社会階級が経済、土地所有、金融資産と構造的に結びついていると考えた。

しかし、1970年代、ピエール・ブルデューが著書『ディスタンクシオン──社会的判断力批判』において、問題はそれ以上に複雑だと主張した。社会階級は単に経済の視点で定義されるものではなく、「その階級に通常伴うハビトゥスによって」定義されると主張した。この考えはもともと、13

この社会が不平等を生み出す

参照 カール・マルクス 28-31 ■ エミール・デュルケーム 34-37 ■ フリードリッヒ・エンゲルス 66-67 ■ リチャード・セネット 84-87 ■ ノルベルト・エリアス 180-81 ■ ポール・ウィリス 292-93

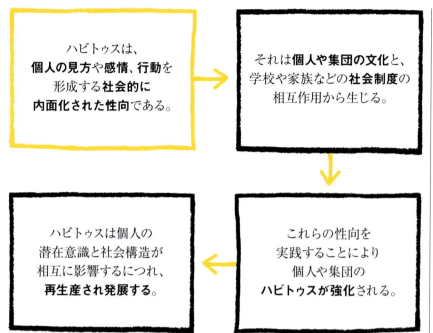

世紀のイタリアの哲学者トマス・アクィナスが提唱したものだ。アクィナスは、人の好みや行動様式は、自らをどのような人間と捉えるかによって決まると考え、人はそれぞれに特定の指向、つまりハビトゥスを持つとした。

ブルデューはその考えを大きく発展させた。ハビトゥスは社会的に獲得される性向であり、ある個人が同じ社会階級に属する他者と同様の生き方をするように導くものだと定義した。ある階級の出身者が「仰々しい」とか「けばけばしい」と「判断」する事柄でも、別の階級の出身者は「美しい」とか「立派」とみなす場合がある。子どもはこうした感覚をまず家族から学び、次いで学校や同級生から、話し方や振る舞い方を教わりながら身につけていくとブルデューは示唆した。このようにして、「社会秩序はしだいに人々の内面に刻み込まれていく」とブルデューは述べた。

階級の性向

1960年代のフランスにおける階級の分断について研究していたブルデューは、同じ階級に属する人々が類似した文化的価値観を示すことに着目した。所有する知識や大切にする事柄、話し方、服の選び方、身体の装飾、芸術や娯楽についての考え、どれも互いに似通っていた。たとえばフランスの上流階級は、詩や哲学、政治に関する本を読み、古典劇や前衛劇を鑑賞し、美術館やクラシック音楽のコンサートへ出かけ、キャンプや山登りを楽しんでいた。

一方で労働者階級は、小説や雑誌を読み、賭け事をし、ミュージック・ホールやブティックへ行き、高級車を所有したがっていた。選択肢は比較的限られていて、価格ではなく趣味が決め手になっていた。ある階級または「階級の一派」において趣味が共通しているのは、人々が性向、つまりハビトゥスを共有しているからだとブルデューは考えた。彼らはなぜか同じものを好み、同じものを嫌うようになる。そしてハビトゥスの共有意識が、ある階級に「なじんでいる」という確かな帰属の感覚をもたらす。»

ハビトゥスとは身体に、生物としての個人に書き込まれた社会である。
ピエール・ブルデュー

その集団のハビトゥス、性向によって、ある集団はキツネ狩りを自然な遊びと感じ、一方で他の活動（カラオケなど）を奇妙に感じる。

芸術作品などについて意見を述べることで、話者の文化資本の程度や社会階級を判断するための情報が相手に示される。

ハビトゥスを構築するのは個人でも既存の環境でもない。個人の主観的精神と、個人の周囲にある構造や制度との相互作用によってハビトゥスは生じる。個人は特定の社会階級集団の下に生まれる。各集団は独自の生活様式、ブルデューの言うハビトゥスによって特徴づけられている。各集団のハビトゥスは、自らを定義すると同時に他の社会集団との境界を示す働きをする。

集団のハビトゥスは、個人の身体的傾向や仕草にも刻み込まれる。ある人の社会階級は、歩き方、話し方、笑い方、泣き方などで判断されうる。本人はその集団のハビトゥスのなかで生まれ育っているため、ハビトゥスによってある種の考え方や振る舞い方、周囲との関わり方をしたり制限されたりしていることにほとんど気づかない。

個人の属する集団の性向が具現化したものであるハビトゥスは、自分がどんなタイプの人間であるか、そして自分と似た人々がどのように考え、感じ、振る舞うかについて、人々に明確な意識をもたらす。

ハビトゥスによって内面化された自己と外部の世界の構造が完全に一致し、個人は独自の「帰属意識」を得る。しかし、異なる階級の「界」（制度や集団）に紛れ込んだ場合、「水から出た魚」のように、うまく適応できなくなる。

資本の形態

ブルデューは、個人のハビトゥスを構成するのは異なる種類、分量の資本（経済・文化・社会関係資本）だと主張し、それらの資本について、個人が有する「実際に活用可能な資源と権力のひとまとまり」だと再定義した。

経済資本は単純に、金銭的資源と不動産を指す。文化資本は、「文化ゲーム」をこなす能力を指す。本や映画、劇中の引用に気づけるか、状況に適した振る舞い（ディナーでの作法や会話など）や装いができるかといったことから、誰を「見下せばいいか」の知識までも含まれる。ハビトゥスはあらゆる状況において人々がどの階級に属するかを定義するため、社会的序列を明らかにする上で重要な意味を持つ。

ブルデューによれば、ハビトゥスはしばしば「格付けの判断」を通して明白になる。つまり、絵画などを対象とする判断が、話者自身の格付けをする。ある絵画をある人は「素晴らしい」と言い、ある人は「時代遅れだ」と言う場合、作品自体の情報はほとんど得られないが、話者とそのハビトゥスについてははるかに多く知ることができる。人々はこうした判断を意図的に利用して自らと隣人を区別し、階級を形作っている。

人々が経済資本と文化資本に加えて持ちうるのが、社会関係資本、つまり社会のネットワークを通じて獲得する人的資源（友人や同僚など）だ。こうした人間関係は相互の義務感や信頼感を生じさせ、権力や影響力を利用する機会ももたらしうる。

この社会関係資本の概念はフェイスブックやリンクトインなどの成功に見てとれる。ソーシャル・ネットワーク・サービスはまさに社会関係資本を増大

**科学的観察によれば、
文化的ニーズは
育ちと教育によって決まる。
ピエール・ブルデュー**

この社会が不平等を生み出す 79

させる手段を個人に提供している。ブルデューはまた、学識資本（知的知識）や言語資本（言語の流暢さ、会話の主導権が誰にあるかを見極める力）、政治資本（政界における地位）も階級において作用すると考えた。

階級のゲーム

マルクスが徹底して論じた階級闘争は、個人のレベルでも起こりうるとブルデューは考えた。個人は人間関係（家族や学校）のなかで成長した後、さまざまな社会空間、つまり「界」（制度や集団）に入る。そこでは人々がハビトゥスを表現し絶え間なく再生産している。界において人々が成功するかどうかは、個人の有するハビトゥスと資本によって決まる。

それぞれの界には集団のハビトゥスを反映したルールがあり、集団の中で「常識」と見なされる。人々は各自が有する「象徴資本」と界におけるその価値によって識別される。象徴資本は、個人が有するその他の形態の資本の総体を表すもので、有能さや社会的地位などの名声として反映される。

人々は生涯を通してさまざまな形態

機会の平等を唱える人々は、社会のゲームが「公平なゲーム」ではないことを忘れている。
ピエール・ブルデュー

の資本を活用する。さらに、権力や資本をめぐる他者との競争に勝つための「戦略」も練る。その戦略のあり方を支配しているのがハビトゥスだが、ほとんどの人は自身の行動や選択がその後天的な性向によって決められているとは気づいていない。

変化の可能性

ブルデューの言う文化資本はハビトゥスの構成要素であり、そのハビトゥスは絶え間なく更新され、日々すべての人に埋め込まれていく。そのハビトゥスから抜け出せないのであれば、社会的流動性はなくなるのではないか。

しかし、ハビトゥスは界におけるさまざまな力を通じて変化することができる。通常、個人と制度の相互作用は既成概念を強化するものだが、たとえば低い社会階級に属する人が「良い」学校に通うことで、文化資本を獲得することは可能だ。それに伴って経済資本が増し、子どもを私立校に通わせ、増大した経済資本や文化資本からだけでなく、異なるハビトゥスからの恩恵も与えられるかもしれない。ブルデューは、あらゆる形態の資本は相関関係にあり、人々は自身の経済資本を文化資本や社会関係資本に変換して、人生の可能性を向上させていると考えた。

ブルデューのハビトゥスの概念は、過去数十年の社会学的議論に多大なインパクトを与えた。ハビトゥスほど的確に、非個人的な社会構造やプロセスが、個人特有の性向と見なされるものにいかに影響しているかを捉えた概念はない。■

ピエール・ブルデュー

1930年にフランス南西部の小さな村で郵便局員の一人息子として生まれる。ある教師がブルデューの才能に気づき、パリで勉強することを勧めた。名門の高等師範学校で哲学を学んだ後、独立闘争（1954〜62）の続くアルジェリアに渡り、アルジェ大学で教壇に立った。

アルジェリア時代には民族誌研究を行い、『アルジェリアの社会学』（1958）を著した。フランスに帰国後は、パリの社会科学高等研究員の教授に着任し、社会学の分野で実績を積んでいった。研究は行動に反映すべきとの信念を持ち、不平等や独占に対するさまざまな抗議活動に携わった。2002年死去。

主な著作

1979年　『ディスタンクシオン——社会的判断力批判』
1980年　『実践感覚』
1991年　『言語と象徴の力』

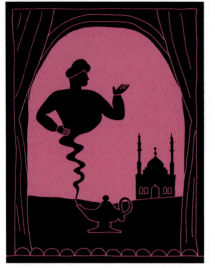

オリエントとはすべての東洋が閉じ込められた舞台だ
エドワード・サイード（1935年～2004年）

背景知識

テーマ
オリエンタリズム

歴史に学ぶ
1375年 チョーサーがオリエントを地中海の東側の地帯と呼んだ。

19世紀初め フランスの学者、シルヴェストル・ド・サシが近代のオリエンタリズムを定義づけた。

1836年 エドワード・ウィリアム・レインが『現代エジプト人の作法と慣習』を出版し、フランスの小説家ギュスターヴ・フロベールをはじめとする作家にとって重要な参考資料となる。

1961年 フランツ・ファノンが著書『地に呪われたる者』において植民地主義の非人間的行為について論じた。

1981年 サディク・ジャラル・アル＝アズムが、オリエンタリズムは（サイードの言う通り）東洋を一括りにする一方で、同様に西洋をも型にはめていると論じた。

「オリエント」は西洋の植民地主義から生まれた概念であり、政治的に危険で文化的にも偏向しており、今なお、西洋の東洋に対する考え方に悪影響を及ぼしている。エドワード・サイードは名著『オリエンタリズム』（1978）でそう強く主張した。

サイードによれば、オリエンタリズムの作用には大きく二つある。まず、東洋をエキゾチックで文明化されていない、後進的で均質な地域として提示すること。そして同時に、単純化されて変化することのない一連の表象にも

ヨーロッパの「**専門家たち**」（歴史家や科学者、言語学者）が各自の視点から「**オリエント**」について報告した。

↓

専門家の見解は**ステレオタイプや表象の域を出ず**、「東洋」や東洋人に対する西洋の固定観念を形成し……

↓

さらに、東洋、とりわけアラブを危険な「**他者**」と見なす西洋の恐れを煽り、根付かせた。

↓

オリエントとはすべての東洋が閉じ込められた舞台だ。

この社会が不平等を生み出す　81

参照　ミシェル・フーコー 52-55 ■ W・E・B・デュボイス 68-73 ■ ポール・ギルロイ 75 ■ イライジャ・アンダーソン 82-83 ■ スチュアート・ホール 200-01 ■ ベネディクト・アンダーソン 202-03 ■ スタンリー・コーエン 290

とづいて西洋の東洋観を形作り、固定することだ。

近代のオリエンタリズムの起源は、ナポレオン・ボナパルト率いるフランス軍がエジプトを征服した1798年に遡るとサイードは論じる。ナポレオンはエジプト征服の際、兵士だけでなく、科学者、言語学者、歴史学者らを同行させ、現地を観察して記録、分類する任務を与えた。そうした専門家らは自らの「オリエント」体験を客観的な知識として描写し、それが疑う余地のない権威と影響力を持ってヨーロッパに広まった。

東洋の分類

しかしサイードが示唆するように、彼らは帝国主義のレンズを通して現地の人々を見ていた。自らを優位と捉え、従って人間としても優れていると考えた。そして「私たち」と「彼ら」、「西洋」と「東洋」の間に想像上の線を引き、互いに対立するものとして定義するようになった。東洋人が不合理で野蛮、怠惰で後進的とみなされるのに対し、西洋人は合理的で文明を持ち、勤勉で先進的とみなされた。ナポレオンが雇った「専門家」の報告は、東洋を一括りにしてヨーロッパ人に提示するものだった。いわば、東洋の西洋による解釈であり、その過程でヨーロッパ人に受け入れやすく変形された。こうして生まれた「オリエント人」の概念は文学で広く用いられた。

根深い恐れ

オリエントの概念がもたらす問題は今も続いているとサイードは述べる。西洋人が東洋をその複雑性を通して見る妨げとなっており、同じようなイメージが繰り返し作り出されている。オリエントは神秘的なエキゾチシズムの地であり、スフィンクスやクレオパトラ、エデン、トロイ、ソドムとゴモラ、シバ、バビロン、そしてムハンマドの地とみなされる。

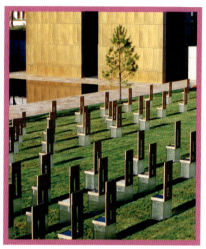

1995年に米オクラホマ州で起きた爆破事件の記念碑。当初、犯人は「ムスリム」や「アラブ系」などと報じられたが、実際にはアメリカの白人だった。

この文脈に当てはめれば、欧米諸国は「アラブ人」を暴力的で狂信的な存在とみなし、「他者の侵入」から自らを守る必要を感じている。課題は、平和的な共存の道を探ることだとサイードは訴える。■

エドワード・サイード

ポストコロニアル研究を確立した文化理論家、文学批評家。英国統治下のパレスチナ、西エルサレムで生まれた。裕福なパレスチナ系アメリカ人のキリスト教信者を父に持ち、レバノン、エジプト、アメリカの私立のインターナショナル・スクールで教育を受けた。その後、プリンストン大学、ハーバード大学で学ぶ。コロンビア大学で英文学の教授となり、2003年に死去するまで教壇に立った。音楽からパレスチナ問題にいたるまで、多岐にわたる問題について数多くの著作を残した。

政治を論じるようになった契機は、1967年にイスラエルとアラブ諸国の間で起きた6日戦争だとサイードは述べている。以来、とりわけアメリカにおいて強力なパレスチナの代弁者となった。1999年には、音楽は政治を超越するという信念の下、ダニエル・バレンボイムを指揮者に迎え、アラブ人とイスラエル人の音楽家によるオーケストラを結成した。

主な著作

1978年　『オリエンタリズム』
1979年　『パレスチナ問題』
1993年　『文化と帝国主義』

ゲットーとは黒人が住む場所だ
イライジャ・アンダーソン（1943年〜）

背景知識

テーマ
アイコンとしてのゲットー

歴史に学ぶ

1903年 W・E・B・デュボイスが、20世紀の問題はカラーラインの問題だ、と述べた。

20世紀初め アメリカ南部の農村部から黒人が各地の都市へ移住した。

1920年 黒人の政治指導者マーカス・ガーヴェイが、古くから黒人が住むニューヨークのハーレムで国際会議を開いた。

1960年代 黒人が住む地域から白人が転出する「ホワイト・フライト」が起こり、「ブラック・ゲットー」化が進んだ。

1972年 雇用機会均等法が米国議会で承認された。

1992年 黒人男性ロドニー・キングが警察に暴行される映像をきっかけに、アメリカでロサンゼルス暴動が発生。暴行に関わった警官は後に無罪となった。

白人が公共の場で**見知らぬ黒人**を見かけると……

↓

黒人を「**ゲットー**」と結びつけ、**下層階級、犯罪、暴力、貧困**を連想する。

↓

中流階級の黒人は、上流階級を真似したり**住所を証明する**ことでこの烙印を乗り越えられる。

労働者階級の黒人はこの烙印と差別を**乗り越えることができない**。

↓

「**ゲットー**」は黒人のアイデンティティを**解釈する基準**として作用する。

　イライジャ・アンダーソンは2012年に「アイコンとしてのゲットー」と題する記事を発表し、ゲットーと聞いて「黒人が住む場所」を連想するアメリカ人は少なくないと主張した。そうしたアメリカ人にとってゲットーとは、無法状態で貧しく、麻薬に汚染され、暴力が支配する無秩序な地域の象徴だと述べた。そのため、「黒人」といえば不道徳で麻薬中毒の犯罪者を想像し、偏見や差別を妥当化してしまう。

この社会が不平等を生み出す　83

参照　ミシェル・フーコー 52-55　■　W・E・B・デュボイス 68-73　■
ポール・ギルロイ 75　■　エドワード・サイード 80-81

貧困地域に住む労働者階級の黒人は日常的に烙印を押され「人種差別に自尊心を奪われ」ているとアンダーソンは述べた。

アンダーソンは自身の人種差別体験を例に挙げる。「上位中流階級の白人ばかりが休暇に集まるケープコッド」での出来事だ。ある日、町中をジョギングしていると、中年の白人男性に車で道をふさがれ、「帰れ！」と怒鳴られた。アンダーソンは当惑したが、しばらくして、その真意はゲットーに「帰れ」という命令だと気がついた。ゲットーの観念は根強く残っており、それゆえ人々は、黒人の居場所の大半がゲットーにあり、中流社会にはないと考えてしまうとアンダーソンは言う。

アイコンとしての地位

アメリカのほとんどの黒人はゲットー出身ではなく、法律上も白人と同じ学校に通い、就労機会を得ることができる。しかし、「ゲットー」はアイコンとしての地位を確立しており、思考様式として作用している。あらゆる階層の黒人は、何をするにもまず、ゲットー出身ではないことを証明する必要を感じている。アンダーソンによれば、中流階級の黒人は「白人風に話す」ことや、卓越した知性や作法、振る舞いを見せることでそれを実践している。侮辱されたら友人たちと笑い飛ばしてやり過ごすが、アンダーソンのジョギング中の経験のような小さな出来事がきっかけで、社会に馴染めると信じていた自分を愚かと思うこともある。

ゲットーという誤解を正す

中流の黒人にはこの「判断」の誤りを正す術（すべ）があるが、低層の貧しい黒人にとって問題解決は容易ではないとアンダーソンは述べる。実際にゲットーに住んでいる黒人は、どうすればゲットーが連想させる事柄と自身を切り離せるのか？　労働者階級の黒人は、どうすれば自身が暴力的な麻薬中毒者ではないと示し、すでに向けられている偏見に対抗できるのか？

アンダーソンは2012年に起きたトレイヴォン・マーティンの射殺事件について指摘する。丸腰の少年が地域の自警団員に「場違い」に見えたという理由で射殺されたこの事件は、黒人は「ゲットー」にとどまり、白人の住む地域に出てくるべきでないという白人の偏見を露呈していた。

アンダーソンによれば、あらゆる社会、階層に黒人の存在が認められるにもかかわらず、黒人には社会に特定の居場所（つまり「ゲットー」）があるという考えが白人の想像の中に深く根を下ろしている。アイコンとしてのゲットーは、黒い肌の人々に烙印（らくいん）を押し続け、黒人を「危険なアウトサイダー」にしている。■

イライジャ・アンダーソン

イライジャ・アンダーソンはアメリカを代表する都市民族誌学者の一人。第二次世界大戦中にミシシッピのプランテーションで生まれた。両親はもともと綿摘みの小作人だったが、父親がヨーロッパでの戦闘から戻って以降、一家は南部の人種差別に限界を感じ、北部のシカゴ、そしてインディアナへと移住した。

アンダーソンはインディアナ大学、次いでシカゴ大学で社会学を学び、街角の黒人たちについて書いた卒論が『街角の居場所——街角に生きる黒人たちの研究』(1978)として最初の著作となった。2002年には米国社会学会(ASA)のバイス・プレジデントを務め、ASAのコックス・ジョンソン・フレイジャー賞をはじめ数多くの受賞歴がある。

主な著作

1990年　『ストリート・ワイズ——人種／階層／変動にゆらぐ都市コミュニティに生きる人々のコード』

1999年　『ストリート・コード——インナーシティの作法／暴力／まっとうな生き方』

2012年　『アイコンとしてのゲットー』

黒人は危険なアウトサイダーとして扱われる。
信頼に足る人間と証明できるまで。
イライジャ・アンダーソン

自由のための道具が
屈辱の根源になる
リチャード・セネット（1943年～）

背景知識

テーマ
階級格差

歴史に学ぶ

1486年 イタリアの哲学者ジョヴァンニ・ピコ・デラ・ミランドラが、人は動物と異なり、人生に意味と尊厳を求めていると述べた。

1841年 アメリカの哲学者・随筆家のラルフ・ウォルド・エマソンが、「自己信頼」と題する論文で、自己への信頼は個人が自身の運命を決めるための道徳的要請であると説いた。

1960年代 フランスの哲学者ジャン＝ポール・サルトルが、階級社会とは一部の人間の専権により、資源が不公平に分配されている社会であると述べた。

1989年 イギリスの学者リチャード・ホガートが、「我々は10年おきに階級を葬ったと宣言するが、棺はいつまでも空っぽのままだ」と述べた。

社会学と経済学では伝統的に、社会階級はお金と連動しているという考えを受け入れてきた。労働者は、収入が増えてより多くを所有するにつれ、中流階級へ上昇し、豊かさだけでなく、尊厳も得られるようになると信じられていた。しかし、この概念に疑問を投げかけたのが、アメリカの社会学者リチャード・セネットだ。セネットはジョナサン・コブとともに、労働者階級の人々が中流階級へ上昇した際に直面していると思われるパラドックスについて調査を行った。

労働者らに聞き取りをして明らかに

この社会が不平等を生み出す

参照 フリードリッヒ・エンゲルス 66-67 ■ W・E・B・デュボイス 68-73 ■ ピエール・ブルデュー 76-79 ■ イライジャ・アンダーソン 82-83 ■ ゲオルク・ジンメル 104-05 ■ サミュエル・ボウルズとハーバート・ギンタス 288-89 ■ ポール・ウィリス 292-93

教育こそが個人の発展と自由を実現する近道だとされる。

しかし高等教育を受ける**労働者階級の生徒は同級生から孤立**し、中流階級の社会から嘲笑される。

しかし高い教育を受けて就く仕事は、労働者階級において**「本当の仕事」**と見なされない。

自由のための道具が屈辱の根源になる。

なったのは、1972年の共著『階級の見えない傷』にあるように、物質的な力と選択の自由が増すにつれて深刻な自尊心の危機が訪れるということだった。より大きな自由を得るために、労働者は「道具」（たとえば教育など）を使わざるをえないが、それが彼らを孤立させ、無能に感じさせる原因になっている。

移民と人種差別

なぜこうしたことが起きるかを説明するため、セネットはまずアメリカの労働者階級の歴史に目を向けた。都市化が進んだ19世紀、農村部の労働者は小さな農園から町へ、そして急速に拡大する都市へと移動した。加えて、アメリカのほとんどの都市には、アイルランドやイタリア、ポーランド、ギリシャなどヨーロッパからの新しい移民が集まる居住地域があった。そこでは母国の言語が話され、文化や伝統が生き続けた。

この大量移民にすぐ目をつけたのが産業資本家だった。技能を持たない労働者を使う方が、機械で生産するより安上がりなためだ。大量の移民が雇われ、代わりに高給で高技能の労働力が機械化されるようになると、新参の移民に対する世間の敵対心が募り、人種差別的な態度も高まりはじめた。

やがて、出身国ごとの「道徳的ヒエラルキー」のようなものが浸透した。》

20世紀初め、ニューヨークに着いた船から降りる移民たち。こうした「外国人」は安価な労働力として重宝され、米国市民の反感を招いた。

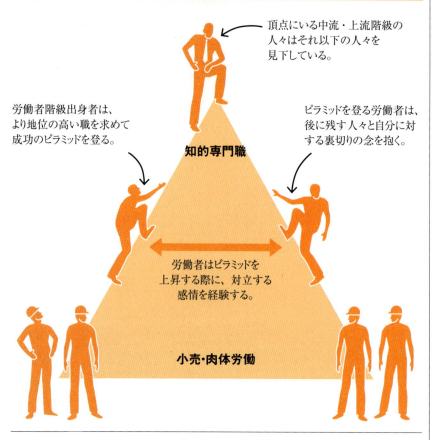

成功のピラミッド

- 頂点にいる中流・上流階級の人々はそれ以下の人々を見下している。
- 労働者階級出身者は、より地位の高い職を求めて成功のピラミッドを登る。
- ピラミッドを登る労働者は、後に残す人々と自分に対する裏切りの念を抱く。
- 労働者はピラミッドを上昇する際に、対立する感情を経験する。

（頂点）知的専門職
（底辺）小売・肉体労働

西ヨーロッパ出身者（アイルランド系を除く）はヒエラルキーの頂点に位置し、真面目でよく働き技能が高いと見なされた。一方で最下層に位置づけられたのは、セネットによれば「スラブ系、ボヘミア系、ユダヤ系、南ヨーロッパ系」で、彼らは「汚い、こそこそしている、怠け者という誹りを受けた」という。新しい移民にとって頼りになるのは母国出身者しかいないなかで、民族ごとの共同体が発展していった。

しかし20世紀半ば、アメリカの都市では再開発が進み、移民の共同体が解体されてしまった。移民の家族は、今までとは価値観の異なる、より大きな社会に組み込まれた。アメリカの大規模な社会では、高い教育を受けた「教養人」が最も尊敬された。かつての共同体で一目置かれた誠実な働き者が、今や無知な「外国育ち」として蔑みと疑いの目を向けられるようになった。

教育と失敗

セネットによれば、労働者階級の人々は「教養人」になろうとして困難に直面する。教育を受ければ、社会で容認され尊敬されるだろうと人は考える。しかし、ここに幾つか注目すべき問題がある。まず、厳しい肉体労働を長年重んじてきた人々からすると、中流階級の事務仕事は「本当の仕事」とは見なされない。そうした職に就いても、価値ある仕事に思えないため、自尊心を保てなくなる。

さらに、知性や学歴の高さは中流・上流階級で高く評価されるものの、労働者にとって「教育を受けた」人々は尊敬に値することは何もしていないように映る。むしろ、特権的な地位を利用して、騙したり嘘をついたり、仕事を免れたり、それでいて高い給料を要求していると思われている。ならば労働者自身がその立場になったとき、どうして自尊心や尊厳を保てようか？

セネットが聞き取りをした労働者たちは、「教育を受けた」という言葉を単なる学校教育にとどまらない経験や感覚の習得を表すものとして用いた。教育が高尚なものと見なされるのは、人間の合理性を高め、優れた能力を引き出すと考えられているからだ。しかし、靴磨きの少年から銀行員になったリサロは、教育が社会的区分によって異なる働きをしていることを説明した。リサロは、上位階級の人々はより

教育を受け、「適切な」価値観を持つ中流の人々は、
自分たちより理解が劣ると見なす大衆から抜きん出る。
リチャード・セネット

「内面的に成長している」から、彼を判定する権利を持っていると考える。以前より地位の高い仕事に就いたが、中流階級の同僚から見下され、また「本当の仕事」をしている気がしないので自尊心を失っているという。社会の「向上せよ」という声を受け入れてはいるが、自分が偽物のような感じがして、違和感がある。それは、何か自分に問題があるからとしか説明できないと考えていた。

労働者は、社会になじめず尊敬を得られないことを個人的な失敗と捉えがちで、社会の分断や不平等に原因があるとは考えないとセネットは論じる。移民の息子で高い教育を受けたジェームズは、何をしても失敗だと感じている。「本当に自分に才能があったなら、この学歴も役立てられるだろう」。一方で、もし「世界に飛び込む度胸を持って」本当の仕事を手に入れたら、真の尊敬を得られるだろうとジェームズは語った。自信が足りないのも、「成長」できていないのも、ジェームズは自分の責任だと感じていた。

政治的なことは個人的なこと

この階級と自己の関係性は、「個人」を重んじるアメリカならではの現象だとセネットは述べる。IQテストや学校で好成績をとることは、生まれ落ちた環境から抜け出す手段と見なされ、本当に能力や知性があれば誰でも出世できると考えられている。この機会の平等に対する信念はアメリカンドリームの根幹をなしている。

しかし、労働者階級の子どもは、より豊かな環境に生まれた子どもと同じ機会には恵まれず、努力して能力を伸ばそうとすれば裏切り者扱いされる。そして周りから孤立し、自尊心の喪失に苛まれる。中学、高校でも大学でも、ある種のルールを知らなかったり、広範な文化的知識を持たないがゆえに見下され、自由のための道具が屈辱の根源となってしまう。教育を受けても、周囲の中流階級の人々から尊敬を得られず、むしろ嘲笑され、彼らは失敗と孤立感に苦しむ。

アメリカの実業家アンドリュー・カーネギーは、「才能ある人間」には社会が必ず報いるのが産業資本主義の正義だという。しかし才能のない人間に不平を言う権利はない。そういう能力主義においては、失敗すれば能力がないと見なされる。こうして階級間の不平等は、働く人々の「個人的な失敗」という考え方の普及の陰に埋もれていく。

労働者階級の生活を巧妙かつ繊細に捉えた『階級の見えない傷』は、社会の格差が実際には世代間で引き継がれる階級の問題であるにもかかわらず、単なる個人の資質の問題として映し出される実態を明らかにした。■

アーサー・ミラーは20世紀半ばのアメリカを代表する劇作家だが、労働者階級出身で、批評家から見下されることも多かった。

リチャード・セネット

著述家、社会学者のリチャード・セネットは米国シカゴで共産主義者の両親のもとに生まれた。父とおじはスペイン内戦で国際義勇軍として戦った。セネットは最初期の人種混合の公団住宅で母親に育てられた。

ニューヨークのジュリアード音楽院でチェロを学んだが、1964年に手首の手術を受け、音楽家の道を断念する。その後、ハーバード大学で社会学を学び、イェール大学とロンドン・スクール・オブ・エコノミクスで教鞭をとる。1970年代には、著述家のスーザン・ソンタグやヨシフ・ブロツキーとともにニューヨーク大学人文科学研究所を設立した。セネットの名は、ジョナサン・コブと4年にわたる研究を経て出版した『階級の見えない傷』で知られるようになった。妻は社会学者のサスキア・サッセン。

主な著作

1972年 『階級の見えない傷』（ジョナサン・コブとの共著）

1977年 『公共性の喪失』

2005年 『不安な経済／漂流する個人——新しい資本主義の労働・消費文化』

家父長制における男性の利益は、覇権的男性性に凝縮されている
R・W・コンネル（1944年～）

背景知識

テーマ
覇権的男性性

歴史に学ぶ

1930年代　イタリアの社会思想家アントニオ・グラムシが、支配的階級の見解が「常識」と見なされる仕組みを説明するのに「覇権（ヘゲモニー）」という語を用いた。

1957年　アメリカの社会学者ヘレン・ハッカーが男性性の社会的性質について執筆した。

1985年　キャリガン、コンネル、リーが共著『男性性の新しい社会学に向けて』を刊行。

1990年　アメリカの社会学者メスナーとサボが、覇権の概念を用いて同性愛者嫌悪やスポーツにおける暴力について説明した。

1993年　アメリカの社会学者ジェームズ・メッサーシュミットが『男性性と犯罪』を刊行。

2003年　日本の社会学者石井クンツ昌子が、日本における男性性の多様化を研究した。

家父長制は権力システムとして……
→ 男性に権力を与え、女性支配を可能にする。

覇権的男性性は権力システムとして……
→ 「男らしい」男性を「女らしい」特徴を持つ男性より上位に位置づける。

→ 家父長制と覇権的男性性はどちらも女より男を重んじ、強くする。

→ **家父長制における男性の利益は、覇権的男性性に凝縮されている。**

男性性はしばしば、自然で不変な生物学的状態と考えられがちだ。しかしR・W・コンネルは、男性性は固定化したものではなく、後天的なアイデンティティであると主張した。どこにでもある、あるいは時間を経ても変わらない単一の男性性というものは存在せず、「男性である」ことの意味を考えるには、男性性を単数形ではなく複数形で議論すべきだと述べた。

また、男性性は多文化社会におい

この社会が不平等を生み出す　89

参照　ハリエット・マルティノー 26-27 ■ ジュディス・バトラー 56-61 ■ ベル・フックス 90-95 ■ マーガレット・ミード 298-99 ■ アドリエンヌ・リッチ 304-09 ■ クリスティーヌ・デルフィ 312-17 ■ ジェフリー・ウィークス 324-25 ■ スティーブン・サイドマン 326-31

て多様な定義を持つ。学校や職場など背景に応じて、ある種の男性性の形態が、男性として「最良」あるいは最も効果的と見なされる。

　こうした考え方にもとづくのが、コンネルの覇権的男性性の概念だ。時や場所を問わず、さまざまな男性性の形態がヒエラルキーで序列化されているとコンネルは考える。支配的な形態、つまり比較基準となる理想の形態が、覇権的男性性だ。それは「男らしさ」の社会通念を形成し、そうした男性性を体現できる限られた男性は「最も敬われ、慕われる」。

　その規範から逸脱した、従属的もしくは周縁的な男性性を持つ男性は、侮辱や排除に苦しんだり、特権を喪失したりする。(同性愛に見られるように)男性の行動様式がより「女らしい」方向へ移行すると、それに伴って地位や権力が失われる。このように、家父長的地位は西洋社会の覇権主義的理想と重なり合う。男性は女性支配を維持することで多大な恩恵を得られるため、家父長制に対して絶大な関心と投資意欲を抱く。家父長制こそが社会的・文化的・経済的な支配力を男性に与えている。覇権主義的理想に近い男性性を持つ男性ほど、より多くの力を得ることができる。

ジェンダーの実践

　欧米の覇権主義の形態は、ときに暴力も辞さない高圧的で無感情な男性という家父長的理想像と強く結びつき、グローバル化とともに世界中に波及しているとコンネルは指摘する。メディアは冷酷な億万長者の起業家や接触の激しい競技のスター選手を持てはやし、覇権主義的理想を美化している。

　女性も、男性性のヒエラルキーを認めている点で共犯だとコンネルは言

> たいていの男性は家父長になる難しさを感じているが、その恩恵を手放したくはない。
> **ベル・フックス**

う。家父長的な宗教や恋愛観を信じ続け、子どものジェンダーのあり方を決めつけることは、家父長的理想とそれに伴う覇権的男性性の力を支持することになる。コンネルは、覇権主義あるいはヒエラルキーの観点で男性性を論じ、そこに流動性、つまり変化の機会があることを示唆した。男女の平等を受容する男性性が確立されれば、建設的な覇権主義を構築できるだろうとコンネルは述べている。■

男性性の定義から同性愛を排除することは、現代の覇権的男性性の重要な特徴であるとコンネルは『男たちと少年たち』で論じた。

R・W・コンネル

　1944年生まれで、生まれたときの名はロバート・ウィリアム・コンネル。しかしトランスジェンダーの女性であるコンネルは、後に性転換を経てレイウィンと改名。マンリーとノースシドニーの高校を卒業後、メルボルン大学とシドニー大学で学んだ。

　1960年代には新左翼として活動した。1976年、ニューサウスウェールズのマッコーリー大学で社会学の教授となり、最年少の学者の一人となった。社会構成物としての男性性の研究で最もよく知られるが、貧困や教育、社会科学の主流研究の北半球における偏りについても講義や執筆を行っている。

主な著作

1987年　『ジェンダーと権力──セクシュアリティの社会学』
1995年　『男らしさということ』
2000年　『男たちと少年たち』

白人女性は
この帝国主義的で
白人至上主義的で
資本主義的な家父長制の共犯者だ

ベル・フックス（1952年～）

背景知識

テーマ
**フェミニズムと
インターセクショナリティ**

歴史に学ぶ

1979年 アメリカの黒人レズビアン・フェミニスト集団「コンバヒー・リヴァー・コレクティヴ」が、同時発生する「連鎖的抑圧」について考慮すべきだと訴えた。

1980年代 アメリカの経済学者ハイディ・ハートマンが、マルクス主義フェミニズムという「不幸な結婚」において、マルクス主義（夫）はフェミニズム（妻）を支配してしまう、なぜなら階級はジェンダーを凌ぐから、と述べた。

1989年 アメリカの法学者キンバレー・クレンショーが、人種差別と性差別のパターンを示すのに「インターセクショナリティ」という語を用いた。

2002年 ドイツの社会学者ヘルマ・ルッツが、力関係においては年齢やジェンダー、肌の色、階級など、少なくとも 14 の「差異を表す線」が用いられると述べた。

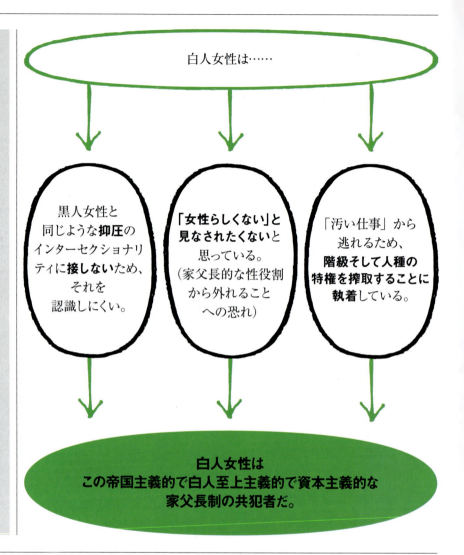

1960年代から80年代にかけての「第2波」フェミニストは、初期のフェミニストに比べて遥かに徹底した活動を展開した。取り扱う問題も、法的不平等からセクシュアリティ、レイプ、家族、職場にいたるまで幅広かった。

しかしアメリカのフェミニスト、ベル・フックスは、特権を持つ白人女性の見解だけを代表しているとして、とりわけ80年代のフェミニズムを批判した。1984年発表の著書『ブラック・フェミニストの主張——周縁から中心へ』においてフックスは、「シスターフッド（女性の連帯）」を強調することで「ブルジョアの白人女性の日和見主義」が覆い隠されていると主張した。

フックスは、「第2波」のフェミニストが認識する以上に状況は複雑だと述べた。それどころか彼女らは、非白人の労働者階級の女性を抑圧する力の網を維持するのに加担しており、白人女性は白人の家父長的支配を永続させてきた共犯者だとした。

1989年、アメリカの弁護士キンバレー・クレンショーは、抑圧の力が十字に交差する状況を、4方向から車が通る交差点になぞらえ、「インターセクショナリティ（交差性）」として説明した。差別はどの方向からでも起こりうる。交差点では、1つの方向だけでなく、ときには全方向からの車が原因で事故が起きる。ある黒人女性が「交差点」で差別の被害にあったとき、その原因は性別あるいは人種かもしれず、その両方であるかもしれない。

クレンショーは弁護士としての経験から、黒人女性が職場で二重の差別——黒人であることと女性であること

この社会が不平等を生み出す　93

参照　ハリエット・マルティノー 26-27 ■ カール・マルクス 28-31 ■ ジュディス・バトラー 56-61 ■ フリードリッヒ・エンゲルス 66-67 ■ ポール・ギルロイ 75 ■ イライジャ・アンダーソン 82-83 ■ R・W・コンネル 88-89 ■ クリスティーヌ・デルフィ 312-17

「シスターフッド（女性の連帯）」を掲げた60年代から80年代にかけての第2波フェミニズムは、日和見主義的で中流の白人女性の利益を代表するものだとしてフックスらに批判された。

——にあいながら、法の網から抜け落ちている実態に気づいた。黒人女性は最後に雇われ最初に解雇されるが、雇用主は差別ではないと言い張る。法廷でも裁判官が、他に女性が働いているのだから、黒人女性が解雇されたのは女性差別ではないし、黒人の男性が働いているのだから、黒人差別でもない、と結論を出す。法律は抑圧の原因の片方にしか対処できず、両方同時には対処できなかった。

ヒエラルキー・システム

ベル・フックスはインターセクショナリティの概念をさらに追究した。2004年の著書『変革への意志』の中でフックスは、「私はよく、この国の政治の基盤である連鎖的な政治システムを表すのに『帝国主義的で白人至上主義的で資本主義的な家父長制』という表現を使う」と述べている。それは、社会における力のヒエラルキーに人々を組み込む一連のシステムを指す。

白人至上主義は、明るい肌色の「白い」人種が他の人種より優れていると見なす考え方だ。フックスは「人種的偏見による敵対的な行動を認める人はどの階層のどの地域でも少数派だ」としながらも、人種的偏見はまだ残っており、人種的背景によってある人物を怠け者、頭が悪い、暴力的などと見なす態度に表れている、とした。こうしたステレオタイプ化の例として、インド系の医師やヒスパニック系の教師が、同じ職種のヨーロッパ系の人々よりも技能が劣っていると評価されうることが挙げられる。

資本主義は、企業または個人による会社・商品の所有および価格・商品・労働力の支配を特徴とする経済体制を指す。資本主義には本来的にヒエラルキーが内在し、生産手段を所有して労働力を支配する側の人々は、労働者を上回る特権を得ている。フックスはアメリカの著述家で著名な運動家のカルメン・ヴァスケスの言葉を借りて、「アメリカの資本家の個人主義への執着」は「自分の望むものを得られる限りは何でも続ける」ことを意味してい

既存の白人至上主義的で資本主義的な家父長制において平等を得られないことは、黒人女性にとって明白だ。
ベル・フックス

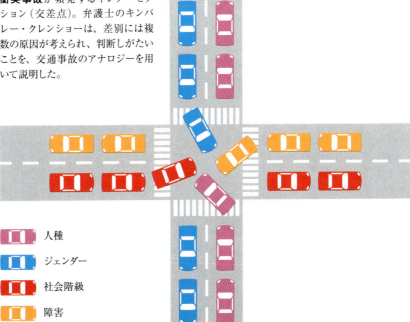

衝突事故が頻発するインターセクション（交差点）。弁護士のキンバレー・クレンショーは、差別には複数の原因が考えられ、判断しがたいことを、交通事故のアナロジーを用いて説明した。

■ 人種
■ ジェンダー
■ 社会階級
■ 障害

17〜18世紀、宗主国の白人が植民地の黒人を組織的に搾取した。その影響で今も差別や社会的不平等が残る。

ると述べた。資本主義が人々よりお金に価値を置いているために、富める者は貧しい者よりも重要であると見なされているとした。

フックスによれば、白人至上主義や資本主義に内包される態度が今も問題を生み続けている。帝国主義や植民地主義も健在だという。なぜなら、非白人やその居住国の資源が、富を追求する白人至上主義の資本主義者によって略奪され搾取される歴史はなお続いているからだ。

家父長制による支配

フックスは家父長制について、「男性が生来的に支配者で何よりも優れていると主張する政治・社会的制度であり……弱者を支配、統治する権利と、さまざまな形態の心理的テロリズムや暴力を用いてその支配を維持する権利を与える」ものだと定義する。フックスはあらゆる連鎖的政治システムの中でも、私たちが子どもの頃に最も学ばされるのが家父長制だと述べる。『変革への意志』の中でフックスは、自身や兄弟がかつていかに「家父長制」の意味を教え込まれたかを説明する。

教会では、神は男であり、世界とそこにあるすべてを支配する男を創ったと聞かされた。女は男に従い仕えるために創られた。男は強くなければならず、家族を養い、戦略を立て、周囲を率いなくてはいけない。さらに男は奉仕されることを期待できる。これらは家父長的なジェンダー役割として、家庭や学校、スポーツ、法廷にいたるまでコミュニティのあらゆる場面で見てとれる。

これらの概念が損なわれているとき、暴力を通じて強化される場合もあるが、周囲からの冷たい視線や嘲笑だけでも、ある人が自らの行動をより適切なジェンダー役割に当てはめようとするのに十分な場合もある。たとえば、泣き虫の男の子や怒りっぽい女の子は、程なくして自分が割り当てられたジェンダー役割を超えていることに気づかされるだろう。

フックスによれば、家父長制の最も油断できない点の一つはそれが話題にされないことだという。家父長制が「私たちの生活に与える影響を集団的に否定」している限り、そのシステムを取り除くことはできないとした。男性は「家父長制」という言葉の意味すら知らないことも多い。家父長制の規則を厳格に執行し、自らもそれに苦しめられているのに、日常でその言葉を使うことはない。

フェミニズムの目的

この連鎖的システムがある以上、フェミニズムのゴールを「性別間の平等」とするのは無意味だとフックスは言う。白人至上主義的で資本主義的で家父長的な階級構造において男性自体が平等ではないのに、「どの男性に対して女性は平等になろうというのか?」と述べる。

階層が低い貧しい集団の女性、とりわけ黒人女性は、男性と平等になることが女性の解放とは考えていないとフックスは指摘する。なぜなら同じ集団の男性もまた搾取と抑圧の対象であり、社会的・政治的・経済的力に欠け

特権を得た女性だけが、
家の外で働き、
経済的に自立できる収入を
得られると想像する贅沢(ぜいたく)ができる。
ベル・フックス

この社会が不平等を生み出す 95

> フェミニズムとは、性差別と性的搾取と抑圧を終わらせるための運動だ。
> ベル・フックス

ているからだ。一方で彼女たちは、家父長制によって男性が特権を得ていることは認識しており、同じ集団の男性が過剰に男性優越主義を表現する背景には、他集団の男性に対する劣等感があると見ている。

帝国主義的で、白人至上主義的で、資本主義的な家父長制が及ぼし続ける影響は、複雑な「インターセクショナリティ（交差性）」であり、フェミニストがあらゆる女性の生活を改善するつもりならば、それが女性に与える影響全体を捉えて考察しなくてはならない。フックスは、黒人女性はフェミニスト運動について誕生当初から懐疑的だったと主張する。フェミニスト運動が男女平等を目標とする限り、それはほとんど中・上流階級の女性の社会的立場を向上させるための運動でしかないと気づいたからだ。恵まれた白人女性は、自身がその恩恵に浴しているがゆえに、人種と階級がもたらす特権について世間の注目を集めようとはしてきていないとフックスは言う。「自分たちがしたくない汚い仕事の担い手として、搾取され、従属させられている下層階級の女性をあてにしている」と訴えた。

特権と政治

複数の社会的特権（白人、異性愛者、富裕であるなど）を持つ女性は、ある状況を単一の抑圧の現象と見なし、さまざまな種類の抑圧が組み合わさったインターセクショナリティとしては見なさないかもしれない。その理由の一つは無知ではないかとフックスは言う。フックスが育った町では、黒人は頻繁に白人の住む地域に仕事で出かけていったが、逆に白人が黒人の住む地域に訪ねてくることはなかった。黒人が暮らす世界の知識も経験も彼らにはまるでなかった。

加えて、フックスによれば、一部の女性はいかなる政治運動とも距離を置きたがる。急進的とされる運動はなおさらだ。あるいは、「女性の権利」を求めるいかなる運動にも関わりたがらない。男性の権利や行動を批判する運動に関与していると思われたくないという恐怖心は、家父長制の影響で幼い頃から植え込まれ、今も家父長制に従い続けている。

問題は男性ではなく家父長制にあることを踏まえてようやく、私たちは答えを探し始められるだろうとフックスは述べる。そして、フェミニストは女性の多様な社会的・政治的現実に人々の目を向けさせ、人種や階級の抑圧もフェミニズムの課題であることを認識すべきだとした。それができれば、フェミニズム運動は特定の集団、あるいは特権を持つ女性のためだけのものではなくなる。抑圧を支える哲学的構造を変えることが真の解決につながるとフックスは論じ、それゆえフェミニズムは政治運動であり、「個人の自由への憧れ」などではないと訴えた。■

ベル・フックス

アメリカの社会運動家グロリア・ジーン・ワトキンスは、母方の曽祖母の名である「ベル・フックス」をペンネームとして用いている。曽祖母を称え、その「物申す」強さにあやかるためとされる。bell hooks と名前をすべて小文字で綴るのは、「個」を消去して主張そのものを際立たせるためだという。

1952年、ケンタッキー州の生まれ。父は雇われ用務員で、母はもっぱら一人で7人の子を育てた。初めは人種別の学校に通ったが、後に人種統合された高校に入学し、そこで人種と階級の格差を痛感した。1973年にスタンフォード大学で英語学の学位を取り、次いで修士号、博士号を取得し、南カリフォルニア大学でエスニック・スタディーズの教授になった。19歳で最初の本を執筆して以来、さまざまなテーマで30を超す著書を出版している。

主な著作

1981年 『アメリカ黒人女性とフェミニズム——ベル・フックスの「私は女ではないの?」』
1984年 『ブラック・フェミニストの主張——周縁から中心へ』
2000年 『フェミニズムはみんなのもの——情熱の政治学』

「家父長制」の概念を抜きにしてジェンダーの平等は分析できない
シルヴィア・ウォルビー（1953年～）

背景知識

テーマ
家父長制

歴史に学ぶ

1792年 イギリスの女性権利擁護者、メアリ・ウルフストンクラフトが『女性の権利の擁護』を出版した。

1969年 アメリカのフェミニスト、ケイト・ミレットが『性の政治学』において、家父長制は世界中に浸透し、あらゆる社会的区分に入り込んでいる力関係だと述べた。

1971年 イタリアのフェミニスト、マリアローザ・ダラ・コスタが、女性の無給労働は資本主義の機能において不可欠な要素だと主張した。

1981年 アメリカのフェミニスト、経済学者のハイジ・ハートマンが「マルクス主義とフェミニズムの不幸な結婚」において、資本主義と家父長制の「二重体制」が女性を抑圧していると示唆した。

イギリスの社会学者シルヴィア・ウォルビーは、1990年に画期的な著作『家父長制の理論』を出版し、「家父長制」が、交差する複数の力から成るきわめて複雑な現象であると主張した。初期のフェミニストが特定の時代や文化と結びついた単一の要因に重点を置いていたのに対し、ウォルビーは家父長制を「男性が女性を支配・抑圧・搾取する社会構造と慣習のシステム」だと定義した。そしてそのシステムにおいて、家族、賃金労働、国家、男性の暴力、セクシュアリティ、文化的制度の6つの構造が相互に作用していると論じた。この6

この社会が不平等を生み出す　97

参照　カール・マルクス 28-31　■　ジュディス・バトラー 56-61　■　ベル・フックス 90-95　■　テリ・リン・キャラウェイ 248-49　■　クリスティーヌ・デルフィ 312-17　■　アン・オークレー 318-19

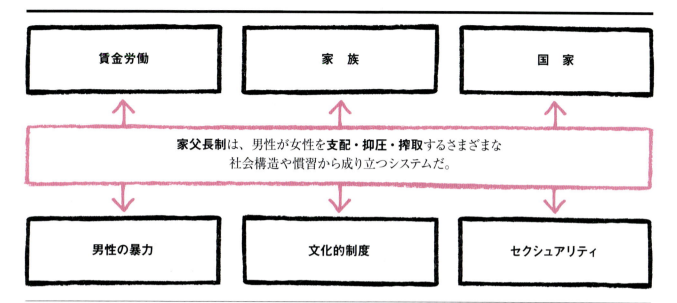

フェミニズムの第1波

　欧米における19世紀から20世紀初めにかけての「第1波」フェミニズムは、家父長制の公的な問題よりも私的な問題に焦点を当てていたとウォルビーは指摘する。ウォルビーによれば、当時、既婚女性は有給雇用から排除されていたため、家父長制的支配は主に家庭内で生じ、「夫または父の立場にある男性が直接の抑圧者となり、女性の服従により恩恵を受けた」。「家庭生活」という概念が強まったのはこの時代だ。中流階級の女性は私的な領域に閉じ込められ、選挙権も財産所有権もつの構造を考察するため、ウォルビーは過去のフェミニストたちの闘いと成果を振り返った。

高等教育を受ける機会も認められず、夫による暴力は法律で許されていた。

　第1波のフェミニストはこうした課題に法律レベルで取り組んだが、ウォルビーに言わせれば、女性の重要な権利の数々を勝ち取ったにしても、すべての不平等を取り除くことはできなかった。なぜなら、家族や家庭が「家父長制的生産様式」として有効に機能し続けていたからだ。家庭内の家父長制は、ウォルビーが掲げた6つの家父長制的構造の第1のもので、主婦の仕事の価値を（無給労働として）軽んじる一方、主婦の役割（つまり女性に「ふさわしい場所」）においてしか女性を評価していないように見受けられる。»

エメリン・パンクハースト（1858〜1928）は「第1波」のフェミニスト。過激な運動で知られ、女性の基本的権利の向上とイギリスでの既婚女性の投票権獲得を目指し闘った。

> 女性は抑圧的構造の受け身の
> 被害者ではない。
> 女性は目の前の状況だけでなく、
> より大きな社会構造も変えようと
> 格闘してきた。
> シルヴィア・ウォルビー

ウォルビーは、マルクス主義の視点で見れば、主婦は生産者階級に属し、夫は女性の無給労働から「個人的かつ直接的に」恩恵を受ける階級に属するとした。

資本主義社会に生きる女性

20世紀になるころには、資本主義が世界の主流の経済モデルとなっていた。資本主義が拡大し、工業化が進むにつれて、女性はそれまで自分たちに開かれていた雇用（紡績業など）を失った。そして二重の意味で不利な立場に追いやられた。一つ目は縦の分断（低水準の仕事しか紹介されない）、二つ目は横の分断（特定の分野の仕事だけに適していると見なされる）だ。これを理由にウォルビーは、「賃金労働における家父長制的関係」、つまり男性が最多の雇用機会と最高水準の職に恵まれている状態を、家父長制を支える第2の構造として挙げた。

しかし、20世紀には家父長制と資本主義の興味深い対立が起こったとウォルビーは指摘する。女性の労働力搾取をめぐり、競合したためだ。「女性が資本家のために働く分、夫のために働く時間は少なくなる」とウォルビーは述べる。

家庭と職場の家父長制の対立を解消するために介入するのが、ウォルビーが家父長制を支える第3の構造として掲げる国家だ。たとえば第二次世界大戦中、イギリスの女性は軍需工場で働かねばならなかった。労働組合はこれに不満を抱き、イギリス政府に対して、戦争終了後に女性の工場での雇用を解除する法律の制定を迫った（戦前慣行の復旧に関する法律；1942年）。こうして女性は、自身の意向にかかわらず、男性側の必要に応じて公的あるいは私的な領域で仕えることになった。

西洋において国家は、女性の権利拡大のためにも介入した。イギリスで1970年に成立した同一賃金法がその一例だ。しかし、女性の賃金は今も男性より低いままで、表向きに勝ち取ったものの多くはほとんど現実に変化をもたらしていない。その理由は、国家が「家父長制的関係の機能する場」であり、家父長制全体にとって不可欠な要素だからだとウォルビーは述べる。過去150年あまりの間に、国家の政策面で重要な変化は起きているものの、その中にはきわめて深刻な制限も含まれている。「資本家や人種差別主義者と同様に、国家は今も家父長的だ」とウォルビーは言う。

男性の暴力とセクシュアリティ

第4の構造としてウォルビーが挙げるのは、女性に対する男性の暴力だ。家庭内暴力とは、パートナーや家族間における支配的あるいは脅迫的行動や、暴力、虐待を指す。こうした密接な関係には権力構造があり（6つの構造すべてに共通する）、一方の人が他方の人に支配されるという組み合わせを通じて機能する。女性に対する男性の暴力（あるいは威嚇）は、女性に対する優位と支配を維持する上で重要な役割を果たしている。

第5の構造は、セクシュアリティだ。ウォルビーは、社会が異性愛関係をその他の関係よりも奨励し、多くの場面でそれが受容できる唯一の選択肢とみなしていると指摘する。セクシュアリティは、男性が女性に対する支配を行使する主要な領域だ。男性が考える女性らしさを女性に押しつけ、男性の欲望に対する考え方に沿って性的慣行を構築してきた。

ウォルビーは、60年代から80年代にかけての第2波フェミニストは「公に認められていない」不公正に、第1波よりも幅広く目を向けたことに着目する。「未完に終わった」との批判が現在の第3派の一部にあるものの、第2波はセクシュアリティや家族、職場、生と生殖に関する権利といった課題に

> 男性の女性に対する暴力は、
> 社会構造を構成するのに
> 十分なほどありふれて、
> 繰り返されている。
> シルヴィア・ウォルビー

この社会が不平等を生み出す 99

自動車業界は長い間、女性を男性の空想と欲望の対象に位置づけ、性の対象物として販促に利用してきた（商品との関連性が実に希薄であるにもかかわらず）。

取り組んだ。しかし、セクシュアリティに対する抑圧的な法律が撤廃され、ようやく成し遂げた変化の中には、女性にとって落とし穴となるものもあった。性の解放により、ポルノがメインストリーム化し、売春や性産業、人身売買における女性の搾取も増加した。

ウォルビーが最後に掲げる第6の構造は文化だ。具体的には、社会の文化的制度を指す。ウォルビーによれば、家父長制は主要な社会制度や社会化を促す要因（教育、宗教、メディアなど）に浸透していて、どれもが「家父長制的な視点を通した女性像を創りあげている」。たとえば、世界中の宗教は女性を最高位から排除し続け、幹部層ではなく「世話役」に止めておこうとしているようだ——その方が女性にとって「自然だから」という理由をつけて。このように、女性は家父長制的な見方で定義され、「女性の居場所」に固く閉じ込められている。

公的な家父長制への転換

ウォルビーにとって、私的な家父長制と公的な家父長制という概念は、力の構造がいかに交差して女性に影響を及ぼすかを見極めるのに重要な視点だ。たとえば、アフロ・カリビアン系のイギリス人女性は公的な家父長制を経験することが多く（高賃金の職につくことが難しいなど）、一方でムスリムのイギリス人女性は私的な家父長制を経験する（外出や服装の自由を制限されるなど）ことの方が多い。

『家父長制の理論』を執筆した当時と比べると、家庭が女性の生活の中心だとする伝統的な「見識」はまだ残っているが、その重みは減じてきているとウォルビーは述べる。しかし、その結果、女性はより多く働くことになり、私的家父長制の領域からより広大な公的家父長制の領域に入り込むことになった。西洋の女性は今、父親や夫に搾取されるよりも、職場や国家、文化的制度を通じて集団としての男性に搾取されている。

家父長制に関するウォルビーの考察の中心にあるのは、家父長制を単なる構造（文化的制度において従属的な地位に女性を閉じ込める構造）の問題とも、純然たる行為主体性（個々の男女による行動）の問題とも捉えるべきでないという主張だ。

『家父長制の理論』においてウォルビーは、構造の変化（資本主義経済における変化など）と行為主体性の変化（第1波から第3波のフェミニズム運動）の説明を通して家父長制を論じた。ウォルビーは、私たちが意義ある進歩を遂げるには、女性たち自身の変化と周囲の社会・文化の変化の両方を通して大きな転換を図らなければならないと訴えた。■

シルヴィア・ウォルビー

イギリスの社会学者で、家庭内暴力や家父長制、ジェンダー関係、グローバリゼーションなどの研究で広く知られている。イギリスのエセックス大学で社会学を学び、1984年に卒業。その後もエセックス、レディング大学でさらに学位を取得した。

1992年にはヨーロッパ社会学会の初代会長に就任し、2008年にはユネスコのジェンダー研究グループの初代議長となり、ジェンダーの平等と女性の人権をめぐるユネスコの研究を主導した。同年、機会の平等と多様性への貢献が称えられ、大英帝国勲章を受勲した。これまで、ロンドン・スクール・オブ・エコノミクスやハーバード大学など権威ある教育機関で教鞭をとっている。

主な著作

1986年	『生きている家父長制』
1990年	『家父長制の理論』
2005年	『フェミニズムの未来』

家父長制の締めつけがある部分で緩んだら、また別の領域で力が強まるだけだ。
シルヴィア・ウォルビー

群れから村へ、そして都市のディストピアへ

はじめに

1887年	1903年	1908年	1961年
フェルディナント・テンニースが『ゲマインシャフトとゲゼルシャフト』で、近代における**共同体の衰退と利害関係だけにもとづく社会**の台頭を嘆いた。	ゲオルク・ジンメルが論文「大都市と精神生活」で、**都市化の進展**が社会的な相互作用や人間関係に及ぼす負の影響を論じた。	ゲオルク・ジンメルが論文**「異邦人」**で都会人の疎外を描いた（『社会学——社会化の諸形式についての研究』所収）。	ジェイン・ジェイコブズが『アメリカ大都市の死と生』で、都市計画者から都市のコミュニティを守るには**「路上の人々の目」**が必要と訴えた。

1893年	1904年〜05年	1920年代
エミール・デュルケームが『社会分業論』で、**専門分化された役割を担う諸個人の相互依存**から連帯が生まれると論じた。	マックス・ウェーバーが『プロテスタンティズムの倫理と資本主義の精神』で、**合理化によって人間性が奪われていく**と警鐘を鳴らした。	ロバート・E・パークらの「シカゴ学派」が**都市生活**と**社会構造**に焦点を当てた都市社会学の構築に乗り出した。

その昔、小さな群れで移動しながら暮らしていた人々が定住を始めると、そこに文明の礎が築かれた。以後、人の暮らす集団はどんどん大きくなり、村ができ、町ができ、都市ができた。それにつれて文明も発達した。しかし人類史の大半を通じて、ほとんどの人は村落共同体で暮らしてきた。本格的な都市化は産業革命以後のことで、町や都会が急速に拡大し、都会の工場で働くために多くの人が移り住んだ。

工業化や資本主義の発展と並んで、都市生活は「近代性」の特徴の一つだ。アダム・ファーガソンからフェルディナント・テンニースに至るまで、多くの学者や思想家が伝統的な村落共同体と近代的な都市社会の相違を指摘し、何がそうした社会秩序の変化をもたらすのかを論じてきた。カール・マルクスは資本主義の弊害を指摘し、エミール・デュルケームは工場労働における分業制に注目、マックス・ウェーバーは徹底した合理化と世俗化のせいだと考えた。そしてゲオルク・ジンメルは、都市化そのものが人の社会的相互作用に影響を及ぼすのであり、近代生活の基本的特徴の一つが都市での暮らしだと考えた。

都会のコミュニティ

ジンメルは近代都市に現れた新しい社会秩序の形態だけでなく、それが（伝統的なコミュニティや家族から離れて）大きな集団に囲まれて暮らす諸個人に及ぼす影響も考察した。ジンメルに続いたのはロバート・E・パークを筆頭とする「シカゴ学派」で、彼らは都市社会学という新たな学問領域を開拓した。しかし、やがて社会学者の関心は「都市で暮らすとはどういうことか」から「人はどんな都市に暮らしたいか」に移っていった。

都市は工業化の進展を支えるインフラとして出現したのであり、そこでの暮らしは人々が望んだものではない。多くの社会学者はそう考えた。フランスの思想家アンリ・ルフェーブルは左派の立場から、資本主義の要請が近代の都市社会を形成したと考え、しかし都市住民には自らの暮らす環境（彼の用語では「社会空間」）をコントロールする権利があると論じた。ルフェーブルとは政治的立場を異にするジェイ

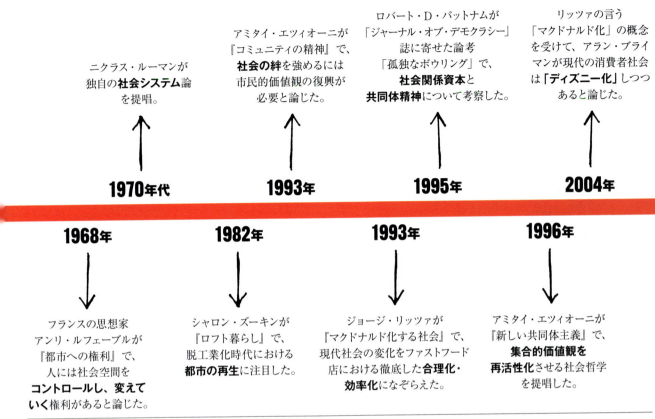

ン・ジェイコブズも、住民は都市開発業者の押しつける計画に抵抗し、都会でのコミュニティ形成を促すような環境を創出すべきだと訴えた。

ますます個人主義への傾斜を強める西洋社会におけるコミュニティの喪失。20世紀後半には、何人かの社会学者がこのテーマに目を向けた。アメリカの社会学者アミタイ・エツィオーニは共同体主義者（コミュニタリアン）の運動を主導し、人間味のなくなった社会で共同体の精神を復活させる新たな道を模索した。ロバート・D・パットナムも「社会関係資本」という概念を提唱し、共同体における社会的相互作用の価値と利点を強調した。しかし、都会の暮らしから生じる社会問題への解決策が伝統的共同体への回帰だとする主張に、誰もが同意したわけではない。たとえばニクラス・ルーマンは、細分化と差別化の進む社会システム間のコミュニケーションこそ問題だと指摘した。実際、今はコミュニケーション手段もどんどん新しくなっており、そこに社会の結束を強める新たな戦略を見つけていく必要がありそうだ。

都市の脱工業化

20世紀後半には先進諸国から製造業の流出が続き、都市の姿も変わり始めた。ゴーストタウン化する都市もあれば、サービス産業で栄える都市もできた。貧しい労働者階級の地区が再開発で高級住宅地となり、かつての工場がポストモダンな居住空間に変容していくにつれ、都市生活の概念は工場の存在よりも「豊かさ」の雰囲気に関連づけられるようになった。

1980年代にシャロン・ズーキンが論じたように、そうした現象は都会の居住空間の変容だけではなく、ポストモダンの社会全体にわたって見られる。ジョージ・リッツァは、サービス産業の合理化と効率化を、ファストフード・チェーンのマクドナルドが先駆けとなったビジネスモデルと結びつけて考えた。またアラン・ブライマンは、ディズニーに代表されるアメリカ的娯楽文化が現代の消費者行動に及ぼす影響を論じた。近代の都市社会は工業化という時代の要請から生まれたのだが、今は脱工業化・サービス産業化という時代の新たな要請に応えるべく、さらなる変身を続けている。■

よそ者は個人として扱われず、ある類型に属する「異邦人」と見なされる

ゲオルク・ジンメル（1858年～1918年）

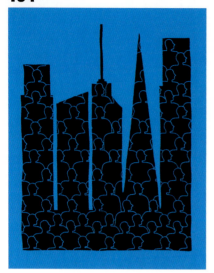

背景知識

テーマ
都会人の精神

歴史に学ぶ

19世紀 欧米で大規模な都市化が始まる。

1830年～ 産業革命が社会にもたらす変化を理解するために社会学的な思考が芽生えた。

1850～1900年 フェルディナント・テンニース、エミール・デュルケーム、カール・マルクスらの先駆的な社会学者が近代化と工業化が社会に及ぼす影響に警鐘を鳴らした。

1920年代～ 都会での暮らしに関するジンメルの考察に刺激を受け、アメリカで都市社会学が誕生。その中心となった人々は「シカゴ学派」と呼ばれた。

産業革命は19世紀以降の欧米社会に急速な都市化ももたらした。その結果、多くの人が伝統的な社会の束縛から解放され、より多くの自由を享受できるようになった。しかし一方で資本家＝雇用主は人々に機能的な専門化＝分業の徹底を求め、個人の自由を一段と制約・縮小するようになった。

ドイツの社会学者ゲオルク・ジンメルは、近代社会のこうした圧力に抗して自主性と個性を保とうとする都市住民の葛藤に目を向けた。都会で暮らし働くようになれば人々の接触は増え、それが人間関係のあり方に影響するはずだった。ジンメルは論文「大都市と

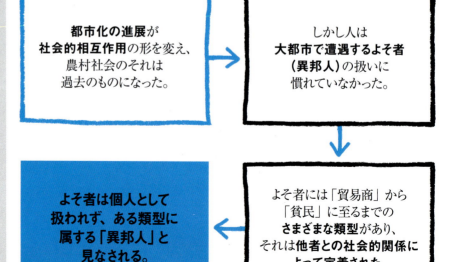

参照　カール・マルクス 28-31　■　フェルディナント・テンニース 32-33　■　エミール・デュルケーム 34-37　■　マックス・ウェーバー 38-45　■　ジグムント・バウマン 136-43　■　ソースティン・ヴェブレン 214-19　■　アーヴィング・ゴッフマン 264-69　■　ミシェル・フーコー 270-77

精神生活」で、前近代社会では誰もが周囲の人々をよく知っていたのに、近代の都市環境では周囲の人をほとんど知らないと指摘した。つまり社会的な接触は増える一方で匿名性も増している。これが人々の意識に変化をもたらすとジンメルは考えた。

都会暮らしのテンポは速いから、人は内外の刺激から身を守るための「保護器官」を必要とする。そしてジンメルによれば、都会人は「心ではなく頭で反応」するようになった。つまり、他者に対して意図的な無関心を装うようになった。それは伝統的な社会規範からの逸脱を意味したが、金銭万能の都会的文化によって一段と増幅された。ジンメルによれば、こうした都会人の態度は都会暮らしから生じる精神的なストレスに対処するために必要だったのであり、そうしなければ自分のサバイバルに全力を傾注できないの

> この匿名性を通じて……
> 各々の集団は無情で
> 冷徹な態度を身につける。
> ゲオルク・ジンメル

だった。結果、ある意味で都会人は異質な存在にも寛容になり、それなりに付き合えるようになった。

都市における社会空間

ジンメルにとって、個人と集団間の距離のあり方は都市生活を研究する上での中心命題だった。そして社会空間をめぐる考察は、『社会学』で提唱された「異邦人」という概念と関わり合っている。前近代の社会で、異邦人はごく稀に、それも瞬間的に遭遇するだけの存在だった。しかし都市における異邦人は放浪の民ではなく、「潜在的放浪者」だ。ジンメルによれば、異邦人（たとえば貿易商）や異邦人の集団（たとえばヨーロッパ各地のユダヤ人）は、空間的にはコミュニティに含まれているが、社会的には隔絶されている。つまり彼らは「近くて遠い」存在なのであり、そのコミュニティに含まれてはいるが、その成員とはなっていない。

ジンメルは「異邦人」以外にも、人と人の関係性にもとづくさまざまな社会的類型を提唱している。この考え方はジグムント・バウマンをはじめとする多くの社会学者に影響を与えた。アーヴィング・ゴッフマンの唱えた「儀礼的無関心」（人が公共の場では視線をそらすなどして社会的相互作用を最小化しようとすること）も、ジンメルの考察を踏まえた概念と言える。■

ゲオルク・ジンメル

同時期の学者ほど有名ではないが社会学の創始者の一人である。1858年にベルリンの裕福なユダヤ系一家に生まれる。ベルリン大学で哲学と歴史を学び、1881年に博士号を取得。フェルディナント・テンニースやマックス・ウェーバーといったドイツ知識人の間では高く評価されていたが、長らく地位に恵まれず、1914年になってようやくストラスブール大学で教授職を得ることができた。

ジンメルが提唱した形式社会学は、人と人との相互作用の内容ではなく行動の基礎にある形式に注目することで、さまざまな人間の現象を理解できるという主張から生まれた。だがジンメルの業績の中で最も影響力が大きかったのは都市生活の研究であり、1920年代にシカゴ学派によって発展した都市社会学の先駆けとなった。

主な著作

1900年　『貨幣の哲学』

1903年　論文「大都市と精神生活」（『都市化の社会学』所収）

1908年　『社会学——社会化の諸形式についての研究』

都市を、そして自らを再建する自由
アンリ・ルフェーブル（1901年～1991年）

```
都市は表現や活動、    →    しかし近代社会の都市は
創造性の自由を促す場         大企業や資本主義の利益を
であるはずだ。              反映するように形成されている。
                                    ↓
しかし都市は          ←    貧困層や労働者など、
虐げられた人々の            社会の周縁に生きる人たちは
利益のために              都市開発や「社会空間」の利用
再建されるべきだ。           について口を出せない。
        ↓
「都市への権利」を取り戻せば都市を、
そして自らを再建する自由を行使できる。
```

背景知識

テーマ
都市への権利

歴史に学ぶ

19世紀 ヨーロッパでもアメリカでも都市化が著しく進んだ。

1848年 カール・マルクスとフリードリッヒ・エンゲルスが『共産党宣言』で、資本主義社会における階級間の不平等を批判した。

1903年 ドイツの社会学者ゲオルク・ジンメルが論文「大都市と精神生活」を発表。

1980年代～ イギリスのデヴィッド・ハーヴェイとスペインのマニュエル・カステルが、都市は基本的に資本主義に奉仕しており、そのことが都市住民の相互作用に影響を及ぼしていると論じた。

1990年代～ ルフェーブルの提唱した「都市への権利」の概念が、アメリカやフランス、ブラジル、フィリピンなど世界各地の社会運動に影響を与えている。

都会は汚くて不快で、危険に満ちたコンクリート・ジャングル。そんな思い込みは禁物だ。フランスの社会学者で哲学者のアンリ・ルフェーブルは、生涯の大半を都市社会の研究に捧げた。彼にとっての都市は、さまざまな力関係や多様なアイデンティティ、そしていろいろな生き方の混じり合った刺激的で複雑なものだった。

1960年代から70年代にかけて数多くの著作を発表したルフェーブルは、

群れから村へ、そして都市のディストピアへ

参照 カール・マルクス 28-31 ■ フェルディナント・テンニース 32-33 ■ ピーター・タウンゼント 74 ■ イライジャ・アンダーソン 82-83 ■ ゲオルク・ジンメル 104-05 ■ ジェイン・ジェイコブズ 108-09 ■ アミタイ・エツィオーニ 112-19 ■ シャロン・ズーキン 128-31 ■ サスキア・サッセン 164-65

巨大で無機質なショッピングモールは大量消費を促す資本主義に奉仕している。こうした空間が建設されると、もとからそこに暮らしていた労働者階級は排除されがちだ。

都市とは単に多彩な人々が住む場所ではなく、ある社会を反映もすれば創出もする環境だと考えた。ルフェーブルはマルクス主義の観点から、都市空間は国家によって形成され、大企業と資本主義の利益に奉仕していると論じ、都市の構成要素はそこに暮らす人々の階級関係を映し出すとした。高級な地区には富と権力を握るエリートがいて、荒廃した過密地区や周縁のスラム街には貧困層や労働者階級、社会から疎外された集団が押し込まれていた。

公共空間と私的空間

実際、多くの近代都市ではショッピングモールやオフィスビルなど、資本主義に奉仕する私的な空間が幅を利かせている（この「私的」は英語で"private"、フランス語では"privé"であり、動詞の"priver"（奪う）に由来する。つまり「私的」なものは「公＝みんな＝パブリック」から「奪われた」ものの意）。公共空間の喪失によって人が対等な立場で他者と出会うことのできる舞台は限られ、人が社会的・心理的要求を満たすための手段は抑圧されてしまった。それが犯罪やうつ、ホームレス化、社会からの排除、貧困といった深刻な社会問題につながる。強大な力をふるうのは都市空間を所有し支配する者たちで、それは「ブルジョア商人や知識人、政治家」である。だが実際の都市環境の本質に関わる決定――そこで何を行い、いかにして社会空間を築き、利用するか――は、あらゆる人に開かれているべきだとルフェーブルは考えた。普通の人が自分たちの要求と利益を反映する空間づくりに加わるべきであり、そうした「都市への権利」を主張してこそ、大きな社会問題が検討の対象になる。ルフェーブルの思い描く都市は生き生きと躍動するもの、人間の自由と創造性を惜しみなく発揮したものであり、人はそこで活動し、創造的で芸術的な欲望を追求し、何らかの形で自己実現を達成できる。

ルフェーブルの求めた「都市への権利」は、単なる都市の改良ではなく、都市における社会関係の大規模な変革だった。それは民主主義を本来の形へ戻そうという提案であり、エリートから権力を取り戻そうという主張だった。そして、それを実現できるのは「革命的な行動を主導しうる」階級だ。ルフェーブルはそう主張した。■

アンリ・ルフェーブル

マルクス主義社会学者であり哲学者。1901年、フランス南部アジェモーに生まれる。パリ大学（ソルボンヌ）で哲学を学び、1920年に卒業。1928年にフランス共産党に加わり、マルクス主義知識人として名を馳せたが、のちに除名され、以後は共産党批判の急先鋒となった。1961年にストラスブール大学の社会学教授となり、65年にはパリ大学（ナンテール）に移った。数多くの著作を刊行し、多種多様な問題を論じた。著作では資本主義権力の支配に異議を唱え、それは必ずしも受け入れられたわけではないが、地理学、哲学、社会学、政治学、建築学などのさまざまな学問に影響を与えていった。

主な著作

1968年　『都市への権利』
1970年　『都市革命』
1974年　『空間の生産』

路上には人々の目が必要だ
ジェイン・ジェイコブズ（1916年〜2006年）

背景知識

テーマ
都市のコミュニティ

歴史に学ぶ

1887年 フェルディナント・テンニースが『ゲマインシャフトとゲゼルシャフト』で、都市社会におけるコミュニティに社会学的な目を向けた。

1950年代〜 欧米諸国の都市における貧民街（インナーシティ）に再開発の波が押し寄せた。

2000年 アメリカの社会学者ロバート・D・パットナムが『孤独なボウリング』で、1960年代からコミュニティの価値観が失われ始めたと論じた。

2002年 アメリカの社会学者・経済学者リチャード・フロリダが『クリエイティブ資本論』を発表し、そのクリエイティブ理論に影響を与えた人物としてジェイコブズの名を挙げた。

2013年 アメリカの大都市にあふれる監視カメラの映像が手がかりとなり、ボストンマラソン爆弾テロの容疑者が特定された。

素敵な都会の街には道路に面したビルがあり……

↓

……商店と住宅が混在している。

↓

そして**常に歩道を行き交う人々**の存在が……

↓

……**コミュニティとその治安を強化し**……

↓

……みんなが見て楽しめる**活動を生み出す**。

↓

だから路上には人々の目が必要だ。

ジェイン・ジェイコブズは生涯をかけて都市のあるべき姿を求め、都市におけるコミュニティの成功には何が必要かを考え続けた。その原点には彼女が愛し、30年以上も暮らしたグリニッチビレッジ（ニューヨーク市マンハッタンの一画で、昔ながらの街並みが残されている）での生活観察がある。

1960年代のニューヨークでは大規模な都市再開発計画が持ち上がっていたが、ジェイコブズはこれに異を唱えた。その計画にはスラム街の解体や超高層ビルの建設が含まれていた。しかしジェイコブズの描く理想の都市は、そこに暮らす人々が生き生きとしていて、濃密な文化が醸し出される場所だった。そこに必要なのは人々の相互作用を可能にする濃密でエキサイティングな都市環境であり、秩序よりも混沌、自動車よりも徒歩、画一性よりも多様性が尊重されるべきだった。

ジェイコブズによれば、都会のコミュニティは有機的な存在だ。それは自力で成長し、変化していくはずの存在であり、開発業者や官僚の立てた

群れから村へ、そして都市のディストピアへ

参照 フェルディナント・テンニース 32-33 ■ ミシェル・フーコー 52-55 ■ ゲオルク・ジンメル 104-05 ■ アンリ・ルフェーブル 106-07 ■ ロバート・D・パットナム 124-25 ■ シャロン・ズーキン 128-31 ■ サスキア・サッセン 164-65

ニューヨークのチャイナタウンの街角。大通りに面した低層ビルには人が住み、商店があり、オフィスも入っている。これがジェイン・ジェイコブズの理想とした活気あふれるストリートだ。

大きな都市計画に委ねてはいけない。都市のあるべき姿、そして発展の方向性を決めるのは、そこに暮らし、あるいは集う住民自身だ。

歩道のバレエ

都会のコミュニティが生きていく上で大事なのは都市の構造であり、最も重要なのは歩道だと、ジェイコブズは言う。ストリート（街）には歩道が網の目にように張り巡らされ、互いに交差し、そこを歩く人たちが顔を合わせ、言葉を交わし、互いを知り合える場所でなければならない。この複雑だが人間関係を豊かにする出会いの流れを、彼女は「歩道のバレエ」と呼んだ。都会の人々は、この演出も振り付けもないバレエを通じて隣人を、そしてネイバーフッド（界隈、ご近所）を理解していく。

都市空間が多様で、多用途であることも大事だ。商店やオフィスと住宅を分離せず、むしろ混在しているのがいい。そうしてこそ多くの人が集まる空間となる。古い建物と新しい建物も混在すべきで、建物をどう利用するかは人々の相互作用で決まる。十分な数の人が住み、働き、交流してこそ都会のコミュニティは繁栄する。過密では困るけれど一定の人口密度を保った都市空間は、創造性と活気を生み出す原動力となる。また一定の人口密度があれば「路上の人々の目」が増え、自ずと安全な場所になる。地域をよく知る商店主や地元住民が、自発的に監視の目を光らせるからだ。■

ジェイン・ジェイコブズ

人にやさしい都市の研究に生涯を捧げたジャーナリスト。米ペンシルベニア州スクラントン出身。大恐慌のあおりで1935年にニューヨーク市へ移住。当初はブルックリンに住んだが、一目見て気に入ったグリニッチビレッジに引っ越した。このときから都会のコミュニティへの関心を深めた。1944年の結婚後はグリニッチビレッジ西部のハドソン通りに住んだ。

雑誌「アーキテクチュラル・フォーラム」に記事を書くなかで大規模な都市再開発への痛烈な批判を展開した彼女は、生涯を通じて住民活動家でもあり、コミュニティを基本とする都市の理想像を追い続けた。2007年にはロックフェラー財団が彼女を顕彰してジェイン・ジェイコブズ賞を創設し、彼女の志を継いでニューヨークの街づくりに取り組む人々を表彰している。

主な著作

1961年　『アメリカ大都市の死と生』
1969年　『都市の原理』
1984年　『発展する地域 衰退する地域
　　　　——地域が自立するための経済学』

コミュニケーションだけがコミュニケーションできる
ニクラス・ルーマン（1927年〜1998年）

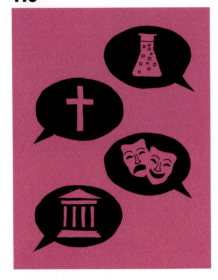

背景知識

テーマ
コミュニケーションのシステム

歴史に学ぶ

1937年 アメリカの社会学者タルコット・パーソンズが『社会的行為の構造』で、システム理論について論じた。

1953年 オーストリア出身の哲学者ルートヴィヒ・ウィトゲンシュタインが唱えた言語ゲームの概念に関する論文が死後に出版され、ルーマンのコミュニケーション論に影響を与えた。

1969年 イギリスの数学者G・スペンサー＝ブラウンによる『形式の法則』が刊行され、ルーマンの「構造分化」説の基礎となった。

1987年 ドイツの社会学者ユルゲン・ハーバーマスとルーマンがシステム理論をめぐり激論を交わした。

2009年 ギリシャの学者アンドレアス・ミハロポウロスがルーマンの思想を応用して刑事裁判と法制度について論じた。

近代社会には**分野**（経済、法律、教育、政治……）**ごとに異なる社会システム**が存在する。

→ **世界に意味をもたらす**それらのシステムを成り立たせているのは、人ではなく**コミュニケーション**である。

↓

システムはそれぞれ独自のやり方で活動を行い問題を処理するため、補助がなければ**他のシステムと結びつくことはできない。**

←

構造的カップリングは異なるコミュニケーションシステム間の**限られたコミュニケーション**を可能にする。

ドイツの社会学者ニクラス・ルーマンによれば、近代の代表的な特徴とは、高度資本主義社会がそれぞれ異なる（経済、教育、科学、法律、政治、宗教……）社会システムに分化したことである。「社会」という用語は、他のあらゆるシステムを包含するシステムを指して言う。つまり社会とは、多数のシステムから成るシステムである。

個人は社会にとって意味を持たないとルーマンは主張する。社会の基本要素は人ではなく「コミュニケーション」だ。ルーマンの定義するコミュニケー

群れから村へ、そして都市のディストピアへ

参照　マックス・ウェーバー 38-45　■　ユルゲン・ハーバーマス 286-87　■　タルコット・パーソンズ 300-01　■　ハーバート・スペンサー 334　■　アルフレッド・シュッツ 335

ションとは「情報、発言、理解の統合体」であり、システム内の言語的・非言語的な活動や相互作用から発生する。植物が生物学的な自己生産プロセスを繰り返して細胞を自己増殖するのと同様に、社会システムも自律的に結合機能（「コミュニケーションからコミュニケーションが発展する」ときに発現する）を発展させる。ルーマンはコミュニケーションを、構造的に同等の化学作用になぞらえた。

構造的カップリング

ルーマンは、数学者G・スペンサー＝ブラウンの「形式の法則」を用いてシステムを定義し、差異から生じるものについて論じた。この理論によれば、システムとはその環境から「区分」されるものである。そしてシステムの環境は、他のシステムによって構成される。たとえば、ある家族のシステムの環境は、他の家族のシステムを含んでいる。政治システムや医療システムなどの場合も同様である。個々のシステムが理解できるのは、その活動やコミュニケーションの取り方といった、自システムに特有の事象だけだ。他のシステムや外の社会で起こっていることには比較的無関心である。たとえば、経済システムは自己利益のために機能しており、経済活動や取引の収益に影響する可能性がなければ、モラルの問題には関心を示さない。反対に、モラルの問題に重大な関心を寄せるのが、宗教システムである。

そのようにシステムによって性質がまるで異なることは、高度資本主義社会が直面する大きな問題だとルーマンは考えた。あるシステムが生み出したコミュニケーションを別のシステムが理解できるように言い換え、それによって別々のシステムを結びつける形

ロンドン、テート・ブリテンで石油大手BP社のスポンサーシップに抗議するアーティストたち。企業のシステムと芸術界のシステムは相容れないと抗議者たちは主張した。

式や制度のことを、ルーマンは「構造的カップリング」と呼んだ。法律や政治のシステムを大学システムと結びつけたり、教育と経済を結びつけたりするのがその例だ。「構造的カップリング」とは、（意識システムとしての）人と（コミュニケーションとしての）社会システムの関係を解明するための概念である。■

> 人間と人間は
> コミュニケーションできない。
> 脳と脳もコミュニケーション
> できない。意識と意識も
> コミュニケーションできない。
> **ニクラス・ルーマン**

ニクラス・ルーマン

1946年から1949年、ドイツのフライブルク大学で法学を学ぶ。1956年に公務員となる。1960年から1961年、アメリカのハーバード大学に留学し、社会学や行政学を学び、タルコット・パーソンズの授業を受けた。

1966年、ミュンスター大学で社会学の博士号を取得。1968年、ビーレフェルト大学で社会学の教授になり定年まで勤めた。数々の名誉学位を受け、1988年にはシュトゥットガルト市が卓越した思想家に授与する、高名なヘーゲル賞受賞。著作の数は非常に多く、その名で発表した論文は377本に上る。

主な著作

1972年　『法社会学』
1984年　『社会システム理論』
1997年　『社会の社会』

何が良いことかは社会が明確にすべきだ
アミタイ・エツィオーニ（1929年～）

アミタイ・エツィオーニ

背景知識

テーマ
**共同体主義
（コミュニタリアニズム）**

歴史に学ぶ

1887年 フェルディナント・テンニースが『ゲマインシャフトとゲゼルシャフト』を刊行し、共同体の価値を称えた。

1947年 オーストリア出身の思想家マルティン・ブーバーが『ユートピアの途』を刊行し、共同体主義運動の高まりを予期した。

1993年 特定の党や国家に依らない非営利組織であるコミュニタリアン・ネットワークが創設された。

1999年 アメリカの学者、共同体主義者、共和党員であるスティーブン・ゴールドスミスがジョージ・W・ブッシュ大統領の社会政策顧問チームに加わった。

2005年 イギリスの社会学者コリン・グレイが論文「理論という砂の城」を発表し、エツィオーニの研究は夢想的すぎると論じた。

第二次世界大戦の終結から1970年代初めにかけて、アメリカは急速な経済成長を遂げ、国民の多くが繁栄を享受し、社会的地位を向上させた。国の社会的・政治的情勢も変化し、公民権運動が起こり、ベトナム反戦運動、性革命、女性解放運動が高まりを見せた。

だが1973年に石油危機が起こり株価が暴落すると、アメリカ経済は急激に落ち込んだ。社会学者のアミタイ・エツィオーニは、このときからアメリカ文化を支えてきた伝統的価値観の基盤が崩れ始めたと述べている。

そうした文化と道徳の危機、同時に発生した個人主義というイデオロギー、自由主義的経済政策への答えとして現れたのが、共同体主義という社会哲学である。エツィオーニによれば、共同体主義の目標とは「市民道徳をよみがえらせ、人が責任ある行動を取り、自らの権利ばかりに目を向けるのではなく、社会の道徳的基盤を強化する」ことだ。構成員の総意、共同体や制度

> よくできた共同体では、
> その道徳基準が、全員の
> 基本的ニーズを反映している。
> **アミタイ・エツィオーニ**

内の基準を通じて、何が良いことか社会が明確にすべきだというのが、エツィオーニの提唱する共同体主義の基本理念である。

さらに、社会学者は社会生活について考察するだけではなく、より良い社会に変えようと積極的に努めるべきであるとエツィオーニは考えた。1990年代初めになると、アメリカでは社会思想家がますます多くなり、ロバート・D・パットナム、リチャード・セネット、ダニエル・ベルといった社会学者たちは、大学のキャンパスから広い社会へ

アミタイ・エツィオーニ

1929年、ドイツ生まれ。7歳になるころから家族とパレスチナに暮らし始める。1946年、学業を中断して戦闘部隊パルマッハに加わり、イスラエル建国のために闘った。その後、ユダヤ系の実存主義哲学者マルティン・ブーバーが設立した施設で学ぶ。ブーバーが論じた「我と汝」の関係は、エツィオーニの目指す共同体主義社会と共鳴している。

1951年、エルサレムのヘブライ大学に入学し、学士号と修士号を取得。1958年、カリフォルニア大学バークレー校で社会学博士号を取得。初めてポストを得たニューヨークのコロンビア大学に20年勤める。1980年、ジョージ・ワシントン大学の教授となり、「共同体主義政策研究所」所長に就任。

主な著作

1993年 『共同体の精神——アメリカ社会の再考』

群れから村へ、そして都市のディストピアへ　115

参照　カール・マルクス 28-31 ■ フェルディナント・テンニース 32-33 ■ エミール・デュルケーム 34-37 ■ リチャード・セネット 84-87 ■ ジェイン・ジェイコブズ 108-09 ■ ロバート・D・パットナム 124-25 ■ アンソニー・ギデンズ 148-49 ■ ダニエル・ベル 224-25 ■ ロバート・N・ベラー 336

エツィオーニの共同体主義は、いくつかの**重要な社会的価値観**にもとづいている。

- **個人の権利**が強いほど**社会的責任**は大きくなる。
- **学校**は若者を洗脳することなく、**本質的な道徳教育**を授けるべきである。
- **家族**とは共同体の最重要形態であり、より**平等主義的な方向**に変えていく必要がある。

→ **何が良いことかは社会が明確にすべきだ。**

と、意識的に共同体主義の理想を広めようとした。

責任と権利

エツィオーニの思想は先人の研究を踏まえたものだが、その一人であるドイツの社会学者フェルディナント・テンニースは、社会的結びつきについて「ゲマインシャフト（共同社会）」と「ゲゼルシャフト（利益社会）」という二つの類型を提唱した。前者は人間関係や対面による相互作用が共同社会を築き上げる。後者では合理的な利己主義、官僚主義、形式的な信念によって人と人とのつながりが生まれる。

ゲマインシャフト、すなわち伝統的な共同社会に広がる高度な連帯と比べると、近代社会におけるゲゼルシャフトの基本理念は、人間関係の発展という面では後退を示していると、テンニースは考えた。エツィオーニはテンニースの共同体主義思想を展開させたが、テンニースは共同社会の個を犠

前工業化社会はこの絵に描かれたヨーロッパの村落のような共同社会が中心だったが、こうした社会は個を犠牲にすることも多かったとエツィオーニは述べた。

アミタイ・エツィオーニ

性にするという点を強調しすぎだと考えた。一方、テンニースと同時代の学者エミール・デュルケームは、近代性が社会的連帯を脅かすのではないかと懸念した。デュルケームにとって個人とは、望むもの、求めるものを所属集団と同じくする社会的存在でなくてはならなかった。

共同社会にはまた、圧政的になったり、権威主義的になったり、個の成長と発展を妨げたりといった欠点があるとエツィオーニは指摘した。エツィオーニが新たに提案する共同体主義の形は、個人と社会、共同体と自治、権利と責任のあいだで最大限の平衡が保たれるように考えられている。

片方がなくてはもう片方が存在できないのだから、個人の権利と共同体の責任のバランスは必ず取れていなくてはならないとエツィオーニは論じた。またさらに、個人の富と共同体の富は密接な関係にあることを今日のアメリ

> 共同体の過剰ではなく
> モラルの混乱こそ、
> 私たちが直面する危機だ。
> アミタイ・エツィオーニ

カ人は忘れてしまっていると主張した。アメリカ人は強い権利意識(共同体がサービスを提供し、個人の権利を尊重して守るだろうという期待)を持っているが、地域であれ国であれ、共同体への道徳的義務感は弱まっている。たとえば、大多数の若いアメリカ人は、もし何らかの罪で告発された場合、陪審員による評決を受けるのは自分たちから奪うことのできない権利だと主張するが、進んで陪審員を務めようという人はごく少数しかいない。

エツィオーニによれば、アメリカ社会で「社会関係資本」(相互依存、信頼、義務感など共有する価値観にもとづく関係)が大きく衰退したのは、過剰な個人主義のもたらした結果である。またこの衰退により、アメリカは共同体主義の道徳原則を、ますます取り入れる必要が生じている。

共同体とは何か

エツィオーニにとって共同体とは、複雑に絡み合った社会関係であり、「共有する意味、そして何より共有する価値観を包含する」。共同体の見識は、外部の集団や内部の少数派によって決められてはならず、「誰にでも開か

欧米各地に見られるチャイナタウンは、エツィオーニが唱える共同体の一例である。規範と価値観を共有する住民によって、異国の地で文化を再現することが可能になる。

群れから村へ、そして都市のディストピアへ

社会の基本的構成要素は個人ではなく共同体であり、社会は重なり合う多数の共同体から成るとエツィオーニは言う。だから人はさまざまに交差する複数の共同体に属している。

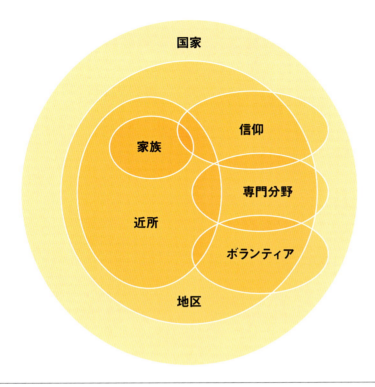

共同社会

エツィオーニは単に理論を説くだけでなく、共同体主義社会を実際に組織していく上で必要な4つの要素を特定し、それらが社会全体との関係でどう機能するかを考察した。第1の要素は「道徳の声(モラル)」である。これは共有する規範と価値観をまとめて組み合わせたもので、共同体の構成員を結びつける個人間の道徳的行為はこれにもとづいている。確固とした道徳秩序なしで繁栄できる社会はないが、公の問題に国が介入するのをできるだけ抑えようとした場合はとくに難しい。道徳の声を確立することによって、個人の良心や司法機関に頼らずとも、共同体構成員の行為を律することができる。たとえばアルコールや麻薬の乱用防止などを共同体が強調すれば、そうした反社会的行為を効果的に防ぎやすいだろう。

第2の要素は「共同体主義の家族」である。子どもを産むというのは、両れており構成員の声にきちんと応える対話を通じて、共同体の構成員によって生み出され」なくてはならない。エツィオーニの提唱する共同体は本質的に民主主義であり、各共同体は「より大きな共同体のなかに含まれて重なる」。この共同体の定義は、家族や学校のように小さな集団から、民族、宗教、国家のように大きな集団にいたるまで、さまざまな形態の社会組織に適用できる。

共同体は地理的に集中する必要はない。たとえばニューヨークのユダヤ人共同体は街に分散しているが、シナゴーグや宗教学校などの施設が核となり、強い道徳的連帯感を維持している。参加メンバーが同じ価値観を共有するインターネット上のコミュニティも、共同体の正当な形としてエツィオーニは認める。反対に、村落のような伝統的共同体の中には、村を構成する人々が共有する規範や価値観によって明確に結びついていないため、エツィオーニの掲げる共同体の基準を満たしていないものもある。

共同体は必ずしも立派なものではない。厳格で制限されたものもあれば、道徳からかけ離れた価値観を共有して設けられたものもある。南アフリカにある、みなで共謀して私刑を行うアフリカーナーの村の例をエツィオーニは挙げている。

育児とは「労働集約的で困難な仕事」であるため、片親の家庭より両親の揃った家庭の方がはるかに有利であると、エツィオーニは主張した。

軍は自制心や共同体精神を育み、人格を形成する。高校卒業後進学しない生徒は軍に入るべきだとエツィオーニは主張した。

親が始めた人格形成の仕事をもとに、安定した自意識や目的意識、衝動を抑えて誘惑に負けない能力を育むための基盤づくりを助けるべきだ。とくに、自己鍛錬や内面化（他者の価値観を自己意識に組み入れること）の尊重は、子どもの心理的発達や幸福において大きな役割を果たす。

自己鍛錬に重点を置くなら、高校卒業後進学しない生徒は全員、義務として1年兵役に就くべきだ。それにより、「若者は共通の要求を満たすために働き、自己中心的な精神に対する強烈な解毒剤」が与えられる。

第4の要素は、伝統的共同体の喪失に対抗すると同時に、新しい共同体を築く土台として機能することを意図したあり方である。これには、アメリカの社会学者ロバート・ニーリー・ベラーが「心の習慣」と名づけた変化も含まれている。エツィオーニは「共同体環境」の促進を提唱した。共同体

親が子どもへの義務を負うだけではなく、家族が共同体への義務を負うことだ。子どもの成育環境が悪い場合、その報いを受けるのはたいてい家族だけではなく、共同体全体である。そうした理由で、子どもの出産や養育は共同体主義的行為として考えられるべきだ。両親は共同体に対し、最善を尽くして子どもを育てるという道徳的責任を担う。そして共同体は、努力する両親を助けるという義務を負う。子どもと過ごすため休暇を取る両親に対し、共同体は非難するのでなく、支援と励ましを与えるべきである。そうした事実の積み重ねによって、家族という重要な社会的役割を支援する流れが生まれる。「（ズールー族からイヌイットまで、古代ギリシャや古代中国から近代に至る）多種多様な人間社会において、両親揃った家庭のない社会が決して存在しなかったことは偶然ではない」。新しいキャリアの形、離婚、片親家庭の増加、個人主義の広がりといった展開によって生じる「不十分な育児」を減らすには、そういった育児支援を繰り返し行う構造が非常に重要である。それと同時に、幼い子どもを保育所に入れる行為は社会が制限しなくてはならない。

第3の要素は「共同体主義の学校」である。学校とは、生徒に技術や知識を伝えるだけではなく、ずっと大きな機能を果たさなくてはならない。両

人格形成に関わる教育は、
きわめて重要な家族の仕事である。
アミタイ・エツィオーニ

権利と責任の不均衡状態は
長いあいだ続いてきた。
アミタイ・エツィオーニ

環境で習慣として身につくのは、その結果が共同体のためになるかという観点から個人の行動を考えることだ。個人が抱く仕事の大望や目標と、共同体に対して果たすべき責任との対立をうまく解決することだ。共同体によりなじむように、生活する自然環境を再設計し、自分たちの持つ人的・専門的資源を共同体に再び投じることだ。

批判

エツィオーニの共同体主義は、公私にわたる道徳や共有する価値観の悪化、家族の減少、高い犯罪率、市民や政治にはびこる無気力など、アメリカ社会に広がるさまざまな懸念への返答である。その民主主義と平等主義に支えられる社会という理想像は、多種多様な思想的立場の学者や知識人から論評された。エツィオーニの主張は批判も集めた。たとえばフェミニズム支持者の中には、共同体主義は女性の経済的解放を取り消そうとしていると、強く異を唱える者もいた。そうした者たちは、現在フルタイムで働く母親は30年前の平均的主婦よりも質の高い時間を過ごしていると主張する。ベアトリクス・キャンベルは共同体主義者を「懐古趣味の十字軍」と非難し、共同体主義の唱えるような母親など存在しないと指摘した。

エツィオーニの研究はあやふやな言葉を用いるばかりで政治的・経済的な力の本質を捉えていない、共同体主義の原則や価値観が個人を引きつけるとする理由について納得のいく説明

> 今の若者は「成功」と有意義なことを両方達成できる道を見つけたいと考えている。
> **アミタイ・エツィオーニ**

をできていないと、アメリカの社会学者リチャード・セネットは批判した。仮にエツィオーニの主張する通り、アメリカ文化が自己執着に陥り、個人主義が行き過ぎているとしても、構成員に要求を押しつけ、個人の権利を侵害する可能性のある共同体に対して、なぜ人が責任を担おうとするかという答えにはなっていない。

そのような批判にもかかわらず、共同体主義を唱えるエツィオーニの思想は政府に影響を与えてきた。イギリスの社会学者アンソニー・ギデンズは、著書『第三の道――効率と公正の新たな同盟』で、その政治哲学の構造の要にエツィオーニの研究を据えた。エツィオーニの研究は二つの点で当時の労働党政権の関心を引いた。一つは、国家が果たす役割を過度に重視する左派と、自由市場の支援と個人主義の擁護を過大視する右派のあいだに中道の道を提示したこと。もう一つは、市民としての資格は、共有する期待や義務の実行を通じて得られるという概念を示したことだ。■

多くの共同体で実施されている植樹プロジェクト。欧米にはボランティアが重要な役目を果たしている組織が数え切れないほどある。

マクドナルド化は社会の（ほとんど）すべての面で進んでいる
ジョージ・リッツァ（1940年〜）

背景知識

テーマ
マクドナルド化

歴史に学ぶ

1921〜22年 マックス・ウェーバーの遺稿『経済と社会』がドイツで出版された。同書では合理性と官僚制の関係について分析している。

1961年 アメリカの事業家リチャード（「ディック」）とモーリス（「マック」）のマクドナルド兄弟が、自分たちが開発したファストフード・ハンバーガー事業をレイ・クロックに売却。クロックはマクドナルドを世界中に展開した。

1997年 意識的にマクドナルド方式を取り入れた寿司レストランチェーン「ヨー！スーシ」がイギリスで開業した。

1999年 イギリスの社会学者バリー・スマートが『マクドナルド化への抵抗』を編集し、リッツァのマクドナルド化論へのさまざまな批判を紹介した。

ドイツの社会学者マックス・ウェーバーは、伝統的社会から近代社会への移行を決定づける特徴は、生活のさまざまな面が合理的に組織され、定められることが多くなる点であり、それは感情によって方向づけられたり価値を与えられたりすることとは対照的であると論じた。

アメリカの社会学者ジョージ・リッツァは、ウェーバーの思想を発展させて、そうした移行は欧米文化で新しい段階に入っており、予想のつかない形で現れていると主張した。1993年に刊

群れから村へ、そして都市のディストピアへ 121

参照 カール・マルクス 28-31 ■ マックス・ウェーバー 38-45 ■ ローランド・ロバートソン 146-47 ■ ヘルベルト・マルクーゼ 182-87 ■ ハリー・ブレイバーマン 226-31 ■ カール・マンハイム 335

- ウェーバーの**合理化**の概念をきわめて大胆に実現したのが「マクドナルド化」だ。
- マクドナルドのファストフードレストラン方式には、**効率、計算可能性、予測可能性、管理**という特徴がある。
- **利便性と手軽さ**によって、マクドナルド方式は幅広い人気を集めた。
- ファストフード提供の原則は、**幅広い範囲の商業的・社会的活動に広がり続けている**。
- マクドナルド化は社会の(ほとんど)すべての面で進んでいる。

ジョージ・リッツァ

1940年ニューヨーク生まれ。父親はタクシー運転手、母親は秘書として働いた。「上位下層階級」だった子ども時代の生活水準はおおむね低く、そこから抜け出すために懸命に勉学に励んだとリッツァは語る。

1974年にメリーランド大学で教授になり、現在では同大学で卓越研究者の称号を受けている。研究の中ではマクドナルド化理論が最も有名で、社会学理論に多大な影響を与えた。一方、消費社会の批評家としても活動し、幅広い分野に及ぶ著作を多数刊行している。

主な著作

1993年　『マクドナルド化する社会』
1999年　『消費社会の魔術的体系——ディズニーワールドからサイバーモールまで』
2004年　『無のグローバル化——拡大する消費社会と「存在」の喪失』

行した社会学の名著『マクドナルド化する社会』では、「多方面にわたる合理化の過程」が最もはっきり表れているのが、ファストフードレストランチェーンのマクドナルドだと記している。

マクドナルド方式

世界中どこへ行っても、マクドナルドを遠く感じることはない。実際、マクドナルドは世界100か国以上、3万5000以上の店舗を展開している。そしてどの店舗でも、ほぼ完璧に画一的で信頼のおけるサービスを提供している。そのようにどこでも同じような経験ができることは、世界中のマクドナルドに共通する特徴であり、それはまさしく、マクドナルドという企業が重視する合理化の産物である。そうした展開をリッツァは「マクドナルド化」と呼び、その傾向が「アメリカ社会のみならず世界中の数多くの領域」に浸透し、いまや猛威を振るっていると主張した。マクドナルド化には5つの主要要素がある。それは効率、計算可能性、予測可能性、管理、そして「形式的な合理性という究極の不合理」だとリッツァは論じた。

「効率」とは、企業によって採用された官僚的な原則のことであり、組織

西安鼓楼の隣にあるマクドナルド。1990年、中国で初のマクドナルドがオープン。2014年には店舗の数が2000店を超え、中国で2番目に大きいレストランチェーンになった。

構造のレベルから従業員と顧客の交流に至るまで、目的を達成する最適な手段を得るために定められる。たとえば食事の用意について挙げると、ハンバーガーの材料集め、調理、分配が一つの組立ラインで行われる。それが最も効率的なやり方だからだ。効率的というのは食事を用意する時間だけではなく、必要な空間についても当てはまる。さらに、マクドナルドの実店舗は、従業員と客が一様に効率的な振る舞いをするように設計されている。効率の文化は、厳格に統一された規範、規則、運用手順に忠実なスタッフによって育まれ、維持される。

「計算可能性」とは、数を数え、量を定めることである。たとえば「ビッグマック」のように、質よりも量を重視する傾向がある。マクドナルドの従業員の仕事は、時間を定められているものが多い。なぜならスピードを重視する店の性質は、最大限の生産性を保証するように意図されているからだ。

「予測可能性」は、食品、店舗設計、従業員と客の交流に影響を及ぼす。地理的環境や昼夜にかかわらず、客は店に入ると、そこで何が起こるか知りたがる。そして自分の望むものが何か、どこにメニューがあるか、オーダーの方法、支払い、食事、退店ができるかどうかを知るのである。

「管理」はテクノロジーと密接に結びついている。マクドナルドで用いられる食品調理の機械は、従業員と客の両方を支配する。機械が調理時間を決定し、ひいては従業員の仕事のペースを決める。そして機械は一様な製品を作り出し、客は食品の調理法を指定できない。人よりも予測可能性が高く、管理の容易なテクノロジーは、従業員とすっかり入れ替わるかもしれないとリッツァは論じた。

最後にリッツァは、その他の点で有益な合理化を図った場合のコストを査定した。ウェーバーの理論に沿いながらも、合理的なシステムは逆説的に、不合理と意図しない結果を生み出しているのではないかと論じた。究極の不合理とは、マクドナルド方式が従業員と客の双方にもたらした、人間性を奪う効果だと強調した。

マクドナルドの従業員は単純な流れ作業形式で働き、たいていは少ない給料で拘束されているとリッツァは指摘する。従業員のためになる改革や独創性、個性や団結力を育む余地はないに等しく、その結果、従業員には不満と疎外感がはびこり、離職率が高くなる。

客が列に並んで不健康な食品を買って食べる状況を、リッツァは「人間性を奪う環境」と評した。さらに、マクドナルドの生産と消費のスピードは、用意するのに時間がかかる高品質の食品が客に提供されないことを、当然ながら意味する。

近代性の原則

マクドナルド化を構成する5つの主要要素の社会学的重要性とは、それが社会活動の領域にまで広がっており、さらに拡大を続けていることだとリッツァは論じた。つまり、集団や個

> マクドナルドは
> アメリカ合衆国そのものよりも
> 重要になった。
> ジョージ・リッツァ

> 社会学において、理論は最もマクドナルド化されそうにない要素だが、少なくともある程度まではその過程も経ている。
>
> ジョージ・リッツァ

　人のさまざまな活動や交流を体系化する主流文化のテンプレートは、効率、計算可能性、予測可能性、管理、合理化のコストによって今では形成されている。

　これはウェーバーの理論を継承しており、合理化の流れはひとたび始まれば、社会生活のほぼすべてを覆い尽くすまで、無限に継続し、増殖していく。市場で競争力を維持するため、合理性と効率の原則を企業は固守しなくてはならない。リッツァは自らの主張が具現化した多数の例を挙げており、それには地下鉄や、トイザラスのような子どもの玩具店も含まれる。そうした企業はすべて、活動を体系化する方法として、意識的にマクドナルドの原則を取り入れてきた。

　1940年の開業以来マクドナルドが実証してきた、変化に適応するための効率と力量を称賛する一方で、合理化の追求によってもたらされる人間性の喪失をリッツァは警戒する。ウェーバーが提唱した「鉄の檻」の概念を繰り返し、たとえマクドナルドが高い効率と利益を誇る西洋企業という象徴的地位に就いたとしても、人が行う多種多様な活動にその方式が広がることは、人に疎外感をもたらすとリッツァは論じる。

　多国籍企業として、西洋の合理化の伝達者として、マクドナルドは重要な役割を果たす。地球規模で文化の均質化が起こる決め手の一つが、マクドナルド化なのだとリッツァは言う。だがイギリスの社会学者ジョン・トムリンソンのように、その立場に批判的な者たちは、グローカル化の概念を用いてこの非難に反論する。トムリンソンはマクドナルドがグローバル企業であることを認める一方、同社は店舗を開く地域の特徴や状況に配慮していると指摘する。たとえば、インドでは地域の食事の慣習に従って商品開発を行い、メニューに菜食主義者用ハンバーガーが加えられた。

　リッツァがマクドナルド化理論を初めて提唱してから20年以上が経ったが、この理論はいまだ古びていない。リッツァをはじめとする学者たちは研究を続けて、理論の応用、修正、更新を行い、高等教育の社会学といった幅広い分野にわたる題材を対象としてきた。イギリスの社会思想家デニス・ヘイズとロビン・ウィニヤードが編集した『高等教育のマクドナルド化』には、リッツァの理論にもとづくさまざまな考察が集められている。たとえばヘイズの主張によれば、大学から大学院レベルの教育まで、高等教育の基調となる伝統的な価値観は、標準化や計算可能性などと急速に入れ替わっている。さらに、高等教育のマクドナルド化は、学術機関や職員のみならず学生にも当てはまる。というのも、目的としてではなく、目的を達成するための手段として、合理的な考え方で教育に臨む学生が増えているからだ。■

イギリスの「ヨー！スーシ」はマクドナルドの合理化方式を拡大。食品の製造と提供を、東京風の都会的な空間で行っている。

共同体の絆は弱まっている
ロバート・D・パットナム (1941年〜)

背景知識

テーマ
社会関係資本
(ソーシャル・キャピタル)

歴史に学ぶ

1916年 社会改良家のL・J・ハニファンが「社会関係資本」という言葉を用いて、「善意、友情、共感、社交」のような、目には見えないが日常生活に大切なものに言及した。

2000年 フィンランドの社会学者マルティ・シーシアイネンが、ピエール・ブルデューとロバート・D・パットナムがそれぞれ唱える社会関係資本の概念を比べて批評した。

2000年 ハーバード大学のサグアロ・セミナーが、パットナム率いる学者チームによる報告「ともに向上する」を発表。アメリカの社会関係資本が「きわめて低いレベル」にあることを訴えた。

2013年 オランダの社会思想家マルレーヌ・フォックスらが論文「ソーシャル・ネットワーク・サイトに進んで金を払う理由」を発表し、その中で社会関係資本の概念を用いた。

初期の社会学者に共通していた思いは、近代社会が伝統的な形態の共同体、社会的結束、連帯感をむしばんでいるという恐れだった。19世紀に近代化のもたらす変化への懸念があったのは事実だが、当時はボランティア主義が盛んだった時代でもあり、学校や救貧院、慈善事業といった、今日では当たり前にある制度の多くはこの時代に成立し

社会関係資本は、**共通するアイデンティティの意識**と、**信頼、助け合い、善意、友情**といった価値観の共有から発展し……

↓

……共同体どうしを結びつける**ボランティア団体**や**市民組織**の創設を促す。

↓

だがライフスタイルはますます個別化され、人々は**公共の活動**からも**友人や隣人**からも離れてしまった。

↓

共同体の絆は弱まっている。

参照 カール・マルクス 28-31 ■ ピエール・ブルデュー 76-79 ■ リチャード・セネット 84-87 ■ ジェイン・ジェイコブズ 108-09 ■ アミタイ・エツィオーニ 112-19 ■ シャロン・ズーキン 128-31

ロバート・D・パットナム

1941年、ニューヨーク生まれ。オハイオ州の小さな町クリントンで育つ。オックスフォード大学で学び、イェール大学で博士号を取得。ハーバード大学でサグアロ・セミナーを指揮し、公共政策研究室の教授を務める。

1995年、発表した論文「孤独なボウリング——アメリカの衰退と社会関係資本」が市民参加に関する論争を巻き起こし、パットナムはビル・クリントン大統領（当時）と会談した。その論文は2000年に書籍化され、評判が高まった。2013年、バラク・オバマ大統領がナショナル・ヒューマニティーズ・メダルを授与。アメリカの共同体研究、改善の試みに果たした貢献を称えられた。

主な著作

2000年 『孤独なボウリング——米国コミュニティの崩壊と再生』

2002年 『流動化する民主主義——先進8カ国におけるソーシャル・キャピタル』

2003年 『ともに向上する』（ルイス・M・フェルドスタインらとの共著）

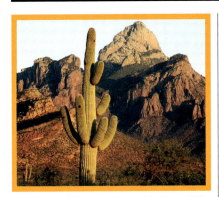

1995年、パットナムはサグアロ・セミナーを創設。名前の由来となったサボテンは、社会的比喩として捉えられた。「それは長い時間をかけて成長し、思いもよらない多数の目的を果たす」。

た。ところが20世紀後半になると、国が多くのことについて責任を負うようになり、かつて人々をまとめていた市民団体が衰退していった。

個人と集団をつなぐ社会的な接着剤のようなもの、たとえばボランティア団体や市民のネットワークなどを、アメリカの社会学者ロバート・D・パットナムは「社会関係資本」と呼んだ。パットナムによれば、今のアメリカは1960年代よりも豊かだが、道徳的な義務感や連帯感の共有を犠牲にしている。

社会関係資本を形成しているのは、絆、懸け橋、連合という3種類のつながりだ。絆は、家族、友人、共同体の構成員として共通するアイデンティティの感覚から生み出される。懸け橋は、共有するアイデンティティを超えて、同僚、仲間、知人にまで広がる。連合は、個人や集団を、社会的階層の上位や下位とつなぐ。人々をつなぐ社会関係資本の種類の違いは重要だ。たとえば友人や家族との絆には、仕事を確保したり、感情的欲求が起こったときに慰めを生んだりする力がある。だが絆が制限となる場合もある。移民社会では、移民どうしの絆が社会的な懸け橋や連合の形成を妨げることがあり、そのせいで社会を大きくまとめるのが難しくなる。

市民参加

パットナムの著書『孤独なボウリング』は、社会関係資本という概念をアメリカ社会に当てはめた。伝統的な郊外地区の消滅や孤独の増大——通勤者や労働者が日々目にする、iPodに聞き入り、パソコンの画面を前に座る人々——が意味するのは、人々がボランティアや共同体主導の取り組みに参加しなくなることだけではない。友人、家族、隣人と交流する時間が減ることも意味している。

パットナムはボウリングを用いて持論を展開した。ボウリングをするアメリカ人の数は増えているが、チームに入る人の率は減っている。人は文字通り「孤独なボウリング」をしている。信頼や助け合いといった伝統的共同体の価値観がすたれてしまい、PTAから地方評議会まで、ボランティア団体や市民主体の組織に負の影響を及ぼしているからだ。■

社会関係資本理論の中心にあるのは、社会的ネットワークには価値があるという思想である。
ロバート・D・パットナム

ディズニー化でありふれた退屈が劇的な体験に変わる
アラン・ブライマン（1947年〜2017年）

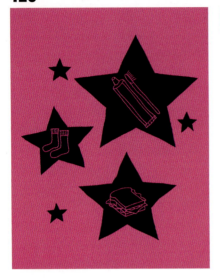

背景知識

テーマ
ディズニー化

歴史に学ぶ

1955年 ウォルト・ディズニーが最初のディズニーランドをカリフォルニアにオープンし、初日の入場客は5万人を越えた。

1980年代〜 世界的なつながりの発展を表すのに、「グローバリゼーション」という用語が頻繁に用いられるようになった。

1981年 ジャン・ボードリヤールが『シミュラークルとシミュレーション』を刊行し、次のように述べた。「ディズニーランドは、その他のものが現実だと信じさせるために、想像の産物として示された。ところが、その周りにあるロサンゼルスやアメリカは、すべてがもはや現実ではなく……シミュレーションの域に属している」。

1983〜2005年 東京、パリ、香港にディズニーランドがオープンした。

1993年 アメリカの社会学者ジョージ・リッツァが『マクドナルド化する社会』を刊行した。

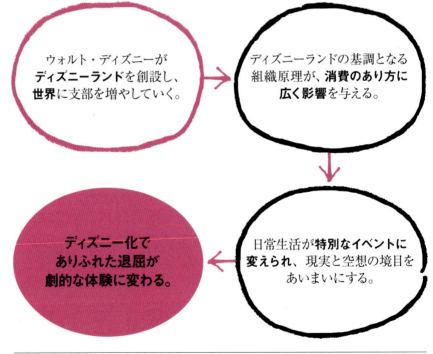

　近代消費文化は、幅広い意味を含む問題を生み出す。イギリスの学者アラン・ブライマンは、ディズニーランドが広く社会に及ぼす影響や、消費目的のサービスや商品の生産を左右するディズニーの手法に関心を寄せた。「ディズニー化」は現代消費社会の中心にあり、その現象は人々の購買経験に大きな影響を与える。というのも、ディズニーランドという組織の基調となる原理は、しだいに他の領域も支配するようになっているからだ。「こうして、実在しない現実を表すディズニーランドという偽の世界が、アメリカ社会のモデルになる」とブライマンは述べた。

群れから村へ、そして都市のディストピアへ

参照 ジョージ・リッツァ 120-23 ■ シャロン・ズーキン 128-31 ■ ジャン・ボードリヤール 196-99 ■ アーリー・ラッセル・ホックシールド 236-46

さらにまた、ディズニー化は世界の他の場所でも起こっている。

空想と現実をあいまいに

ブライマンはディズニー化を成り立たせる4つの要素を明らかにした。テーマ化、ハイブリッド消費、商品化、感情労働である。

テーマ化とは、一般に受けのよい環境を作るため、広く知られた文化的資源を利用することだ。たとえばハードロックカフェでは、テーマとしてロックミュージックを用いている。

ハイブリッド消費とは、違う種類の消費が結びつくことだ。たとえば空港や競技場がショッピングモールと化す場合などが、これに当たる。

商品化とは、プロモーションを行い、著作権で保護されたイメージやロゴをつけた商品を販売することである。たとえば、『ハリー・ポッター』シリーズや『シュレック』のような小説や映画は、Tシャツからテレビゲームまで、大量の関連商品を生み出す。

「感情労働」という用語は、アーリー・ホックシールドが『管理される心――感情が商品になるとき』で、外向きの態度を理想に合わせて変更する人を表すのに造った言葉である。ディズニー化された場では、台本通りの交流、扮装（ふんそう）、無限の楽しみというイメージとともに、仕事がパフォーマンスに近いものになる。

このような要素を取り入れることで、買い物や食事といった日常の出来事を、劇的で特別なイベントに変えることができる。だが同時に、消毒済みのパッケージで物事を再包装するような手法は、他の経験や場の真正性を害してしまう。それは最終的に、空想と現実の境目をあいまいにする。ある場所と有名な文化的事象を結びつけることによって、そこに特徴をつけようとする風潮についてブライマンは言及し、イギリスのノッティンガムシャーが「ロビン・フッドの地」に、フィンランドのラップランドが「サンタクロース村」になった例を挙げる。

ディズニー化とは、ジョージ・リッツァの唱えるマクドナルド化と並行する概念だとブライマンは主張する。マクドナルド化とは、ファストフード店の原理が社会に広がり、さまざまな領域を支配していく過程を指す。マクドナルド化では合理化を徹底し、同一のものを売りまくる。対してディズニー化ではなんでも商品やサービスに変えて消費を促す。■

世界各国にフランチャイズチェーンを展開するブッダ・バー。ブライマンの唱える「テーマ化」の通り、文化的資源（この場合は宗教）を用いて商品や環境を創り出している。

アラン・ブライマン

イギリスの社会学者。イングランドのレスター大学経営大学院で、組織・社会の調査研究の教授を務めた。それ以前はラフバラー大学で31年間教鞭をとった。方法論的問題と消費文化のさまざまな面に関心を寄せる。専門は質的・量的調査の統合、ディズニー化とマクドナルド化、高等教育における効果的リーダーシップ。

同時代の知識人がディズニーに関するすべてを軽視するのに対し、ブライマンはディズニーアニメやディズニーランドを愛し、研究に大いに取り入れた。ブライマンの研究はカルチュラル・スタディーズと社会学、両方の研究分野に影響を及ぼしている。

主な著作

1995年　『ディズニーとその世界』
2004年　『ディズニー化する社会――文化・消費・労働とグローバリゼーション』

ロフトで暮らすことは ショーウインドウの中で 暮らすようなものだ

シャロン・ズーキン

背景知識

テーマ
ジェントリフィケーションと都市生活

歴史に学ぶ

1920年代 アメリカの社会学者ロバート・E・パークが「人間生態学」という用語を唱えて「シカゴ学派」形成の中心人物として活躍し、都市生活の体系的研究を行った。

1961年 ジェイン・ジェイコブズの『アメリカ大都市の死と生』が刊行され、戦後の都市研究に非常に大きな影響を及ぼした。

1964年 イギリスの社会学者ルース・グラスが「ジェントリフィケーション」という用語を作り出し、中流階級の流入によって労働者階級の先住者が追い出される現象を指摘した。

1970年代 ニューヨークのロウアー・マンハッタンに並ぶ元工場建物に芸術家が移住しはじめた。

都市とは、人、共同体、思想、構築環境に絶えず変化と再生が起こる、ダイナミックな空間である。都市生活の研究は社会思想家を常に引きつけてきたが、とくに急激な変化が起こる時期ほど関心を集める。19世紀以降の大都市の成長期、第二次世界大戦後の都市の変容と郊外化、1960年代に起こった都市共同体の構造変化などはみな、熱心な研究の対象とされてきた。

都市研究が再び注目されたのは1980年代で、その頃、製造業の衰退とグローバル化の影響の増大によって、欧米の多くの都市は急激な変化に

群れから村へ、そして都市のディストピアへ　129

参照　ゲオルク・ジンメル 104-05 ■ アンリ・ルフェーブル 106-07 ■ ジェイン・ジェイコブズ 108-09 ■ アラン・ブライマン 126-27 ■ サスキア・サッセン 164-55

都市の元工業地帯が**脱工業化により衰退する。**

安い家賃と創作に活かせる**広々した空間**に惹かれて芸術家が住み着く。

芸術家が作り出した**「クール」な雰囲気**に、今度は若い都市生活者が**引きつけられる。**

土地開発業者が**儲けるチャンス**と見て取り、土地を買い占める。

家賃が上がり、芸術家や貧困層の人々が出ていく。引き換えにその地区からは**多様性と活気が失われる。**

見舞われた。インナーシティの荒廃、都市再生の過程、ある場所を特別な空間に変える要因について、新世代の学者が研究するようになった。なかでも飛びぬけていたのがシャロン・ズーキンで、1982年に刊行した『ロフト暮らし――都会の変貌に見る文化と資本』は大きな影響力を持った。

空間の意味

1975年、ニューヨークのグリニッチビレッジにある、元は衣料品工場だった芸術家のアトリエにズーキンは引っ越した。そして、そのような新しいタイプの居住空間が住人にとって何を意味するのか、そうした建物を住居として利用することがニューヨークに昔からある共同体にどのような影響を与えるのか、関心を持つようになった。

フランスの哲学者ガストン・バシュラールなどが唱えた思想を、ズーキンも再び取り上げた。バシュラールは1957年に刊行した『空間の詩学』で、家とは単に住むための空間というだけではなく、居住者の「精神状態」を表す場であると論じた。たとえばヴィクトリア朝時代の屋敷は、機能ごとに部屋が分けられ（客間、化粧室、等々）、居心地よく人を迎える空間を提供している。

ロフトの住人の精神状態は、オーセンティシティ（真正性）を求めているとズーキンは論じた。それは言うなれば、近代的な大量生産や画一的な郊外生活のかわりに、元は大量生産のために使われた空間（ロフトの多くはかつて作業場や工場だった）を個性化しようとする試みだ。郊外住宅から切り離された私的空間、すなわちロフトは、階層のない間取りで、「すべての領域が……あらゆる来訪者に」開かれている。この空間と開放性は、形式ばらない平等なイメージを作り出し、ロフトを「観光名所」やショーウインドウといった、人の視線を集める場所に変化させる。

都市再生

ズーキンはまた、都市再生とロフト生活にかかる費用を厳密に調べた。放棄されたに等しい地区に人が戻る動

むきだしの壁、梁（はり）、建物の意外な細部は、都市のロフトアパート購入者が求めるオーセンティシティを提供する。

ニューヨーク、チェルシーマーケット。1990年代に食肉加工産業の集積地にあった古い工場が改装されて食品モールに生まれ変わった。立入禁止の食肉処理場だった当時の面影はまったくないとズーキンは言う。

クリエイティブな空間

第2段階は1970年代で、貧しい人々や社会の主流から外れた人々が、放棄された工場に住み始めたことである。建物は工場として設計されていたため、フロアはアパートのように多数の小部屋に分割されず、高い窓のある自由な空間が広がっていた。そこには仕事にミシンを使うため自然光を必要とする人々が多く集まり、また芸術家にとってもアトリエとして理想的な環境だった。1970年代初め、ニューヨークが経済危機に見舞われ、不動産への需要が減ったため、市内の民間賃貸価格が下落した。一般的に芸術家は生計を立てるのに苦労し、安い住居と仕事場を探している。ゆえに、ロウアー・マンハッタンの古い工場のロフトは魅力的であり、多くの芸術家がその地区に住むようになった。

そうした動きは、昔からある界隈の

きは、古い建物や空間に新しい命を吹き込むようで、表面上は好ましい流れに見える。だがズーキンはその想定に疑問を投げかけ、再生は特定の集団に利益を与えると同時に、他の集団を犠牲にしているのではないかと論じた。再生の過程で、貧しい人々や社会の主流から外れた集団がそれまで(ときには何世代にもわたり)住んでいた地域から実質的に追い出され、上流階級に場所を明け渡す。その結果、画一化された都市空間が誕生し、ニューヨークをはじめとする世界中の都市にそのような場所があることをズーキンは指摘した。

ジェントリフィケーションの段階

ジェントリフィケーションとは、単なる「景色の変化」だけを指すのではないとズーキンは言う。それは「郊外型生活と徹底的に決別し……都市生活の社会的多様性との美的混合に向かう」ことだ。ジェントリフィケーション推進者は、独特の文化や環境に詳しく(たとえば歴史的建物の細部に関心がある)、「社会・空間の差異化の過程」にいたる。ズーキンはロウアー・マンハッタンを調査し、ジェントリフィケーションとは、多数の明確な段階から成り立つ一つの流れであると主張した。第1段階は、伝統的な製造業の衰退である。ほんの2世紀ほど前、ニューヨークには何万もの労働者が働く波止場があり、マンハッタンのグリニッチビレッジ周辺には小規模の繊維工場が密集していた。工場のある建物はたいてい天井が高く、「ロフト」と呼ばれていた。

1950年代以降、繊維会社の倒産が相次ぎ、大企業が率いるアメリカの繊維産業は、人件費の安いアジア諸国へ移転させられた。アメリカの労働者は失業し、ニューヨークの関連地区は工業が衰退して荒廃していった。1970年代には、ロウアー・マンハッタンの大部分は見捨てられていた。

(ニューヨークの)界隈(かいわい)をユニークにしたものの多くは、人々ではなく、建物の中だけに息づいている。
シャロン・ズーキン

群れから村へ、そして都市のディストピアへ

有機的な再生だった。これは言い換えれば、ロフトを住み込みのアトリエに変えようとする、役所主導の計画は一つもなかったということだ。多くの芸術家が移り住むにつれて、その地区では文化的な活気が増していき、コーヒーショップ、レストラン、画廊といった、芸術家の活動を支える第2のビジネスも始まった。界隈はますます風変わりで洒落た雰囲気を帯び、都市で成功した若者という新たな層にとって魅力的な場所となる。

ジェントリフィケーションにおける決定的な第3段階は、成功した若者たちがその元工場地区などに移り、都会の自由奔放なライフスタイルを体現するようになったことだ。裕福な人々が、かつては嫌われた場所での暮らしに関心を抱く。新しい金持ち集団が急にその地区に住みたがるようになった現象は、利益第一の開発業者の興味を引きつける。業者は比較的安い物件を買い上げ、芸術家の暮らすロフトに似たアパートに改装しはじめた。結果、家賃は着々と上がっていった。芸術家や貧しい人々はもはやその場所に住むことが難しくなり、出て行くしかなかった。

ジェントリフィケーションの最終段階は、移住してきた裕福な中流・上流階級にその地区が占められることである。画廊やコーヒーショップは残ったが、多様な人々、活気、地区の人気を高めた文化的活動は失われた。実際のところ、芸術家は知らず知らずのうちにジェントリフィケーションの協力者となり、と同時に犠牲者となっている。ロウアー・マンハッタンに新たな命を吹き込むことの成功が、最終的には、再生させた場所から自分たちが排

> 同じロゴやマークの中に
> オーセンティシティが埋もれてしまうのは、止められない流れだ。
> シャロン・ズーキン

除されるという結末を導いた。

都市の魂を求めて

現代の都市に変化を起こした要因を明らかにする際、ズーキンの研究は大きな影響力を持った。つまり、変化を起こしたのは新しい形態の産業の発展というよりも、ある種のライフスタイルを追い求める社会集団の文化的・消費主義的な要求によるところが大きかったといえる。だがズーキンいわく、そうしたライフスタイルは、根本的に空虚な消費主義が形を変えたものにすぎない。消費主義は「ディズニー化」された体験を提供するが、そこでは多国籍メディア企業が宣伝する流行の文化的形態とライフスタイルによって、多様性やオーセンティシティは軽視される。そうして貧しい人や社会の主流から外れた集団は、都市生活から事実上追い出される。

むきだしの都市

ズーキンは『都市はなぜ魂を失ったか――ジェイコブズ後のニューヨーク論』等の最近の著作において、ジェントリフィケーションと消費主義がどのようにして退屈で均質な中流階級地区を作り上げ、多くの人が憧れたオーセンティシティを都市から奪ったのかという点に着目した。また、ジェントリフィケーションの加速も指摘している。かつては達成まで何十年もかかったことが、今ではほんの数年で実現できてしまう。ある地区が「クール」とみなされるやいなや、開発業者が直ちに参入し、その地区の個性を根本的に変えてしまい、それまでの「らしさ」は破壊されてしまうのだ。■

シャロン・ズーキン

ニューヨーク市立大学ブルックリン校、大学院センターで社会学の教授を務める。ライト・ミルズ賞を含む数々の賞を受賞。アメリカ社会学会からはロバート&ヘレン・リンド賞を受賞し、都市社会学での業績を称えられた。

都市、文化、消費文化に関する著作を発表しており、都会、文化、経済における変化を研究する。ジェントリフィケーションのような過程によって都市がどのような影響を受けるのかという点に注目し、都市生活を支配するそうした過程について調査する。またニューヨークや他の都市に起こっている変化の多くには、積極的に発言している。

主な著作

1982年 『ロフト暮らし――都会の変貌に見る文化と資本』
1995年 『都市の文化』
2010年 『都市はなぜ魂を失ったか――ジェイコブズ後のニューヨーク論』

グローバル化した世界に暮らすということ

はじめに

カール・マルクスとフリードリッヒ・エンゲルスが『共産党宣言』で、**資本主義の世界化**を見越して「万国の労働者よ、団結せよ」と呼び掛けた。

1848年

ウルリッヒ・ベックが『危険社会』で、**グローバル化に伴う人為的なリスク**に対処する戦略が必要だと訴えた。

1986年

ボアベンチュラ・デ・ソウサ・サントスが、北半球の先進国で生まれた社会学は**異質な社会**の視座を取り込まない限り**真にグローバルな学問**になれないと論じた。

1990年代

ローランド・ロバートソンが『グローバリゼーション――地球文化の社会理論』で、**グローバル化が各地の文化に及ぼす影響**を分析した。

1992年

1974年

イマニュエル・ウォーラーステインが『近代世界システム』で、グローバル化は一部の国を利するだけで、**開発途上国には不利益をもたらす**と指摘した。

1990年代

ジグムント・バウマンが、世界規模のモビリティと通信手段の進歩によって**今の社会は流動的になっている**として「リキッド・モダニティ」の概念を提唱した。

1991年

サスキア・サッセンが『グローバル・シティ』で、グローバル化の時代には伝統的な国民国家よりも**中核的な大都市が重要になる**と論じた。

信仰よりも理性をベースとする啓蒙思想から生まれ、産業革命が育てた近代社会。きっと誰もが幸せになれると思ったのに、工業化と合理化の徹底で人々は疎外されていった。なぜか。その答えを探るために生まれたのが社会学だが、時代の変化は学問の進化よりも速く、20世紀後半にはポストモダン（脱近代）の価値観が問われ、人も情報も軽々と国境を越えるグローバル化の時代が来た。

グローバル化の概念自体は新しいものではない。海を越え、国境を越える貿易は16～17世紀から行われていた。しかし産業革命で人やモノの移動と通信の速度は飛躍的に向上した。20世紀に入ると電気通信と航空機の登場でこの傾向は一段と加速された。そして20世紀の終盤にはインターネットが登場し、地理や民族の違いに制約されないグローバル社会を出現させた。

ネットワーク社会

今や工業化の時代は終わり、情報化の時代が来た。今は「ポストモダン」の世界だという説がある。しかしグローバル化を近代の延長ないし変質とみなすこともできる。たとえばジグムント・バウマンは、工業化で始まった近代が技術の高度化によって成熟段階に、つまり「後期近代」に入ったと見る。技術の進歩が速いので、社会はたえず変化を求められる。そういう段階を、バウマンは「リキッド・モダニティ」と呼んだ。

社会に最も大きな影響を及ぼした技術革新は情報通信技術の高度化だろう。電話の時代がインターネットの時代となり、世界中の人々が互いにつながり、いわゆるソーシャルネットワークは軽々と国境を越える。

マニュエル・カステルは、このネットワーク社会がもたらす変化にいち早く目を向けた。またローランド・ロバートソンは、グローバル化で（単一の普遍的社会モデルが確立され）世界が均質化するのではなく、グローバル化

グローバル化した世界に暮らすということ

マニュエル・カステルが**情報技術の社会にもたらす影響**について、『情報化時代』3部作の1巻目『情報化時代──ネットワーク社会の到来』で分析した（2巻目は翌97年の『情報化時代──アイデンティティの力』、3巻目は98年の『情報化時代──千年紀の終焉』）。

デヴィッド・ヘルドとアンソニー・マッグルーが『グローバル化と反グローバル化』で、グローバル化が**社会にもたらす影響の矛盾**を論じた。

アンソニー・ギデンズが『気候変動のポリティクス』で、**環境問題の解決を先送りする危険**について警鐘を鳴らした。

 1996年　　 2002年　　 2009年

 1996年　　 2002年　　 2007年

アルジュン・アパデュライが『さまよえる近代』で、グローバル化する世界で**いかにアイデンティティが形成されるか**を検証した。

デヴィッド・マックローンが『ナショナリズムの社会学』で、グローバル化する世界における**国民（民族）アイデンティティの役割**について論じた。

ジョン・アーリが『モビリティーズ』で、国境を越えた人の移動によって**文化やアイデンティティが更新されていく**過程の解明に取り組んだ。

によって各地の文化が混じり合い、新たな社会システムが生まれると論じた。

後期近代のもう一つの特徴は、国境を越えた人の移動が容易になった点だ。工業化に伴う地方から都市部への大規模な人口移動が近代社会を生んだように、20世紀後半に増大したモビリティー（移動可能性）は社会の姿を変えていった。仕事と豊かさを求める人々が国内の大都市へ、さらには国外へと移住する光景は、もはや日常的なものだ。アルジュン・アパデュライらが指摘したように、こうした変化は文化の変容をもたらし、人々のアイデンティティ形成にも影響を与えている。

文化と環境

グローバル化は各地の文化にどんな影響を及ぼすのか、国民（民族）のアイデンティティはどう変わるのか。社会学はその評価に取り組んできた。欧米先進国では、異なる文化圏からの移民の流入で人種や宗教や文化に対する見方が変わった。一方で移民二世・三世は、親の祖国よりも現住国にアイデンティティを感じるようになった。

それでも、こうした人の移動を促すのは国家間の経済格差だ。イマニュエル・ウォーラーステインによれば、グローバル化でも国家間の格差がなくならないのは資本主義が世界規模になったせいだ。こうした問題の深刻化を背景に、ボアベンチュラ・デ・ソウサ・サントスは社会学にもマージナライズ（周縁化）された人々の視点を取り入れるべきだと論じている。

またウルリッヒ・ベックらは、新たな技術やコミュニケーション手段の登場で伝統的生活様式が損なわれているとして、グローバル化に付随するリスクに警鐘を鳴らした。局所的な自然災害に対峙すればよかった時代と違って、私たちは人為的な、しかもその影響が地球全体に及びかねないリスクにさらされている。環境問題はその最たるものだが、私たちの社会は、アンソニー・ギデンズも指摘するように、ともすれば現実から目を背けがちだ。■

すべてが流動化した時代に
確固とした全体性など
ありえない
ジグムント・バウマン（1925〜2017年）

ジグムント・バウマン

背景知識

テーマ
リキッド・モダニティ

歴史に学ぶ

1848年 カール・マルクスらが『共産党宣言』を発表。資本主義の世界化を予言し、「万国の労働者、団結せよ」と呼びかけた。

1929～35年 アントニオ・グラムシのヘゲモニー概念を念頭に、ジグムント・バウマンは資本主義文化は非常に回復力が強いと考えた。

1957年 ローマ条約の調印で、欧州経済共同体（EEC）域内の労働者の移動が自由化。

1975年 バウマンは、ミシェル・フーコーの『監獄の誕生』、とくに監視に関する部分に影響を受けた。

2008年 イギリスの社会学者ウィル・アトキンソンは、バウマンのリキッド・モダニティ理論の厳密性に疑問を呈した。

社会が近代化の第1段階である**「ソリッド・モダニティ」**を脱すると……

↓ ↓ ↓

- アイデンティティが心もとなくなり、**消費がアイデンティティの拠り所**になる。
- **国際的な人口移動**が増える。
- **経済の不確実性**は増し、競争は激化し、雇用も不安定になる。

↓

グローバル社会は**流動的で、変化が激しく、先が読めない**。

↓

私たちは**「リキッド・モダニティ」**の段階に入った。

19世紀後半に都市化が始まり、西欧は「近代」に入った。その特徴は工業化と資本主義だ。ポーランドの社会学者ジグムント・バウマンによれば、近代社会は「ソリッド（固定的な）・モダニティ」の段階を脱し、現在は「リキッド（流動的な）・モダニティ」の段階にあるという。これは不安定性・不確実性の時代であり、その影響はグローバル社会全体に及ぶ一方、個人のあり方をも左右する。バウマンは「リキッド」というメタファーを使って現代社会を巧みにこう表現する――現代社会はきわめて流動的で、変化が激しく、形は定まらず、重心をもたず、制御することも先を見通すことも困難だ。つまり「リキッド・モダニティ」に生きる私たちは、形を変え続ける近代世界を、よろめき、リスクに悩まされながら、予測不能な未来に向かって歩んでいる。

バウマンは、社会は段階的な発展を遂げるというカール・マルクスの歴史観を共有している。したがって「リキッド・モダニティ」を理解するにはまず、その前段階である「ソリッド・モダニティ」を定義する必要がある。

ソリッド・モダニティの定義

バウマンは「ソリッド・モダニティ」を、秩序があって合理的、予測可能で比較的安定した社会と定義する。

グローバル化した世界に暮らすということ 139

参照 カール・マルクス 28-31 ■ ミシェル・フーコー 52-55 ■ マックス・ウェーバー 38-45 ■ アンソニー・ギデンズ 148-49 ■ ウルリッヒ・ベック 156-61 ■ アントニオ・グラムシ 178-79

ジグムント・バウマン

1925年にポーランドのユダヤ人家庭に生まれる。ナチスの侵攻で1939年にソ連に亡命。ソ連軍に従軍した後、イスラエルに移った。1971年にイギリスに渡り、リーズ大学社会学教授を務めた。

著作は40冊を超え、その半数ほどは1990年の退職後に執筆された。社会学への貢献が認められ、1998年にテオドール・アドルノ賞を、2010年にアストゥリアス皇太子賞を授与された。2010年にリーズ大学はバウマン研究所を設立。2013年にはバウマンを描いたドキュメンタリー映画が制作された。2017年死去。

主な著作

1989年 『近代とホロコースト』
2000年 『リキッド・モダニティ──液状化する社会』
2011年 『リキッド化する世界の文化論』

その特徴は官僚制的な組織と活動であり、効率重視で問題解決が図られる。大勢の人間をまとめ、行動を指揮するのに最も適しているため、官僚制は存続し続ける。(人間味に欠ける、融通がきかない、独創性がないなどといった)はっきりしたデメリットはあるが、目標指向型の仕事では本領を大いに発揮する。

「ソリッド・モダニティ」には、社会的な平衡が保たれるという別の特徴もある。人々は比較的安定した規範や伝統や制度の中で生活することができる。しかし「ソリッド」といえども、社会的・政治的・経済的変化と無縁なわけではない。ただ変化は比較的系統立って起きるため、それほどの意外性はない。経済の観点から見ると、そのことがよく分かる。「ソリッド・モダニティ」では(労働者階級から中産階級の知的職業人に至るまで)大半の人々の雇用がかなりしっかりと守られている。その結果、彼らは生まれた土地を離れず、そこで成長し、親兄弟と同じ学校に通うのが普通だった。

バウマンは「ソリッド・モダニティ」を直線的かつ進歩的な、つまり理性が人間を解放に導くという啓蒙思想の実現と見なす。科学的知識が増えれば、自然や社会への理解が進み、制御できるようになる。科学的理性に対するこの絶大なる信頼が、主として国内問題を扱う社会・政治制度に体現された。啓蒙主義の価値観が政府機関に浸透し、それが社会的・政治的・経済的理想のベースになった。

個人レベルではどうか。「ソリッド・

ナチスがポーランドで建設・運営したアウシュビッツ強制収容所。ホロコースト(ユダヤ人大虐殺)はソリッド・モダニティの計画性・効率性の極みだとバウマンはいう。

モダニティ」の（安定的・継続的な人間関係の）下では、人は首尾一貫して理性的で安定したアイデンティティをもつことができた。アイデンティティが変化の少ない属性（職業、宗教、国籍、性別、民族、趣味、ライフスタイルなど）に依拠していたからだ。そうした個人が営む社会生活も同様に理性的で、官僚的なまでに整理され、今に比べれば予測可能で安定していた。

ソリッドからリキッドへ

ソリッドからリキッドへの移行は、大規模な経済的・政治的・社会的変化の相乗効果によって起きたとバウマンは考える。そして「強迫観念にとらわれたように絶え間なく自らを変えていく」ことが新たな世界秩序となった。

彼はこの移行の要因として相互に関連する5つの出来事を挙げる。1つ目は、国民国家がもはや社会を支える「主要な枠組み」足りえなくなったこと。政府が国内外の諸活動を決定する権限は著しく弱まっている。2つ目は、グローバル資本主義の台頭。多国籍企業の急増により、国家の求心力が失われた。3つ目は、電子技術とインターネットの発達で、国際的なコミュニケーションがほぼ瞬時に行えるようになったこと。4つ目は、不確実性と危機が常態化して社会がリスクに敏感になったこと。そして5つ目は、国際的な人口移動が活発になったことだ。

> どの国も
> 祖国を離れて暮らす人々で
> あふれている。
> ジグムント・バウマン

リキッド・モダニティの定義

バウマン自身も認めるように、「リキッド・モダニティ」は本来的に定義しがたい。この言葉が表す状況は「リキッド」というだけあって、たゆみなく変化しているのだから。しかし、ここまで見てきたソリッド・モダニティとの対比によって、リキッド・モダニティの最も重要な側面を明らかにすることは可能だとバウマンはいう。

イデオロギーのレベルではリキッド・モダニティは、科学的知見で自然環境や社会を改善できるとする啓蒙思想を根底から揺るがすものだ。リキッド・モダニティにおいては、ソリッド・モダニティで最高権威を誇っていた人々（科学者や専門家、大学教授陣、官僚など）は、真実の番人というあいまいな地位に甘んじることになった。環境問題や社会政治的な問題を解決する専門家であるはずの科学者は、問題の原因でもあるとみなされるケースが増えている。これが一般人の不信感や無関心につながる。

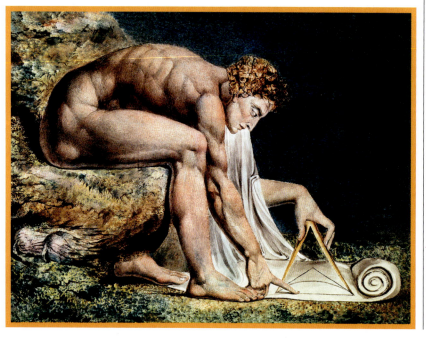

ウィリアム・ブレイクが描いたアイザック・ニュートン。ニュートンをはじめとした理性で社会を変革した啓蒙思想家たちは、バウマンのいうソリッド・モダニティの体現者だ。

グローバル化した世界に暮らすということ

リキッド・モダニティでは、個人の雇用や教育や福祉に対する不安も大きくなる。今日、労働者は職業訓練や転職を（時には何度も）繰り返している。ソリッド・モダニティでは当たり前だった「一生同じ会社で勤め上げる」ことはもはや過去のものだ。

（企業ではリエンジニアリング（機構改革）やダウンサイジング（規模縮小）の名の下で徹底した人員削減が進んでいる。人件費の大幅カットによる国際競争力の維持が狙いだ。この過程で「ソリッド・モダニティ」の特徴だった安定した正規雇用契約は、有期の非正規雇用契約にとって代わられ、労働者が流動化した。この雇用の不安定化と密接に関係しているのが、教育の役割と質の変化だ。個人は社会に出てからも（多くの場合は自腹で）生涯学び続ける必要がある。各自の専門分野の最新動向を把握し、自分の「市場価値を高めて」リストラの憂き目にあわないようにするためだ。

>
> 私たちはグローバル化する世界に住んでいる。
> 意識していようがいまいが、お互い依存し合っているのだ。
> **ジグムント・バウマン**
>

バウマンによれば、ソリッド・モダニティとリキッド・モダニティには、下図のような違いがある。

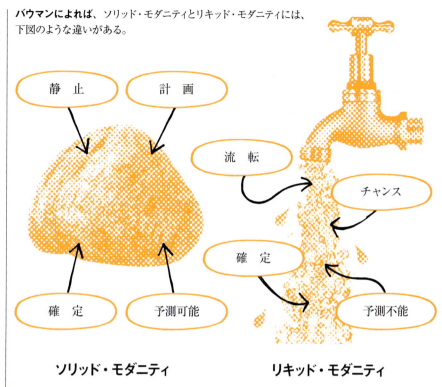

ソリッド・モダニティ　　リキッド・モダニティ

こうした雇用の変化と同時に起きているのが、社会保障制度の衰退だ。病気や失業などに見舞われたときの「セーフティネット」として機能してきた社会保障が急激に縮小している。とくに顕著なのは、低所得者向け住宅、高等教育の就学支援、医療サービスの分野だ。

流動化するアイデンティティ

ソリッド・モダニティの土台は消費財の工場生産だが、リキッド・モダニティが基盤としているのは財とサービスの過剰消費だ。

バウマンによれば、この生産から消費への移行はソリッド・モダニティでアイデンティティの拠り所となっていた社会構造（雇用や国籍など）が液状化した結果だという。

リキッド・モダニティでは自我はそれほど確立しておらず、断片的で不安定で、自己矛盾していることもよくある。自我が消費における選択の総体に

社会保障制度が厳しい状況に置かれている。イギリスでは皆保険の医療サービスが疲弊している。

雇用形態や家族の絆のような伝統的なアイデンティティの土台がぐらついたリキッド・モダニティでは、人々は消費を通してアイデンティティを形成する。

過ぎず、同時に「自分らしさ」を表出する手段になっていることも多い。ここでは本当の自分と、消費を通して表現された外向きの自分の間の境界線が消え、消費がアイデンティティそのものになる。内面と外面が渾然一体となる。

消費とアイデンティティ

アイデンティティの形成において重要な意味をもつのは「モノ消費」にとどまらない。ソリッド・モダニティに存在していたような安定したアイデンティティの源をもたない現代人は、その隙間を埋める癒しや人生の進路についての助言を、ライフスタイルコーチや精神分析医、セックスセラピスト、健康のカリスマなどに求める。

アイデンティティの確立はこれまで経験したことがないほど困難になった。自問と反省の無限ループに陥り、かえって混乱するばかり。結局のところ、目まぐるしく変化する世界の中で自分の人生を最後まで演じ切るしかない。自分は何者なのか、居場所はどこなのか、答えが見つからず、不安な気持ちを抱えたままで……。

つまり、リキッド・モダニティは基本的には不確実で不安定なグローバル社会ということだ。また、こうした攪乱要因は世界中に均等にばらまかれているわけではない。その理由を理解するために重要な変数として、バウマンは移動性・時間・空間を挙げる。リキッド・モダニティでは、どこにでも移動できる能力はきわめて価値が高い。それが物質的・精神的な成功の助けになるからだ。

旅行者と放浪者

バウマンによれば、リキッド・モダニティには勝者と敗者がいる。リキッド・モダニティの流動性から最も恩恵を受けているのは、世界中を自由に行き来できる立場にある人だ。バウマンが「ツーリスト（旅行者）」と呼ぶこうした人々は、空間ではなく時間を生きる。インターネットも国際線も自由に利用できる「ツーリスト」は（仮想空間であれ現実空間であれ）世界中を飛び回り、経済情勢が良好で生活水準が高い場所で活動することができる。対照的に、移動できない事情があるか、強制的な移動を強いられる「バガボンド（放浪者）」は消費文化の蚊帳の外。失業率が高く生活水準が非

リキッド・モダニティの生活に
永遠の絆など存在しない。
すべての関係は事情が変わったら
すぐにほどけるよう
ゆるく結ばれる。
ジグムント・バウマン

グローバル化した世界に暮らすということ

> 持ち物が
> その人の価値観の表れなら、
> 手に入れられないのは屈辱だ。
> ジグムント・バウマン

常に低い場所から抜け出すことができないか、職を求めて（経済難民）、あるいは戦争や迫害を逃れるために（政治難民）生まれた土地を離れざるをえない。どこに行っても長居すれば迷惑がられる。

国境をまたいだ人口移動はリキッド・モダニティの特徴のひとつで、日常生活を予測不能に、そして不安定にする要因になっている。旅行者と放浪者はこの現象の両極にある。

バウマン理論の応用

ジグムント・バウマンは現代の最も影響力のある優れた社会学者の一人。独自路線を歩み、著作で扱う領域は倫理からメディア、文化研究、政治理論、哲学と実に幅が広い。社会学においても、リキッド・モダニティは他に類を見ない貢献をしたとの評価を受けている。

アイルランドの社会学者ドナカ・マロンは、バウマンのリキッド・モダニティの概念をアメリカの消費者信用の分析に応用した。アイデンティティの形成に消費やブランド品が深く関わっているというバウマンの主張をもとに、マロンはこのプロセスにおけるクレジットカードの重要性を指摘した。

クレジットカードは、バウマンが描いた流動的な社会への適応に役立つツールだ。購買意欲を満足させる。支払いを容易に迅速に、そして管理しやすくする。失業や転職で手持ち現金が不足しているときに購入と支払いのタイミングをずらす機能もある。

さらに、カードの持ち主が応援しているサッカーチームや慈善団体、ショップなどとカード自体がコラボレーションしていることもよくある。ささいなことではあるが、他人から「自分はこういう人間である」と思われたいイメージづくりに一役買っている。■

> コミュニティ、
> それは私たちが失ってしまった
> 楽園――。
> ジグムント・バウマン

バウマンの言う「ツーリスト」は、富と名声を手にしたエリートで、リキッド・モダニティから最も恩恵を受けている。

近代世界システム
イマニュエル・ウォーラーステイン
（1930年〜）

背景知識

テーマ
世界システム論

歴史に学ぶ

16世紀 欧州列強がアメリカ大陸やアジアの一部地域を「発見」し、植民地化したことで、グローバル資本主義の基礎が築かれた。

1750年 イギリスで産業革命が始動。

1815〜1914年 新産業や、社会・経済改革が欧米と日本、そしてオーストラリアなどに広がった。これらの地域の国々が近代経済システムの「中核」をなした。

1867年 カール・マルクスが資本主義の搾取の構図に焦点を当てた『資本論』第1巻を出版。

20世紀以降 グローバル貿易が旧植民地などをグローバル資本主義の「システム」に統合しながら発展。

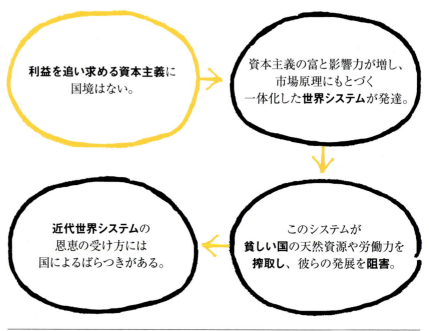

利益を追い求める資本主義に国境はない。
→ 資本主義の富と影響力が増し、市場原理にもとづく一体化した**世界システム**が発達。
→ このシステムが**貧しい国**の天然資源や労働力を**搾取**し、彼らの発展を**阻害**。
→ **近代世界システム**の恩恵の受け方には国によるばらつきがある。

世界中の国々が相互につながっている世界経済システムでは、先進国が開発途上国の天然資源や労働力を搾取している。アメリカの社会学者イマニュエル・ウォーラーステインは『近代世界システム』（1974年）で、そう指摘した。この「世界システム」は、貧しい国の発展を阻害し、富める国が世界中の天然資源や商品や富をほぼ独占し続けられるようにできている。

ウォーラーステインによれば、世界経済システムが姿を現したのは16世紀のこと。イギリスやスペイン、フランスなどが植民地の資源を搾取したことに始まる。こうした不平等な交易関係によって（余剰が生まれて）資本は蓄積され、経済システムの拡大のため

参照 カール・マルクス 28-31 ■ ローランド・ロバートソン 146-47 ■ サスキア・サッセン 164-65 ■ アルジュン・アパデュライ 166-69 ■ デヴィッド・ヘルド 170-71

に再投資された。19世紀後半までには、世界の大半の地域がこの商品生産・交換システムに組み込まれた。

国際舞台

近代資本主義の起源に関するウォーラーステインの理論は、カール・マルクスの理論の舞台を世界に移したものだ。マルクスは資本主義のもたらす「剰余価値」をめぐる闘争に焦点を当てた。労働者は賃金以上の価値を生み出すが、この剰余価値は雇い主の利益になる。労働者階級が生み出した剰余価値は（本人の手には渡らず）裕福なエリート層にもっていかれてしまう。

この構図を、ウォーラーステインは世界に当てはめ、商品の生産・流通システムの受益者に焦点を当てた。世界システムにも国々の間に、国内でいう階級のようなグループが存在する。彼はそれぞれのグループを「中核国」「準周辺国」「周辺国」と名づけた。中核国を構成するのは先進国で、高度な技術が必要な複雑な製品を生産する。中核国は天然資源や農産物、安い労働力を周辺国から調達する。準周辺国は両者の中間に位置する。

中核国と周辺国との間には不平等な交易関係が存在する。（国際的な分業体制の下）中核国は周辺国よりも高度な商品をより高く売り、余剰を手に入れる。準周辺国は周辺国との不平等な交易から利益を得る一方、中核国との間では不利な立場に置かれる。

この世界システムは比較的安定しており、簡単には変わらない。グループ内で国の立ち位置が変わる可能性はあるが、準周辺国が中核国に昇格したいと望んでも、中核国には軍事力と経済力があるため、世界全体が平等な関係に再編成される可能性は低い。

ウォーラーステインの近代世界システム論が確立したのは1970年代。グローバル化という言葉が一般化するより前のことだ。社会学は1980年代末から1990年代初頭になってようやくグローバル化を重要なテーマとして扱うようになった。そのためウォーラーステインは、経済のグローバル化やその社会政治的な影響について早い時期から取り組み、しかも多大な貢献があったと評価されている。■

近代世界システムは国家間の不平等な経済・交易関係の上に成り立っている。それは、あたかも国内でいう階級システムのようだ。

- ■ 「**周辺国**」の経済基盤は農業・鉱業に限られ、弱い立場に置かれている。準周辺国と中核国に農産物や原材料などの一次産品や安い労働力を提供する。
- ■ 「**準周辺国**」は豊かさにおいても社会・経済的な状況においても周辺国と中核国の間に位置する。
- ■ 「**中核国**」は先進工業国で豊か。近代世界システムの中心となって支配する。

富と不平等のグローバルな構図

かつて社会学者たちは国家間の不平等を論じるときに「第一世界」（先進欧米諸国）、「第二世界」（共産主義工業国）、「第三世界」（旧植民地）という言葉を使っていた。国家は資本主義や工業化や都市化の進み具合でランク付けされ、貧しい国が貧困から抜け出すためには先進国の経済的な特徴を備える必要があるというような議論がなされていた。

こうした第三世界の国々は単に開発が遅れているだけという考えを、ウォーラーステインは否定。グローバル経済を支える経済的プロセスや関係に焦点を当てた。そして、確かに当初は、世界システムにおける国家の立ち位置は歴史的・地理的条件の産物だったかもしれないが、中核国と周辺国の格差を拡大し、不平等な関係を固定化したのはグローバル資本主義の市場原理であると主張した。

グローバルな問題に、ローカルの視点を
ローランド・ロバートソン（1938年～）

背景知識

テーマ
グローカル化

歴史に学ぶ

1582～1922年　グレゴリオ暦が西欧のカトリック国で採用され、やがて東アジアやソ連に広まった。

1884年　グリニッジ標準時が世界の時刻の基準となった。

1945年　国際協力実現のために、国際連合（UN）が設立された。

1980年代　海外進出する日本企業が現地のニーズに合わせた商品を提供する「グローカル化」戦略を開発。

1990年代　日本企業が用いた「グローカル化」という概念を、ローランド・ロバートソンが社会学研究に応用。

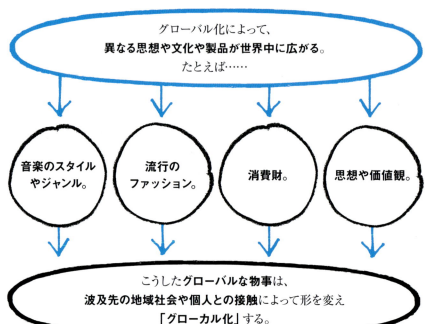

グローバル化によって、異なる思想や文化や製品が世界中に広がる。たとえば……

- 音楽のスタイルやジャンル。
- 流行のファッション。
- 消費財。
- 思想や価値観。

こうした**グローバルな物事**は、波及先の地域社会や個人との接触によって形を変え**「グローカル化」**する。

グローバル化によって、製品や価値観や嗜好がローカルなものと出合い、融合して新たな文化が生み出される。このグローバルとローカルの混交が近代社会の重要な特徴であり、新たな創造の可能性につながると言うのは、イギリスの社会学者ローランド・ロバートソン。

グローバル化の中心で一体何が起きているのか。それを知るには「個人」「国民国家」「社会の世界システム」「共通の人間性という意識」に注目しなければならないと、主著『グローバリゼーション──地球文化の社会理論』で論じた。この4つの関係に焦点を当てることによって、個人のアイデンティ

グローバル化した世界に暮らすということ 147

参照 ジョージ・リッツァ 120-23 ■ イマニュエル・ウォーラーステイン 144-45 ■ サスキア・サッセン 164-65 ■ アルジュン・アパデュライ 166-69 ■ デヴィッド・ヘルド 170-71

サッカーはまさに「グローカル・スポーツ」。住民と地元チームの一体感が育まれ、独特の伝統と文化がつくり出される。国際大会は、さながらそうした文化の展示場だ。

ティと国家との関係、グローバル文化の影響などを分析することができるのだという。

たとえば、個人のアイデンティティは国家や社会間の相互作用、そして人類全体との関係(性的指向や民族などについての考え方)で決まると考えるロバートソンは、グローバルとローカルの間の緊張が個人の経験や行動に及ぼす影響を分析した。

ロバートソンが特に注目したのは「グローバルな単一性」、つまりグローバル化と文化交流によって単一のグローバル文化が生み出されていくかのようにみえる変化の過程だ。これは(アメリカのポップミュージックやハリウッド映画などの)欧米の文物や信条が世界を席巻するような動きのことだ。このような現象は、異なる社会の接点が増え、人々が世界を単一の社会文化圏と認識するようになったことで起こった。

しかしロバートソンによれば、グローバル化によって世界が「均質化」してひとつの世界文化に収斂するわけではない。むしろ異なるコミュニティの文化と接触することによって、個々の文化の違いがかえって鮮明になると彼はいう。ローカルとグローバルな文化が互いに刺激し合う。人々はそれぞれの社会文化的背景に合わせて文化形態に手を加える。

「グローバル」と「ローカル」の混交

グローバルとローカルが出会って混ざり合う過程を表す「グローカル化」という言葉を社会学用語として広めたのはロバートソンだ。彼は、多国籍企業が進出先の市場のニーズに合わせて商品を提供する市場戦略にヒントを得た。たとえば、マクドナルドはアメリカ以外の消費者を引きつけるために「グローカル化」したハンバーガーを多数用意している(インドでは牛肉を食べないヒンズー教徒のために「チキンマハラジャバーガー」を販売)。社会学で扱う「グローカル化」はこれより適用範囲が広く、文物や文化形式の現地化も対象にする。

グローバル化には「普遍化と特殊化」という2つのプロセスがある。世界各地にもたらされた文化形式や文物や価値観は、そのまま使用されるものもあれば、異なる社会や個人によって加工されるものもある。そこにローカルとグローバルの間の創造的緊張が生まれ、文化イノベーションや社会変革が起こる。■

文化の混交

グローバル・コミュニケーションの発達で、ローランド・ロバートソンがいうところの「文化の相互接続」が進んだ。そして突然変異や異種交配が起き、グローカルな多様性が生まれていると指摘したのは、オランダの社会学者ヤン・ネーデルフェーン・ピーテルス。そのよい例が映画制作だ。

20世紀初頭、インドの映画業界はハリウッド映画に触発された。だがインドの映画制作者たちはハリウッド映画の現地化に取り組んだ。独自の芸術作品をつくりたい。地元の人々に訴えかける映画、他とは異なる表現形式を反映した映画を制作したい。そこで、インドの映画人たちは独創的な手法を編み出した。古代インドの神話的叙事詩や古典物語などのユニークな題材。彩り豊かな映像表現。「ボリウッド」として知られるようになったインド映画は、インド国民のみならず世界中の人々を魅了している。

ローカル文化は、
グローバルな文物をそれぞれの
ニーズや考えや慣習に合わせて
選び、つくり変える。
ローランド・ロバートソン

気候変動への対処は先延ばし
アンソニー・ギデンズ
（1938年～）

背景知識

テーマ
ギデンズのパラドックス

歴史に学ぶ

1900年 産業経済の発達と経済成長に伴って、近代化が広がり続ける。

1952年 ロンドンスモッグと呼ばれる大気汚染が発生。死者は約4000人にのぼると推計されている。その後、イギリスでは1956年に大気清浄法が制定された。

1987年 オゾン層破壊の原因とされる物質の規制について定めたモントリオール議定書が採択された。

1997年 「京都議定書」を採択。先進諸国に温室効果ガスの排出削減を義務づけ、地球温暖化を防ぐのが狙い。

2009年 コペンハーゲン合意の下で、温室効果ガスの新たな排出削減目標がまとめられた。

世界は危機に瀕しており、グローバル化もその一因になっていると、イギリスの社会学者アンソニー・ギデンズは訴える。近代は「暴走する世界」をつくり出した。世界は気候変動などのリスクに直面しているのに、なぜ、政府も個人もすぐに地球温暖化防止に向けた対策をとろうとしないのか。この重要な問題について社会学的な分析を行ったのがギデンズだ。

近代のグローバル化

ギデンズは1990年に『近代とはいかなる時代か？──モダニティの帰結』を発表して以来、グローバル化の影響と、それが社会制度や役割や関係性を変容させるプロセスに焦点を当ててきた。彼によれば、先進国や新興国は、産業革命前の時代とはまったく異なる状況にあるという。

近代のグローバル化によって人類は文明の新たな段階に入った。これをギデンズは「後期近代」と呼ぶ。暴走する大型トラックのように、近代社会は「制御不能」だ。後期近代の生活から「満足感を得られたり」「気分が浮き立ったり」することも時にはあるだろう。だが同時に、新たな種類の不確実性に対峙したり、抽象的なシステムを信頼したり、新たな課題やリスクに対処したりせねばならない。

人間の活動によって引き起こされた気候変動は、人類の前に立ちはだかる最も重要で、しかも解決が難しいリスクのひとつだ。工業化社会では発電用に大量の化石燃料が燃やされる。すると副次的に二酸化炭素が排出さ

現在と同じくらいの切実さで、未来をリアルに想像するのは難しい。
アンソニー・ギデンズ

グローバル化した世界に暮らすということ

参照　ジグムント・バウマン 136-43　■　マニュエル・カステル 152-55　■　ウルリッヒ・ベック 156-61　■　デヴィッド・ヘルド 170-71　■
ソースティン・ヴェブレン 214-19　■　ダニエル・ベル 224-25

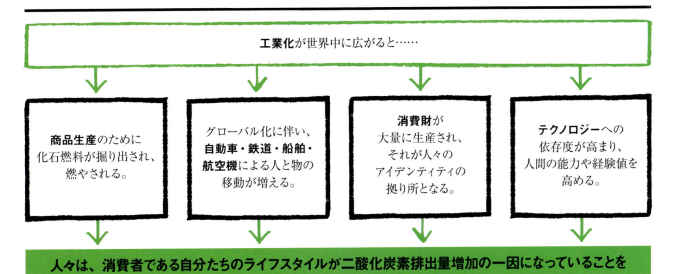

れる。それが上空で蓄積され、太陽からの熱を閉じ込める。これが地球温暖化をもたらし、干ばつや洪水、暴風雨などの異常気象が増えている。

革新的な解決策が増えている。
　ギデンズが『気候変動のポリティクス』(2009年)で展開した議論はこうだ。環境破壊や気候変動がもたらす危険は日常生活の中では実感しにくい。だから多くの人々は「手をこまねくばかりで、何ら具体的な対策を講じようとしない。気候変動の影響が大惨事という形であらわれてから慌てても、時すでに遅しだ」
　現在受けている恩恵と、将来被るかもしれない危険や災害の脅威との間にあるこの断絶を、彼は「ギデンズのパラドックス」と呼んだ。
　しかし、彼は未来については楽観的だ。工業化を成し遂げ先端技術を生み出した人類の創造力をもってすれば、二酸化炭素の排出を減らす画期的な解決策を見いだせるに違いない。国際的な協力体制の下、温室効果ガスの排出権取引制度や炭素税といった取り組みがすでに始まっている。これは温室効果ガスの排出削減に成功した企業が得をするようなインセンティブを与えるという市場原理を利用した仕組みだ。うまくいけば化石燃料への依存を減らし、世界中が安価でクリーンなエネルギー源を利用できる日が訪れるだろう。■

今日の利益、明日のリスク

　明日は明日の風が吹く。どこかにそんな思いがあるから、人は目の前の問題には必死で対処するが、将来発生するかもしれないリスクは軽視してしまう。人は「将来のある時点で受け取れる大きな報酬」よりも「すぐにもらえる小さな報酬」を選ぶ傾向にある。同じことがリスクについてもいえる。
　ギデンズはこれを喫煙者を例にとって説明する。タバコの健康上のリスクは周知の事実なのに、なぜ若者は喫煙を始めるのか。喫煙を続けたら、40代になったころに実際に健康被害が出始め、悪くすると命の危険もあるといくら諭しても、10代の若者が「40歳の自分」を想像するのは不可能に近い。これで気候変動に対する行動も説明できる。人々は先端技術や移動の利便性を手放せず、化石燃料を使い続ける。不快な現実と向き合うより、気候科学者の警告を無視するほうが簡単だ。

多元的な知識形態の共存を認めない限り社会的正義は実現できない
ボアベンチュラ・デ・ソウサ・サントス
（1940年～）

背景知識

テーマ
〈南〉の認識論

歴史に学ぶ

1976年 世界で最も豊かで影響力のある7カ国が国際問題について話し合うG7が恒例化。

1997年 インドの学者シブ・ビスワナサンが『科学批評――科学・テクノロジー・開発についての考察』の中で「コグニティブ・ジャスティス」という言葉を使用。

2001年 現在のグローバル化のあり方に批判的な活動家たちがブラジルで「世界社会フォーラム」を開催。持続可能な開発や経済的正義の実現を目指して異なる発展の道を模索した。

2014年 イギリスの社会学者デヴィッド・イングリスが、デ・ソウサ・サントスの「知識の多元性」に関する理論を用いて、コスモポリタン社会についての分析を行った。

欧米型資本主義の世界秩序が定着し、世界の国々は経済と政治、そして知の形態によって階層化された。

↓

すると、**科学をもとに発展**を遂げた先進諸国は途上国の**文化を見下す**ようになり、文化の衝突が起こる。

↓

異なる文化が互いを**尊重**し、異なる知の形態を認めて対話することなしには、**平等な世界**は実現しない。

↓

多元的な知識形態の共存を認めない限り社会的正義は実現できない。

知識と文化は不可分であるとフランスの社会学者エミール・デュルケームは言った。ある集団の文化（集団が共有する状況や出来事に対する見方・考え方）が、その集団の構成員が外の世界をどのように認識して知識として蓄えていくかを決める。

ポルトガルの社会学者ボアベンチュラ・デ・ソウサ・サントスはこの考えを受け入れた上で、イマニュエル・ウォーラーステインが提唱した世界シ

グローバル化した世界に暮らすということ 151

参照 ジグムント・バウマン 136-43 ■ イマニュエル・ウォーラーステイン 144-45 ■ ローランド・ロバートソン 146-47 ■ アルジュン・アパデュライ 166-69 ■ アントニオ・グラムシ 178-79

ステム論をもとにして、グローバル化が引き起こす文化抗争についての理論に発展させた。デ・ソウサ・サントスによれば、世界は、支配者（覇権国）グループと国家とそのイデオロギー、被支配者（反覇権国）グループと共同体とその思想という2つのグループに分かれて、一方的な争いを繰り広げているという。戦いの舞台は経済やテクノロジーや政治など多岐にわたる。

文化と権力

デ・ソウサ・サントスによれば、世界の文化（とそこに内在する知識）は資本主義国の勢力図に沿った階層構造になっているという。それらへのアクセス権も一様ではない。哲学用語の「エピステモロジー（認識論）」（「知」を意味するエピステーメーに由来）を引用して、デ・ソウサ・サントスは以下のような議論を展開する。国際舞台での他国による周縁化は、認識論でいう疎外と密接に関係している。社会調査は先進国モデルを前提にしているが、周辺国が何をどう認識しているのか（『〈南〉の認識論』）も十分に考慮される必要がある。

デ・ソウサ・サントスの目標はこうした階層構造による疎外に終止符を打つこと。なぜなら「多元的な知識形態の共存を認めない限り社会的正義は実現できない」と考えるからだ。文化の多様性は、多元的な知識体験の受容にかかっている。これを認めるところから、世界に存在する不平等を解消する努力はスタートするべきだ。その実現を阻む最大の障害は、知識の階層構造においても、先進国の科学的知見が「覇権を握っている」ことだ、とサントスは主張する。

技術支配

先進国は科学的知識を武器にして、資本主義的・帝国主義的秩序を途上国に押しつけてきた。欧米列強は世界の広範な地域を支配する能力を手に入れた。とくに、近代科学を（ほかの知識よりも優れた）普遍的な知識体系に昇華させることで、その能力を獲得した。ほかの非科学的な知識や文化や、そうした知識をもとに行われる社会的慣習などを、近代科学の名の下に弾圧。近代科学と相容れない行為は非理性的と決めつけ、人々の頭の中まで「植民地化」した。中東地域の文化を非理性的で感情に走りすぎており「破滅に向かう」ものとして描く欧米メディアはその一例だ。

代わりにデ・ソウサ・サントスは多元主義、すなわち異なるものどうしが互いを認め合い共存する「コスモポリタン的思考による『知の生態学』の確立」を目指した異文化間の対話を提唱している。■

ブラジルのカヤポ族などの先住民には薬草の知識がある。欧米の製薬会社は彼らの知識を利用して稼ぐが、しかるべき対価を払おうとはしない。

ボアベンチュラ・デ・ソウサ・サントス

ポルトガルのコインブラ大学の教授。アメリカのイェール大学で博士号を取得。ウィスコンシン大学マディソン校の客員教授を務める。社会運動や市民運動は参加型民主主義にとってきわめて重要だと考える。

2001年、デ・ソウサ・サントスは、新自由主義経済政策と多国籍企業が主導する現在のグローバル化に反対するグループが結集する場として世界社会フォーラムを立ち上げた。著作で扱う分野はグローバル化、法と国家の社会学、民主主義、人権など。

主な著作

2006年	『グローバル・レフトの台頭』
2007年	『グローバル社会のコグニティブ・ジャスティス』
2014年	『〈南〉の認識論』

ネットワークで新たな生産能力を引き出す
マニュエル・カステル（1942年〜）

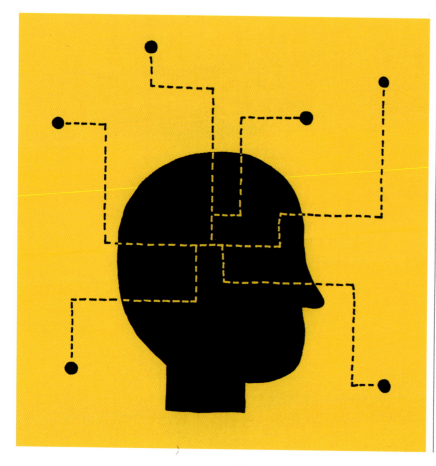

背景知識

テーマ
ネットワーク社会

歴史に学ぶ

1848年 カール・マルクスとフリードリッヒ・エンゲルスが『共産党宣言』で資本主義のグローバル化を予想。

1968年 マニュエル・カステルが、フランスの社会学者アラン・トゥレーヌのもとで、社会運動と、資本主義への抵抗について研究。

1990年以降 企業でインターネットの導入が進み、一般にも普及した。

1992年 アメリカの社会学者ハリソン・ホワイトが、ネットワーク理論についての論文「市場・ネットワーク・コントロール」を発表。

1999年 オランダの社会学者ヤン・ファン・ダイクは『ネットワーク社会』で、フェイスブックなどのソーシャルメディアに焦点を当てた。

　この半世紀の間にインターネットとデジタル技術は飛躍的に進歩した。スペイン出身の社会学者マニュエル・カステルによれば、こうした進歩は世界規模の経済的・社会的・政治的発展によってもたらされたものであり、一方でそれらの発展にも寄与している。こうした見地から、カステルはグローバル化とその経済的・社会的影響に注目した。

　マルクスの時代、産業資本主義の基礎は製造業だった。だが1970年代に入ると、米国の社会学者ダニエル・

グローバル化した世界に暮らすということ

参照 カール・マルクス 28-31 ■ ニクラス・ルーマン 110-11 ■ ジグムント・バウマン 136-43 ■ アンソニー・ギデンズ 148-49 ■ ウルリッヒ・ベック 156-61 ■ ダニエル・ベル 224-25 ■ ハリー・ブレイバーマン 226-31

> 「ネットワーク社会」は興味や関心で相互に結ばれた**グローバルなコミュニティ**であり……

> ……「**フローの空間**」としてのネットワークへのアクセスはもはやエリート集団の独占するところではない。

> 言い換えれば、**誰もが、どこにいても**情報通信技術を使って**創造的な活動**を行うことが可能だ。

ベルは「脱工業化」という言葉を用いて、経済活動の重心が（製造業から）サービス産業にシフトしたと指摘。カステルはインターネット技術の普及で資本主義の中心は情報と知識に移ったと論じた。人類社会は工業化時代を脱して情報化時代に入った。その新たな時代の社会構造を、彼は「ネットワーク社会」と呼ぶ。

ネットワーク化された世界

情報化時代の特徴は、世界の原油価格や金融市場の動きなどといったさまざまな専門知識の創出と拡散だ。先進資本主義社会で生産性と競争力の鍵を握るのは、今や金融資本と情報のネットワークだ。

財・サービスの生産から情報・知識への移行は、社会と社会関係の性質を根本から変えた。人間関係も制度も社会もネットワークに基礎を置くようになった。ネットワークは柔軟性と開放性を有するため、世界にアクセスすることが可能だ。

古典的社会学者（カール・マルクスやエミール・デュルケーム、マックス・ウェーバーなど）が「社会」といえば、それは主として所与の国民国家の社会を意味していた。この場合には、たとえばアメリカ社会とイギリス社会の違いや共通点を論じることが可能だ。しかし今や状況は変わったとカステルはいう。国民国家は地球を意味するようになり、その中にすべてを包含するようになった。自立した国民国家の集合としての世界はもはや過去の遺物となり、世界は重なり合い交差する多くのネットワークの集合と認識されるようになった。

インターネットで完全につながった世界と聞いて、まず思い浮かぶのは、変わり続けるネットワークの中で、国境や国籍の制約を受けることなく、ありったけの想像力を働かせて、相互に生産的な形で関わり合う人々の姿だ。今や、グーグルなどの検索エンジンを使えば24時間いつでも情報にアクセスでき、何千マイルも離れた場所の人々とチャットを楽しみ、リアルタイムでコミュニケーションをとることが可能だ。

カステルはネットワークについてこ

ブラジルのサンパウロ市にあるサンパウロ証券取引所は中南米最大。電子取引が盛んで、情報化時代によく対応している。

ネットワーク社会は、グローバルに統一された通信技術が無理なく利用できるようになったことから誕生し、私たちの生活・思考・行動のあり方を変えた。今では面識のない相手とリアルタイムでコミュニケーションをとり、物や情報や考えをやり取りすることができる。

金融データ　チャットルーム
エンターテインメント　オンラインショッピング

う語る。電子工学を駆使したネットワークは、社会関係構築手段の座を官僚制から奪った。ネットワークのほうが複雑な処理をずっと上手にこなせるからだ。このネットワークには、金融取引や投資に関する経済ネットワークのほかに、政治や人間関係のネットワークも含まれる。「ネットワーク国家」には欧州連合（EU）のような政治組織もある。一方、対人ネットワークはインターネットやEメール、フェイスブックやツイッターなどのようなソーシャル・ネットワーキング・サービス（SNS）などがあげられる。

カステルによるネットワークの定義はこうだ。「中心」はなく、重要度は異なるがどれもネットワークの稼働に欠かせない無数の「ノード（結節点）」で構成されている。社会的影響力は情報処理能力で決まる。ネットワークの目的ごとに異なる種類の情報を扱う。ネットワークは開放性を有しており、無限に拡大できる。

ネットワーク社会は適応力抜群。ネットワーク周辺に形成された社会秩序はきわめてダイナミックで革新的で、社会の目まぐるしい変化に即応できる。ネットワーク化された社会関係は、あらゆる社会的・経済的活動をも変えうる「自己展開式のダイナミックな人間活動」だとカステルはいう。

社会動学

個人や団体の社会的ネットワークへの参加の可否はどうやって決まるのか——これがネットワーク社会に働く力学を考える手がかりになる。そしてカステルは、ネットワーク化された関係が社会構造を徐々に変えていくとの結論を導き出した。

彼はまず、こう考えた。大手多国籍金融機関などで働き、金融フローのネットワーク周りを専門にしているのは、社会の支配集団である「金融テクノクラートのエリート」。世界に広がるシステム内で司令塔の役割を担うこうしたエリート集団が専門サービスを提供する場がグローバル・シティだ。しかもコスモポリタン的な商慣行や利益が再生産されるのも、この場所だ。

これとは対照的に、一般大衆の生活はグローバルというよりローカル。互いに物理的に近い場所で暮らし、社会関係も重なり合う。それゆえ、彼らの大半は地元の人々の中で地に足のついたアイデンティティと生活を築く。そこは、現実の場所を持たないネットワーク特有の「フローの空間」とは異なる「場所の空間」だ。

しかしインターネットとソーシャルメディアの普及によって、コスモポリタンでグローバルなエリート集団が「フローの空間」を独占的に利用するという構図は成り立たなくなった。経済的に恵まれない社会集団がインターネット技術を生活に取り入れるのは難しいかもしれない。とはいえ状況は確実に改善している。「望めば誰でも好

> ネットワークは、
> 人間活動のあらゆる領域に
> 広がった。
> **マニュエル・カステル**

きに、このフロー空間を利用できるようになった」とカステルは言う。

「反資本主義イニシアチブ」などの団体はインターネットを独自の方法で活用している。周縁化された人々が国家やエリート集団への対抗手段としてフロー空間を使った例として、カステルはメキシコのサパティスタ民族解放軍を挙げる。彼らはオフラインのイベントを実行する一方で、特殊なインターネットソフトを使ったバーチャルな座り込みを行ってメディアの注目を集め、政府のサーバーとウェブサイトを混乱させることに成功した。

ディストピアかユートピアか

情報化社会とネットワーク社会という2つの概念でカステルは、情報技術とグローバル化が人類の生活や社会関係にもたらす影響を分析した。

彼の分析の至るところに、マルクスの疎外という概念が反映されている。その裏には、目まぐるしい変化を制御したいというカステルの思いがある。また、人類は自分がつくったグローバル社会を制御できなくなった挙句に、そこから疎外までされてしまったという部分については、ほかの学者（アンソニー・ギデンズ、ウルリッヒ・ベック、ジグムント・バウマン）の理論に負うところが大きい。

カステル理論には批判も多い。バウマンなどは、人類が置かれている社会・経済・政治・環境の「現実」を直視すれば、カステル理論はユートピア的で実現不可能な理想にすぎないという。現在の社会・経済秩序には前例がないという部分を否定する学者もいる。イギリスの社会学者ニコラス・ガーナムは、ネットワーク社会は（新たな段階というより）産業主義の一つの段階にすぎないと考える。同じくイギリスの社会学者フランク・ウェブスターは、カステル理論を「技術決定論」（技術が社会を一方的に変化させるという立場）だと批判する。

ネットワーク社会に前例があろうとなかろうと、有益であろうとなかろうと、世界がつながり、デジタル技術への依存度が高まり、社会を変化させている事実は疑いようがない。無数のネットワークで結ばれたグローバル社会の到来は望ましい変化だと、カステルは肯定的に捉えている。遠く離れた場所にいる人間どうしが交流できるようになれば新たな生産資源の利用が可能になり、よりよい世界秩序の誕生につながるかもしれない。■

組織には
物理的な場所が必要だが、
組織の内的論理は
それを必要としない。
マニュエル・カステル

マニュエル・カステル

1942年にスペインで誕生。反フランコ運動に積極的に参加。フランスに移り、1960年代後半の政治混乱期にパリ大学で社会学を学び、博士号を取得。

1980年代に、シリコンバレーのある米国カリフォルニア州に渡り、10年ほどのちに、ネットワーク社会についての研究成果を『情報化時代』（3部作）にまとめた。

社会科学分野での影響力は大きい。現在、南カリフォルニア大学教授。同大学のパブリック・ディプロマシー・センター開設に携わり、アネンバーグ・リサーチネットワーク（ARNIC）の会員でもある。

主な著作

1996年 『情報化時代──ネットワーク社会の到来』
1997年 『情報化時代──アイデンティティの力』
1998年 『情報化時代──千年紀の終焉（しゅうえん）』

私たちは制御不能な世界に生きている
ウルリッヒ・ベック（1944〜2015年）

背景知識

テーマ
リスク社会

歴史に学ぶ

1968年 国際的なシンクタンク「ローマクラブ」が設立され、1972年には急速な人口増加が続いた場合のリスクに関する報告書「成長の限界」が発表された。

1984年 アメリカの社会学者チャールズ・ペローが『ノーマル・アクシデント』を刊行。

1999年 アメリカの社会学者バリー・グラスナーが、ウルリッヒ・ベックのリスク概念を応用した『アメリカは恐怖に踊る』を発表。

2001年 9月11日に米国で同時多発テロが発生。国際テロ組織がもたらすリスクへの認識が一変。

私たちは**不確実性と不安定性**が特徴の**「再帰的」近代**の時代に入った。

↓

科学と技術革新は人間に進歩をもたらしたが、開発に伴うグローバルなリスクへの懸念が高まった。

↓

もはや確かなものなど何ひとつない。**科学者と政治家はリスクにどう対処するかで対立**している。

↓

制度や専門家への信頼喪失で不確実性と疑念が浮上し、世界は制御不能なのではないかとの不安が募る。

人類の歴史は常に危険と隣り合わせだ。だがこれまで経験してきたのは「自然」に起因する危険だった。しかし近年、繁栄をもたらした科学技術や産業は、(核兵器の製造などによる) 新たな危険を生み出した。安全とは何か、予測されるリスクとは何か——個人も社会もその答えを求めざるを得なくなった。1980年代半ばにドイツの社会学者ウルリッヒ・ベックは、私たちの社会や制度に対する関係はこの数十年の間に劇的に変化しており、リスクに対する考え方を改める時期にきていると訴えた。社会生活は近代の初期段階から、次の「再帰的」な段階に移った。この段階は、自然や社会を制御したり支配したりすることは不可能だと知ることから始まる。そう自覚すれば、安心・安全は現在の社会構造が与えてくれるものという幻想から覚めるだろう。ベックはそう論じた。

この段階の特徴はグローバルな「リスク社会」の到来だ。そこでは、個人も集団も政府も企業も、リスクの出現・広がり・現実化への不安を募らせる。現代に生きる私たちは、親の世代には想像もしなかったような問題に対峙し、対処を求められている。

初期の著作でベックは、原子力、化学産業、バイオテクノロジーがもたらすリスクを特に挙げた。人間のニーズを満たすための科学やテクノロジーの

参照 オーギュスト・コント 22-25 ■ カール・マルクス 28-31 ■ マックス・ウェーバー 38-45 ■ アンソニー・ギデンズ 148-49

発達がいま重要な局面を迎えている。進歩によって前代未聞の大惨事が起こる可能性は高まった。その深刻度は計り知れず、悪影響を封じ込めることも、もとの状態に戻すこともほぼ不可能だろう。

リスクの特性

リスクの特性は3つある。第1は、地球規模で取り返しのつかない被害が出ること。補償できないレベルの損害が出るので保険は役に立たない。第2は、不可逆的、つまり事故前の状態に戻すことができないこと。第3は、時間も場所も選ばないこと。事故は予測できない。国境をまたぐこともあれば、影響が長期間続くこともある。

将来の惨事に備えてこれまでもリスク計算を行ってきたが、21世紀の私たちに関わる新しい種類のリスク（世界規模の感染症、原子炉のメルトダウン、遺伝子組換え作物など）にはもはや用をなさない。だとしたら、科学者や企業や政府はこうしたリスクにどう対処しようというのだろうか？

現実のリスク、仮想のリスク

人々のリスクに関する理解は不思議なほどあやふやだとベックはいう。リスクは歴然として存在している。科学や技術の進歩の中に脅威が潜んでいる。いくら当局者が安心を装っても、リスクを無視することはできない。しかし同時にリスクはバーチャル（仮想）でもある。まだ起きていないし、ひょっとしたら起きないかもしれない出来事に対する現在の不安。それがリスクだ。しかし、そうしたリスクが突きつける脅威や惨事への予感があるのは確かであり、政府や企業や科学者は何らかの対応を迫られる。

ベックが知る限り、リスクのことなら何でも知っているという人間は、専門家も含めて一人もいないという。一般にリスクの本質は複雑すぎて、発生の確率や程度、予防策などについて科学者の間でも意見が分かれることは珍しくない。そもそも遺伝子操作や原子力の利用で新たなリスクを生み出しているのは科学者や政府ではないか。そんな思いも一般の人にはある。

とはいえ、国民がいくら科学者に不

> 科学も政治も
> リスクを合理的に説明し、
> 対処することができない。
> ウルリッヒ・ベック

ウルリッヒ・ベック

1944年にドイツのシュトルプ（現ポーランドのスウプスク）に生まれる。1966年よりミュンヘン大学で社会学、哲学、心理学、政治学を学ぶ。1972年に博士号を取得し、1979年に専任講師に就任。その後、ミュンスター大学、バンベルク大学教授を歴任。

1992年にミュンヘン大学に戻り社会学教授に就任。ロンドン・スクール・オブ・エコノミクスの客員教授も務める。欧州で最も高名な社会学者の一人。学術論文の執筆以外にメディア活動も行い、ドイツや欧州政治にも積極的に関わるなどした。2015年死去。

主な著作

1986年 『危険社会——新しい近代への道』

1997年 『グローバル化の社会学——グローバリズムの誤謬—グローバル化への応答』

1999年 『世界リスク社会』

2004年 『コスモポリタン・ビジョン』

信感を抱こうとも、リスク社会で重要な役割を担うのはやはり科学者なのだとベックはいう。一般人はリスクを五感で感じ取ることはできないのだから、科学的方法を駆使してリスクを解明するには専門家の力が必要だ。

リスクを実感させる

ベックの考えでは、リスク啓発に「新たな社会運動」が重要な役割を演じているという。たとえば、環境保護に取り組むNGOのグリーンピースは派手なキャンペーンで耳目を集め、原因企業や政府が軽視している環境リスクへの意識向上に一役買っている。

メディアは不安をあおる。売り上げを伸ばすために、企業の対策の遅れや制度の不備をしつこく報道したり、技術開発に潜むリスクをセンセーショナルに扱ったりする。

これらは利己的な活動ではあるが、リスクへの関心を高め議論を促すという意味ではプラスだと彼は評価する。メディアは抽象的なリスクに分かりやすい形を与える。たとえば、このまま何十年も気温が上がり続けたらどうなるかと言われても、あまり実感がわかない。だが氷河の後退を「昔と今」で比較した画像や、小さな海氷に辛うじて立つホッキョクグマの映像などを目にすれば、リスクが切迫していることを痛感する。

リスク社会では不平等の質も変化する。昔は、裕福な人々は高い家賃を払って安全な地域に住むとか、先進医療を受けるために民間の医療保険に入るなどの方法で自分の身を守ることができた。しかし、いくらカネを積んでも現代のリスクは避けられないことが多い。有害な残留農薬の摂取を避けるために高価なオーガニックフードを食べることである程度はリスクを回避できるかもしれない。同様に、富裕国は公害を減らすために、中国などの経済が急成長している国に生産を委託するかもしれない。しかし早晩、これらのリスクは自分のもとに「ブーメランのように」戻ってくる。ここでベックが3番目に挙げたリスクの特性を思い出してほしい——リスクは場所と時間を選ばない。富はリスク回避の確実な手段にはならない。究極的には裕福な欧米諸国であっても、中国が排出する温室効果ガスによって悪化する地球温暖化の影響から逃れることはできない。

> 富の分配には不平等があるが、スモッグの被害は平等にもたらされる。
> ウルリッヒ・ベック

テクノロジーが発達した現代社会のリスクは正体不明で定量化はほぼ不可能。ベックによれば、得体の知れないリスクを前にしたときに人間の反応は主に3つに分かれるという——否認、無関心、そして変化。

否認
リスクから目を背けたり、リスクを過小評価したりする。企業や政府によく見られる態度。

無関心
リスクの存在は認めても、とくに対処はしない。

変化
リスクの存在を承知しつつも前を向き、グローバルな協力行動を起こす(コスモポリタニズムの考え方)。

グローバル化した世界に暮らすということ

欧米ではテロ対策として、公共の場や私的なコミュニケーションが監視対象となる動きがある。

グローバル化する不安と希望

「世界リスク社会」と「コスモポリタニズム」について論じた著作でベックは、グローバル化の進展で国家間の相互依存が強まると国民国家の影響力や権力が弱まり、悪い結果を招くとした。

たとえば金融リスクやテロのリスクだ。ヘッジファンドや先物取引、デリバティブ（金融派生商品）取引、債務の証券化、クレジット・デフォルト・スワップ（CDS）などが世界の金融市場に浸透する現代社会では、ひとたび問題が起きればその影響はあらゆる国に及ぶ。過激思想に突き動かされた集団が計画し実行するテロ行為の影響も、ニューヨークやロンドンなどのグローバル・シティの中枢が狙われればすぐに世界中に波及する。興味深いことに、政府は政治的な狙いから、国際的なテロ活動などに国民の注意を向けさせることには熱心だとベックは指摘する。

ここまでリスクについて希望のない話が続いたが、ベックはリスクの増大に内在するプラス面にも言及している。彼が「コスモポリタニズム」と名づけた概念で、複数の要素から成り立っている。

第1に、地球規模のリスクには地球規模の対策が必要になること。大惨事ともなれば全人類に影響が及ぶため、国の枠を超えて一致団結して事にあたらねばならない。第2に、メディアが大きく扱うため、貧しい人々が被害を受けやすい現状が知れ渡ること。2005年に米国を襲ったハリケーン・カトリーナでは、貧困が被害を大きくする要因になることを世界中の人々が知った。第3に、リスクの経験や認識がさまざまな集団の間での対話を促進させること。たとえば気候変動への対策が不十分だと思えば、環境団体や企業が一緒になって政府に対する抗議活動を行ったりする。

リスクと報酬

ベックの著作は社会学以外の学者にも広く読まれている。この数十年に出てきた多くの重要な変化や懸念を網羅しているからだ。著書が最初にドイツで出版された1986年は、酸性雨やオゾン層の破壊が話題になり始めたころだった。彼は独自のリスク社会という概念で、世間によく知られた多くの環境問題や事故を要約し、予想した。インドで1984年に起きたボパール化学工場事故（化学工場からのガス漏れ事故で汚染が広がった）や、1986年に現在のウクライナ（旧ソ連）で起きたチェルノブイリ原子力発電所事故などだ。ベックの理論は最近では国際テロ活動や2008年の世界金融危機の分析にも応用されている。さらに、国際関係、防犯、健康、食品の安全、社会政策、社会福祉などさまざまな問題の理解を助けてきた。■

酸性雨や地球温暖化への不安をきっかけに「気候変動に関する政府間パネル」が1988年に設立され、気候変動に関する科学的な研究成果の整理を行っている。

まるで世界全体が たえず移動しているようだ
ジョン・アーリ（1946年〜2016年）

17世紀以降の新たなテクノロジーの登場で、人も物も思想も世界中をそれまでより簡単に移動できるようになった。イギリスの社会学者ジョン・アーリは、世界規模での移動の活発化を受けて、社会科学はこの社会現象を分析するために「新たなパラダイム」を必要としていると論じた。こうした移動によって新たなアイデンティティや文化やネットワークが生まれ、文化的多様性、ビジネスチャンス、そして新たなタイプの社会格差が広がるとアーリは考えた。

システムとモビリティーズ

グローバル化についてのアーリの功績は、移動を促進する社会システムに注目した点だ。20世紀には自動車や電話、航空機、高速鉄道、通信衛星、さらにコンピュータ・ネットワークなど

物理的に世界中を移動することはもはや当たり前になった。
ジョン・アーリ

が出現し、これらの相互接続された「モビリティーのシステム」がグローバル化の推進力だとアーリは考える。だから「モビリティーズ」を研究することで、グローバル化の影響と結果が明らかになるはずだという。同様に、モビリティーを阻む「インモビリティーズ」の研究も社会的な疎外や不平等を理解する上で欠かせないとされる。■

背景知識

テーマ
モビリティーズ

歴史に学ぶ

1830年 都市間を結ぶ世界初の旅客輸送鉄道がイギリスのリバプールとマンチェスター間で開通。

1840年 イギリスで世界初の郵便切手「ペニー・ブラック」が発行され、郵便制度が劇的に変化。

1903年 アメリカのライト兄弟が、ノースカロライナ州で初の動力飛行に成功。

1960年以降 通信衛星が次々と打ち上げられ、グローバルな情報化時代が到来。

1989〜91年 イギリスの科学者ティム・バーナーズ＝リーが「ワールド・ワイド・ウェブ（WWW）」を考案。

2007年 イギリスの社会学者ジョン・アーリが『モビリティーズ——移動の社会学』を出版。

参照 ジグムント・バウマン 136-43 ■ マニュエル・カステル 152-55 ■ サスキア・サッセン 164-65 ■ デヴィッド・ヘルド 170-71

歴史を呼び覚ますとナショナリズムが蘇る
デヴィッド・マックローン

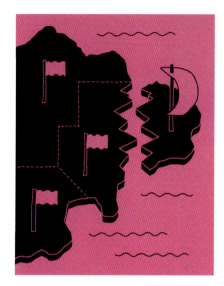

背景知識

テーマ
ネオナショナリズム

歴史に学ぶ

1707年 合同法により(スコットランドとイングランドが合併して)グレートブリテン王国が正式に誕生した。

1971年 イギリスの民族誌学者アントニー・D・スミスが影響力絶大の『ナショナリズム論』を発表。

1983年 イギリスの社会学者ベネディクト・アンダーソンが『想像の共同体』を出版。

1998年 イギリスの社会学者デヴィッド・マックローンは『ナショナリズムの社会学』で、ナショナリズムは多様な社会的・経済的利益の目的達成手段になっていると論じた。

2004年 日本の社会学者の一條都子が『スコットランドのナショナリズムとヨーロッパ』で「ヨーロッパの中での独立」という矛盾について論じた。

イギリスの社会学者デヴィッド・マックローンによると、グローバル化が経済的・政治的・文化的勢力を生み出したのと時を同じくしてネオナショナリズムが台頭した。ネオナショナリズムは国家内で社会集団がアイデンティティを再定義しようとする時に現れる現象だ。ネオナショナリストのアイデンティティは、国民国家のそれよりも小さなグループの利害に関わる。たとえば、イギリスならスコットランド、スペインならカタルーニャ州やバスク地方などだ。

国民のアイデンティティ同様、彼らのアイデンティティも共通の言語や神話、伝承、社会的理想といった「歴史の素材」で形づくられる。そしてマックローンによれば、彼らの連帯感は共通の大義を求めるなかで、人々がこうした「歴史の素材」を想起したときに生まれる。しかもネオナショナリスト的な感情を刺激するには、ほんのわずかな歴史の断片があればいい。

国家の中で自分たちは異質な存在だという意識が、自治権拡大や独立を求める主な理由だろう。しかしネオナショナリストには別な動機もあるかもしれない。たとえば不公平な税制や資源の配分などだ。■

バスク地方の分離独立を求める非合法組織「バスク祖国と自由(ETA)」は1959年の結成から2011年までの間にスペインやフランスで武装闘争を繰り返した。

参照 エミール・デュルケーム 34-37 ■ ポール・ギルロイ 75 ■ ジョン・アーリ 162 ■ デヴィッド・ヘルド 170-71 ■ ベネディクト・アンダーソン 202-03 ■ ミシェル・マフェゾリ 291

グローバル・シティは新規事業の戦略拠点
サスキア・サッセン(1949年〜)

背景知識

テーマ
グローバル・シティ

歴史に学ぶ

1887年 フェルディナント・テンニースは、都市化によって社会の個人主義的傾向が強まり、社会的結束が弱まるとした。

1903年 ゲオルク・ジンメルは、都会人は内気で、人生に退屈したような態度をとるようになると指摘した。

1920〜1940年代 シカゴ学派の社会学者たちが、都市には特有の「生態」が存在し、職探しをするにも、サービスを受けるにも競争を強いられると論じた。

1980年代以降 イギリスの社会学者デヴィッド・ハーヴェイとスペインの社会学者マニュエル・カステルは別々の機会に、都市は資本主義によって形づくられ、住人の性格だけでなく、彼らの関係性にも影響を及ぼすと主張した。

　グローバル化は放っておいても起こらない。米国ニューヨークのコロンビア大学の社会学者サスキア・サッセンによれば、世界をつなげる経済的・政治的フローを起こすうえで重要な役割を果たしている都市があるという。こうした「グローバル・シティ」はそれぞれが属する国家の外にも影響力を発揮する。

　社会学者は、都市が住人の行動や価値観や就業機会に及ぼす影響を研究する。20世紀に入ると、先進国の大規模工業都市の間で経済的な相互

ウォール街はニューヨークというグローバル・シティの経済的原動力だ。こうした都市は「グローバル文化がローカル化する過程で多様化が進んだ実例だ」とサッセンはいう。

依存関係ができてきた。変化の一因は貿易の自由化と産業資本主義の世界的な拡大だ。こうした「グローバル経済」を背景に、経済・文化活動の中心となる「グローバル・シティ」は誕生した。

近代のメトロポリス

　グローバル・シティがつくり出す商品は技術革新や金融商品、コンサルティング・サービス(たとえば法務、会計、広告)などだ。こうしたサービス産業は電気通信技術への依存度が高いので、おのずと世界に広がるビジネスのネットワークに組み込まれる。同時に、彼らは先進国の脱工業化(サービス産業)の一翼を担っている。彼らが売るのは知識やイノベーション、技術的ノウハウ、そして文化という商品だ。

　サスキア・サッセンは1991年の『グローバル・シティ』で、金融や専門サービスのグローバル市場の出現で、グローバル・シティは経済のグローバル

参照 フェルディナント・テンニース 32-33 ■ ゲオルク・ジンメル 104-05 ■ アンリ・ルフェーブル 106-07 ■ ジグムント・バウマン 136-43 ■ イマニュエル・ウォーラーステイン 144-45 ■ デヴィッド・ヘルド 170-71

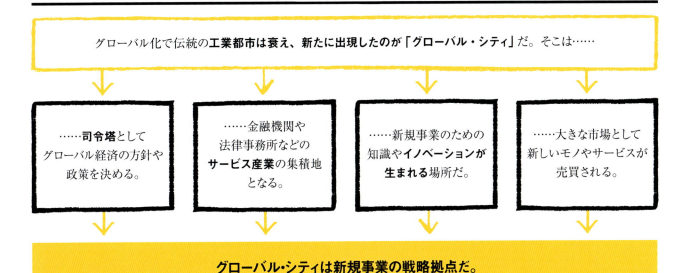

化の「司令塔」として機能するようになったと主張した。現に多くの多国籍企業が本社をグローバル・シティに置いている。これらの企業が資金と情報のグローバルなフローを決定・指示しており、ほかの地域の経済活動の拡大・縮小を左右することもあり得る。

グローバルな市場

グローバル・シティは金融商品を売買する市場でもある。金融センターの代表格（ニューヨーク、ロンドン、東京、アムステルダム、香港、上海、フランクフルト、シドニーなど）には大手の銀行や企業や証券取引所が集まっている。グローバル・シティでは国内市場と国際市場がつながっているので、金融活動がそこに集中する。

グローバル・シティを支えるのは多機能インフラだ。ビジネス街の中心地では地元企業や国内企業、多国籍企業などに勤めるさまざまな背景の人々の交流がある。影響力のある大学や研究機関も知識やイノベーションの形成に貢献している。これは情報経済にとって重要な点だ。

サッセンの研究が示すように、グローバル化を背景にグローバル・シティでは人が活動し、その成果は社会経済ネットワークを通じて世界に伝播していく。グローバル・シティも貧困などの社会的不平等と無縁ではないが、それでも多様な経済的・社会的可能性に満ちたコスモポリタンな場所である。■

多国籍都市文化

グローバル・シティがコスモポリタン化しているという点に、サッセンは注目した。移民が母国の食事や文化表現、ファッション、エンターテインメントなどを持ち込むことで、グローバル・シティの文化は彩り豊かになる。

国家が多文化共生やソーシャル・インクルージョン（社会的包摂）を奨励している場合には、新たな思想や価値観の共有が進み、文化的なイノベーションはますます活気づく。既存文化に多様な色が加わると、経済活動も盛んになる。移民や来訪者にとっては、自分たちの民族的あるいはナショナル・アイデンティティを保っていられるという意味で魅力的。しかも、このコスモポリタン・シティでは新たな体験や価値観と出会うこともできる。そこにいる多様な人々がグローバル経済やコスモポリタンな文化を支えている。

社会によって
近代の受容方法は異なる
アルジュン・アパデュライ（1949年～）

背景知識

テーマ
グローバル化と近代の受容

歴史に学ぶ

1963年 ジャック・デリダが「差延」という概念を考案。これがのちに文化の異質性に関する議論を特徴づけることになった。

1983年 イギリスの社会思想家ベネディクト・アンダーソンは、直接的に接触することなく、ただ構成員がイメージとして認識しているだけの共同体のことを「想像の共同体」と呼んだ。

1991年 インドが経済自由化で国際秩序への統合を目指し、グローバル化への道を歩み始めた。

2008年 ポストコロニアル研究の思想家リチャード・ブロックは、アパデュライの「スケープ」という概念を応用して、HIV（ヒト免疫不全ウイルス）／エイズ（後天性免疫不全症候群）の流行を文化の観点から考察した。

「グローバル化」という言葉は、自由市場資本主義の広がりで経済のボーダーレス化が進み、地球全体が「ひとつの村」のようになったという意味で使われている。しかし社会学の世界で扱うグローバル化は、経済だけでなく文化や社会、イデオロギーの領域にも及ぶ。

グローバル化は世界を均質化するだろうか。「単一の文化」への普遍化に向かうのだろうか。グローバル化への反発から、かえって言語や文化、民

グローバル化した世界に暮らすということ

参照 ジグムント・バウマン 136-43 ■ イマニュエル・ウォーラーステイン 144-45 ■ ローランド・ロバートソン 146-47 ■ マニュエル・カステル 152-55 ■ ジェフリー・アレクサンダー 204-09

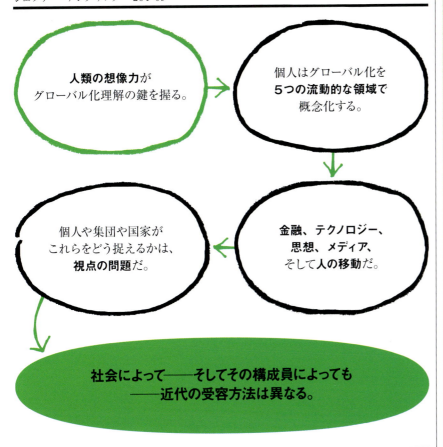

アルジュン・アパデュライ

インドのムンバイ生まれ。アメリカに渡り、ボストン郊外のブランダイス大学で学ぶ。シカゴ大学の大学院に進み、1976年に博士号を取得。

現在はニューヨーク大学のメディア・文化・コミュニケーション学のポーレット・ゴダード記念教授兼パブリックナレッジ研究所上級研究員。スミソニアン協会、全米人文科学基金、アメリカ国立科学財団、国際連合、世界銀行などのアドバイザーも務める。ムンバイにある都市化とグローバル化に関する非営利研究所PUKARの設立者兼代表。トランスナショナリズムの学際的専門誌「パブリック・カルチャー」の創刊メンバー。

主な著作

1990年 「グローバル文化経済における乖離(かいり)構造と差異」
1996年 『さまよえる近代――グローバル化の文化研究』
2001年 『グローバリゼーション』

族の多様化が進むのではないか。

こうした疑問に対し、インド出身の社会人類学者・社会学者アルジュン・アパデュライは別の角度からのアプローチを試みた。グローバル化を文化帝国主義とみなす伝統的な見方は、グローバル化の現実を反映できていない。そこで彼は、社会によって近代の受容の仕方が異なるという新たな観点を提示した。

ある国（たとえば中国）はグローバルな変化のひとつの側面（経済的変化など）をすばやく取り入れたが、別の側面（イデオロギーの変化など）の受け入れは非常に遅い。つまり、グローバル化は必ずしも一様に起きるわけではなく、各国の抱えるさまざまな事情（経済状況、政治的安定、文化的アイデンティティの強さなど）によって、そしてグローバル化の領域によって強弱が出てくる。たとえば中国は、生産・情報技術と経済の拡大は受け入れたが、政治的自律性は維持し続けている。

アパデュライによれば、グローバル化は「乖離」につながるという。つまり、経済や文化や政治が向かう方向が異

誰かにとっての想像の共同体は、別の人にとっては政治犯収容所。
アルジュン・アパデュライ

なるために社会に緊張が生まれるというのだ。グローバル企業が提供する製品と地元住民の購買力の差はその一例だ。

アパデュライは、グローバル化によって文化的アイデンティティの形成過程における国家の役割が低下していると指摘。人の移動や移民、高速通信によってアイデンティティの「脱領土化」が進んでいると主張した。人々の思想や物の見方、信念、習慣はもはや国籍や市民権とは一致しなくなった。かわりに、異なる国や地域の隙間に新たな文化的アイデンティティが出現している。これをアパデュライは「トランスローカリティ」と呼ぶ。

グローバルに想像された世界

グローバル化理解の鍵は人間の想像力。私たちがいま住んでいるのはグローバルな想像の上に成り立つ共同体だ。そこに存在し、相互に関連するさまざまなフローを、アパデュライは5つの「スケープ」（エスノスケープ、メディアスケープ、テクノスケープ、ファイナンスケープ、そしてイデオスケープ）と名づけた。ランドスケープ＝風景とは異なり、これらの「スケープ」は変わり続ける。それぞれのスケープをどう捉えるかは、そこに関与する社会的アクターによって異なる。

ここでいう社会的アクターは、何らかの集団（国民国家、多国籍企業、海外在住者のコミュニティ、家族、グループなど）の構成員。これらの「スケープ」の組み合わせ方によって、それぞれの個人や集団がイメージする世界は大きく異なる可能性がある。

シフトするスケープ

アパデュライは「エスノスケープ」という言葉を1990年の論文「グローバル文化経済における乖離構造と差異」の中で最初に使用した。エスノスケープは、人々（移民コミュニティ、政治亡命者、観光客、外国人労働者、経済移民などの集団）および、よりよい生活を求める「移動予備軍」の世界的なフローを表す。国をまたいだ人口移動の活発化は（政治的な要因が背景にある場合にはとくに）グローバル世界の本質的特徴だ。

メディアスケープは、新聞・雑誌、テレビ、映画、デジタル技術を通じた情報やイメージの創出と流布を指す。情報をアクセスしやすい形に変えて世界中に発信するこれらのメディアはグローバル化の大きな推進力になっている。豊富で複雑なイメージと物語を視聴者に提供し、世界中の出来事に対する人々の認識を形づくる。

テクノスケープはテクノロジーとそれに関する知識（ハード・ソフト）の国境をまたいだ急速な普及を意味する。西欧の多くのサービス産業がコールセンターをインドに置いている、インドのIT技術者がアメリカ企業に採用されることが多い、といった例がこの状況を表している。

ファイナンスケープは、為替市場・株式市場・商品投機という動きの速い世界において金融資本や投資資本がほぼ瞬時に移動する状況を反映した言葉だ。

イデオスケープは（たいていの場合）政治的なイメージだ。国家が支配的イデオロギーの強化を意図したものもあ

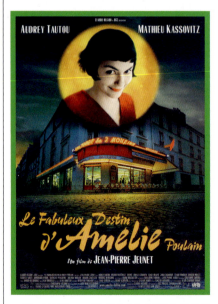

フランスはグローバル化からさまざまな経済的恩恵を受ける一方、外国文化の影響を最小限にとどめようともしている。映画館入場税によるフランス映画産業支援はその一例。

グローバル化した世界に暮らすということ 169

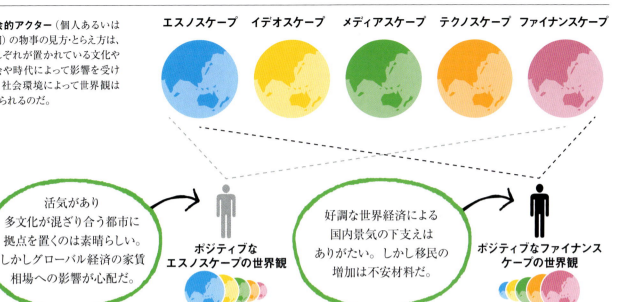

社会的アクター（個人あるいは集団）の物事の見方・とらえ方は、それぞれが置かれている文化や社会や時代によって影響を受ける。社会環境によって世界観はつくられるのだ。

れば、「国家の全権力あるいはその一部を奪うことを狙った」カウンター・イデオロギー的な動きもあるだろう。国がつくり上げた「国民的遺産」などの概念に、少数派の権利や言論の自由を守る人々が異議を唱えることなどがその例だ。

共通点と相違点

アパデュライが示すスケープはまとまりに欠けるかもしれないし、実際ちぐはぐな部分もある。たとえば、ひとつの場所にいる社会的アクターがグローバル化による経済発展にプラスの反応を示しながら（ポジティブなファイナンスケープ）、移民は国家や文化アイデンティティを脅かすとマイナスに考える可能性もある（ネガティブなエスノスケープ）。

だが5つのスケープを使うことで、グローバル化は均一で一貫したプロセスではなく、重層的で流動的で不規則な変化のプロセスであると理解することが可能になった。異なるスケープは一緒に動くこともあれば、異なる軌道を描くこともある。

アパデュライによれば、スケープは主体と客体の関係によって決まるという。この関係が変われば見方も変わる。どの社会的アクターの世界観も、そのアクターの社会的・文化的・歴史的ポジションに左右される。そのため、私たちが何者で、どこにいるのかは、どのスケープを見ているのか、それをどう解釈しているのかによって決まる。世界の想像の仕方はひとつではない。

グローバル化理論に対するアパデュライの功績は大きい。正統派（アメリカのイマニュエル・ウォーラーステインや、スペインのマニュエル・カステル）のように総合的なグローバル化理論を提示しようとしなかったことがその主な理由だ。逆に、グローバル化のような複雑で多面的なものをたったひとつの理論で説明しようなどという単純な見方を見直すことをアパデュライは意図した。■

新たなグローバル文化経済は複合的で重層的かつ乖離的な構造と理解すべきだ。
アルジュン・アパデュライ

変化のプロセスが人間とコミュニティの関係を変える
デヴィッド・ヘルド（1951年〜）

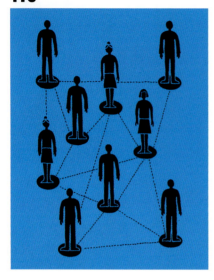

背景知識

テーマ
グローバル化

歴史に学ぶ

1960年代 メディア論で有名なカナダのマーシャル・マクルーハンが、テクノロジーによって世界は単一の「グローバルな村」になったと主張した。

1974年 アメリカの社会学者イマニュエル・ウォーラーステインが『近代世界システム』で、グローバル経済の社会的影響について論じた。

1993年 アメリカの社会学者ジョージ・リッツァが、生産の効率化は世界中で組織運営や企業経営に影響を及ぼしていると主張。

2006年 ドイツの社会学者ウルリッヒ・ベックは、グローバル時代に繁栄を望むなら、国家は多国籍の企業や組織、コスモポリタン・アイデンティティを受け入れる必要があると主張した。

商品や思想、人のグローバルな移動が影響を与えるのは……

→ ……**文化**である。価値観やアイデンティティ、そして文化形態が混ざり合い、進化する。

→ ……**政治**である。国際機関や制度が国民国家に影響を与える。

→ ……**経済**である。資本主義や金融市場、多国籍企業が拡大する。

↓

世界のつながりが一段と密になる。

↓

変化のプロセスが人間とコミュニティの関係を変える。

人口の大量移動と、商品や思想や文物の交換・流通の増加で世界はどんどん小さくなっている。イギリスの社会学者デヴィッド・ヘルドは、こうした変化が共同体や個人の関係性やコミュニケーションのあり方を変えるという。

たとえば、移民によって文化は混ざり合い、多文化社会を発達させる。人々がグローバル文化（音楽ジャンル、料

グローバル化した世界に暮らすということ 171

参照　ジョージ・リッツァ 120-23 ■ イマニュエル・ウォーラーステイン 144-45 ■
ローランド・ロバートソン 146-47 ■ ウルリッヒ・ベック 156-61 ■ アルジュン・アパデュライ 166-69

インドのボリウッド映画は世界の文化フローの非対称性を象徴している。ハリウッド映画よりもチケット販売は好調だが、全世界の興行収入では大きく水をあけられている。

理など）に触れれば、グローバルとローカルが混ざり合って新たな文物が生まれる。

ヘルドは、グローバル化はプロセスと変化をセットにして理解するのが一番だという。文化的側面には、社会の枠を超えたメディアの流通、思想や人間の移動などが含まれる。政治的側面には国際機関や制度、多国籍企業の台頭などが、経済的側面には資本主義の浸透などが含まれる。

変化は良い、悪い？

ヘルドは『グローバル化と反グローバル化』で、異なる社会学者のグローバル化に対する見解を検証し、彼らを「ハイパーグローバリスト」「懐疑論者」「転換主義者」の3つに分類した。

ハイパーグローバリストは、グローバル化の影響力はかつてないほど強力で、グローバル文明を促進すると考える。ハイパーグローバリストの中には、グローバル化を経済発展や民主化の牽引役と肯定的に考える人がいる一方、資本主義の浸透と社会的影響に批判的な人もいる。

懐疑論者はこれとは対照的に、グローバル化をそれほど新しい現象とは考えず、国民国家を弱体化させることもないとみなす。グローバル化は開発途上国を周縁化する一方で、先進国を拠点とする企業に恩恵を与えると彼らはいう。

転換主義者はグローバル化のプロセスの二面性を最もよく説明していると、ヘルドはいう。グローバルとローカルの境界はあいまいになってきており、人間社会の相互接続は進んでいる。グローバル化の要因はひとつではなく、その帰結もまだ分からないと彼らは考える。

グローバル化で、多国籍企業や制

デヴィッド・ヘルド

1951年にイギリスで生まれ、イギリス、フランス、ドイツ、アメリカで教育を受ける。マサチューセッツ工科大学で政治学の修士号および博士号を取得。

1984年に社会科学と人文科学系に強い出版社ポリティ・プレスを共同設立し、現在も編集長を務める。執筆や編集に携わった書籍は60冊を超える。対象分野はデモクラシー、グローバル化、グローバル・ガバナンス、公共政策など。2011年にロンドン・スクール・オブ・エコノミクスの政治学部の教授職を辞し、現在はイギリスのダラム大学教授兼グローバルポリシー研究所の共同代表。

主な著作

1995年　『デモクラシーと世界秩序——地球市民の政治学』

2002年　『グローバル化と反グローバル化』（共著）

2004年　『グローバル社会民主政の展望——経済・政治・法のフロンティア』

度で構成された新たなグローバル「構造」が出現した。その特徴は非対称な文化と経済のフローだ。

グローバル化がどんな不平等と繁栄をもたらすのかはまだはっきりしない。しかしヘルドが考えるには、グローバル化はそれ自体も影響を受けるダイナミックなプロセスだ。貧困であれ、感染症の大流行であれ、環境破壊であれ、国民国家がグローバルな問題やリスクに関わる可能性もある。■

文化と秩序と私たちのアイデンティティ

はじめに

社会心理学者のG・H・ミードが『社会的自我』で、**アイデンティティの感覚は社会的な文脈で**のみ成立すると論じた。

1913年

ノルベルト・エリアスが『文明化の過程』で、**社会秩序と個人の行動の**間にある関係に注目した。

1939年

レイモンド・ウィリアムズが著書『文化と社会』などで、**文化の概念**を社会学研究の中心的課題と位置づけた。

1958年

1930年代

イタリアの思想家アントニオ・グラムシが、**社会の支配階級は「文化的ヘゲモニー」**を通じて他者に自分たちの価値観や信念を押しつけると論じた。

1955年

社会学者・心理学者のエーリッヒ・フロムが『正気の社会』で、近代社会が人々に課す**同調性を批判**した。

1963年

アーヴィング・ゴッフマンが『スティグマの社会学』で、**個人がいかにして社会から疎外され、スティグマを負う**ようになるか検証した。

19世紀に産声をあげた社会学は、社会を支える制度やシステムの研究だけでなく、社会の絆を支えているさまざまな要素にも目を向けてきた。

伝統的な社会では、共同体の内部で共有される価値観や信仰、経験などが人々の絆を生み出し、育てていた。しかし工業化と世俗化を特徴とする「近代」の到来により、社会のあり方は根本的に変わった。その事実に気づいたところから社会学は生まれた。しかし近代性が人々のつながり方を変えたという認識はできたものの、文化（人はいかにして集団として思考し、行動するのか、いかにして社会の一員だという自覚が生まれるのか）そのものが研究対象となったのは、20世紀に入ってからのことだ。

社会学（社会がいかに人々の相互作用やアイデンティティを形成するかを体系的に研究する学問）の誕生は人類学や心理学の成立と時を同じくしており、この3つの学問には重なり合う領域がある。実際、文化社会学の草分けであるジョージ・ハーバート・ミードは社会心理学の先駆者でもあった。ミードは個人と社会をつなぐもの、とりわけ社会的アイデンティティに注目した。彼によれば、個人は他者との相互作用を通じてのみ、社会の一員としてのアイデンティティを真に確立できるのだった。

1950年代にはエーリッヒ・フロムが、心理学的な問題の多くは社会に由来すると論じた。より広い社会と結びつき、何らかの文化に自己を帰属させる過程で、個人は社会に同調するよう求められ、個性が抑圧され、真の自己意識を失うにいたる。同じころ、アーヴィング・ゴッフマンもアイデンティティの確立にまつわる問題に気づき、1960年代にスティグマ（社会への同調を拒み、他者とは「異質な」人が背負わされる汚名や恥辱）の概念を提唱した。

文化と社会秩序

一方、1930年代にはノルベルト・エリアスが、社会規範や慣習の強制を「文明化の過程」と呼び、それは個人の行動をじかに規制していると論じた。文化の統制的な力と社会秩序の維持がどこかで結びついているのは明らかで、たとえばアントニオ・グラムシは、

文化と秩序と私たちのアイデンティティ

ヘルベルト・マルクーゼが『一次元的人間』で、多元的・民主的に見える社会が**文化を均質化**し、反逆精神を圧殺していると論じた。

1964年

ベネディクト・アンダーソンが『想像の共同体』で、**国民性の概念は架空のものだ**と論じた。

1983年

ジェフリー・アレクサンダーが『社会生活の意味──文化社会学の試み』で、**文化は社会から独立している**が、社会に変化をもたらす力があると論じた。

2003年

1981年

ジャン・ボードリヤールが『シミュラークルとシミュレーション』で、ポストモダンの世界では**自然と人工の区別がつかなくなる**と予言した。

1992年

スチュアート・ホールが「カルチュラル・アイデンティティの問題」と題する論文で、伝統的な文化概念の解体がもたらす**「アイデンティティの危機」**を論じた。

文化が社会的統制の手段として用いられることに気づいた。支配的な文化は目に見えない強制を通じて「文化的ヘゲモニー」を発揮し、諸個人に社会規範を刷り込み、規範の逸脱を不可能にしてしまう。グラムシはそう考えた。

この思想を発展させて権力の構造を論じたのがミシェル・フーコーだ。他方、ヘルベルト・マルクーゼらは、社会不安の鎮静化に文化が利用される事実に目を向けた。後にはフランスの思想家ジャン・ボードリヤールが、入手できる情報が爆発的に増えるポストモダンの世界では、文化はその基盤とする社会から引き離され、現実との関係を失っていくと論じた。

文化的アイデンティティ

20世紀後半のイギリスでは、とくに文化の問題に焦点を当てた社会学の一派が登場した。いわゆる「カルチュラル・スタディーズ（文化研究）」である。まずはレイモンド・ウィリアムズが「文化」の概念について広範な研究を行った。彼の仕事は文化の概念を変え、社会学に新たな研究分野を切り開いた。

ウィリアムズによれば、文化は物質的生産と消費によって表現される。つまり特定の時間と場所における社会集団の創造行為と余暇の追求（食べ物、スポーツ、ファッション、言語、信仰、思想、慣習、さらには文学、美術、音楽など）によって表現される。一方でスチュアート・ホールは、文化的アイデンティティーは揺るぎないものだという考え方に異議を唱え、コミュニケーション手段の飛躍的な発達やモビリティーの増大により、今や伝統的な国や民族、階級、さらにはジェンダーにもとづくアイデンティティは消えゆく運命にあるとした。さらに一歩進んで、コミュニティへの帰属という概念自体が幻想だと論じたのは、やはりイギリスの社会学者ベネディクト・アンダーソンである。

いや、文化とは社会構造における独立変数だと主張するのはアメリカの社会学者ジェフリー・アレクサンダー。彼の文化社会学では、いかにして文化が「共有された意味」の創造を通じて社会を形成していくかを検証している。■

「主我」と「客我」
ジョージ・ハーバート・ミード
（1863年〜1931年）

背景知識

テーマ
自我の発達

歴史に学ぶ

1902年 アメリカの社会学者チャールズ・クーリーが、人の自我は自分にとって大切な他者の見方を反映すると指摘した。

1921年 ドイツの哲学者ヴィルヘルム・ヴントが『身振りの言語』で、精神とは本質的に社会に関わるものだと論じた。

1975年 アメリカの文化人類学者クリフォード・ギアツが、自我とは「特異な統一体であり、他の統一体と対比される存在である」と主張した。

1980年代 イギリス出身でアメリカの社会心理学者ヘイゼル・ローズ・マーカスが、人は過去の社会経験にもとづくスキームを形成し、それが自己システムとして機能すると論じた。

1999年 アメリカの心理学者ダニエル・シーゲルが、社会的自我の発達は脳機能の発達に伴って起こると唱えた。

自分という感覚を持つこと、すなわち「主我(I)」は……

……他者との相互作用で形成される行動や態度を表す「客我(me)」に反映する。

祖母　母　父　祖父　友人　兄弟姉妹

文化と秩序と私たちのアイデンティティ

参照 W・E・B・デュボイス 68-73 ■ エドワード・サイード 80-81 ■ ノルベルト・エリアス 180-81 ■ アーヴィング・ゴッフマン 190-95 ■ スチュアート・ホール 200-01 ■ ベネディクト・アンダーソン 202-03 ■ ハワード・S・ベッカー 280-85 ■ アドリエンヌ・リッチ 304-09 ■ ジェフリー・ウィークス 324-25

ジョージ・ハーバート・ミードは社会心理学者であると同時に哲学者であり、両分野の視点から、「自我」とは厳密には何を意味するのか理解しようとした。従来の哲学者や社会学者は、個々の独立した自我の集まりが発展したものとして社会を捉えるが、ミードはその逆が真実だと考えた——自我は社会的相互作用から発生し、社会の中で形成されると。

そうした思想は今では心理学や心理療法の分野で普及しているが、ミードが『社会的自我』で初めて発表した1913年当時は、革命的な考え方だった。個々の発展途上の自我が社会過程を経る前に、いかなる形であれ明確に存在するという思想にミードは異を唱えた。経験や行動という社会過程は、「個人や個人の関わる経験に論理的に優先する」。

個人の意識や意図、願望などは、社会的関係、一つもしくは複数の言語、一連の文化規範という文脈の中で形成される、とミードは主張した。人は赤ん坊のころから、身振りを通じたコミュニケーションを理解していく。身振りは象徴として機能し、「思想の伝達という世界」を築く。赤ん坊は成長につれ、日常的習慣、身振り、ついには周囲で語られる言葉をまねし、取り入れるようになる。

自分とは何者か

赤ん坊が経験し、内面化(学習)するさまざまな種類の態度は、「客我(me)」という感覚を生み出す。つまり「客我」とは、他者との相互作用を通じて身につけた行動、期待、態度の表現だ。

だが人にはまた別の自我の感覚があり、それをミードは「主我(I)」と呼ぶ。

自分自身に対する見方、自分とは何者かという考えは、生まれたときから身近な人々との交流を通じて発達する。個人の自我は自然に芽生えるのではなく、そうした相互作用から発生する。

「主我」と「客我」は、自我として異なる働きをする。「主我」は「客我」と同様に成長し続けるが、その機能は「客我」を反映する一方、より大局的な見地から物事を捉えようとする。つまり「客我」が慣習に従って行動するのに対し、「主我」はそのようなやり方を省みて、自意識にもとづく選択を行う。人は自らの行動の省察を通じて、他者とも以前の自分とも違う人間になれるわけだ。■

> 社会環境という要素がなければ、精神が表出することはなく、発生することもなかっただろう。
> **ジョージ・ハーバート・ミード**

ジョージ・ハーバート・ミード

アメリカ、マサチューセッツ州生まれ。会衆派教会の牧師を父に持つ。6歳のとき、父が神学校で教職に就いたため、オハイオ州オーバリンに移住。1883年にオーバリン大学卒業。教師、鉄道測量技師として数年働いたのち、再び大学へ。1887年よりハーバード大学で哲学と社会学を学ぶ。7年後にシカゴ大学へ移って働きはじめ、1931年に死去するまで教鞭をとった。「活動家の精神」を持つことを主張し、婦人参政権などさまざまな目標を支持するデモ行進に加わった。哲学者のジョン・デューイはミードのことを「第一級の独創性に富む精神」の持ち主と評した。

主な著作

1913年 『社会的自我』
1932年 『現在の哲学・過去の本性』
1934年 『精神・自我・社会』

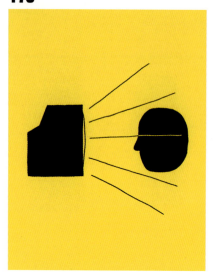

近代社会を生きるには、幻想を持たず、幻滅することなく抵抗することが必要だ
アントニオ・グラムシ（1891年～1937年）

> マルクスによれば、**支配階級は経済基盤を統制し、労働者階級を支配する**制度や社会関係の上部構造を作り出す。

↓

> グラムシの主張によると、**階級による支配は文化の面でも起こる**。支配階級の作り上げたイデオロギー的幻想に、労働者階級は支配される。

↓

> そうした幻想の正体を見抜き、**なんとしても抵抗しなくてはならない**。

↓

今日の課題は、幻想を持たず、幻滅することなく生きることだ。

背景知識

テーマ
文化的ヘゲモニー

歴史に学ぶ

1846年 カール・マルクスとフリードリッヒ・エンゲルスが『ドイツ・イデオロギー』を完成させた。1932年に刊行された同著は、イデオロギーに関するグラムシの思想に多大な影響を及ぼした。

1921年 イタリア共産党が結成された。

1922年 ベニート・ムッソリーニがイタリアの首相となり、ファシスト政権を樹立した。

1964年 イギリスのバーミンガム大学に設置された現代文化研究センターがグラムシのヘゲモニー論に再び光を当てた。

1985年 グラムシのヘゲモニーの概念に触発され、エルネスト・ラクラウとシャンタル・ムフが『民主主義の革命』を刊行し、ポスト・マルクス主義理論を唱えた。

マルクス主義者にとって社会とは、競い合う集団どうしがたえまなく闘争を続ける世界であり、集団は経済的要素に従って形成される。近代化の下、闘争は激化し、少数派の支配階級と多数派の労働者階級間における支配権をめぐる争いとなった。イタリアの社会主義者であり社会思想家のアントニオ・グラムシは、古典的なマルクス理論に

文化と秩序と私たちのアイデンティティ

参照 カール・マルクス 28-31 ■ フリードリッヒ・エンゲルス 66-67 ■ ピエール・ブルデュー 76-79 ■ ジグムント・バウマン 136-43 ■ ヘルベルト・マルクーゼ 182-87 ■ ジャン・ボードリヤール 196-99

従えば当然起こるべきなのに、なぜ危機において革命が起こらないのか、解明しようとした。支配階級による抑圧は、安定した社会秩序を維持するには不十分であり、イデオロギーによる征服も欠かせないとグラムシは論じた。イデオロギーによる征服は複雑な過程で行われ、その過程の中で支配階級は自らの世界観を広める。そして支配階級の世界観は、階級間の闘争を乗り越えて、常識として受け入れられるようになる。グラムシはその状況を「ヘゲモニー」と呼び、階級支配の隠蔽形態だと指摘した。

ヘゲモニーの闘争

グラムシの主張によると、ヘゲモニーは文化に関わるもので、階級にもとづいて形成される、対立する世界観どうしの闘争に関係する。世界観とはすなわち、価値観、思想、信条に加え、人間とは何か、社会とは何か、そして社会とは何になりうるのかという重要な問いに対する見解のことである。

ヘゲモニーには目に見えない仕組みがあり、社会で影響力のある地位は既存の支配階級の人々で常に占められるのだが、大部分の下位の人々はそれに同意している。社会全体に普及する有力な支配階級の思想は、(ほとんど知られていないが) それを専門に扱う知識人によって提唱されている。そうした思想が繰り返し提示されると、下層階級の人々は、それを自然で避けがたいものとして経験し、信じるようになる。だから近代社会を生きるには、終わらない闘争に幻滅することなく、支配階級の唱える「幻想」を見抜き、抵抗する必要があるとグラムシは述べた。

個人には、押しつけられる世界観について批判的に考える能力(「反ヘゲモニー」思考とグラムシは呼ぶ)があるため、支配階級のイデオロギー支配はたびたび不安定になる。対立する世界観どうしの争いの性質および範囲は、社会的・政治的・経済的状況によって決まる。たとえば、長引く経済危機によって高い失業率が続く状況では、労働組合や抗議運動の形をとった、さまざまな反ヘゲモニー勢力が発生しやすい。たいていの資本主義社会で、支配階級は「下から」のたえまない異議と抵抗に直面し、膨大な時間と労力をかけて状況を管理しなくてはならない。

グラムシの思想は、社会変革を求める闘争における個人とイデオロギーの役割を重視し、伝統的マルクス主義の経済決定論に疑念を呈した。人間の自律性と文化の重要性を認める「文化的ヘゲモニー」というグラムシの概念は、多くの学問分野に影響を与え続けている。■

アントニオ・グラムシ

1891年、イタリアのサルデーニャ島生まれ。イタリア共産党の共同創立者の一人。1928年、党代表として活動した罪で、当時のイタリア首相であり独裁者のベニート・ムッソリーニより20年の刑を宣告された。

獄中では多数の著作を執筆。並外れた記憶力に加え、頻繁に面会に訪れた義姉タチアーナの助けにより、グラムシの思想はやがて日の目を見ることになる。その思索の結晶が『グラムシ獄中ノート』として出版されたのは、第二次世界大戦終結から数年後で、そのときグラムシはすでに世を去っていた。1950年代になると、グラムシの獄中著作が西側のみならず東側諸国でも注目を集めた。獄中の粗末な食事、持病、劣悪な環境により脳卒中を起こし、46歳で死去。

主な著作

1948〜51年 『グラムシ獄中ノート』
1994年 『投獄前の草稿集』

文明化の過程は常に「先へ」進んでいる

ノルベルト・エリアス
（1897年～1990年）

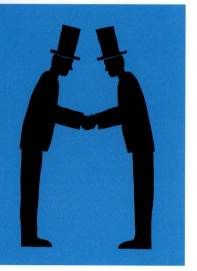

背景知識

テーマ
文明化の過程

歴史に学ぶ

1500年頃 西ヨーロッパで封建制が崩壊し、宮廷社会が台頭した。

1689年 イギリスの哲学者ジョン・ロックが、行政権に従う個人の集合体を「市民社会」と表現した。

1850年代 オーギュスト・コントが、どうすれば個人が社会の原因と結果になるのか問いかけた。

20世紀初頭 マックス・ウェーバーが、価値観と信条は社会構造に劇的な変化を起こすことができると説いた。

1950年代 アメリカの文化人類学者ロバート・レッドフィールドが、文明とは大小さまざまな伝統の総体だと論じた。

1970年代 支配階級は市民社会の制度を通じて権力を維持するとしたアントニオ・グラムシの思想が再評価された。

1500年代以降の西欧社会で、国家の安定に伴い**中央集権**が進み、少数の人間が権力を握る。

↓

権力者はもはや武力ではなく、その宮廷作法に反映される**社会的地位**ゆえに崇拝される。

↓

国家による上流階級の支配が進むなか、権力と一体感を持つために、国民は同様の**「文明化された振る舞い」**を示すように促される。

「正しい振る舞い」のできない人（や国）を**劣っている**とみなし、「文明化」して強者のルールに従わせようとする。

過去500年にわたる西洋国家の中央集権化と世界的支配の広がりを解明するため、ノルベルト・エリアスは「文明の精神的過程」に目を向けた。それは中世以来、西洋の人々に起こった振る舞い、感情、意思の変化を指す。そうした変化と、変化が個人に及ぼした影響について、エリアスは有名な著書『文明化の過程』に記した。

エリアスは歴史学、社会学、精神分析学を複合した視点から、西洋社会が他よりも自らの方が優れていると思い込む流れを、「文明化」という概

文化と秩序と私たちのアイデンティティ

参照　W・E・B・デュボイス 68-73 ■ ポール・ギルロイ 75 ■ ピエール・ブルデュー 76-79 ■ エドワード・サイード 80-81 ■ イライジャ・アンダーソン 82-83 ■ スチュアート・ホール 200-01

ヨーロッパの「文明化」の過程が広がるなかで、「良い」テーブルマナーと「正しい」礼儀作法は、文化の型を構成する重要な要素だった。

念にまとめて結論づけた。この概念は過去と現在のどちらも含み、国家に関するありとあらゆる事実に当てはめることができる。その対象は、ライフスタイル、価値観、習慣、宗教のように一般的な事柄から、身体の衛生状態、料理の方法といった個人的な事柄まで多岐にわたる。いかなる場合においても、西洋社会は「自分たちの」見解こそが標準であり、それを基にして他のすべてを判定すべきだと強調する。

作法の始まり

エリアスは礼儀作法の文献を研究し、立ち居振る舞いに対する見方の変化が、文明化という感覚を理解する上での手がかりになるのではないかと考えた。顔の表情、身体機能の制御、立ち居振る舞い全般などについて、どんなものが容認できるか、西洋人は徐々に考えを変えてきた。

中世には普通だとみなされた振る舞いが、19世紀には「野蛮」と考えられるようになる。そうした些細な変化が積み重なって、高度に体系化された作法や統制された生き方によって同定される宮廷社会が成立した。かつての勇猛な騎士は落ち着いた廷臣になり、自制を示し、衝動や感情を厳しく制御するようになった。やがて「文明化」された振る舞いは、他者との商売や社交を望む商人や貴族、女性などにとっても、きわめて重要になった。

エリアスは作法の変化を、西洋国家における中央集権化の重要な要素として、また都市化の中で人々の相互依存が進む徴候として捉えた。だがそれはまた、エリアスの生きた時代の植民地化にとっても重要な要素だった。エリアスが執筆を行った1930年代には、イギリスやフランスといった植民地保有国は、国家としての自覚を確立し、植民地化の倫理を正当化した。植民地化は文明化をもたらし、それは従属国の民にとって「良い」影響を及ぼすというのが、当時の宗主国の主張だった。■

ノルベルト・エリアス

1897年、ブレスラウ(現在はポーランド領ヴロツワフ)の裕福なユダヤ人家庭に生まれる。学校卒業後、ドイツ軍に入り、第一次世界大戦中は軍務に服した。ブレスラウ大学で哲学と医学を学び、1924年に哲学博士号を取得。ハイデルベルク大学でマックス・ウェーバーの弟アルフレッドの下で社会学を学んだのち、フランクフルト大学へ移り、カール・マンハイムの助手になった。

1933年、パリを経てロンドンへ亡命し、『文明化の過程』を執筆。同書は1939年にスイスで出版されたが、1969年に西ドイツで再刊されるまでは世に忘れられていた。晩年はヨーロッパとアフリカを巡って過ごした。

主な著作

1939年　『文明化の過程』
1939年　『諸個人の社会——文明化と関係構造』
1970年　『社会学とは何か——関係構造・ネットワーク形成・権力』

大衆文化が
政治的抑圧を強化する
ヘルベルト・マルクーゼ（1898年〜1979年）

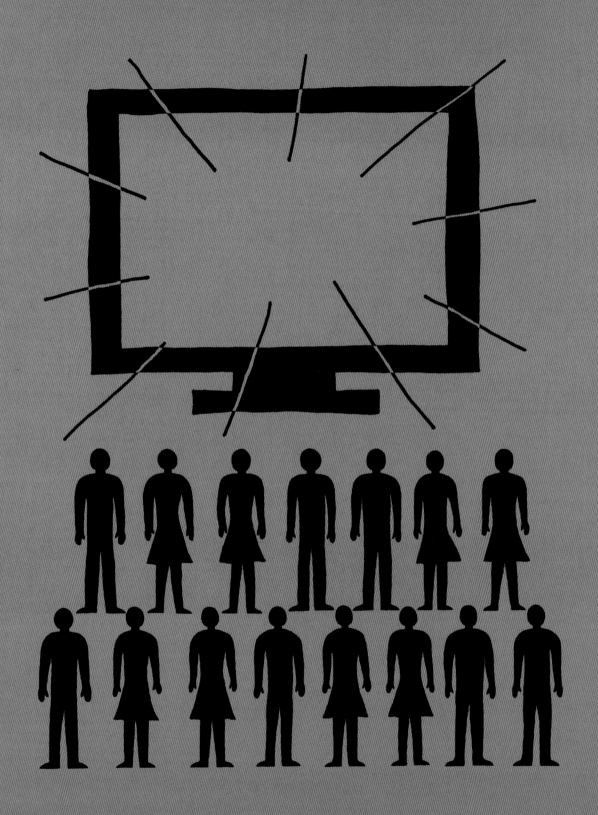

ヘルベルト・マルクーゼ

背景知識

テーマ
文化産業

歴史に学ぶ

1840年代 資本主義社会には必ず二つの階級があるとカール・マルクスが論じた。生産手段を有する階級と、そこに自らの労働力を売る階級である。

1923年 フランクフルト大学に社会研究所が設置され、文化についての新たな「批判理論」を生み出した。

1944年 ユダヤ系ドイツ人で亡命した学者のマックス・ホルクハイマーとテオドール・W・アドルノが、共著『啓蒙の弁証法』で「文化産業」という語を創出した。

1963年 カナダ出身でアメリカの社会学者アーヴィング・ゴッフマンが『スティグマの社会学』で、アイデンティティは他者と社会によって構築されると主張した。

1970年代～80年代 ミシェル・フーコーが近代社会における標準化の技法について研究した。

20世紀に入り、カール・マルクスの論じた社会変革は実現しなかったことが明らかとなった。社会学者であり哲学者であるヘルベルト・マルクーゼは、理論を超えて個人の本物の経験を考えるようマルクス主義者に促し、何が起こったのか特定しようとした。

資本主義は労働者階級の統合に成功したとマルクーゼは述べた。変化を起こすはずの労働者が、いつの間にか体制の思想を受け入れていたのである。労働者は階級や集団の一員としての自分を見失い、個性を重んじるシステム内の「個人」になっていた。それは一見、成功に続く道のようであるが、階級意識を捨てた労働者はあらゆる交渉力を失った。

選択の自由

なぜ労働者はたやすく沈黙させられたのか。いつからそうした状況になったのかはっきりしないため、現在に至るまで体制への抵抗がいかに首尾よく潰されてきたのか、マルクーゼは調査

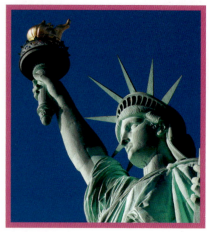

懸命に努力すれば、誰もがよい生活を送り、能力を発揮できる――機会の平等、「階級なき」社会というアメリカンドリームを、自由の女神は象徴する。

した。まずは中世後期、ヨーロッパで封建社会が終わりを迎えた時期までさかのぼる。この変化の時期、民衆は地主の下で働かなくてはならない運命から、自分のためだけに、どこへでも自由に仕事を探しに行ける立場になった。だがこの自由は「当初から、いいことずくめではなかった」とマルクーゼは指摘する。好きなところで働く自由を得たとはいえ、大多数の人は過酷

社会的「規範」を外れた生き方の可能性を示すという重要な役割を、文化はずっと担ってきた。

→ だが1960年代以降、**かつては危険分子とみなされた芸術形態**さえもが、メディアによって日常生活に組み込まれ、利用されるようになった。

↓

抵抗の可能性は首尾よく潰され、大衆文化が政治的抑圧を強化する。 ← 大衆はメディアのメッセージを吸収し、**社会の規則や価値観を自らのものとして受け入れ、**そこから逸脱すればおかしな目で見られると察知した。

文化と秩序と私たちのアイデンティティ

参照 カール・マルクス 28-31 ■ ミシェル・フーコー 52-55 ■ アントニオ・グラムシ 178-79 ■ アーヴィング・ゴッフマン 190-95 ■ ジャン・ボードリヤール 196-99 ■ ソースティン・ヴェブレン 214-19 ■ ダニエル・ミラー 246-47

な労働に従事しなくてはならず、雇用の保障もないため、将来への不安に脅かされていた。

　数世紀後、産業革命で現れた機械によって、国の景気は上向きになり、人は日々の食事に困ることなく、「自分の人生は自分で決める」ようになることを期待された。いわゆるアメリカンドリームであり、20世紀の西洋人はたいていそのような希望を抱いた。待ち望んだ自由が選択と同義ならば、個人はそれまでになく自由だった。仕事、住居、食事、衣服、余暇活動の選択肢は、数十年かけて広がり続けたからだ。

「偽りのニーズ」

　しかし、マルクーゼが詳しく調べたところ、「快適で楽で合理的で民主的な不自由状態が、先進工業文明に蔓延している」ことが判明した。人は自由からかけ離れた状態で、民主主義を自称する「全体主義」体制に操られていた。さらに悪いことに、みな体制のルール、価値観、理想を吸収していたため、操られていることに気づいていなかった。

　次にマルクーゼは政府について、国民の仕事や余暇に影響を及ぼし、経済的・政治的要求を押しつける国家機構として描写した。政府は国民の内に「偽りのニーズ（欲求）」を作り出し、それを通じて彼らを操る。つまり誰に

「必須」の衣服やアイテム、不要な品物への欲望は、広告やメディアによって植えつけられた「ニーズ」という偽りの感覚から生じる。

もそれなりのニーズがあると思わせ、そのニーズを満たす道があるように（本当はないとしても）見せることで、「既得権」を持つ層が残りの層をうまくコントロールする。

　偽りのニーズは、食物、飲料、衣服、住居といった生存に必要なものではなく、むしろ人為的に作られたニーズにもとづいている。「リラックスしたい、楽しみたい……広告に従って消費したい、誰かが愛して憎むものを愛して憎みたい」というニーズを、マルクーゼは列挙する。そうしたニーズの実際の中身（最新の「必須」アイテムを手に入れたい、など）は外の力が提案してくるもので、たとえば水を飲みたいと思うときのように、自然に湧き上がるものではない。だが人は、それをすれば、あそこに行けば幸せになれるというメディアのメッセージを浴びているため、そうしたニーズに心を突き動かされる。その結果、偽りのニーズを本物だと思い込むようになる。「人は持

> 文化の中心は
> ショッピングモールの試着室に
> なりつつある。
> **ヘルベルト・マルクーゼ**

ち物の中に自分自身を見いだす。自動車、オーディオ装置、立派な家、キッチン設備の中に自分の魂を見つけるのだ」とマルクーゼは論じる。

　あらゆる物事は私的な事柄であり、個人は最高の存在で、そのニーズは重大である。これは一見、個人を後押ししているようだが、マルクーゼによれば、実際にはその逆だ。求職が消費財購入に転換されるかのように、雇用確保、適切な生活水準といった社会的ニーズが、個人的ニーズに言い換

ヘルベルト・マルクーゼ

> 古典芸術は
> 壮麗な墓を出てよみがえったが
> ……本来とは違う姿でよみがえり、
> 抵抗する力を奪われている。
> ヘルベルト・マルクーゼ

えられている。給料に不満を持てば、雇用主に呼び出され、「君の問題」について話そうと言われるかもしれない。もはや不公平に扱われる集団の一部であるという感覚はどこにもなく、マルクス主義的抵抗の望みは完全に断たれる。

次元なき世界

マルクーゼによると、人は出口のない泡の中に閉じ込められている。システムの外に出ることはほぼ不可能だ。かつては文化と現実のあいだに「隔たり」があり、別の生き方の可能性を示していたが、そうした隔たりも消えてしまった。従来、「文化」を表すものとみなされる種類の芸術（オペラ、演劇、文学、クラシック音楽など）は、社会的現実の中で生きざるをえない、超越的な人間の魂に降りかかる困難を映し出そうとしてきた。それは辛辣な現実の向こうに広がる世界の可能性を指し示した。

かつて悲劇とは、打ち砕かれた可能性、叶わない希望、裏切られた約束をめぐる物語であったとマルクーゼは言う。1856年にギュスターヴ・フローベールが発表した小説『ボヴァリー夫人』をマルクーゼは取り上げ、ボヴァリー夫人は、自分を取り巻く厳しい社会で生き抜くことができない魂の完璧な例であると指摘した。

ところが1960年代になると、社会は多元的になり、どんな人々も、どんなライフスタイルも含むような様相を呈してくる。悲劇はもはや文化的題材にはなりえず、不満は解決すべき問題

フローベールの描くボヴァリー夫人は、環境に「なじむ」よりも死を選んだ。けれども現代社会はあらゆる形態のライフスタイルを取り込んでいるので、ボヴァリー夫人が今日に生きていたならセラピーを勧められるだろうとマルクーゼは言った。

とみなされた。

芸術は今やマスメディアの一部であり、人を抵抗に駆り立てる力を失ったとマルクーゼは主張した。順応をよしとしない個人にまつわる本や物語は、もはや扇動的な革命の呼びかけではなく、人が自己改善計画で消費する「必

ヘルベルト・マルクーゼ

1898年、ベルリン生まれ。第一次世界大戦ではドイツ軍で軍務に服した。1922年、フライブルク大学で哲学博士課程を修了。ベルリンで短期間、書籍販売に携わったのち、マルティン・ハイデッガーの下で哲学を研究した。

1932年、社会研究所に入ったが、フランクフルトで働くことは一度もなかった。1934年、アメリカへ亡命し、戦後も同国に留まる。ニューヨークに滞在中、マックス・ホルクハイマーがコロンビア大学から研究所の移転を打診されて承諾し、マルクーゼもそこに加わった。1958年、マサチューセッツ州ブランダイス大学の教授に就任した

が、1965年にマルクス主義的見解を堂々と口にしたことで辞任させられた。それからカリフォルニア大学に移り、1960年代には社会理論家、哲学者、政治活動家として世界的に有名になった。81歳で死去。

主な著作

1941年　『理性と革命──ヘーゲルと社会理論の興隆』
1964年　『一次元的人間──先進産業社会におけるイデオロギーの研究』
1969年　『解放論の試み』

読書」にすぎない。今日の「前衛芸術とビートニク」は、良心を悩ますことなく人を楽しませる。もはや文化は危険な存在ではなく、その力をすべてはぎ取られてしまった。疎外された人物についての物語でさえ、コマーシャルに利用され、モノや癒し、刺激を売る道具と化している。つまり、文化は一つの産業になったのである。

こうして文化と社会的現実という二次元は平板化され、個人的・社会的視点を容易に管理統制する、一次元の文化に到達する。他に生きる道も、世界もない。これはメディアの力を誇張して言うわけではないと、マルクーゼは主張する。なぜなら人が大人になって受け取る社会的メッセージは、誕生時からずっと聞かされてきたメッセージを補強しているにすぎないからだ。人は子どものころから、メッセージを受け取るように定められている。

階級の消滅

文化と現実が圧縮された結果、あたかも階級構造は撤廃されたかのよう

> 知的自由とは、
> 今ではマスコミや洗脳によって
> 奪われた個人の思考が
> 回復することを意味する。
> **ヘルベルト・マルクーゼ**

メディアの力

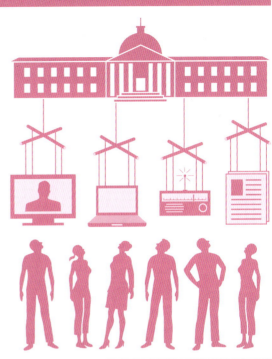

現代世界では**国家**と消費主義勢力がメディアをコントロールする。

国家が唱える価値観やイデオロギーを**メディア**が流布し、社会を操って商品、サービス、ライフスタイルを売り出す。

社会と個人はメディアのメッセージを信じ込み、それに従って行動する。

に見える。もしすべての芸術とマスメディアが均質な統一体の一部となれば、社会の承認から外れたものは何も存在しないことになり、どの社会階級に属する人も必ず同じことを始めるようになる。上司の娘にひけをとらない化粧をするタイピストや、上司と同じテレビ番組を視聴する部下を、マルクーゼは例として挙げた。しかしマルクーゼいわく、その種の同化は階級消滅を意味するものではない。実際のところ、体制のためのニーズがどこまで下層の人に共有されるようになったか、その範囲を示しているだけだ。

結果として、階級闘争はもはやない。社会的統制は内面化され、極度の服従を求める国家に国民は洗脳され、逆らう者は一人もいなくなる。魂や精神や内なる自己の昇華された領域も存在しない。あらゆることが運営のための用語、問題、解決策に転化されてきたし、これからも転化されるからだ。内なる真実や本当のニーズという感覚を人は失ってしまい、これ以上社会を批判することができない。正気を失ったと思わせない限り、私たちは社会の外に脱出する術もない。

社会はすべてを包含し、その寛容な見せかけで反対意見のすべてを押さえ込むというマルクーゼの主張は、急増する新しいメディアに支配された今のグローバル時代にこそ重要な意味をもつ。次々と新たなメディアを生み出す科学的な知識は社会を、そして私たちの日常生活を組織する上で大きな役割を果たしている。そのことに、マルクーゼはずっと気付いていた。■

未来の人間はロボットになってしまう
エーリッヒ・フロム（1900年〜1980年）

背景知識

テーマ
自己疎外

歴史に学ぶ

1844年 資本主義のシステムによって、人間は人間としての本質から疎外されるようになったと、カール・マルクスが論じた。

1903年 ゲオルク・ジンメルが「大都市と精神生活」を発表し、都市生活が疎外と無関心をもたらしたと唱えた。

1955年 エーリッヒ・フロムが『正気の社会』を刊行した。

1956年 アメリカの社会学者レオ・スロールが疎外の尺度を考案した。

1959年 疎外は無力、無規範、社会的孤立、文化的疎外、自己疎外から生じたとアメリカの社会学者メルビン・シーマンが論じた。

1968年 疎外は人間の基本的欲求を満たさない社会システムから生じたと、イスラエル系アメリカ人社会学者のアミタイ・エツィオーニが論じた。

ドイツ出身の社会学者であり心理学者であるエーリッヒ・フロムは、産業化の進んだ19世紀、神は死を宣告され、「非人間性」とは残忍性を意味し、本質的危機とは人が奴隷になることだったと論じた。

ところが20世紀になると、問題は変化した。自己の感覚から疎外された人々は、愛する能力や自分が自分である理由を失ったのである。「人」は実質的に死んだ。「非人間性」は人情を欠くことを意味するようになった。人はロボットのようになる危機に直面していると、フロムは警鐘を鳴らした。

フロムによれば、そうした疎外感の原因は西洋資本主義社会の出現にあり、国家の社会的・経済的・政治的要素が交わって、すべての市民に共通する「社会的特質」を作り出す。

一方、20世紀には、資本主義国家によって個人は立場を変えられ、協力的な消費者となった。そうした人々は画一化された嗜好を持ち、世論や市場という匿名の権威に操られる。科学技術の進歩により、労働はますます決まりきった退屈なものになった。人々は「型から抜け出し」、人間性を取り戻さない限り、無意味でロボットのような人生を送ろうとして頭がおかしくなるだろう、とフロムは主張した。■

人工的なほほえみが
真の笑いに取って代わり
退屈な絶望が
真の苦しみの座を奪った。
エーリッヒ・フロム

参照 G・H・ミード 176-77 ■ ロバート・ブラウナー 232-33 ■
アーリー・ホックシールド 236-43 ■ ロバート・K・マートン 262-63 ■
アーヴィング・ゴッフマン 264-69 ■ アン・オークレー 318-19

文化とは普通のものだ
レイモンド・ウィリアムズ（1921年〜1988年）

背景知識

テーマ
感情の構造

歴史に学ぶ

1840年代 社会の思想や文化は経済が決めるとカール・マルクスが論じた。

1920年代 イタリアのマルクス主義者アントニオ・グラムシが、マルクスの経済決定論を批判した。

1958年 ウェールズの研究者であり作家であるレイモンド・ウィリアムズが『文化と社会』を刊行し、「感情の構造」という概念について論じ、文化を社会的ネットワーク研究の中心に位置づけた。

1964年 イギリスの社会学者リチャード・ホガートが、バーミンガム大学に現代文化研究センターを設立し、1968年にスチュアート・ホールが所長の地位を引き継いだ。

1975年 変化の推進力として経済を中心に考えるマルクスの思想には限界があると、ジャン・ボードリヤールが指摘した。

カール・マルクスは文化、とりわけ文学に鋭い関心を寄せていたが、歴史を動かす力としては経済を重視し、文化や思想は二の次だった。アントニオ・グラムシやハンガリーの理論家ルカーチ・ジェルジュのようなのちのマルクス主義者は、文化の問題に大きく注目した。だが文化が急進的理論の中心になったのは、レイモンド・ウィリアムズが幅広いテーマで次々に著作を発表した、20世紀半ばを過ぎてからのことだった。当時ウィリアムズが刊行した『文化と社会——1780〜1950』は、非常に大きな影響力を持った。

ウィリアムズは文化に関する思想を、「伝統」という政治上の保守的な考えから引き離し、「長期の革命」と呼ぶものの分析を可能にした。長期の革命とは、生活様式すべてを民主化するための、困難だが粘り強い取り組みを指している。

文化の形

ウィリアムズは1958年に発表した小論「文化は普通だ」の中で、サウスウェールズの山間の農村からケンブリッジ大学へ至るまでの、個人的な人生の回想を記している。ウィリアムズにとって文化の形とは、山、農場、聖堂、かまどに加え、家族関係、政治論争、技能、言語、思想、そして大衆文化とハイカルチャー両方の文学、芸術、音楽を伴うものだった。ウィリアムズはその形を独自の「感情の構造」と呼び、社会制度や型通りのイデオロギーを超えた、共同体の生活経験（普通の暮らし）として定義しようとした。

感情の構造は「人の活動の中で最も繊細で感知しにくい部分」で機能すると、ウィリアムズは説いた。■

参照 カール・マルクス 28-31 ■ アントニオ・グラムシ 178-79 ■ ヘルベルト・マルクーゼ 182-87 ■ ジャン・ボードリヤール 196-99 ■ スチュアート・ホール 200-01

スティグマ。それは人の
評価を深く傷つける
スタンプのようなものだ

アーヴィング・ゴッフマン（1922年〜1982年）

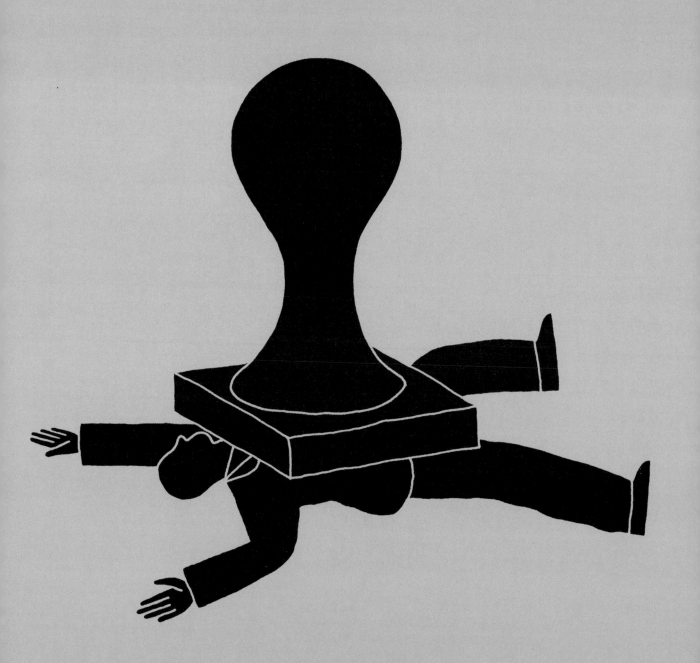

アーヴィング・ゴッフマン

背景知識

テーマ
スティグマ

歴史に学ぶ

1895年 エミール・デュルケームがスティグマの概念とその社会秩序との関係を研究した。

1920年代 シンボリック相互作用論の概念が、アメリカ社会理論モデルの代表としてシカゴ大学で提唱された。

1934年 アメリカの社会心理学者ジョージ・ハーバート・ミードの著書『精神・自我・社会』が刊行され、のちにゴッフマンのアイデンティティに関する思想に影響を与えた。

2006年 デニス・ワスクルとフィリップ・バンニーニが『身体／体現』を編集・刊行し、身体の社会学研究にとって、ゴッフマンの研究は「精巧な枠組み」だと評した。

2014年 アメリカの社会学者メアリ・ジョー・ディーガンがゴッフマンの理論を応用し、性、ジェンダー、フェミニズムの問題分析を行った。

社会は「正常」と考えられている、さまざまな**役割とアイデンティティ**を人に与える。

↓

人が**公の場**で演じる**役割アイデンティティ**（例：教師、医師、看護師、店主）は、社会によって定められる。

↓

だが公の目にさらされていない、**プライベートな場**で現れる**自己アイデンティティ**は、本当の自分、すなわち「**本質的**」自己である。

↓

公のアイデンティティとプライベートの自己とのあいだに**大きな相違**があり、役割アイデンティティのパフォーマンスに説得力がない場合、**人はネガティブなレッテルを貼られやすい**。

↓

そうした**ネガティブなレッテルが繰り返し貼られている**うちに、スティグマが発生する。

アーヴィング・ゴッフマンはカナダ出身の社会学者であり、アメリカ社会理論の伝統、いわゆるシンボリック相互作用論に依拠して研究を行った。シンボリック相互作用論は、個人と社会構造・制度の間で生じる、一般的でマクロレベルの関係ではなく、個人と小規模集団の間で起こる、ミクロレベルの相互作用や交換に注目する。相互作用論の研究者は、個人のアイデンティティ、自我、集団力学、社会的相互作用といった問題について考察する。シンボリック相互作用論を支える基本的思想は、個人が何より重要な社会的存在だという考えである。その理論によれば、一見とても風変わりな個人の一面でも、独特の心理の産物というわけではなく、むしろ社会的に決定され、文化的・歴史的な条件で決まるものだ。自分は何者だと考えるか、自分は何者になると想像するか、そして自分は何者になる可能性があるかという、おそらく最も重大な問いは、交流する人のタイプや、身のまわりの制度的状況と密接に関連し、影響される。

ゴッフマンがとくに興味を引かれたのは、逸脱の問題と、個人や集団がスティグマを負うようになる（ギリシャ語でスティグマとは「しるし」「焼き印」「傷」を意味する）、もしくは汚点をつけられる、社会的な成立過程だった。逸脱はスティグマの概念に潜在的に含まれると、ゴッフマンは指摘する。というのも個人間の行為を支配する、社会的に定められた規範から個人や

文化と秩序と私たちのアイデンティティ

参照　ピエール・ブルデュー 76-79　■　ゲオルク・ジンメル 104-05　■
G・H・ミード 176-77　■　ハワード・S・ベッカー 280-85　■　アルフレッド・シュッツ 335

学校教師は社会で高く尊敬される、「正当な」役割を演じる――人が「虚の社会的アイデンティティ」として演じる公の役割について、ゴッフマンは指摘する。

集団が逸脱したと認められれば、いつでもスティグマは発生するからである。そうした社会的規範から逸脱した個人は、所属する大集団や社会共同体からスティグマを負わされ、除外される。

アイデンティティの虚実

ゴッフマンは代表作『スティグマの社会学』で、そのアイデンティティが何らかの形で「汚され」「不完全」だと思われている個人の行動について分析した。ゴッフマンは社会的アイデンティティについて、「虚」と「実」で呼び分けて区別した。

虚の社会的アイデンティティとは、社会的に「正当な」自我を指す。それは個人が公の場で示すように期待される人格で、たとえば医師であるなら、医師として社会的に定義される特徴や連想される行動がある。実の社会的アイデンティティとは、自己アイデンティティを指す。それは個人がプライベートな場で自分に備わっていると想像する人格で、たとえば医師であっても、それとは関わりなく私生活で表す特徴や行動がある。社会的アイデンティティの虚実間の相違がどうしようもなく広がったとき、スティグマが発生するとゴッフマンは述べる。たとえば尊敬を集める医師が、勤務後に過度の飲酒と喫煙をしていると知られた場合、困惑や失望の感情が続いて起こり、社会的相互作用が機能しなくなる。特定の社会的状況に置かれた人に何を期待するか、そうした人はどのように振る舞うべきかという点について、社会の構成員が期待や態度を共有するという事実から、スティグマは生まれる。

スティグマの概念

ゴッフマンはスティグマの概念について、3つの重要な特徴を認定した。»

アーヴィング・ゴッフマン

1922年、カナダに移民したユダヤ系ウクライナ人一家に生まれた。トロント大学で人類学と社会学を学び、1945年に卒業。アメリカのシカゴ大学に移り、修士号、博士号を取得。博士論文執筆のためにスコットランドの離島でフィールドワークを行い、現地で集めたデータは主著『行為と演技』の基盤となった。1968年にペンシルベニア大学教授、1981年にアメリカ社会学会第73代会長に就任。1982年に胃癌で死去。

主な著作

1959年　『行為と演技――日常生活における自己呈示』
1961年　『アサイラム――施設被収容者の日常世界』
1963年　『スティグマの社会学――烙印を押されたアイデンティティ』

社会的アイデンティティの
虚と実の間の特殊な相違は、
スティグマに等しい。
アーヴィング・ゴッフマン

第1に、スティグマは、特定の個人・属性・行動に必ず付随するものではない。たとえば小児性愛のような、普遍的に非難される行動もあるが、それはまた別の話だ。ある属性や行動が強く表れる背景によって、他者がどう反応するかで決まる。第2に、スティグマは、個人間あるいは集団間の相互作用や交換から発生する、ネガティブな分類である。人は社会的に望ましくない属性や行動に関わる人物として、他者を分類する力を持つ。(ゴッフマンはスティグマを負わない人々を「正常」と呼ぶ。) スティグマが関係にもとづく概念といえるのは、スティグマを負うと分類されるものは、個人や集団間の相互作用に応じて、変化しやすいからだ。潜在的にはどんな属性も行為もスティグマを負っており、ゆえに、ある程度のスティグマはほぼすべての社会関係の中に存在すると、ゴッフマンは指摘する。人はみな、どこかの段階で、スティグマを負うかもしれないのである。

スティグマの第3の特徴は、「過程の関係(プロセシュアル)」である。すなわち、スティグマを負うこと、より正確に言えば、スティグマを負うアイデンティティを持つようになることは、社会的に時間をかけて成立する過程である。たとえば社内パーティーで酩酊する人たちを見て、ある人が不快に感じるとする。その困惑と軽蔑の感情は、とりたてて愉快で気持ちのよいものではないが、その人の実の社会的アイデンティティに長期的影響を及ぼす類のことではない。ところが、その行き過ぎた行動が長きにわたって続く場合、集団の構成員との相互作用を通じて、その人は逸脱者の地位を割り当てられ、スティグマを負うアイデンティティを持つと同時に、自己像が変化させられる。

> ある人にとっては
> スティグマを負う属性が、
> 別の人にとっては
> 普通のことの場合がある。
> アーヴィング・ゴッフマン

スティグマの型

スティグマの概念の解明に加えて、スティグマの3つの種類をゴッフマンは認定した。1つめのスティグマは、ゴッフマンが体の「変形」と呼ぶものを指す。身体障害、肥満、肌のしみ、禿頭(とくとう)、傷痕などがそれに当たる。2つめのスティグマは気質に関するもので、ゴッフマンは例として「精神疾患、禁鋼、アルコールなどの依存症、同性愛、失業状態、自殺願望、過激な政治行動」を挙げる。3つめのスティグマは部族的なスティグマで、民族性、国民性、宗教、イデオロギー的信念にもとづく社会的疎外がこれに当たる。これら3種類のスティグマと認定された属性は、その属性の持ち主の行動に関する予測パターンにネガティブな影響を与えやすく、結果として排除や疎外をもたらす。

印象操作

ゴッフマンはまた、個人がどのようにネガティブな分類に反応し、対処しようとするかに注目した。スティグマを負う人々は、押しつけられたネガティブな社会的アイデンティティを操作し、抵抗しようとする。

そうした背景で、「印象操作」というゴッフマンの概念は重要である。人ができるだけ好印象な自我を他者に示そうとする、さまざまな方法をこの概念は強調しているからだ。つまり人は、いろいろな戦略を取り入れて、スティグマを負うまいとする。手足を失った

かつらとは、禿頭を「隠蔽」してスティグマの発生源から目をそらそうとする人の使う「小道具」もしくは「覆い」である。

文化と秩序と私たちのアイデンティティ

ことを恥じる人にとっての義肢のように、「覆い」を用いた「隠蔽」がそこには伴う。それはまさに、人が自らのアイデンティティに評判を落とす特徴があることを公然と認める「公表」とは正反対の行為だ。いろいろな戦略が失敗したり、どうしても実行できない場合、スティグマの持ち主は、自分に同情的に振る舞うとおぼしき社会的タイプを探そうとする傾向にある。

同情的な役割を果たしやすいのは、特に3つのカテゴリーに分けられる人々だと、ゴッフマンは言う。1つめのカテゴリーは「特有」——たとえば薬物依存症の自助グループのような、類似したスティグマを負う属性を持つ人々である。2つめのカテゴリーは「博識」——スティグマを負う属性の持ち主を支援する施設や機関で働く人々(ケアワーカー、身体障害の専門家、看護師、精神衛生療法士、ソーシャルワーカーなど)である。第3のカテゴリーは、障害や依存症を抱える人物のパートナーのように、スティグマを負う人物をよく知っていたり、感情移入しやすかったりする人である。

境界を越える

人間どうしの相互作用、小規模集団の人間関係力学に関するゴッフマンによる詳細な観察が、今なお比類なき業績であることは、社会学の領域で広く受け入れられている。たとえばアンソニー・ギデンズは、自身の高名な「構造化理論」(構造と人間の相互作用の関係について論じる研究)において、人間の行動とアイデンティティの形成に関するゴッフマンの思想を大いに活

スティグマを負う原因は多数あるが、その中でもくだらないうわさやネガティブな態度は、無知もしくは階級や人種にもとづく緊張から生まれる。そうして社会集団が個人をネガティブな型にはめることになる。そこで貼られたレッテルは、しだいに個人の一部となり、自己評価やアイデンティティを特徴づけるまでになる。その時点で、個人はスティグマを負うアイデンティティを獲得している。

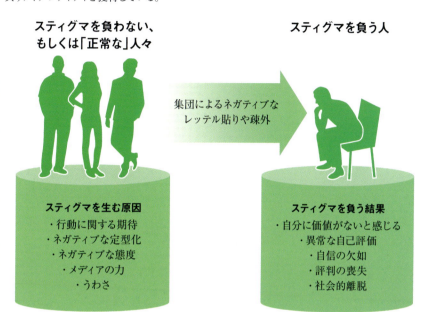

用している。ピエール・ブルデューもまた、自身の研究においてゴッフマンの思想を取り上げ、人は特定の状況下でどこまで変化できるか、どのような人間になり何を思うかを探った。

一方、イギリスの社会思想家アンソニー・ウットンは、ゴッフマンの研究は特定の属性を普遍化し、スティグマを負う行動の原因になりやすいと決めつけていると主張した。特定の属性や行動の規範的期待やモラル評価は、社会の発展に伴い変化する。ゆえに、特定の社会や国家において、精神疾患や身体障害がスティグマの原因になるといまだに言えるかどうかは、大いに疑問の余地がある、とウットンは言う。

ゴッフマンの研究は社会学と社会心理学、両分野の境界にまたがっている。

社会学の分野では、スティグマに関するゴッフマンの思想は、イギリスの社会思想家ギル・グリーンが効果的に取り入れて、HIVウィルスの感染者といった、長期にわたる病気を持つ人々の経験について考察した。■

スティグマを負う人は、
正常な人々がどのように
自分を認定して受け入れるか、
不安に感じることがある。
アーヴィング・ゴッフマン

情報ばかりが増え、意味が減りゆく世界に私たちは生きている
ジャン・ボードリヤール（1929年〜2007年）

背景知識

テーマ
シミュラークル

歴史に学ぶ

紀元前360年頃 ギリシャの哲学者プラトンが、「模倣者」は自分の理想国家から追放すると述べた。

19世紀初頭 ヨーロッパ中で産業革命が始まった。

1884年 フリードリッヒ・ニーチェが「神は死んだ」ので、人はもはや神に心を向けて人生に意味を見いだすことはできないと主張した。

1970年代 記号と象徴には、読み取る人に「自然で」簡潔に伝えるイデオロギー的機能があると、ロラン・バルトが論じた。

1989年 イギリスのコンピュータ科学者ティム・バーナーズ＝リーが、ワールドワイドウェブ（WWW）を考案した。WWWはインターネットを基盤とするハイパーメディアで、地球規模の情報共有を可能にした。

　20世紀末、フランスの社会学者ジャン・ボードリヤールは、「ある意味において、2000年は始まらないだろう」と宣言した。アポカリプス（いわゆる世界の終末）はすでに到来しており、21世紀に人は「もはや終末を超えている」。なぜなら、この世には「現実の殺害」という完全犯罪が存在するからだと、ボードリヤールは主張した。

　人が2000年を「知る」唯一の方法は、今すべてを知ることだとボードリヤールは述べた。雑誌、テレビ、新聞、映画、広告、ウェブサイトで消費するた

文化と秩序と私たちのアイデンティティ 197

参照　アンリ・ルフェーブル 106-07 ■ アラン・ブライマン 126-27 ■
デヴィッド・ヘルド 170-71 ■ アントニオ・グラムシ 178-79 ■ ヘルベルト・マルクーゼ 182-87

```
┌─────────────────┐      ┌─────────────────┐
│ 現代社会には      │      │ メディアは物事を │
│ 情報が多すぎて、  │ ───▶ │ 単純化し、何を   │
│ 人はそのすべてを  │      │ 現実として見せる │
│ 吸収できないし、  │      │ かを決める。     │
│ 何が本当に起きて  │      │ 特定のイメージと │
│ いるか理解できない。│     │ ストーリーの     │
│                 │      │ 複製を、人は     │
│                 │      │ 「現実」として   │
│                 │      │ 受け入れるように │
│                 │      │ なる。           │
└─────────────────┘      └─────────────────┘
                                  │
                                  ▼
┌─────────────────┐      ┌─────────────────┐
│ すべての複雑性が │ ◀─── │ この世界の事象や │
│ 失われてしまった。│      │ 出来事に、       │
│                 │      │ ありのままの、   │
│                 │      │ パッケージ化     │
│                 │      │ されていない状態で│
│                 │      │ アクセスすることは│
│                 │      │ 不可能だ。       │
└─────────────────┘      └─────────────────┘
         │
         ▼
```

情報ばかりが増え、意味が減りゆく世界に私たちは生きている。

ジャン・ボードリヤール

1929年、フランスのランス生まれ。家族の中で初めて大学へ進学した。両親は公務員、祖父母は小作農。家族の伝統を破ってパリへ行き、ソルボンヌ大学で学んだ。

1950年代、ドイツの中等学校で教師をしながら、マルクス主義哲学者アンリ・ルフェーブルに師事して博士論文を執筆。1966年、パリ第10大学で社会学講師となり、のちに教授に就任。その左派的で過激な態度によって世界的に有名に（そして議論の的に）なった。1970年代にマルクス主義から離れたが、政治活動は生涯続けた。「あなたは何者ですか」と訊ねられると、「何者かは自分でもわからない。私は自分自身のシミュラークルだ」と答えた。

主な著作

1981年　『シミュラークルとシミュレーション』

1983年　『宿命の戦略』

1986年　『アメリカ――砂漠よ永遠に』

1987年　『コミュニケーションのエクスタシー』

めに果てしなく再生産される、大量のイメージを通して。ボードリヤールによれば、現実とは、この世界で起こる何かではなく（その意味での「現実」はすでに死んだ）、模倣や再生産が可能な状態である。もっと言うなら、現実は「すでに再生産されている」。20世紀のうちに、現実が表象を生むのではなく、表象が現実に先行するようになっていた。

地図が先に

ボードリヤールは、アルゼンチンの作家であり詩人であるホルヘ・ルイス・ボルヘスの短篇を取り上げて、持論を展開した。その短篇では、ある地図製作者が、帝国の巨大な地図を作製する。地図の縮尺は1分の1であるため、地図は表す領土と同じ大きさであり、帝国の物理的風景をすっかり覆う。帝国の衰退とともに、地図は徐々にすり切れ、ついには破れて、わずかな紙片しか残らない。

この寓話において、現実とその模倣はたやすく確認できて、両者の違いは明らかだ。ルネサンスの世界ではまさしくそのように、物事とイメージの関連が明白だったとボードリヤールは主

仮想世界の「セカンドライフ」では、ユーザーがデジタル技術で自分自身を作り直す。オンラインマーケティングの視点からアドバイス——「すべての人が……本物の人間であり、そしてあなたが訪れる場所はすべて、あなたのような人が作り上げた場所だ」。

張する。イメージとは深遠な現実の反映であり、人はイメージと現実の類似、相違の両方を認識していた。ところが産業化時代が始まり、オリジナルの物体やそのモデルが無数に再生産できるようになると、物体と表象の関連は非常にあやふやになる。

現実を作り直す

ボードリヤールは1960年代、マルクス主義思想家たちを意識していた。その一人、フランスのギー・ドゥボールは、大量生産の出現に伴って起きた文化的思考の変化について論じた。当時ドゥボールは、「そのような社会における一生は……スペクタクルの累積……として現れる」と述べた。こうして人生は、家族の結婚式、フランスでの休暇といった一連の画像記録に凝縮されるようになる。人は何かを行うよりも、そのイメージを捉える（スペクタクル化する）ことに関心を持つ。つまり、出来事ではなく、そのイメージが中心となる（この現象がどれほど普及したかよくわかるのが、近年の「自撮り」の流行である）。

資本主義社会では、商品もまたそれ自身から分離したと、ボードリヤールは指摘する。たとえば小麦はもはや単なる小麦ではなく、よい投資先や朝食のシリアルになった。商品ではなく、そのプレゼンテーションが価値を規定する。これが広告の時代の始まりであり、そこでは対象である実体の現実をブランドのメッセージが上回る。こうしてイメージがすべてになった。

世界の単純化

イメージとスペクタクルというこの奇妙な世界の軌道を、ボードリヤールはさらに深く追った。科学技術の発展に従って、現実の物体やモデルを参照する必要はないことが明らかになったと、ボードリヤールは主張する。元は現実の何かから抽出されたイメージは、今や何もないところから生み出すことができる。この世界のものを結びつけたり、反映させたりする必要はまったくない。その種のイメージを、ボードリヤールは「シミュラークル」と呼んだ。

イメージは再生産できる限り、現実を作り出すことができるとボードリ

ヤールは主張する。その作り出された現実も「再生産できるもの」だ。ひとたびイメージが複製され、広く（たとえば雑誌やウェブサイトなどで）普及すれば、人は複製されたイメージの生み出す現実を共有するようになる。かつて人が関わろうとした、乱雑で体系化されていない物理的現実を、イメージは処理できない。イメージは世界を単純化し、管理しやすくする。さらに、イメージの作り出す現実は、あらゆる面において、人を取り巻く現実よりもエキサイティングで理想的だ。

危険なユートピア

原型とは関係のないイメージである「シミュラークル」は、現実を反映するイメージよりも、はるかに満足のいく効果を生むために作り出されたとい

現実は、小型化されたユニット、基盤、記憶装置、指令モデルから作り出され、またそれらとともに無限に再生産される。
ジャン・ボードリヤール

える。ある文化にとって理想の女性像を調べれば、一人の女優を「デジタル処理で魅力を増す」ことはできるが、それでは何らかの現実に立ち戻っていることになる。ゆえに、ボードリヤールは、現実の「領域」はまだ完全に消えたわけではなく、断片が残っていると主張する。だが、そのように魅力を増したイメージを見て楽しむ人は、「現実の人間」をまったく参照しない、完全にデジタル処理で作成されたイメージをさらに好んで見る可能性がある。

　そしてそこには危険があると、ボードリヤールは警告する。構築された現実は、喜びを最大限に高めるために作成できるので、実際の現実よりもはるかに魅力的だ。世界を自由に構築できるとき、人は当然のようにユートピアを作成する。だが、仮想世界で作り上げるユートピアは死に等しい。つまり、人はもはや本物の経験といえるものではなく、何かの経験について語られる経験を求めるのだ——現実よりも現実らしい、ハイパーリアルという形で。たとえば、人は自分自身で何かするよりも、映画館に行き、家族の親睦というハイパーリアルな経験を楽しむ方を好む。画面に映る、カラフルで、賑やかで、完全な世界は、「とても本物らしく」見える。一方、自分自身の人生は、フェイスブックなどに載せる仮想の人生を除けば、色あせている。そういうわけで、人はじっと座って、スクリー

アメリカのディズニーワールドでは、「中国」などいろいろな国が再現されている。そうした仮想モデルは、ディズニーの客にとって、「外の」世界よりもはるかに魅力的なのだとボードリヤールは指摘する。

> こうして
> 参照すべきものがすべて溶け出し、
> 記号のシステムで
> 人工的に再現されると
> シミュレーションの時代が始まる。
> ジャン・ボードリヤール

ンを見つめている。

多すぎる情報

　ボードリヤールによれば、今や現実は、さまざまな形態のメディアから生活に流し込まれる、途方もない量の情報に操られている。不思議なことに、現実が消えかけているとしても、それは情報が「足りないからではなく、多すぎるからだ」。人の意識に押し寄せる過剰な情報は、情報の息の根を止める。なぜなら人は複雑さに圧倒され、差し出される単純な解答に手を伸ばすからだ。複雑な意味を犠牲にして、シミュラークルは世界を解明する。世界はますます表面的になりつつある。

　今日の現実を作るシミュラークルは、人の欲望を即座に満たすために作られてきた。仮想現実が増すにつれて、理想や想像は減るとボードリヤールは論じる。人は与えられたものを受け入れ、ヨーロッパへ行くよりもディズニーワールドの「ドイツ」や「フランス」を旅する方がずっと簡単だと思う。システムや物事に対しては、もはや合理的である必要はなく、ただ問題なく機能して、「操作可能である」ことが求められる。人が作り出したハイパーリアルとは、「空気のないハイパースペースで生み出される、複数のモデルを組み合わせた結晶」だとボードリヤールは述べる。空気なしで「生きる」ことができるのはロボットだけだという事実に、人は気づいていないようだ。■

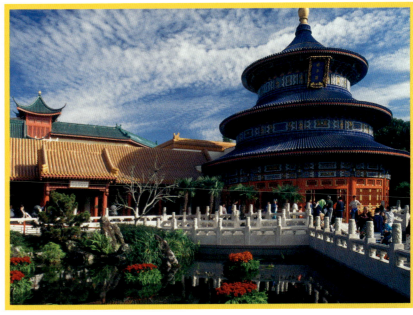

現代のアイデンティティは脱中心化している
スチュアート・ホール
（1932年〜2014年）

背景知識

テーマ
文化的アイデンティティ

歴史に学ぶ

17世紀 「自己」という言葉が登場し、研究に値する思想として世間で認められるようになった。

1900年代 個人は世界に対する自身の主観的解釈に従って行動すると、マックス・ウェーバーが論じた。

1920年代 ジョージ・ハーバート・ミードがシンボリック相互作用論の考え方を用いて、人々はシンボルによって、その主観的解釈にかかわらず意思疎通ができると論じた。

1983年 イギリス系アメリカ人の大学教授ベネディクト・アンダーソンが、ナショナル・アイデンティティとは「想像の共同体」だと唱えた。

2010年 イギリスの社会学者マイク・フェザーストーンが、美容整形のような身体の変容を通じて変化する、自己主導のアイデンティティについて考察した。

- **人種の混じった祖先**に対する認識と、その波及の高まり。ゆえに、どの国も自明の存在とはみなされない。
- さまざまな国の伝統、価値観、信念に対する認識と、それらとの一体感の高まり。

→ 現代のアイデンティティはもはや固定したものではない、その原因は……

- もはや階級、人種、ジェンダーによって決まるとは思われていない、自作の「**人生のストーリー**」。
- **地球規模のインターコネクション**に起因する、伝統とライフスタイルに対する疑問。

20世紀末、社会学者たちは新たな「アイデンティティの危機」について論じるようになった。かつては単純な概念と思われていたアイデンティティが、ますます特定困難になってきたからである。その原因として、スチュアート・ホールは構造変化が現代を変容させ、階級、ジェンダー、セクシュアリティ、民族性、人種、国民性などをばらばらにしている状況を挙げた。それらは伝統的に人が頼みにしてきた枠組みで、社会において、また個人として私たちは何者であるかを教えてくれていた。

文化と秩序と私たちのアイデンティティ

参照 ■ W・E・B・デュボイス 68-73 ■ ローランド・ロバートソン 146-47 ■ デヴィッド・ヘルド 170-71 ■ G・H・ミード 176-77 ■ ノルベルト・エリアス 180-81 ■ アーヴィング・ゴッフマン 190-95 ■ ベネディクト・アンダーソン 202-03 ■ ハワード・S・ベッカー 280-85

現代の都市では、異なる文化がごた混ぜになっている。多様な文化的伝統に生活が影響を受けるほど、固定したナショナル・アイデンティティの感覚は弱くなる。

　現代のアイデンティティに関して、ホールは3つの自己を提唱した。啓蒙された「自己」、社会学的「自己」、ポストモダンの「自己」である。自己の啓蒙という感覚は17世紀から20世紀初めのあいだに広がり、完全に独自の概念として認められた。これはすなわち、人には最初から揺るぎない内面の「核」があるということだ。

　1920年代、ジョージ・ハーバート・ミードなどの社会学者が、アイデンティティとは、環境や「重要な他者」との関係で形成されると論じた。この定義の自己は、やはり内面の核と見なされたが、文化的な価値観や意義の吸収を通じて、社会から修正される可能性がある。こうした「相互作用論」的な自己（個人と公の世界の溝を埋める）の捉え方は、社会学的な自己の捉え方の代表になった。

　一方、ポストモダンの自己は安定した内面の核を持たないと、ホールは述べた。この自己は決して固定することなく、社会で表明される様式に従って、形成と変化をたえまなく続ける。これは過程の自己であり、生物学的にではなく歴史的に定義される。この自己は、異なる方向へ進もうとする矛盾したアイデンティティを含んでおり、人がそれぞれ自分自身について築く物語（「人生のストーリー」）ゆえに、途切れずに続いたり安定したりしているように見えるだけだ。

分離したアイデンティティ

　20世紀末、急速に連続して起こるようになった広範な変化は、不安定な感覚を増加させたとホールは言う。伝統や社会的慣習は、増加する世界規模のインターコネクションから生じる新しい情報によって、たえず調査され、異議を申し立てられ、しばしば変化させられた。

　こうした世界的文化の「すりつぶし」によって、アイデンティティは特定の時間、場所、歴史、伝統から分離されるようになった。そして私たちは、さまざまなアイデンティティから、好きなものを選択することができる。世界規模の大量消費社会という「言説」において、かつてアイデンティティを定義した相違や文化的特徴は一種の世界通貨と化した。たとえば、ジーンズとスニーカーは、昔は「アメリカ人であること」と結びついていたが、今ではインドやケニアの若者にとっても同じくらい重要な要素である。

　アフリカ系フランス人哲学者のフランツ・ファノンにとって、黒人は常に白人の「他者」として定義されていた。だがホールによると、地球規模の舞台でそれぞれの文化はごた混ぜになり、そこでの他者は「もはや単なる『外部の者』ではなく、内部にも存在する」。人はさまざまなアイデンティティを内面に抱えているという自覚を持ち、それが表に出る時期はそれぞれ異なる。こうした内外の多様性が時代を形成する力なのだと、ホールは述べた。■

スチュアート・ホール

　「多文化主義の父」として知られる。ジャマイカ生まれ。両親は出身階級も人種も異なり、家庭内に地元の文化と支配者の文化が混在していて、親からは白人の友人だけと遊べと指示されたが、ホールは反抗した。

　1952年、オックスフォード大学に入り、当時起こったニューレフト政治運動の中心人物となる。1960年、『ニュー・レフト・レビュー』の共同創刊者になる。そののちにバーミンガム大学現代文化研究センターのセンター長を務める。1979年、オープン・ユニバーシティの社会学教授に就任。映画製作者やアーティストらとともに、黒人の主体性をテーマにした取り組みにも従事した。

主な著作

1979年 『大いなる右翼ショー』
1980年 『エンコーディング／デコーディング』
1992年 『カルチュラル・アイデンティティの問題』

あらゆる共同体は想像の産物だ
ベネディクト・アンダーソン（1936年〜2015年）

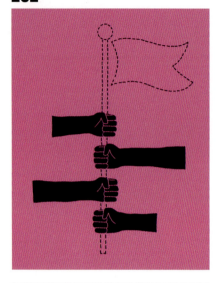

背景知識

テーマ
ナショナリズム

歴史に学ぶ

1800年 ドイツの哲学者ヨハン・フィヒテが、世界から孤立して「民族精神」（国家の明確な自己意識）を育むことのできる中央集権国家に賛同した。

1861年 イタリア統一直後、政治家のマッシモ・ダゼリオがこう宣言した。「我々はイタリアを作った。次はイタリア人を作らなくてはならない」。

1965年 イギリス、チェコで活動した人類学者のアーネスト・ゲルナーが、こう唱えた。「ナショナリズムとは国家の自意識を呼び覚ますことではない。存在しない場所に国を創造することだ」。

1991年 フランスの哲学者エティエンヌ・バリバールがこう述べた。「すべての『人々』は……国家による民族化プロジェクトの対象である」。

16世紀より昔、ナショナリズムという概念は存在しなかった。それは人が想像して生み出し、やがて遠い昔から存在すると信じ込むようになった、近代的概念である。これは社会学者であり政治学者であるベネディクト・アンダーソンの見解であり、現在の人々はナショナリズムの概念を当然のものとして受け入れていると、アンダーソンは論じた。つまり、ある場所に生まれた人間は、生まれつき性別が決まっているのと同様に、ある国の国民性を備えていると、人々は考えていると。

印刷技術の発展に伴い、出版社はラテン語だけでなく、**最も広く日常で使われる言語**で本を作成し、大衆の興味を引きつけた。

↓

日常の言語は安定性を増し、しゃべる言語によって**人の集団を定義**しやすくなった。

↓

共通言語を通じた統一は思想と価値観の共有を促し、国への帰属意識が発達した。

↓

宗教による縛りが弱まったり、「**国家**」が人々の信じ、命がけで守るべき**大義**になった。

文化と秩序と私たちのアイデンティティ

参照　ポール・ギルロイ 75 ■ エドワード・サイード 80-81 ■ イライジャ・アンダーソン 82-83 ■ サスキア・サッセン 164-65 ■ デヴィッド・ヘルド 170-71 ■ スチュアート・ホール 200-01

アンダーソンの著書『想像の共同体——ナショナリズムの起源と流行』（1983年）は、ナショナリズムの根本原理に疑問を投げかけた。アンダーソンは「国家」を、「想像された政治的共同体」と定義し、「制限と主権の両方として想像される」と述べた。「想像された」と定義した理由については、世界で最も小さな国の国民でさえ、ほとんどの同胞を知ることも会うこともないが、「各々の心の中には仲間としてのイメージが息づいている」からだと説く。

国民の意識

国家という概念は「制限されている」とアンダーソンは論じる。なぜなら、たとえ移民の流出入や領土の拡大で「伸縮自在」だとしても、国境という限界があるからだ。キリスト教などの宗教は一つに統合された信仰体制にあらゆる人が加わることを望んでいるが、世界中のすべての人を「自分の国」の一部にできると思った国はこれまでない。

ナショナリズムだけでなく、国民性や……国家であることが、文化の産物である。
ベネディクト・アンダーソン

アンダーソンによれば、印刷業も国境の「伸縮自在」性を明らかにするのに役立った。16世紀、書籍商は、ラテン語を話せて教養のある少数の人を相手に商いをしていたが、もっと利益を得るには市場を広げなくてはならないと気づいた。たくさんある地域の言語すべてに合わせることはできないため、書籍商はなるべく多くの人が使う言語を選んだ。それらの言語は印刷されて安定を得ると、コミュニケーションの統一された場を生み出し、国とはどのような「姿」であるべきか定義する力になった。

人生の目的を与える

主権もまた、この国家という概念の一部であると、アンダーソンは述べた。というのもこの概念は、啓蒙と革命の時代に生まれたからである。宗教は民衆の心に対する絶対的な支配力を失い、君主はもはや支配者として神に選ばれたとは受け止められなくなった。主権国家は、宗教の教義を国民に信じさせることなく、国の構造が成り立つようにした。しかし、宗教上の規則の死とともに、人生の意味についての問いかけに答えが出されなくなった。

啓蒙の合理性は生きる理由、あるいは死ぬ理由を提示しなかったが、国家の概念は新しい目的を生み出した。それは命を投げ出す価値のあるもので、死後の生（天国など）を信じられなくなった人々に新たな「生きることの意味」をもたらしたのである。■

ベネディクト・アンダーソン

アメリカ、コーネル大学の名誉教授。専門は国際関係、政治、アジア研究。1936年、中国、昆明市生まれ。アイルランド人の父と、アイルランド民族運動に関わったイギリス人の母を持つ。1941年に家族でカリフォルニアへ移住し、その後アイルランドへ移った。イングランド、バークシャーのイートン・カレッジで学ぶ。1957年、ケンブリッジ大学で古典学の学位取得。

アジアの政治に関心を持ち、コーネル大学で博士号取得。その際、インドネシアのジャカルタで調査研究を行った。1965年、当地の共産主義者によるクーデターに対する反応を咎められ、国外退去処分を受ける。その後数年、タイを巡ったのちに、コーネル大学に戻って教職に就いた。2015年、滞在先のインドネシアで死去。

主な著作

1983年　『想像の共同体——ナショナリズムの起源と流行』
1998年　『比較の亡霊——ナショナリズム・東南アジア・世界』
2005年　『三つの旗のもとに——アナーキズムと反植民地主義的想像力』

世界中の文化がしぶとく前進を続け、舞台の中央に行き着いた
ジェフリー・アレクサンダー（1947年〜）

背景知識

テーマ
文化社会学

歴史に学ぶ

1912年 エミール・デュルケームが『宗教生活の原初形態』を刊行し、文化と意味にどのような相互関係があるか論じた。

1937年 アメリカの社会学者タルコット・パーソンズが『社会的行為の構造』を刊行し、文化の自律を重視した。

1973年 アメリカの人類学者クリフォード・ギアツが『文化の解釈学』を刊行し、人間の社会生活における意味の重要性を強調した。

1995年 アレクサンダーが『世紀末社会理論』を刊行し、文化研究の社会学者として世界的に著名なピエール・ブルデューを批判した。

2014年 イギリスの社会学者クリストファー・ソープがアレクサンダーの思想を応用し、イギリス人がどのようにイタリアを体験するか考察した。

社会学者は文化を**二義的な問題**とみなす傾向にあった。

↓

経済的豊かさや社会階級といった物質的要素のほうが**影響力が大きい**と考えられてきた。

↓

社会生活を支配する**文化の役割**について、アレクサンダーが**強調した**。

↓

文化がなくては、どんな**コミュニケーション**も、**出来事**も、**人間の相互作用**も理解されない。

↓

社会学において、文化はしぶとく前進を続け、舞台の中央に行き着いた。

日常生活において多くの人は、なぜいつもこれをするのか、なぜそう考えるのか、という疑問を追究しようとはしない。なぜ毎日こんなにも働くのか？ なぜ貯蓄をするのか？ なぜ知りもしない人のゴシップに興味を持つのか？ そうした疑問の返事を迫れば、人はこう答えるかもしれない。「だってそれが普通だから」。だがどんなことでも、当たり前で、必然的で、避けられないことなどひとつもない。それでも人は、属している文化に強いられるという理由で、そのように振る舞う。人を取り巻く文化は、最も実存的な広い手段で、考え方、感じ方、行動の仕方を形成する。自分のあり方を決めるのは、属している文化と無関係どころではなく、まさに文化なのである。

文化（集団によって集合的に生み出された思想、信念、価値観）とは人間の生活を理解する上で欠かせない要素であると、アメリカの社会学者ジェフリー・アレクサンダーは論じる。人間は文化を通じてのみ、原初の状態から離れて自らを重んじ、周囲の世界について考え、介入することができる。その重要な役割にもかかわらず、長い歴史の中で社会学者は文化を二義的な問題とみなしてきたと、アレクサンダーは指摘する。

社会学と文化

アレクサンダーによれば、初期の社会学研究者は文化の重要性を認めていたが、人の思考や行動の理由を理解す

文化と秩序と私たちのアイデンティティ

参照 カール・マルクス 28-31 ■ エミール・デュルケーム 34-37 ■ マックス・ウェーバー 38-45 ■ アーヴィング・ゴッフマン 190-95 ■ タルコット・パーソンズ 300-01 ■ ハーバート・ブルーマー 335

> 人は、そうありたいと思っているほど、合理的で賢明で分別があるわけではない。
> ジェフリー・アレクサンダー

るのに文化は不可欠であるという思想を、真摯に受け止めることはできなかった。たとえばカール・マルクスは、主流文化について、支配階級の思想と価値観を伝える機能とみなした。マルクスにとっての文化は、不公平の蔓延する社会に生きる、大多数の人の目をくらますベールにすぎなかった。マックス・ウェーバーは異なる観点に立ち、西洋文化は合理的で、自然界と社会を冷静で科学的に見ることができると論じた。

しかしアレクサンダーにとっては、どちらの考えも不十分だ。マルクスの主張は、文化も社会と同様に経済原理で作られるとする考えであり、あまりに還元主義に偏っている。ウェーバーの主張は、西洋文化のきわめて不合理な側面(とくに個人や国家が周りで起こる出来事に反応する際の、感情や価値観の役割)を見逃しているため、あまりに合理性を信頼しすぎている。

アレクサンダーの理論的アプローチはまったく異なり、フランスの社会学者エミール・デュルケームの唱えた宗教に関する思想にもとづく。デュルケームの考える宗教には、日常生活の俗事や機能から、神聖なもの(要は神に関する思想、肖像、表現)を分離することが含まれていた。アレクサンダーは文化を、神聖なものと同種とみなした——社会に従属しないで独立しており、単に強制するのではなく権限を与え、不合理な要素と合理的な要素の両方を含んでいる。集合的に生み出された価値観、象徴、話法(物事について話す方法)による意味の創造に、個人や集団がどのように関わるか、次にどのような行動を形成するかという点の解明に、アレクサンダーの文化社会学は焦点を当てる。

文化の3つの側面

アレクサンダーは文化社会学を定義するにあたり、起源、解釈、構造の3点に注目した。第1に、文化は社会生活の物質的次元から、完全に独立することができる。文化に関するマルクスの理論は、「社会」と「文化」の関係を概念化するオーソドックスな方式になった。マルクスの考えでは、社会の物質的基礎(経済、科学技術、分業)が、理想の上部構造(文化の規範、価値観、信念)を決定した。

一方、アレクサンダーは、社会生活の物質的次元はもっと「ハード」で「リアル」であるため、その単なる副産物として文化を理解することはできないと考えた。物質的要素が理想を決定する——すなわち経済が文化を決定

ジェフリー・アレクサンダー

1947年生まれ。アメリカ、イェール大学の社会学教授であり、文化社会学センターの共同センター長。その職務の一環として、新しい学術誌『文化社会学』を創刊し、文化社会学の思想と方式を普及させた。

アメリカで、そしておそらくは世界各国で、著書『ホロコーストを記憶する』(2009年)で広く注目され、社会思想家として名を馳せた。元はアメリカの有名な社会学者タルコット・パーソンズやロバート・ベラーに学び、構造機能主義を論理的帰結まで推し進めたが、のちにそこから離れ、独自の文化社会学的パラダイムを築いた。

主な著作

2003年『社会生活の意味——文化社会学の試み』
2012年『トラウマの社会理論』
2013年『近代の暗部』

> 「文化社会学」と「文化の社会学」のあいだに……最近の議論の核心がある。
> ジェフリー・アレクサンダー

する——という見解は、根本的に誤っている。むしろ文化とは、生活環境から分離した「独立して変化しやすいもの」と考えられるべきだ。たしかに文化は生活環境から発生するが、その文化の中で個人や集団に力をふるうことができる。

出来事に対する人の理解は、自然にもしくは必然的に行われるのではなく、人が世界を解釈し、記号化し、その意味を解くために用いる特定の言語と象徴によって決定される。アレクサンダーいわく、資本主義、社会主義、権威主義のどれとして社会が定義されるとしても、一つの出来事に起因する集合的意味の理解には近づけない。むしろこれは、人が理解するために用いる、集合的に生み出された構造、意味、象徴の観点に立って、「内側」から探らなくてはならないことだ。

第2に、文化を理解するために、社会学者は解釈的アプローチを採らなく

> ブルデューの失敗は
> 文化は社会構造から比較的
> 自立していると認めないことだ。
> ジェフリー・アレクサンダー

てはならない。アレクサンダーは文化とテキストを比較する。テキストとは、社会的に構築された方法で人が読んで解釈するものだが、部分的に独特の要素があるため、単純な原因と結果の観点では理解できない。ある出来事を人がどう解釈するかは、まったく予測できないが、むしろ過去にさかのぼって関係する人々の視点から理解される必要がある。

第3に、社会構造（個人を超越して存在する行動様式）が存在するのと同様に、文化構造もまた存在するとアレクサンダーは主張する。それは象徴的資源、符号と象徴の集合体であり、文化の構成員はこれらを活用して、世界に意味と関連性を付与する。人はたいていそうした構造の一部分しか気づかず、意識と無意識の精神が形成される範囲について意識的に考えることはない。それでもやはり、そうした構造は社会的に生み出され、様式化される。文化社会学の目標は、そうした構造を可視化することだ。最終目標は、集合的な行動や世界で起こる出来事への反応について、理解を深めること、そして願わくば介入することである。

意味とホロコースト

特定の価値観を持つ意味や象徴によって社会集団に何かを強いる方法を示すため、第二次世界大戦中のナチスによるホロコーストをアレクサン

社会の中の文化は、さまざまな方法で解明される。マルクスは文化と社会構造を結びつけたが、アレクサンダーら文化社会学者は文化を独立した、膨大な資源として考える。

マルクスは、文化とは**経済、科学技術、社会活動**の産物であり、社会構造の一部を形成していると考えた。

アレクサンダーは、文化とは**コンピュータのソフトウェアのように**作用し、ユーザーはこれを活用して世界に意味を生み出すことができると論じた。

ダーは例に挙げる。なぜならホロコーストは、人間の経験した苦悩と邪悪の最も強烈な象徴として、認識されているからだ。ただし、この出来事が違う形で理解されていたであろうことに（ほとんど）疑問の余地はない。今からすれば信じられないと思うかもしれないが、ホロコーストが前例のない邪悪な行為として理解されるようになったのは、自然でも必然でもないとアレクサンダーは論じる。むしろ、「『邪悪』という区分は、自然に存在するものではなく、自由意志によって構築される、文化と社会の働きの産物としてみなされなくてはならない」。

2001年に発表した論文「道徳の普遍性という社会構造――戦争犯罪から心的外傷事件までの『ホロコースト』」で、アレクサンダーはホロコーストについて非常に詳細に論じている。第二次世界大戦の終結から数年のあいだ、ホロコーストは現在と同じ

1970年、ヴィリー・ブラント首相がワルシャワ・ゲットー蜂起の記念碑前にひざまずいたことは、ドイツの悔い改めを象徴化し、集団アイデンティティの変化を引き起こした。

程度に、恐怖と糾弾の対象としては見られていなかった。社会的に独特な民族集団として、ヨーロッパのユダヤ人は多くの社会において概して否定的に考えられてきたので、その苦境に対する同情的な反応が起こらなかったのである。ユダヤ人の集団が広く社会に溶け込み、社会集団としての特異性が弱まったときにようやく、個人や組織が心理的に共鳴することが可能になった。1970年代初めになると、ホロコーストを再検証し、語り直し、邪悪な行為の象徴として記録するために必要な文化構造が整った。そのとき初めて、ホロコーストはユダヤ人だけでなく、人類すべてにとって、深い傷を負った出来事にまで高まった。

アレクサンダーの文化社会学は、非常に革新的で洞察に満ちた社会学理論の枠組みとして、急速に確立しつつある。社会科学における大きな「文化的転換」の一部として、アレクサン

1997年、イタリアで発生した地震で、アッシジのサンフランチェスコ聖堂にあるジョットのフレスコ画は破損した。この喪失は社会に文化的トラウマを残したと、ミラ・デブズは考察した。

の研究は、社会理論家が「意味」という主題に向ける、分析的視点を改めさせた。

今も多くの学者がアレクサンダーの思想を発展させ、拡張させている。たとえばアメリカの社会学者ミラ・デブズは、1997年にアッシジ（イタリア）の聖堂で、ジョットのフレスコ画が破損した際に起きた反応について分析している。国民の心の中で神聖な地位を与えられた名画の喪失は、人の命の喪失よりも重いと受け止められた。デブズはアレクサンダーの思想を応用し、芸術作品が神聖な国宝として物語性や記号性を帯びることによって、いかにしてイタリア人の心に強烈で、不合理にも思える感情的な反応を引き起こしたか考察した。■

万国の労働者よ、さっさと消費に励め！

はじめに

カール・マルクスとフリードリッヒ・エンゲルスが『共産党宣言』で、労働者の**搾取と疎外化**を告発した。

1848年

マックス・ウェーバーが『プロテスタンティズムの倫理と資本主義の精神』で、近代社会における労働と**信仰の関連**を指摘した。

1904〜05年

ダニエル・ベルが『脱工業社会の到来』で、**製造業の雇用は情報産業やサービス産業に取って代わられる**と論じた。

1973年

1899年

ソースティン・ヴェブレンが『有閑階級の理論』で「**誇示的消費**」の概念を提唱した。

1964年

ロバート・ブラウナーが『労働における疎外と自由』で、**自動化が進めば労働者の疎外感は減る**と論じた。

1974年

ハリー・ブレイバーマンが『労働と独占資本』で、自動化が進めば労働者の**技能水準は劣化する**と指摘した。

工業化の進展によって変わりゆく社会——その変化の衝撃から生まれたのが社会学だ。近代社会では人々の働き方が大きく変わった。地方で農耕に従事していた人たちが都会へ出て、工場で雇用されるようになった。このプロセスを通じて資本主義は成長し、少なくとも一部の人は豊かになった。

近代社会における労働の問題に、いち早く気づいたのはカール・マルクスとフリードリッヒ・エンゲルスだ。彼らは台頭するブルジョアジー（資本家階級または中産階級）と抑圧されたプロレタリアート（労働者階級）の対立という構図を描き、反復的で退屈かつ単調な工場労働が本質的に労働者を疎外するとし、徹底した分業によって労働者が最終製品に愛着を感じず、仕事に誇りを抱けなくなると指摘した。またマックス・ウェーバーは資本主義の合理性とプロテスタントの勤労精神に着目し、この両者の結合によって労働の意義が変わったことに気づいた。コミュニティ全体のための勤労は、特定の経済的・物質的利益のための労働に変質していた。

消費社会

こうなると、労働者はひたすら働いて家族のために稼ぐのみで、個人的にはまったく報われない。一方で新興の中産階級は豊かになり、暇な時間もできる。物質的な富こそが価値とされ、人の社会的地位は財力で決まるようになった。

19世紀末にはソースティン・ヴェブレンが、ブルジョアジーは自らの社会的地位を見せびらかすために無用な消費をしていると指摘した。必要もないのに豪華な品物を買い、余暇に金を使って目立とうとする。ヴェブレンはそれを「誇示的消費」と呼んだ。

またコリン・キャンベルは20世紀における「消費社会」の出現を、19世紀のロマン主義（それ自体が18世紀の工業化と合理主義への反動とされた）と関連づけた。一方でダニエル・ミラー

万国の労働者よ、さっさと消費に励め！

ピエール・ブルデューが『ディスタンクシオン』で、ヴェブレンの**「誇示的消費」の概念を再考**した。

1979年

アーリー・ラッセル・ホックシールドが『管理される心』で、サービス業では労働者の**感情が商品化される**と論じた。

1983年

コリン・キャンベルが『ロマン主義の倫理と近代消費主義の精神』で、ロマン主義と消費社会の成立を関連づけた。

1987年

ダニエル・ミラーが『スタッフ』で、特定の消費行動を共有することで**社会集団が形成され、帰属意識も生まれる**と論じた。

2010年

1979年

マイケル・ブラウォイが『同意を生産する』で、労働者が**退屈な作業を自発的に受け入れる過程を**検証した。

1986年

シルヴィア・ウォルビーが『家父長制と労働』で**職場における男女の不平等に**光を当てた。

2007年

テリ・リン・キャラウェイが『工場で働く女性』で、製造業における**女性労働者の増加**の影響を論じた。

は消費のポジティブな面に注目し、特定の消費行動を共有することで社会集団が形成されると論じた。

20世紀を通じて工業化の波は世界に広がり、技術の進歩による労働の自動化は製造業だけでなく、農業や工芸の分野でも進んだ。社会は（少なくとも先進工業国の社会は）物質的に豊かになり、大量消費社会が出現した。しかし労働の自動化の功罪について、社会学者の意見は割れている。

ロバート・ブラウナーは、自動化で人は単純作業から解放され、労働の疎外感は減ると予測した。ハリー・ブレイバーマンは逆に、自動化が進めば労働者は熟練を求められなくなり、ますます機械に支配されて疎外感が増すと論じた。この両者の中間に位置するのがマイケル・ブラウォイで、労働者も最終的には、一定の見返りを条件に単純労働を受け入れると述べた。

脱工業化時代の労働

産業革命の始まりから200年ほど経った1970年代、労働の質に変化の兆しが見えた。自動化・機械化の徹底で製造業の労働者は不要となり、情報産業やサービス産業に職を求める時代が来ると予言したのはダニエル・ベル。その予測は、少なくとも先進諸国では現実となりつつある。20世紀後半におけるもう一つの顕著な変化は女性の職場進出だ。

いわゆる脱工業化社会における労働の変質に関して、アーリー・ラッセル・ホックシールドは興味深い指摘をしている。彼女によれば、サービス業の仕事は製造業に比べて感情面の負荷が大きいため、やむなく従業員は自らの感情を商品化し、ついには家にいるときの自分よりも職場にいるときの自分のほうが本物だと感じてしまう。現代における職場環境の変化が及ぼす社会的影響については、まだ不明な点が多い。これで労働が以前よりも人間的なものになっていくのか。男女間の不平等が解消されるのか。答えは今後の研究を待つしかない。■

見せびらかすために
高額な商品を買い
身につける
これぞ有閑階級の
生きる道だ
ソースティン・ヴェブレン（1857年〜1929年）

ソースティン・ヴェブレン

背景知識

テーマ
誇示的消費

歴史に学ぶ

1844年 カール・マルクスが『経済学・哲学草稿』で、資本主義社会における階級構造を論じた。

1859年 チャールズ・ダーウィンが『種の起原』で、自然淘汰による進化の仮説を説いた。

1979年 ピエール・ブルデューが『ディスタンクシオン』で、ヴェブレンの「誇示的消費」の概念を再考した。

1992～2005年 アメリカの社会学者リチャード・A・ピーターソンが、もはやスノビズムは中産階級の消費行動における決定的要素ではないと論じた。

2011年以降 ヴェブレンの「誇示的消費」の概念が、消費行動の非合理性を説明する概念として再び脚光を浴びている。

アメリカのソースティン・ヴェブレンは経済と社会の関係に注目し、特定のモノやサービスの消費における階級間の差異に気づいた。カール・マルクスやハーバート・スペンサー、さらには博物学者チャールズ・ダーウィンらの理論を参照しつつ、資本主義の台頭によって生じた特異な消費行動について考察し、その結果を有名な『有閑階級の理論』(1899)にまとめた。

資本主義と階級

ヴェブレンは、近代社会への移行を促したのは科学技術と工業的生産手段の発展だと考えた。そしてマルクス同様、資本主義社会は二つの階級に分かれているとした。ひたすら働く勤労階級と、工場や工房を所有する有閑階級（金持ち階級、実業家階級とも）で、後者には政治家や管理職、弁護士などの専門職も含まれる。

勤労階級は社会の大多数を構成し、手工業や工場労働を通じて生産活動に従事する。一方、有閑階級は数こそ少ないが社会的にも経済的にも特権的な人たちで、勤労階級の労働の成果に寄生している。ヴェブレンによれば、有閑階級は社会全体に役立つものを何ら生み出さない。彼らの持つ富や特権は、競争をあおり勤労者を操ることからもたらされ、彼ら自身の富を増大させるためだけに存在する。しか

所有欲の根底にある動機は成金願望だ。
ソースティン・ヴェブレン

資本主義社会は二つの階級に分かれている。 → **勤労階級は消費財を生産し、有閑階級は勤労階級のもたらす利益を享受している。**

↓

見せびらかすために高額な商品を買うのが有閑階級の生きる道だ。 ← **有閑階級の人々は無用なぜいたく品を買って、その富や権力、地位を誇示する。**

参照 カール・マルクス 28-31 ■ チャールズ・ライト・ミルズ 46-49 ■ ピエール・ブルデュー 76-79 ■ アンソニー・ギデンズ 148-49 ■ ヘルベルト・マルクーゼ 182-87 ■ コリン・キャンベル 234-35 ■ ハーバート・スペンサー 334

も彼らは社会全体の利益を考慮した経営や統治を意図的に怠り、社会の進歩をひたすら妨げている。

見せびらかしの精神

ヴェブレンの理論で、その後の経済学や社会学に最も貢献したのは「誇示的消費」の概念だ。すべての生物は資源の争奪戦を通じて自らの種（人間社会の場合には自らの属する階級）の保存を目指すものだというダーウィン主義的な観点に立つヴェブレンは、資本主義社会における人の行動の多くは社会的な認知（権力や地位）の争奪戦によって規定されると考え、その最も顕著な例として消費とレジャー（余暇の過ごし方）に注目した。

無用なぜいたく品に高い金を払い、それを消費し所有することで、自らの物質的な富を他者に見せつけること。それが誇示的消費だ。一例が実業界の大富豪による超豪華ヨットの購入だ。その目的は移動の手段として用いることではなく、船上に知人や顧客を招いて歓待すること。その価値は自らの富を誇示するのに適している点にあり、その富ゆえに称賛と尊敬を得られる点にある。

レジャーと無駄

誇示的消費の概念と密接な関係に

いわゆる「**ヴェブレン商品**」、つまり社会的地位の高さを誇示するためのぜいたく品という概念は1970年代に経済学の分野で復活した。「安いものほど売れる」という原則に反して、こうした商品では価格が高いほど購入意欲が高まるとされる。

あるのが「誇示的レジャー」だ。経済的にも社会的にも生産的ではない活動に有閑階級が費やす無駄な、そして膨大な時間を指す。そもそも有閑階級の人々は働く必要もないほどの富を所有しているから、時間を無駄に使うことで自らの地位を誇示しようとする。遠い異国へ旅するとか、およそ縁のない外国の言語や文化を学ぶとか。ヴェブレンの時代には、そうしたことが典型的な誇示的レジャーだった。

誇示的消費と誇示的レジャーを続ければ、どうしても無用なゴミが出る。ヴェブレンの言う誇示的な無駄だ。誇示的な消費とレジャーは社会的に有益な資源（商品生産やサービス提供に必要な原材料や人的労働）と時間を無

駄に費やす。ぜいたく品の生産・製造に限りある石油や鉱物資源が浪費され、結果として二酸化炭素の人為的な排出が増え、気候変動が加速され

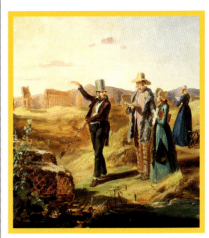

外国旅行や外国語の習得、異文化の知識は18世紀や19世紀のヨーロッパにおいて、富裕層のステータス・シンボルだった。

似たような家が並ぶ郊外住宅地の風景は、しかるべき社会的地位を誇示したい中産階級の願望を象徴している。

る。

なお誇示的消費や誇示的レジャーの概念には政治的な意味合いが含まれている。ヴェブレンは有閑階級を略奪的・寄生的な存在と見なしており、彼らの生き様に強い反感を抱いていたからだ。

成金願望

有閑階級の暮らしが生み出す無駄に加えて、ヴェブレンはもう一つのネガティブな影響を指摘している。勤労者階級も巻き込んだ成金願望（金銭的競争）である。下層階級の人々が、意識的にせよ無意識にせよ、上流階級（有閑階級）の消費行動を真似ようとし、それによって自分は支配的階級の仲間だと誇示したがる傾向を指す。

成金願望の背景には私的所有の概念がある。つまり、ひとたび生活に必要な物質的ニーズが満たされた場合、人は支配階級の仲間入りを果たすために余計な消費財を買い込み、自分の社会的地位を誇示しようとする。資本主義の社会には上下の階級関係があり、そこでものを言うのは所有と権力、社会的な地位と支配関係だ。そこでは地位を求める闘いが否応なく物質的かつ金銭的な富の追求に重なる。ヴェブレンによれば、人はどうしても自分を（とりわけ自分の所有するものを）他者（の所有物）と比べたがるもので、このことから予期せざるネガティブな事態が導かれる。

ヴェブレンによれば、個人はもとより集団全体に「不当な比較」の圧力がかかる。資本主義の下で競争が激しくなるにつれ、この不当な比較も激しくなる。他人に対する評価はもっぱら「相対的な財力や価値で人を格付けし順位を決める」ことで行われる。こうなると誰もが無駄な消費に走ることになるが、そんな成金趣味で社会的な評価や地位を得られる保証はない。ヴェブレンの言う「ヌーボー・リッシュ（新興成金）」は誇示的消費にのめりこみ、高級車やブランド品の服を買いまくるのだが、そうした行為に真の有閑階級（富や地位を相続によって受け継ぎ、いわゆる「上品な」趣味をもつ人々）は眉をひそめる。つまり新興成金は、いくら上流階級の真似をしても上流階級の仲間に入れない。誇示的消費で社会的な地位を勝ち取ることは可能だが、身の丈を越えた消費と見なされた場合（あるいは実際にそうである場合）は軽蔑されるだけだ。

今や豊かさは名誉なことであり、富の所有者に名誉をもたらす。
ソースティン・ヴェブレン

ヴェブレンの現代的意義

ヴェブレンの提起した誇示的消費の概念は、その後の社会学や経済学に大きな影響を与え、今も議論の的となっている。

たとえばフランスのピエール・ブルデューは、ヴェブレンの金銭的競争や誇示的消費の概念を採り入れつつも自分の理論的枠組みに合わせて修正し、個人や社会集団が絶えず他者と競争し、あるいは他者から差別化する過程で、いかに特定のタイプの商品やサービスを消費しているかを解明した。

一方でイギリス生まれの社会学者コリン・キャンベルは、ヴェブレンの主張は還元的すぎ、消費のポジティブな側面を見落としていると批判した。キャンベルによれば、消費財の購入・取得には重要でポジティブな意味があり、購入するモノや利用するサービスを通じて、人は自らのアイデンティティや価値を確立できるという。

> 誰もが他人より金持ちになろうとしている……仲間から羨望の目で見られたいからだ
> **ソースティン・ヴェブレン**

より最近では、そもそも今の時代に厳然たる有閑階級が存在するのかという疑問も提起されている。たとえばイギリスのマイク・サヴェージは、現代社会の階級関係は流動的になっており、もはや貴族的な有閑階級、すなわち他のすべての社会集団が真似したがるような趣味や消費行動を持つ単一の社会集団は存在しないと主張する。

またアメリカのリチャード・ピーターソンは「文化的雑食性」という概念を提起している。それはある新興の社会集団(中産階級に属する高学歴者でメディア産業や広告産業で働く人たち)の特徴とされ、高級なものと低俗なものを巧みに取り混ぜて消費する傾向を指す。ぜいたく品の誇示的消費だけでなく、わざと非ぜいたく品(レトロな服や野球帽、実用本位のブーツなど)を組み合わせる「意図的」かつ「皮肉っぽい」消費を加えてこそ社会的名声を勝ち取れるというわけだ。

さまざまな批判はあるが、消費行動のもたらす意図的あるいは意図せざる社会的影響を詳細に論じ、資本主義社会における消費のパターンを描き出した点で、ヴェブレンの『有閑階級の理論』は今も社会学・経済学の必読文献であり続けている。■

ソースティン・ヴェブレン

1857年、米ウィスコンシン州の生まれ。両親はノルウェーからの移民。1880年にジョンズ・ホプキンス大学で経済学の学位を、その4年後にはイェール大学で博士号を取得した。

しかし学界での歩みは順調なものではなかった。19世紀後半には、まだ多くの大学が教会と密接なつながりを持っていたが、ヴェブレンは宗教に懐疑的だった。また変わり者で教え方が下手という評判だったので、なかなかまともな職に就けず、1884年から91年までは親の世話になっていた。

1892年には師のJ・ローレンス・ローフリンがシカゴ大学に移り、その際にヴェブレンを助手として採用。『有閑階級の理論』はここで書き上げ、公刊した。しかし、その後にシカゴ大学を追われ、スタンフォード大学も追われた。いずれも男女関係の乱れが原因だった。1911年には妻からも縁を切られ、その後はカリフォルニアで孤独な生活を送った。

主な著作

1899年 『有閑階級の理論』
1904年 『営利企業の理論』
1914年 『ヴェブレン経済的文明論——職人技本能と産業技術の発展』

天職と思えばこそピューリタンは喜んで働いた。しかし私たちは強制的に働かされている

マックス・ウェーバー（1864年〜1920年）

背景知識

テーマ
プロテスタントの労働倫理

歴史に学ぶ

1517年 ドイツの神学者マルティン・ルターが「95箇条の論題」を教会の入り口に掲げ、宗教改革の口火を切った。

1840年代〜 カール・マルクスが（宗教や文化よりも）経済的な要素に注目して、資本主義の本質の解明に取り組んだ。

1882年 ドイツの哲学者フリードリッヒ・ニーチェが反キリスト教的な世界観を提示し「神は死んだ」と宣言した。

1920年 マックス・ウェーバーの『宗教社会学』が刊行され、宗教に関する社会学的研究に大きな影響を及ぼした。

エミール・デュルケームやカール・マルクスと並び、「社会学の父」と称されるマックス・ウェーバーだが、資本主義の台頭については他の二人とまったく異なる解釈を下した。代表作『プロテスタンティズムの倫理と資本主義の精神』（1904-05）で、ウェーバーは近代資本主義の誕生に果たした宗教、とりわけプロテスタント諸派の思想や価値観を分析している。

ウェーバーの見るところ、資本主義社会の決定的な特徴はその「労働の

参照 エミール・デュルケーム 34-37 ■ ジグムント・バウマン 136-43 ■ ジェフリー・アレクサンダー 204-09 ■ コリン・キャンベル 234-35 ■ カール・マルクス 254-59 ■ ブライアン・ウィルソン 278-79

```
カトリック教会の腐敗と        改革派の言う「天職」の下では     宗教的な勤労（労働）の倫理には
浮世離れした姿勢が反発を招き、 →  宗教的義務の履行と働いて      →  「世の中のため」という
変化を求める声が生まれた。        稼ぐことが同一視された。           一種の義務感が伴う。
                                                              ↓
資本主義は、その成功に伴った   ←  そこへ経済的な富の蓄積が
宗教的な根っこを見えにくくし、     強調され、プロテスタント的な
世俗化を完成させる。              「資本主義の精神」ができた。
```

倫理」、すなわち「資本主義の精神」にあり、それが近代社会における経済を動かし、富と利益（利潤）を追求させるのだった。そしてこの「労働の倫理」を支えるのは合理性と計算、個々人の自制、そして利得の価値観だと考えた。

利益の追求

ウェーバーが資本主義台頭の文化的な側面を強調したのは、それを歴史的必然とするマルクスの唯物史観に反論するためでもあった。人間の歴史には動かしがたい法則があり、それが社会の進む方向を決めているという考え方を、ウェーバーは拒絶した。

ウェーバーによれば、モノやサービスをその本来的な価値以上の値段で売買することは資本主義社会だけの特徴ではない。人は大昔から交易によって稼いできた。資本主義の時代が他と違うのは、利益の追求を自己目的化した点にある。今の時代に引き寄せてみれば、たとえば多国籍銀行HSBCの2013年における税引き前利益は226億ドルだった。仮にこの全額を従業員に分け与えれば、誰もが一生、悠々自適の日々を過ごせるはずだ。しかしHSBCのような企業は利益を再投資に回し、生産性を高め、さらなる利益を生み出そうとする。この考え方（あくなき利益の追求、自己目的化した富）が人を勤労に駆りたてる「倫理」を生み、それが資本主義を支えている。では、この考え方はどこから来たのか？

この問いに答えるには、社会的連帯の変化や技術の進歩だけでなく、人間社会の最古の特徴の一つである宗教

世界最大の小売業者ウォルマートは低賃金でも有名で、その莫大な利益を再分配して賃金を改善しろと従業員は要求している。

に目を向ける必要がある。ウェーバーはそう考え、16世紀のヨーロッパで起きた宗教上の大きな変化に注目した。カトリック教会の腐敗と堕落に反発する宗教改革、つまりプロテスタンティズムの台頭である。この思想は神とその僕(しもべ)の関係に、そしてそこに働く倫理について、まったく新たな解釈をもたらした。

プロテスタントの天職

ウェーバーは、プロテスタントの倫理において「天職」が重い意味を持つことに気づいた。神が定めた現世で人の果たすべき役割、それが天職とされる。カトリック教会は伝統的に現世の雑事に関わらない隠遁(いんとん)生活(修道者の生き方)を奨励してきたが、プロテスタントの信者には現世での義務や責任を果たすことが求められた。

ウェーバーによれば、こうしたプロテスタント神学の基礎を築いたのはドイツのマルティン・ルター(1483-1546)だ。神を敬うならば俗世の義務(天職)もしっかり務めよと、ルターは説いた。

この「天職」概念の核には、現世で生きるために働く(稼ぐ)ことは宗教的義務と不可分だという確信があった。

ルターの思想はその後の20年間で広く受け入れられ、とりわけ改革派の旗手であったジャン・カルヴァン(1509～1564)によって発展させられた。カルヴァンの唱えた倫理システムはすぐれて整合性のあるものだが、一つだけ厄介な問題があった。神が全知全能であり、神が世界と人間を創造したのであれば、私たちの運命はすべて動かしがたく定まっていることになるからだ。

カルヴァンによれば、神は最初から、私たちすべての運命を承知しているし、どの魂が最後の審判で救済され、どの魂が地獄に落ちるかも知っている。ところが信者たちは、自分がどちらの側に予定されているか(天国側か地獄側か)をあらかじめ知り得ない。ウェーバーによれば、この不可知性から「救済の不安」が生じ、信者の間に恐怖心が芽生えた。そして心の不安を解消するため、信者たちは自らに

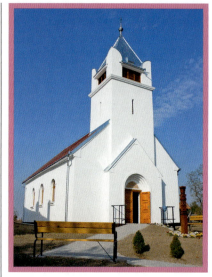

カルヴァン派の教会は建物も質素だ。壮大で豪華な教会を建てたカトリックと違い、プロテスタントは禁欲と節約を旨とするからだ。

言い聞かせた。救済を予定された人には必ず、それと分かる明確な印があるはずだと。

富の蓄積は信仰の証(あかし)

救済を予定された人の最も確実な印は何か。それは現世で立派に、とりわけ経済的に成功してみせることだ。プロテスタントはそう考えた。そしてそのために独特な労働の倫理を考え出した。それは歴史的に前例のない、すぐれてプロテスタント的な倫理であり、経済行為における徹底した禁欲と勤勉、自制を求めていた。ウェーバーはそれを「資本主義の精神」と呼ぶ。

この精神はさらに、経済活動における合理性と統制、そして予測(計算)可能性の追求へと人々を突き動かす。経済的に大きな果実を得るよう努めること、それが「天職」を信じて生きることの証だからだ。人がより勤勉に、

近代社会とホロコースト

ウェーバーの見るところ、予測可能性と合理性、そして節制を核とするプロテスタントの勤労精神は近代社会の形成に不可欠なものだった。しかしドイツ系ポーランド人のジグムント・バウマンは、この倫理を支える価値観によってナチスのホロコースト(ユダヤ人大虐殺)を説明できると考えた。

ホロコーストには合理性のかけらもなく、近代以前の原始的な思考方法に由来する蛮行だとするのが伝統的な解釈だが、バウマンによれば、ホロコーストを可能にしたのは近代の合理性であり、それなくしてあれだけの虐殺を官僚的・組織的に行うことは不可能だった。現に実行犯たちはきわめて合理的に、規律正しく行動したのであり、その態度は欧州のプロテスタント圏にみられる宗教的風土や価値観と密接に結びついている。バウマンはそう論じた。

より節制し、より自制心をもって行動すれば、それだけ経済的な見返りは大きくなる。そしてより多くの富を蓄積すればするほど、それは信仰を守っていることの証、救済を予定されていることの証となる。

逆に、真面目に働かない人は、プロテスタントの倫理に従えば怠惰の罪を犯すことになり、経済的な豊かさを享受できない。

世俗化の進展

産業革命以降の世俗化（制度としての宗教の影響力低下）の流れで、「資本主義の精神」を支えるプロテスタントの倫理は薄れていった。初期のプロテスタントは「天職と思えばこそ喜んで働いた」が、今の「私たちは労働を強いられている」とウェーバーが述べた時点で、勤労と禁欲、節制といった資本主義社会の維持に不可欠な価値観は、その宗教的なルーツを見失っていたことになる。

プロテスタント（とりわけカルヴァン派）の勤労の倫理と資本主義の精神の強い親和性を指摘したうえで、ウェーバーは大いなる歴史の皮肉に言及している。つまり、あの宗教改革は腐敗したカトリック教会から神の本当の教えを取り戻すことを意図していたのだが、それから500年ほど経った時点で、あいにく教会の権威は地に落ちていた。神の言葉（聖書）の復権を目指す戦いから生まれたのは資本主義のあくなき拡散を支える労働の倫理であり、社会制度としての宗教が人々に行使しうる影響力は、資本主義の発展につれて減少していった。

ウェーバーが『プロテスタンティズムの倫理と資本主義の精神』を発表してから100年以上経つが、その主張は今も社会学の世界で大きな問題となっている。たとえばイタリアのルチアーノ・ペリカニは、ウェーバーの言う「資本主義の精神」はすでに中世の社会にも存在したと反論する。

対してイギリスの歴史家ガイ・オークスは、中世的資本主義は私的な物欲・金銭欲に発するもので、信仰上の義務感に発するプロテスタントの倫理とは似て非なるものだと論じている。いずれにせよ産業資本主義の発祥地が欧州のプロテスタント系諸国（オランダやイギリス、ドイツ）だったのは事実であり、ウェーバーの言うように、近代資本主義の原動力となった企業家精神とプロテスタントの信仰の間には何らかの関係があると見るべきだろ

> 現世の義務を果たすこと……それだけが神の御心にかなう生き方とされた。
> マックス・ウェーバー

う。またコリン・キャンベルは1987年の『ロマン主義の倫理と近代消費主義の精神』で、ウェーバー理論に依拠しつつ欧米における消費文化の台頭を論じている。こうして見ると、宗教的な観点から資本主義社会の形成を論じたウェーバーの視点は今も社会学に大きな影響を与えていることが分かる。■

プロテスタントの世界観の根底には、現世の義務を果たすことが信仰の実践であり、神の栄光を讃えることにつながるという信念がある。そして物質的な富は、勤勉・節約・禁欲といった「正しい」生き方に対する神様のご褒美とされた。

テクノロジーは芸術と同じく人間の想像力をさらなる高みに導くエクササイズだ
ダニエル・ベル（1919年～2011年）

背景知識

テーマ
脱工業化

歴史に学ぶ

1850年代～80年代 カール・マルクスが、ブルジョアジー（資本家階級）は産業機械の所有により社会的権力を持つと主張した。

1904年～05年 マックス・ウェーバーが『プロテスタンティズムの倫理と資本主義の精神』を発表し、合理化が進む近代文化の性質を指摘した。

1970年代 アメリカを代表する社会学者タルコット・パーソンズが、近代工業化社会の価値観と進歩を擁護した。

1970年～72年 ダニエル・ベルがインターネットの台頭と家庭用コンピュータの重要性を予測した。

1990年代以降 脱工業化の概念が、ウルリッヒ・ベックやマニュエル・カステルのグローバル化の理論形成に影響を及ぼした。

脱工業化社会の特徴は**科学的・理論的知識の増大**にある。

- 科学の進歩により**技術が発展し、**サービス業が台頭する。
- 大学と産業界における研究が**イノベーションと社会変革**の原動力となる。
- 技術的能力と専門知識を持つ**テクノクラート**が権力を得る。

→ **技術の発展**が、社会を想像力に富み予測不能な**新しい方向**へ導く。

1960年代から70年代にかけて、西ヨーロッパとアメリカでは社会の経済基盤が著しく変化した。その変化を読み解くため、政治ジャーナリストで社会学者のダニエル・ベルは、大きな反響を呼んだ自著『脱工業社会の到来』（1973年）において「脱工業化」の概念を構築した。

ニューヨークとシカゴで暮らしたことがあるベルは、都市部の急速かつ大規模な開発を目の当たりにしていた。

カール・マルクスは、工業化社会では生産手段を有する資本家階級が最も有力な集団であり、彼らが所有する工場で生産された商品を多数の人々が消費すると主張し、ベルもそれに賛

参照 カール・マルクス 28-31 ■ マニュエル・カステル 152-55 ■ ウルリッヒ・ベック 156-61 ■ マックス・ウェーバー 220-23

同する。一方、ベルの考える脱工業化社会で最も価値のある社会的資源は科学的・理論的知識であり、それを支配する者が権力を持つ。

さらにベルは、技術の科学的な進展が人間社会に浸透するにつれ、社会はかつてないペースで変化していくと主張する。脱工業化の時代は、科学技術の進歩が人間の想像力と同様に予測不能で無限大な時代だと述べる。

脱工業化社会

ベルによれば、脱工業化社会と工業化社会は3つの点で異なっている。第1に、消費材の生産を「理論的」知識の進歩・拡大が規模で上回る。第2に、大学と産業界の研究連携が密接になるにつれ、科学と技術の相互発展がますます活発になる。そして第3に、未熟練または半熟練労働者数が減少し、拡大するサービス業で働く人が大半となる。ベルはサービス業を、情報や知識の運用を管理誘導するための人間活動の領域と捉える。

脱工業化社会のもう一つの重要な側面として、ベルは「テクノクラート」の台頭を挙げる。技術的知識と論理的な問題解決能力によって権力を発揮する人々だ。テクノクラートは、新しい科学的思考を予測し先導する能力によって社会的権力を持つ。

ベルは、技術が想像力と実験を促進し、それにより世界の新しい考え方が切り開かれると考える。ギリシャ語のテクネー（techne）には「芸術」という意味があるとベルは指摘する。芸術と技術を切り離された領域として捉えるべきでなく、技術は「文化と社会の構造を橋渡しする芸術の一形態であり、その過程で両方を再び形作るもの」だとベルは述べている。■

近代都市に立ち並ぶのは、もはや製造業の要である工場ではない。脱工業化した世界ではサービス業が広がり、未来風建築が幅をきかせる。

ダニエル・ベル

アメリカの社会思想家、著述家、社会学者。1919年、ニューヨーク・マンハッタンで生まれた。両親は東欧からのユダヤ系移民で、父親はベルの生後間もなく死去した。ベルが10代のころ、家族は姓をボロツキーからベルへと変更した。

1938年に、ニューヨーク市立大学シティカレッジで理学士の学位を取得。その後は政治ジャーナリストとして20年以上仕事をした。雑誌の「ザ・ニュー・リーダー」や「フォーチュン」の編集に携わり、社会問題について幅広く執筆した。1959年には、政治ジャーナリズムへの貢献が評価され、コロンビア大学の社会学教授に任命された。後に、博士論文は提出していないものの、同大学から博士号も授与された。1969年から1990年の間、ハーバード大学で社会学の教授も務めた。

主な著作

1969年　『イデオロギーの終焉――1950年代における政治思想の涸渇について』
1973年　『脱工業社会の到来』
1976年　『資本主義の文化的矛盾――社会予測の一つの試み』

機械が洗練されれば
されるほど
労働者の技能は
衰えていく
ハリー・ブレイバーマン（1920年〜1976年）

ハリー・ブレイバーマン

背景知識

テーマ
熟練の解体

歴史に学ぶ

1911年 アメリカの技術者フレデリック・ウィンズロー・テイラーが『科学的管理法』を刊行した。

1950年代 疎外に関するカール・マルクスの原稿が英訳され、英語圏の人類学においてマルクスが再び注目された。

1958年 アメリカの思想家ジェームズ・R・ブライトが『自動化と管理』を発表し、自動化と単純労働化の関連に警鐘を鳴らした。

1960年代 機械化により、アメリカの未熟練・半熟練労働者の間に疎外感が広がった。

1970年代 「アメリカにおける仕事」と題するアメリカ政府の報告書で、相当数の人々が仕事に不満を抱いていると結論づけられた。

1950年代、アメリカ経済は急速に**工業化**された。
↓
「科学的」な分業が進み、**合理化**、**計算可能性**、**管理**が強調された。
↓
自動化と管理・統制が進み、工場やオフィスで働く労働者が**疎外**された。
↓
自動化による訓練機会の増加、技能、教育の向上という期待に反し、**労働者全体の技能水準は低下**した。
↓
機械が洗練されればされるほど、労働者の技能は衰えていく。

1950年代以降、欧米の社会学者たちはカール・マルクスの疎外の概念を主な切り口に雇用の近代化と労働人口への影響を分析してきた。

マルクスもマックス・ウェーバーも、工業技術の進展に伴い、かつてない効率性の向上と労働の分業・専門化による合理化が推し進められるだろうと予測した。こうした思想の流れを汲み、ハリー・ブレイバーマンは1974年の著作『労働と独占資本——20世紀における労働の衰退』で、工業労働の本質と独占資本主義の下で働く労働者階級の構成の変化を体系的に読み解いた。

ブレイバーマンの分析の軸は、「熟練の解体」という視点だ。これは、工業技術と機械生産の発展により、労働者階級の熟練労働者や職人の疎外と「解体」が生じる現象を指す。「熟練の解体」と工業労働者の地位低下は第二次世界大戦以降、加速しているとブレイバーマンは考えた。工場で働く人々を主な研究対象としたが、オフィスで働く人々の現状にも目を向けた。

熟練労働という神話

工場労働の工業化で労働者が力を得るという見方を、ブレイバーマンは正面から批判した。工場で働いた自身の経験を踏まえ、公式の統計や政府

参照 カール・マルクス 28-31 ■ マックス・ウェーバー 38-45 ■ ジョージ・リッツァ 120-23 ■ マニュエル・カステル 152-55 ■ エーリッヒ・フロム 188 ■ ダニエル・ベル 224-25 ■ ロバート・ブラウナー 232-33

> 工業化のプロセスと組織が、労働者から技術と伝統を奪ってしまった。
> ハリー・ブレイバーマン

による労働者の分類に異を唱え、アメリカの労働者階級で「熟練の解体」が進行している実態を訴えた。

たとえば、職場における技術利用が増えると、より技術に精通した教育水準の高い労働者が集まるという考えはまったく誤りだとブレイバーマンは指摘した。「訓練」、「技能」、「学習」といった用語は曖昧でさまざまな解釈の余地があるうえ、工場やオフィスの機械の操作は、数分か長くても数週間の訓練で覚えられる。機械を操作できるという事実だけで、労働者の技能水準が著しく上がったとは必ずしも言えない。コピー機を例にすれば、機械の前に立って操作できるからといって、「熟練」労働者とはみなせない。

さらにブレイバーマンは、労働人口全体の教育水準は上がっているものの、そのことが就労にあたって意図しない負の影響をもたらしていると指摘した。調査や聞き取りの結果、高度な教育を受けても、学校で得た知識を活用する場が一切ないために工場やオフィスでの仕事に不満を抱き、達成感を得られない人が多いことが分かった。教育水準が高くなるほど、疎外の感覚は強まる恐れがある。

進行する技能の低下

産業革命以前は、物品は熟練あるいは半熟練の職人たちによって作られていたとブレイバーマンは述べる。技術の発展により、工業生産の規模はかつてない水準に達した。それまで熟練労働者が手で行っていた作業の多くを機械が行うようになり、一部の技能や技術的知識はもはや不要となり、代わりに新たな能力や専門性が求められるようになった。

このように理解すると、自動化によってある種の技能の需要はなくなるが、別の新しい技能の需要が生じるとブレイバーマンは主張した。技術の進歩それ自体は、必ずしも労働者の技能水準を低下させるものではない。同じく、疎外を生む直接の原因になるとも限らない。

ブレイバーマンは、工業化以前を懐かしんで職人型生産方式への回帰を訴えているわけではない。むしろその反対に、自動化がポジティブな効果をもたらしうることを認めている。ネガティブな結果が生じるのは、職場の自動化と生産の社会的諸関係（労働のプロセスを組織・管理・操作する方法）の激変が合わさった場合だ。ブレイバーマンは、科学技術の発展とそれをいかに職場に適用するかという問題と、より効率的な労働力の組織化と細分化を追求する生産の社会的諸関係の変化は分けて考えるべきだと強調した。

最も高い作業効率を目指して機械が作られるのと同様、労働力も生産性と収益性が高まるように組織される。ブレイバーマンは、熟練労働者の身体知と技術的能力が衰退し、忘れられつつあることを示そうとした。ブレイバーマンの言う仕事の質の低下とはつまり、作業を構想して実行することが

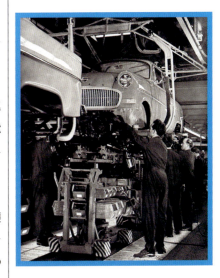

1950年代、西ドイツのオペル社の製造ライン。分業は効率を高めるが、そのプロセスが労働者の技能と地位の低下を引き起こすとブレイバーマンは主張した。

求められる職が減少することだ。労働人口は、構想することをほとんど求められない多数の労働者の集団と、少数のマネジャーに再編成されてきたと主張する。

マネジメントの台頭

作業工程の科学的管理の理論を構築したアメリカの技術者で経営学者のフレデリック・テイラーの研究に影響を受け、ブレイバーマンは熟練の解体を加速させる3つの新しく重要な側面を指摘した。

第1に、仕事のプロセス全体についての知識や情報はマネジメントだけが把握して細かく管理し、労働者には知らされない。このことの直接の結果として第2に、労働者は与えられた作業を「必要最低限」のことだけを知らされてこなしている。自身の行う作業が全体のプロセスにどう作用するのかは、まったく分からずにいる。第3に、

> 労働者の疎外は、
> マネジメントにとって
> コストと管理の問題として表れる。
> ハリー・ブレイバーマン

仕事のプロセス全体を知っているマネジメントは、労働者一人ひとりの行動を綿密に管理することができる。注意深い監視と生産性の管理により、生産性や労働者の能率低下が見受けられれば、いつでもマネジメントが介入できる。

効率、計算可能性、生産性ばかりを重視して組織された労働がもたらす最もネガティブな結果は、「構想」を「実行」から切り離してしまうことだとブレイバーマンは論じる。そして人間の身体をメタファーに用いて、労働者はマネジメントの脳にすべての動きを管理・監督・矯正されている手のようだと表現した。

資本主義の冷徹な論理

労働者が持つ技能の全体量が減少していくにつれ、彼らの価値も低下していく。行う作業がますます単純で技能を要さなくなるため、賃金も低くなる。専門性を奪われた結果、さらに使い捨て可能で、取り替え可能な存在となってしまう。ブレイバーマンにとって、この冷酷非情な資本主義システムの論理は、社会階級の概念に関する自身の分析と密接に結びついている。熟練職人の解体は、労働人口のあらゆる階層の人々が社会階層を登れないことを示すものだ。

ブレイバーマンの主な研究対象は

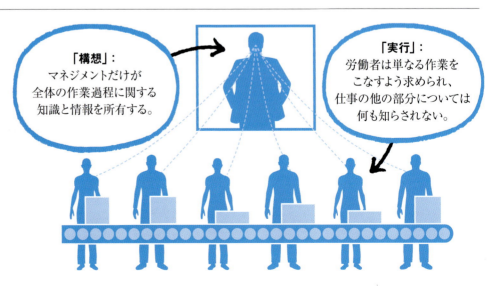

ブレイバーマンは、マネジャーを職場全体を見渡す脳に、労働者をマネジャーの手に喩えた。効率、生産性、収益性を最大化するために労働が組織されると、労働者にとって負の結果が生じる。ブレイバーマンはその原因として、職場のあらゆる動きを観察・監視・管理・規制するマネジメントの台頭を挙げた。テクノロジーの影響がまず及んだのは工場だが、現在では小売店舗も、離れた本部オフィスから遠隔で監督されている。

「構想」：マネジメントだけが全体の作業過程に関する知識と情報を所有する。

「実行」：労働者は単なる作業をこなすよう求められ、仕事の他の部分については何も知らされない。

万国の労働者よ、さっさと消費に励め！ 231

1912年、通信販売会社の女性タイピストたち。20世紀に入ってほどなく、事務員の職能は大規模かつ効率的な、科学的に管理されたオフィスに取って代わられた。

工場労働だが、オフィスにおける熟練労働者にも目を向けている。簿記やスケジュール管理などをこなす事務職の日常業務の質は、終わりのない書類仕事やコピー取り、その他の瑣末な作業にまで低下していた。また、執筆当時、イギリスやアメリカの事務職員は決まって女性で、賃金が男性より低く、その分コストを抑えて収益を最大化させていたことも指摘している。

衰退する専門性

『労働と独占資本』は社会学に大きく貢献した古典とみなされているが、これはブレイバーマンが著した唯一の学術書だ。マルクス主義の批判的思考を工場労働の実証的研究に適用した同書の影響は大きい。マルクス同様、ブレイバーマンは一度も大学での職に就かなかった。まさにそれが理由で、検閲を恐れずに産業資本主義の不公正と労働人口の大半に及ぼす影響について、鋭く辛辣な批評を書くことができたのだろう。ブレイバーマンは、自動化と熟練の解体との関係を指摘した最初の思想家でも唯一の思想家でもないが、その研究は歴史学、経済学、政治学を含む幅広い学問分野で労働の分析が再び活発になる大きなきっかけとなった。『労働と独占資本』の出版以降、ブレイバーマンの主張は労働を研究する社会学者の間で議論され続けている。アメリカの社会学者マイケル・ブラウォイが1979年の自著においてブレイバーマンを強く支持しているほか、アメリカの社会学者マイケル・クーリーもコンピュータ支援設計（CAD）の研究において同様に支持を示している。■

ハリー・ブレイバーマン

1920年、ポーランド系ユダヤ人の移民の両親のもとに米ニューヨークで生まれた。大学に1年通ったが経済的事情で中途退学した。その後、ブルックリンで銅細工職人の見習いとして働く中で、科学に基づく技術が労働者階級における熟練の解体に及ぼす影響について洞察を深めた。

その体験に感化されて社会主義労働者党に入り、マルクスや同時期の社会主義思想家に傾倒した。1953年、同党を追放されたブレイバーマンは、社会主義連合の創立に携わり、雑誌『アメリカン・ソーシャリスト』の編集者となった。

1963年に、ようやくニュースクール大学の文学士号を取得した。

主な著作

1974年　『労働と独占資本—— 20世紀における労働の衰退』

マルクス主義が敵視するのは科学や技術ではない……それらが支配の道具に利用されているやり方だ。
ハリー・ブレイバーマン

自動化が進めば、仕事のプロセスに対する労働者の裁量は増える
ロバート・ブラウナー（1929年〜2016年）

背景知識

テーマ
疎外

歴史に学ぶ

1844年 カール・マルクスが『経済学・哲学草稿』で、世界からの疎外の概念を論じた。

1950年代〜60年代 アメリカ経済の工業化が進み、社会の職業構造の再編が著しく進んだ。

1960年 ネオ・マルクス主義の「フランクフルト学派」の理論家らによって、疎外の概念がアメリカの社会学に取り入れられた。

1964年 ロバート・ブラウナーの研究により、アメリカ・イギリス・フランスの社会学者が疎外と自動化の問題に再び関心を向けた。

2000年〜現在 アップルやマイクロソフトなどの企業では、仕事のプロセスを自動化することで従業員を支援している。

> 自動化された仕事のプロセスにおいて労働者が体験する**疎外感は業種によって異なる**。
>
> 技術について**知識がなくコントロールできない場合は、疎外感が大きい**。
>
> 技術について**専門知識を持っている場合は、疎外感が小さい**。
>
> **自動化に関する知識があれば、仕事のプロセスに対する裁量が増え、疎外感が減じる。**

カール・マルクスによれば、疎外は労働者が仕事とのつながりを断たれ、仕事への裁量を持たないときに生じる。アメリカの社会学者ロバート・ブラウナーは自著『労働における疎外と自由』（1964年）でマルクスの疎外の概念を大きく取り上げ、技術の効果的な利用によって職場での疎外を大幅に軽減できる可能性を検討した。

ブラウナーは同著で、産業革命の最中とその後で労働者に及んだ負の影響を理解する鍵は疎外だと主張。仕事の自動化が進むとすべての労働者

参照 カール・マルクス 28-31 ■ エーリッヒ・フロム 188 ■ ダニエル・ベル 224-25 ■ ハリー・ブレイバーマン 226-31 ■ アーリー・ホックシールド 236-43 ■ マイケル・ブラウォイ 244-45

が疎外されるというマルクスの主張を批判的に検証した。ブラウナーは反対に、自動化によって労働者は働きやすくなり、力を手に入れ、解放されると示唆した。

ブラウナーは幅広いデータ（統計や労働者への聞き取り、意識調査など）を用いて、印刷工場、自動車の組み立てライン、繊維工場、化学工場の4つの業種を対象に調査を行った。疎外の水準は、仕事への裁量、社会的孤立、自己疎外感、仕事の意義の4つの基準で評価した。

技術と疎外

ブラウナーは調査の結果を「逆U字型カーブ」と表現した。その研究によると、印刷工場の労働者は概して疎外の水準がとても低かった。労働者は機械を使うことでより大きな裁量と自律を手に入れ、力を得ているからだろうとブラウナーは示唆する。同じこと

> 目の前の仕事のプロセスをコントロールできないとき、労働者は疎外感を抱く。
> **ロバート・ブラウナー**

自動車の組み立てラインにおける自動化技術は、労働者が自身の仕事環境について裁量があると感じられるように組み込まなくてはならない。

が化学工場の労働者にも当てはまった。扱う技術の専門知識を持つことで力を得て、仕事の内容や環境に対する大きな裁量を有しているので、仕事への意義と充実を感じているという。

対照的に、自動車工場と繊維工場における自動化は、比較的強い疎外感をもたらしていた。一見、この調査結果は、自動化が進めば疎外が減少するというブラウナーの主張と矛盾して見える。しかし、その疑問に対してブラウナーは、労働者を疎外するのは技術そのものではなく、技術の使われ方への裁量の欠如、仕事の組織方法、そして労働者とマネジメントの関係性だと論じる。

ブラウナーは、しかるべき組織的条件の下では、自動化は仕事のプロセスに対する労働者の裁量を増すと同時に疎外感を減少させると結論づけた。

ブラウナーの研究は、労働を対象と

ロバート・ブラウナー

米カリフォルニア大学バークレー校の社会学名誉教授。1948年にシカゴ大学を卒業した。

しかし筋金入りの共産主義者だったブラウナーは、大学卒業後に5年間、工場で働きながら、労働者階級の革命を目指していた。その試みは実らず、1962年にバークレー校で修士号、博士号を取得した。その博士論文をもとに1964年に発表した研究で、ブラウナーの名が広く知られるようになった。疎外と仕事に関する研究での功績に加え、アメリカの人種問題の鋭い分析も行った。2016年に死去。

主な著作

1974年 『労働における疎外と自由』
1972年 『アメリカにおける人種的な抑圧』
1989年 『ブラック・ライヴズ、ホワイト・ライヴズ――アメリカの人種対立の30年』

する社会学に大きな影響を与え、1970年代から80年代にかけてアメリカやイギリス、フランスの社会学者らが同じ流れを汲む研究を行った。さらに、ブラウナーの仕事は「政治的」な役割も果たし、疎外を生む仕事環境の研究は、企業などの方針や施策にも反映されてきた。たとえばアップル社は、従業員に自社技術の使い方を教え、仕事もプライベートも充実させられるよう配慮している。■

ロマン主義の倫理は
消費社会の精神を促進する
コリン・キャンベル（1940年〜）

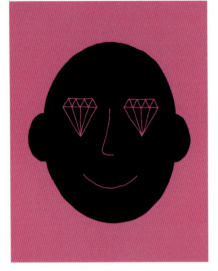

背景知識

テーマ
ロマン主義の倫理

歴史に学ぶ

1780年代〜1850年代 過剰に合理主義的で抽象的な理想を掲げる啓蒙時代の反動から、ヨーロッパでロマン主義運動が起こった。

1899年 アメリカの社会・経済思想家ソースティン・ヴェブレンが『有閑階級の理論』で、消費は社会的地位を得るため互いに模倣し合う集団によって加速すると示唆した。

1904年〜05年 マックス・ウェーバーが「プロテスタントの労働観」と資本主義の台頭の関連を指摘した。

21世紀 アメリカの社会学者ダニエル・ベルやイタリアの社会学者ロベルタ・ササテッリらの消費の研究に、コリン・キャンベルの主張が大きな影響を与えた。

なぜ西ヨーロッパとアメリカで消費文化が発展してきたのか？ イギリスの社会学者でヨーク大学の名誉教授であるコリン・キャンベルは、マックス・ウェーバーの古典『プロテスタンティズムの倫理と資本主義の精神』（1904年〜05年）の続編を意図して書いた『ロマン主義の倫理と近代消費主義の精神』（1987年）でこの問いを掘り下げた。

ウェーバーは、近代の資本主義社会の根底にある自制と勤勉の価値観

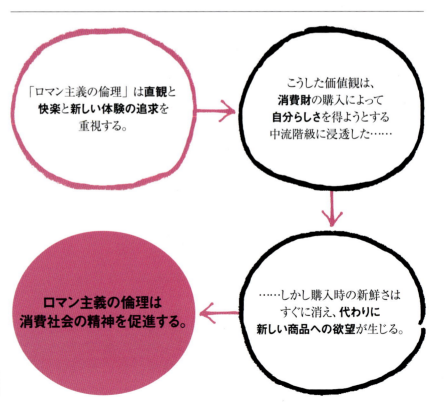

万国の労働者よ、さっさと消費に励め！ 235

参照 カール・マルクス 28-31 ■ マックス・ウェーバー 38-45 ■ ヘルベルト・マルクーゼ 182-87 ■ ジャン・ボードリヤール 196-99 ■ ソースティン・ヴェブレン 214-19 ■ ダニエル・ベル 224-25

デザイナー商品は、購買、所有、日常生活からかけ離れたライフスタイルへの欲望をかき立てる。しかし欲望はその本質からして満ち足りることがない。

は、16世紀から17世紀のプロテスタントの労働観に由来すると論じた。キャンベルはその主張に積み重ねるように、消費文化を推し進める感情や快楽主義的な欲望は、啓蒙思想と産業革命に続いて生じた19世紀のロマン主義に由来するとの理論を展開した。

欲望、幻想、そして現実

啓蒙思想は、個人を合理的で、勤勉で、自制の効いた存在として捉えた。しかしロマン主義者は、それは人間らしさの根幹を否定するものだとした。彼らは理性より直観を重視し、個人は自由に快楽主義的な歓びや新鮮で刺激的な気持ちを追い求めるべきだと考えた。

キャンベルによれば、ロマン主義の倫理は、新興の中流階級、とりわけ女性たちの間で浸透し、普及していった。消費文化において、その倫理は際限なく続くループとして現れる。まず、個人がある消費者商品に快楽と新鮮さを求めて欲望を感じ、購入して活用する。しかし、すぐに新鮮味と最初の刺激は薄れ、商品の魅力が減少する。すると、刺激、満足感、新鮮さへの欲望が、新しい商品によって喚起される。こうして、消費から満足感の減退、最終的な幻滅に至るサイクルが延々と繰り返される。

資本主義の原動力

キャンベルの示すこのサイクルを通じて、消費者は浮き沈みを繰り返す。消費者の欲望こそが、資本主義の原動力だ。手に入れにくいが満足をもたらす経験を求めて、人は次々と送り出されてくる新商品に群がる。このプロセスが消費経済に及ぼす影響の大きさは計り知れない。消費者は最新の商品を永遠に追い続けるからだ。

キャンベルが掲げた「ロマン主義の倫理」の概念は、社会学と人類学に甚大な影響を与えた。その研究は、人は必然的にモノを欲しがるものだという単純すぎる人間観を否定しただけでなく、消費社会のよりポジティブな側面にも光を当てることを試みた。

消費主義を元来悪いものと見なすのは誤りだとキャンベルは主張する。むしろ、内なる欲望を消費財に対して抱き追求することは、現代の世界における自己実現の根本的な要素だと示唆した。

独自性に満ちた力強いキャンベルの主張は、還元的でシニカルな消費主義の見方を正そうとするもので、今日の思想家が近代消費社会についてより肯定的で歴史背景に基づく評価を行うための豊かな土壌を築いた。■

大衆欺瞞（ぎまん）としての消費主義

ロマン主義の倫理を近代消費主義の鍵として注目したキャンベルの独自性は、長い歴史的過程のインパクトと絡めて考えた点にある。キャンベルの主張は、フランスを代表するポスト構造主義の思想家ロラン・バルトやポストモダンの思想家ジャン・ボードリヤールらが十数年前に行った主張とは大きく異なる。

キャンベルと違って彼らは、消費文化の勝利は何としても阻止すべきものと考えていた。彼らにとって1960年代末の社会・政治革命の失敗は、「マルクス主義の死」と同時に資本主義の勝利を意味していた。バルトは記号論の研究において、広告業界が消費者の真の欲求を見えなくさせる中心的役割を担っていると指摘した。一方でボードリヤールは、消費者を情報で圧倒し、近代資本主義社会の空虚な本質を覆い隠すメディアの責任を論じた。

人間を加工すると
「心の状態」という製品ができる

アーリー・ラッセル・ホックシールド（1940年～）

アーリー・ラッセル・ホックシールド

背景知識

テーマ
感情労働

歴史に学ぶ

1867年 カール・マルクスが『資本論』第1巻を完成させた。ホックシールドは同書から着想を得て、感情労働の概念を唱えた。

1959年 カナダ出身の社会学者アーヴィング・ゴッフマンが『行為と演技』を刊行した。

1960年代 欧米各国でサービス産業が急成長し、積極的に女性労働者を雇用するようになった。

1970年代 資本主義が女性にもたらす負の結果にフェミニストの思想家が注意を向けはじめた。

2011年 社会学者アン・ブルックスとテレサ・デバサハヤムが『ジェンダー、感情、労働市場』を刊行し、ホックシールドの考えとグローバル化理論を結びつけた。

カール・マルクスは『資本論』で、人々は労働の「道具」になっていると述べた。過酷な労働環境、仕事への充足感や権限の欠如は、労働者に孤立や疎外を感じさせるからだ。

労働者の感情をめぐっては、マルクスに加え、19世紀後半と20世紀前半に2つの説が唱えられた。ダーウィン、ウィリアム・ジェイムズ、フロイトの研究から構築された「有機体」説は、感情を主に生物学的プロセスとみなした。一方で1920年代以降、ジョン・デューイ、ハンス・ガース、チャールズ・ライト・ミルズ、アーヴィング・ゴッフマンらは「相互作用」説を打ち立てた。この説は、感情は生物学的要素を持つ一方、さまざまな社会的要因によって相互作用や変化を起こすと主張する。つまり文化は感情の構築に関わり、人は感情を自分で管理している。1960年代にマルクスの著作が英語に翻訳されると、当時欧米の労働環境に起きている変化を解明しようとしてい

商売や経営のルールを完全に自己の一部としていない限り、「誠意」は仕事の邪魔になる。
チャールズ・ライト・ミルズ

た社会学者にとって、疎外という概念は強力な分析手段となった。

心の状態

そうした数々の理論や、シモーヌ・ド・ボーヴォワールのような女性思想家から影響を受けたのが、アメリカのフェミニストで社会学者のアーリー・ラッセル・ホックシールドだ。人と人との相互作用を感情の面から分析するのが彼女のライフワークだ。

1960年代以降の北米でのサービス

新しいサービス産業は、労働者に「**感情資本**」を求める。

→ 女性のほうが**感情的**だと類型化されるため、そうした産業は**女性労働力**の性別を重視する。

資本主義下で人間の感情は商品化される。人間を加工すると「心の状態」という製品ができる。

← 将来の顧客確保につながる、**ポジティブな感情状態を生む行動**を、女性労働者は求められる。

参照 カール・マルクス 28-31 ■ G・H・ミード 176-77 ■ アーヴィング・ゴッフマン 190-95 ■ ハリー・ブレイバーマン 226-31 ■ クリスティーヌ・デルフィ 312-17 ■ アン・オークレー 318-19

ホックシールドいわく、子どもは幼いうちから「心の訓練」を受けさせられる。女の子は思いやりのある人間になることを学び、攻撃性や怒りの制御を身につける一方、男の子は恐怖や弱点を隠すことを学ぶ。

産業台頭と、労働者の感情を市場の商品とみなし、賃金を支払う雇用形態の出現について、ホックシールドは指摘する。また、そうした雇用形態を「感情労働」と呼ぶ。

人が感情を制御するやり方にホックシールドが興味を持つようになったのは、外交官の両親が在外大使館の現地職員に対し、横柄に振る舞うのを見て育ったためだという。その頃、どこで個人が終わり、演技が始まるのかという疑問が生じた。やがて大学院生になると、ライト・ミルズ著『ホワイト・カラー——中流階級の生活探求』のある一章に刺激を受ける。そこには、人はモノやサービスを売るときに自らの人格を売っていると記されていた。

確かにそのとおりだが、そこには売ることに関わる積極的な感情労働の意味が欠落しているとホックシールドは考えた。19世紀の工場労働では、生産高が定められ、作っているモノを労働者が好きか嫌いかはさしたる問題ではなかった。しかし現代のサービス産業では、「サービス提供の際の感情のスタイルがサービスそのものに含まれる」のであり、顧客に満足を与えるために、労働者は一定の表情を見せなくてはならない。工場労働者は自らの作る製品から疎外されるとマルクスは論

じたが、サービス産業の労働者にとっては「心の状態」こそが製品だとホックシールドは主張した。

ホックシールドによれば、肉体労働より感情労働の利用が増加すると、男性より女性のほうが大きな影響を受けるという。なぜなら女性は子どもの頃から、感情を表現するように訓練されているからだ。

相互作用を管理する

ホックシールドに多大な影響を与えた人物の一人が、シンボリック相互作用論に依拠したアーヴィング・ゴッフマンの研究だ。ゴッフマンの研究の基盤となっていたのが、自我は社会的な相互作用を通じて作り出されるという考えである。個人は他者との相互作用（と、自己表現の方法の管理）によってのみ、アイデンティティという個の意識を獲得できる。要するに、最も奥深くにある自我という感覚が、その人の社会的背景と密接に関連している。

ゴッフマンの考えをホックシールドは批判的に広げ、感情は個人と集団の相互作用に存在する外的なものであると同時に、自己管理の対象でもあると論じる。感情は行動とも直接結びつき、人が他者と相互作用を起こそうとするときに経験される。

聴覚と同様に「感情は情報を伝える」とホックシールドは主張する。そして感情をフロイトが「シグナル機能」と呼んだ働き（恐怖や不安といったメッセージを脳に中継し、危険の存在を知らせる働き）にたとえる。「人は感情から自分の世界の見方を発見する」とホックシールドは言う。過去の

出来事と、現在の状況を一致させる精神的要素を、感情は生み出すからだ。

そうした感情の側面を社会的相互作用の中心に据えることに加えて、感情がさまざまな過程を経て形成される無数の方法に、ホックシールドは注目した。社会と文化は個人の感情経済に、社会化を通じて介入する。たとえば、人は第1次社会化を通じて、自らの感情の意味を理解することを学び、さまざまな成功を経て、感情を操作し、管理できるようになる。感情とは単に受け身の人間に発生するものではなく、むしろ人は積極的に感情の生成に関与している、とホックシールドは考える。

感情の働きと規則

人は個人として、感情を「出す」とホックシールドは主張する。感情を感じること、感情的に行動することは、意図的に演じられる。ホックシールドはそのプロセスを「感情機能」と呼び、人がどのように特定の感情を変化・強化させ、一方で不快な感情を抑えよう

> 身ぶり手ぶり、見せかけの嘲笑、肩をすくめるポーズ、コントロールされたため息……こうした行動が表層演技である。
> アーリー・ラッセル・ホックシールド

とするのか論じる。人が感情を生み出す方法について、ホックシールドは大きく3つに分類した。認知、身体、表現である。

認知的機能では、人はイメージ、アイデア、思考を用いて、それらと結びつくいろいろな感情を呼び起こしたり抑制したりする。身体的機能では、不安で汗をかいたり、怒りに震えたりといった、特定の感情状態に伴う身体的反応をコントロールしようとする。表現的機能では、特定の感情もしくは感情の集合を表出するために、特定の感情表現を管理しようとする。

ホックシールドが感情を分類した目的は、人がどこまで積極的に内なる感情を管理し、特定の感情を呼び起こしているかを理解することにあった。それまでの研究では、感情を伝える際の身体的動作や言葉の合図といった、ホックシールドが「表層演技」と呼ぶ外観が注目されていた。ホックシールドはその分析を広げて「深層演技」に光を当て、「メソッド演技法」という演劇の手法を引き合いに出して解説しようとする。「ここには、感情に取り組んだ自然な結果が現れる。俳優は幸せそうに、あるいは悲しげに見せようとするのではなく、自然に感情を表すのだ。ロシアの舞台演出家コンスタンチン・スタニスラフスキーが要求した、自ら生んだ本物の感情のように」。

ホックシールドは、たとえ可能だとしても、人が意識的に相手を操ったり欺いたりすることを勧めるわけではない。ホックシールドが実証しようとするのは、特定の社会状況を定めるため

サービス産業で働く多くの女性は、「本物の感情」を表に出して顧客を満足させろと雇用主に命じられ、誰もが「感じのよい」人間であることを求められている。

に相互作用し合って協働する人たちのやり方や範囲だ。そして次に、それがどのように返ってきて、人の内部で感情状態を形成するかということだ。

人間の行動のより感情的な面を合理化し、周縁化することは、たいていの場合、対人行動を支える暗黙の規則が新たな方向に発展しはじめたことを意味すると、ホックシールド言う。その解説のために提示されるのが「感情規則」の概念だ。感情規則とは、人が社会的に身につける、文化的に特有の規範である。人はこの規則に従って、感情の表現や経験を処理し、管理する。現代資本主義社会には、2種類の規則がある。表現規則と感情規則だ。表現規則の対象は、「表層演技」のように、人が外に出して伝え合う言語・非言語の合図である。感情規則の対象は、人の感情の度合い、感情

の向き、存続する長さである。たとえば、人は愛する人を亡くしたとき、悲しみに暮れ、立ち直るまで時間を要する、と社会的に強く予想される。つまり、感情規則があることで、死に対してどんな反応が適切か、どれくらい強く反応すべきか、いつまで反応を続けるべきかといった点に、影響が及ぶのである。

デルタ航空

感情労働と感情機能という相互に結びつく概念は、ホックシールドの最も有名な著書『管理される心――感情が商品になるとき』（1983年）で提唱された。ホックシールドが初めに注目したのは、アメリカのデルタ航空である。デルタ航空は身体（個人の外見という点で）、そして感情をコントロールできそうな人を常に雇ってきたと、ホックシールドは論じる。乗客数の増加に熱を入れるデルタ航空は、若くてきれいな独身女性の雇用に力を注ぐ一方、男性の雇用は少なかった。その際評価された女性の魅力とは、企業が顧客に与えたい特定の理想やイメージを、文字通り体現していると認められたものだ。また客室乗務員が感情を表す際、表層演技を行わないことも、特に重視された。経験する感情が本物だと乗客に確信させるため、客室乗務員は「深層演技」の訓練を課せられた。その訓練では、誠実で偽りのない感情を心の中で表現する。本物の感情の表現とパフォーマンスは、「その感情が実在するとき」のほうがずっと演じやすく続けやすいことを、デルタ航空は認めていた。客室乗務員が感情労働を行い、本物のパフォーマンスを生み出せるように、訓練用マニュアルとガイドラインが作成された。マニュアルには、企業によって計算された感情状態とレパートリーを生産するための、巧妙な戦略が列挙された。そうして生まれた感情が本物なら、乗客は安心して、満足を覚える。乗客をポジティブな感情状態にし、快適で安全だと思わせることで、将来の常連客を獲得できるとデルタ航空は考えた。》

> 客室乗務員に求められる感情のスタイルはサービスそのものだ。
> アーリー・ラッセル・ホックシールド

表層演技　　深層演技

ホックシールドによれば、感情労働とは「人間の感情の商品化」である。デルタ航空は新入乗務員を訓練して、「表層演技」を超えられるようにする。「表層演技」の姿勢や表情は偽りであり、嘘だと思われている。企業は乗務員に、キャビンを家だと想像し、乗客を「個人的な来客」として迎えるように指示する。乗務員が「深層演技」の技術を身につければ、本物の感情がおのずと起こり、誠実なふりをする必要はなくなる。

初めは企業理念として画期的に思えるかもしれないが、客室乗務員に求められる深層演技と感情労働は、最終的に乗務員の心理的健康を損なうと、ホックシールドは指摘する。本物のポジティブな感情を生み出して表現するのと同時に、自分の内なる感情を常にコントロールし抑圧しなくてはならない状況は心に害を及ぼす。

長期の感情労働がもたらす負の影響について、ホックシールドは2点挙げる。第1に、客室乗務員のプライベートな自我の感覚と、乗務員として公に演じる役割の自己が融合することで、感情面・心理面で「燃え尽き」に陥りやすくなる。第2に、自己疎外の感覚に囚われる。というのも乗務員の個人的感情と、乗客の心に呼び起こそうとする感情状態のあいだには大きな違いがある。その違いを管理しようとすると、たいていは自分自身に怒りを感じるか、仕事に憤りを覚えるようになるからだ。

たとえ個人が積極的に自己防衛に取り組み、自分自身ではなく仕事に怒りをぶつけるとしても、最終結果は同じだとホックシールドは言う。個人の感情的・心理的健康は損なわれ、その結果、人は最も内なる自己から、そして自らの感情からも、ますます疎外されていると感じる。

性の不平等

フェミニストで社会学者でもあるホックシールドによるデルタ航空の事例研究は、アメリカ社会で常に再生産されている性の不平等について知る機会をもたらした。1960年代以降、働く女性の数が増えるとともに、多くの女性が急成長するサービス産業に参入した。ホックシールドによれば、それは必ずしもポジティブな進展ではない。

> 女性は感情から資本を作り出し、それを男性に提供する。
> アーリー・ラッセル・ホックシールド

なぜなら、現代の資本主義社会ではただでさえ女性が不当に多くの感情労働を担っているのに、その不平等をさらに拡大することになるからだ。また女性は感情を資源として用い、それを男性に売っていると、ホックシールドは主張する。働く女性の増加は、現代社会における女性の職業的地位の転換を証明しているかに思えるが、統計をよく調べてみると、女性は男性よりもサービス産業で働く傾向がはるかに強いことが分かる。販売員、コールセンターのオペレーター、ホテルやバーの従業員はほとんどが女性である。

現代資本主義社会では、感情労働全体の大多数を請け負うのは女性となっている。長期的に見れば、これは資本主義が意図せずもたらした負の結果といえる。なぜならそのせいで女性は感情面で燃え尽きやすくなり、心理的・社会的に自己疎外感を抱きやすく

多くの看護師が、自分たちの感情労働は報われていないと訴える。看護師は患者を日々優しく世話しているが、あいにく地位の高いスタッフほど無神経だからだ。

なるからだ。

飽くなき資本主義

ホックシールドの感情労働に関する考察、客室乗務員の仕事の分析は、社会学の歴史上、重要なポイントとして位置づけられる。マルクスによれば、資本主義は肉体的・精神的に労働者を堕落させ、労働の性質はしだいに反復的で単調な限定されたものになる。社会思想家のハリー・ブレイバーマンは、労働の自動化によって、高度に熟練した労働力が着々と解体されていると論じた。ホックシールドはマルクス主義の理論を踏まえつつ、個人の自我（感情、感覚、情動）という最も私的な面でさえ、資本主義市場によって利益目的で商品に変えられ、搾取されていると指摘する。ホックシールドの思想は、労働と感情をテーマに研究する多くの社会学者に受け入れられ、看護師、介護士、ウェイトレス、テレマーケティングやコールセンターのオペレーターといった多数の職業の考察に適用されている。

> 労働者が
> 営業スマイルを捨てたら、
> スマイルと自分自身を
> 結びつけるものは何が残るだろう？
> アーリー・ラッセル・
> ホックシールド

オランダの社会学者 ダニエル・ファン・ヤールスフェルトの研究によれば、コールセンターのオペレーターは、感情労働によって起こる感情の燃え尽きと心労を経験する。

2002年にアビアド・ラズが『職場での感情』で論じた日米間の感情管理の異文化研究をホックシールドは称賛し、同書に記された「笑顔の訓練」を紹介している。それによると、東京ドームの現場責任者として働く日本人は、従業員の弱々しく、「元気のない、上から課された笑顔」に不満を感じていた。おそらくアメリカの現場責任者なら、その笑顔に文句は言わなかっただろう。だが日本人責任者は、労働者の内なる精神に訴えかけることが必要だと感じていた。責任者は文化的に強力な恥の意識を用いて、従業員からその精神を引き出した。愛想のない店員のレジに監視カメラを設置し、録画した店員の態度をあとから他の店員に見せたのである。

今日、笑顔は世界中で提供されているが、ホックシールドの指摘したように、資本主義は文化の感情的側面をも搾取している。■

アーリー・ラッセル・ホックシールド

1940年生まれ。労働と感情を専門とするアメリカのフェミニストで社会学者。外交官の両親を持つ。非常に微細かつ確かなやり方で、自らの感情を管理・コントロールすることが求められる社会環境で育つ。その影響で、現代社会生活における感情の問題に興味を持つようになった。

カリフォルニア大学バークレー校で修士号と博士号を取得。この頃フェミニストになり、資本主義社会で女性が担う、労働者と主たる世話人という二つの役割への関心を深めていく。

公然と政治的主張を行うホックシールドの研究は、欧米のフェミニスト思想に大きな影響を与えた。また大物実業家や政府高官との対談も行われるようになった。

ホックシールドの思想は、多種多様な社会政策に取り入れられている。その中にはカリフォルニア児童発育政策委員会、アメリカ元副大統領アル・ゴアによる勤労者世帯に向けた政策指令などがある。

主な著作

1983年　『管理される心──感情が商品になるとき』
2003年　『私生活の商品化』
2012年　『外注する自己』

自発的な同意は強制と結びつく
マイケル・ブラウォイ（1947年〜）

背景知識

テーマ
同意を生産する

歴史に学ぶ

1979年 石油危機の影響がアメリカ製造業に及び、労使間の緊張を引き起こした。

1981年 イギリスの社会学者アンソニー・ギデンズがマイケル・ブラウォイの著書『同意を生産する』を取り上げ、「産業社会学に最も大きく貢献した書物の一つ」とコメントした。

1998年 フランスの社会学者ジャン＝ピエール・デュランとイギリスの社会学者ポール・ステュワートが「異議を生産するか」を発表し、ブラウォイの唱えた同意の生産という概念を、日産の自動車工場に当てはめて論じた。

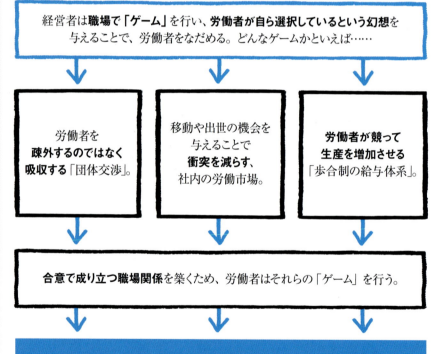

な ぜ労働者は資本主義のシステムの内であれほど懸命に働くのか、労働者と経営者の利益はどのように交渉されるのか。そのような問題に対し、アメリカの社会学者マイケル・ブラウォイは、マルクス主義理論の枠組みから分析を行う。マルクス主義の視点に立つと、労働者と資本家の利益は根本的に対立しているものと考えられる。だが現代

万国の労働者よ、さっさと消費に励め！

参照 カール・マルクス 28-31 ■ ミシェル・フーコー 52-55 ■ ピエール・ブルデュー 76-79 ■ アンソニー・ギデンズ 148-49 ■ ハリー・ブレイバーマン 226-31 ■ ロバート・ブラウナー 232-33

の経営者は、労働者がより懸命に働くことへの同意を生産し、流通させているとブラウォイは主張する。

労働者が単に搾取され、懸命に働くように強制されているというマルクスの理論を、ブラウォイは退ける。労働組合や生活協同組合の力が増した影響で、かつては労働者を痛めつけていた経営者による力の行使は大きく抑制されている。どんな組織にも常に強制と同意は存在しているが、その相対的な割合と表出の形態は変化している、とブラウォイは言う。

今日の経営者は、拘束性のある社会関係や組織構造を作って労働者をコントロールしようとしていると、ブラウォイは考える。そうした関係や構造は労働者に「選択している幻想」を与えるが、結局は不平等な力関係を覆い隠し、維持するために利用される。

職場の「ゲーム」

ブラウォイはアライド社の工場で調査を行い、職場での「ゲーム」について研究した。具体的には、団体交渉（賃金や労働条件の交渉）、社内の労働流動性の確保、歩合制の給与体系（生産量がノルマを越えればより多く給料がもらえる）などである。こうしたシステムは、労働はゲームであるという幻想を生むと、ブラウォイは述べる。労働者はプレイヤーであり、互いに「成功する」ため、つまりは期待される生産ノルマを超えるために競い合う。さまざまな生産条件下で労働者が「成功する」ため取り入れる、複雑でしばしば正当でない変則的な戦略を極めることで、仕事の満足感が得られる。労働者が行うゲームは、仕事への不満を減らしたり、経営者に反抗するためのものではないとブラウォイは主張する。なぜなら経営者側の下位の人間もよくゲームやルールの強要に加わるからだ。ゲームを行うことで、職場のゲームの基盤となるルールへの同意が労働者のあいだに生まれる。加えて、ルールを規定する社会関係の配置（所有者──経営者──労働者）への同意も生まれるのである。

ブラウォイの研究は、労使関係の社会学に大きな貢献を果たしており、後に続く研究者たちを鼓舞している。中でもイギリスの社会思想家ポール・ブライトンとステファン・アクロイドは、職場で起こる抵抗と強制の問題に焦点を当てている。■

> 衝突や同意は初めから存在するのではなく、労働の組織化が生み出したものだ。
> **マイケル・ブラウォイ**

マイケル・ブラウォイ

アメリカのマルクス主義社会学者でカリフォルニア大学バークレー校で教鞭をとる。1968年、ケンブリッジ大学で数学の学位を得たのち、シカゴ大学へ進み、1976年に社会学の博士号を取得。

ブラウォイの学者としての方向性・専門分野は、時とともに変化した。初期の研究では、アメリカ、ハンガリー、ソ連崩壊後のロシアの製造業の現場における、多数の民族学的調査に携わった。研究者としてベテランの域に達した頃、工場現場から離れ、社会学による公共政策の提起に注目するようになり、社会学的理論を用いて重大な社会問題に取り組んでいる。

2010年、学問への多大な貢献と、特に社会学を広く一般に普及させた功績を認められ、第17回国際社会学会（ISA）世界社会学会議で、ISA代表に選出される。2017年までISAの機関誌『グローバル・ダイアログ』の編集長を務めた。

主な著作

1979年 『同意を生産する』
1985年 『生産の政治学』
2010年 『マルクス主義とブルデュー』

人がモノを作るのと同様にモノは人を作る
ダニエル・ミラー（1954年～）

背景知識

テーマ
物質文化

歴史に学ぶ

1807年　ドイツの哲学者ゲオルク・ヘーゲルが『精神現象学』で、「対象化」理論の大要を述べ、人がどのように労働を物質に変えるか論じた（たとえば家とは、多大な集団労働の産物である）。

1867年　カール・マルクスが『資本論』で、商品の物神崇拝について意見を述べた。

1972年　フランスの社会学者ピエール・ブルデューが『実践の理論粗描』を刊行し、アルジェリアのカビル族の生活と物質文化について論じた。

2004年　フィンランドの社会学者カイ・イルモネンが、人がどのように自身の一部を所有する物質に外面化するか考察した。

現代社会には**物質主義**と**消費主義**が広がっている。

↓

消費主義は**無駄と浅はかさ**の象徴として、しばしば否定的に受け止められる。

↓

だが**物質・所有物**は、**人の自己同一性、他者との相互作用・関係**を形成し、強化するのに役立つ。

↓

人がモノを作るのと同様にモノは人を作る。

19世紀後半のソースティン・ヴェブレンの先駆的研究に学ぶ社会学者たちは、消費財について、人が特別な意味を互いに伝えるために所有する象徴的なモノと考えてきた。それはたとえば、どんな生活を送っているか、どれほどの社会的地位を有しているかといった情報である。

ところがイギリスの社会学者ダニエル・ミラーは、2010年に刊行した『スタッフ』で、消費財で自分のアイデンティティを伝える行為は一般にネガティブに捉えられていると指摘した。消費は無駄であり悪である、消費財を欲しがるのはおろかで道徳に反する、消費文化は疎外をもたらし社会を「持つ者」と「持たざる者」に分断する。そんな議論があふれている。

しかしミラーはモノは大事だと考える。人工的な製品によって自分のアイデンティティを表現し、他者との関係や相互作用を成立させることは可能だ。

万国の労働者よ、さっさと消費に励め！ 247

参照 カール・マルクス 28-31 ■ ピエール・ブルデュー 76-79 ■ ヘルベルト・マルクーゼ 182-87 ■ ソースティン・ヴェブレン 214-19 ■ コリン・キャンベル 234-35 ■ テオドール・W・アドルノ 335

家を再考する

ミラーは自らの家を例に挙げる。その建築様式や設計によって家は彼のアイデンティティ形成に寄与するし、家族間の相互作用にも影響を与えるという。

ミラーの家は、オーク材の階段、暖炉、窓周りといった「独自の特徴」を多く備えている。そうした物理的・美的特徴は、その家での経験や、人と家との関係を構成する。たとえばミラーはスウェーデンの人気家具店イケアの家具やデザインを好むが、それが家との関係に緊張をもたらす。というのもイケアの特徴であるモダンシンプルなデザインに対する彼の好みが家の「品位を落とし」、ひいては家を裏切ることになるのではないか、この家は「もっと趣味のいい」人にふさわしいのではないかと思うためだ。この不安を解決するため、どのように家族と話し合いを重ね、家具と内装について妥協点を見つけているか、ミラーは解説する。

家族全員が家について、まるで独自のアイデンティティと要求を持つ、家族の一員であるかのように想像し、話題にしているとミラーは言う。家の物質性は必ずしも圧迫・疎外・分裂を生むわけではない。むしろその家に暮らす家族関係を肯定的に形成し、さらには家族間の相互作用を促し、連帯を高めるのである。

対抗勢力

ヘルベルト・マルクーゼ、テオドール・アドルノらフランクフルト学派の思想家は、大量消費文化を「世界から深遠さが失われる徴候」とみなした。そうした消費主義の分析に対し、ミラー

> モノが人を支配できるのは、モノが果たしている役割に人が気づかないからだ。
> **ダニエル・ミラー**

の研究は別の見解を提示する。世界的な経済・環境危機が、物質主義や消費文化の存続に深刻な疑念を投げかけたことで、社会の物質文化を非難する声が高まった。そうした見解に対し、フェルナンド・ドミンゲス・ルビオやエリザベス・シルヴァといった多くの社会学者は、ミラーの研究が刺激的な反論になると考えている。■

デニム現象

ブラジルでは、女性のヒップの自然な丸みを強調するという理由で、タイトなジーンズが人気だ。

2007年よりイギリスの社会学者ソフィー・ウッドワードは、ミラーや他の社会学者とともに、消費主義の一現象としてブルーデニムに関心を寄せている。どこでも入手できるにもかかわらず、デニムの衣類はしばしば非常に私的な品物として崇拝される。たとえばお気に入りのデニムジャケットやジーンズに対し、持ち主は親密な感情を抱いている。

世界中で流行する品物としてデニムを民族学的に見ると、デニムの魅力は文化的風習や枠組みと密接に結びついており、場所によって意味が異なることにウッドワードは気づいた。たとえばロンドンでは、さまざまなタイプの人がよくジーンズをはくが、それは着るものにまつわる不安を解消するためだ。ジーンズの匿名性と普遍性は、着用者を否定的な判定から守る。一方ブラジルでは、若い女性がセクシーに見えるようにジーンズを穿く場合が多い。

職場が女性化しても ジェンダー格差は たいして減らない
テリ・リン・キャラウェイ

背景知識

テーマ
職場の女性化

歴史に学ぶ

1960年代〜 グローバル化と発展途上国における工業化の進展に、フェミニスト系の社会学者が目を向け始めた。

1976年 ミシェル・フーコーが『性の歴史Ⅰ 知への意志』で、ジェンダーの役割や関係は社会的に構築された言説だと論じた。

1986年 シルヴィア・ウォルビーが『職場の家父長制──雇用における家父長制的・資本主義的関係』を発表した。

1995年 R・W・コンネルが『男らしさということ』で、ジェンダーのカテゴリーは固定されておらず、柔軟に変化するものだと説いた。

より多くの女性が労働市場に参入し、職場の**女性化**が進む。

↓

グローバル化は**経済分野における男性優位を揺るがす**一助となったが、**労働における男女の格差**はなくならない。

↓

産業社会で**本格的な女性化**が起きるのは次の3条件がそろった場合だけ……

↓

……**労働需要を**男性の労働力だけでは満たせない。

……より多くの女性が**教育を受け、育児の負担から解放されて**外で働ける。

……労働組合が女性の進出を支持するか、**弱体化して**「男の」職場を守れなくなる。

万国の労働者よ、さっさと消費に励め！

参照　カール・マルクス 28-31　■　ミシェル・フーコー 52-55　■　R・W・コンネル 88-89　■
　　　ローランド・ロバートソン 146-49　■　ロバート・ブラウナー 232-33　■　ジェフリー・ウィークス 324-25

この数十年で東南アジアでは女性の職場進出が大幅に進んだが、男の仕事・女の仕事という労働の区別はなくならず、その線引きが変わっただけだ。アメリカの女性社会学者テリ・リン・キャラウェイはインドネシアの工場を調査し、その結果を『女性組み立て工——世界の製造業の女性化』にまとめた。ミシェル・フーコーの議論を踏まえて、彼女は職場におけるジェンダーは流動的で常に変化していると論じ、女らしさ・男らしさに関する工場経営者の考え方にも左右されるとした。

キャラウェイによれば、主流の経済学理論は中産階級の男たちが構築したものであり、個々の労働者をもっぱら理性的・合理的な存在と見なし、ジェンダーは関係ないと考えているが、それは間違いだ。マルクス主義の議論も、階級対立に目を向けるばかりでジェンダーを軽視していると彼女は言う。

雇用主が女性を安い労働力と見なすから、結果として世界中で女性の労働者が増えたというのが一般的な理解だが、キャラウェイによれば、そうした議論は労働市場におけるジェンダーの影響を見逃している。実際には男と女に別々の労働形態を割り振ろうとする考え方や慣習（彼女の言う「ジェンダー化した言説」）が重要な役割を果たしているというのが彼女の主張だ。

女性化の3条件

キャラウェイによれば、工場労働の女性化が起きるには3つの条件が必要だ。まずは労働需要が供給を上回り、十分な数の男性労働者を確保できないので産業界が女性の労働力に目を向けること。第2は家族計画や中等教育が普及し、女性が外で働ける環境があること。そして最後に、男性労働者の既得権を守るために低賃金の女性労働者の採用に抵抗する労働組合などの障壁が除去または無効化されることだ。インドネシアでは、政府がイスラム教団体（基本的に女性の社会進出を嫌う）や労働組合の力を弱体化させたので、この3条件がそろったという。「男に高い賃金を払うのは男のほうが労働力として優れているからだ」とか「女の労働者は長い目で見ると（結婚や出産のため）あてにできない」とかの議論も、キャラウェイに言わせれば複雑な「ジェンダー化した費用対効果分析」の産物だ。■

インドネシアでは縫製工場などで働く女性労働者が男性と対等な賃金を得ているが、キャラウェイによると東アジアには格差が残っている。

グローバル化で破壊される女性の健康

経済のグローバル化と労働市場の新たな柔軟性がもたらす変化は女性にとっての追い風だと考えられている。テリ・リン・キャラウェイも、職場の女性化は「女性に対して雇用機会の扉を開く」と認めた。しかし喜んでばかりはいられない。キャラウェイやシルヴィア・ウォルビーらは、女性労働者は男性よりも健康を害しやすいと指摘している。また女性は男性に比べて家事の負担がずっと重いから、その上に外で働けばストレスがたまる。

ドイツの社会学者クリスタ・ヴィヒテリッヒは『グローバル化された女性』（1998）で、グローバル化は女性を解放するどころか、新たな下層階級を生み出していると論じた。彼女によれば、今や先進国でも途上国でも女性の暮らしが破壊されている。多国籍企業の言いなりになって低賃金で働かされているのに、福祉などの公的サービスは削減される一方だからだ。

雇用者が
職場の女性化を進めるのは、
女のほうが男より
生産的だと思う場合に限られる。

テリ・リン・キャラウェイ

この社会の
諸制度は
有益なのか
有害なのか

252 はじめに

カール・マルクスが『ヘーゲル法哲学批判序説』で、宗教は「**抑圧された人々の溜め息**」であり、人を惑わす「**麻薬**」だと述べた。

↑

1844年

マックス・ウェーバーが『プロテスタンティズムの倫理と資本主義の精神』で、**世俗化・合理化**のプロセスを詳述した。

↑

1904~05年

アントニオ・グラムシが「**ヘゲモニー**」の概念を用いて、いかに支配階級の見解が問答無用の「**常識**」として人々に押しつけられるかを説いた。

↑

1930年代

アーヴィング・ゴッフマンが『アサイラム』で、刑務所などの「**全制的施設**」は人々の**個性**や**アイデンティティ**まで変えてしまうと述べた。

↑

1961年

1897年

↓

エミール・デュルケームが『自殺論』で「**アノミー**」に起因する自殺に言及し、自殺という個人的行為を社会現象として説明した。

1911年

↓

ロベルト・ミヘルスが『現代民主主義における政党の社会学』で、官僚制の下で**民主的な政府はありえない**と指摘した。

1949年

↓

ロバート・K・マートンが『社会理論と社会構造』で、逸脱行動の背景には「**アノミー**」があると論じた。

1963年

↓

ハワード・S・ベッカーが『アウトサイダーズ』で、制度側がレッテルを貼れば**どんな行為も逸脱とみなされてしまう**と警告した。

何百年もの間、ヨーロッパでは教会と支配階級（王族と貴族）という2つの制度が社会を動かしてきた。変化が生じたのはルネサンスの時代で、人文主義と科学的な知見によって教会の権威は揺らぎ、共和制の思想が神の威光をまとった世襲的な絶対君主制を脅かすようになった。その後の啓蒙思想も教会と君主制に追い討ちをかけ、18世紀にはついに旧秩序が崩壊した。イギリスから産業革命が始まり、アメリカとフランスでは政治的な革命が起きた。

世俗主義と合理主義

こうして誕生した近代社会を形づくったのは、啓蒙主義の合理精神と産業界からの経済的な要請だった。地域社会（コミュニティ）の共有する価値観や信仰をベースとした社会秩序に代わって世俗的な制度が出現し、社会の統治は国民の代表（議会）に委ねられた。この世俗化と並行して合理化も進んだ。近代社会は物質的な価値を重視するからだ。そこでは工業化と資本主義化が進み、それに伴って巨大な管理機構が必要となり、上意下達の官僚制が企業内にも統治機関にも確立されていった。

近代社会の諸制度は、いずれも官僚制をベースにしている。金融機関や民間企業、政府の各省庁から病院、学校、メディア、警察、軍隊もそうだ。こうした制度は近代の社会構造で主要な位置を占めており、社会学はこうした制度が社会秩序の形成・維持に果たす役割に目を向けてきた。

しかし官僚制は効率を優先するから、どうしても縦の階層構造になりやすい。ドイツのロベルト・ミヘルスが指摘したように、結果として官僚制は少数のエリート集団が支配するところとなる。いわゆる「寡頭制」で、それは参加型の民主主義には程遠く、一般の人々は依然として「被支配」感を抱き続けることになった。

またミシェル・フーコーは、こうした諸制度が社会とそこに生きる人々の行動を規制し社会的規範を押しつけ、個人の自由を抑圧すると論じた。ドイツのユルゲン・ハーバーマスも制度的

この社会の諸制度は有益なのか有害なのか

ブライアン・ウィルソンが『世俗社会における宗教』で、今や宗教の**社会的役割は縮小している**と指摘した。

スタンリー・コーエンが『フォーク・デビルズとモラル・パニック』で、不良集団についての**メディアの偏った報道**が民衆の過剰反応を招くと論じた。

イヴァン・イリイチが『脱病院化社会』で、医療制度こそ**「健康の大敵」**だと論じた。

イギリスのポール・ウィリスが『ハマータウンの野郎ども』で、**公教育は階級差別を強化・再生産している**と批判した。

1966年 ↑　**1972年** ↑　**1975年** ↑　**1977年** ↑

──────────────────────────────

↓ **1970〜84年**　↓ **1973年**　↓ **1976年**　↓ **1988年**

ミシェル・フーコーが、国家権力はその政策を通じて国民と社会全体に**一定の規範を押しつけている**と論じた。

ユルゲン・ハーバーマスが『晩期資本主義における正統化の諸問題』で、人々の信任を失えば制度は**その力を行使できない**と述べた。

サミュエル・ボウルズらが『アメリカ資本主義と学校教育』で、学校では**「隠れたカリキュラム」**を使って生徒に特定の偏見を刷り込んでいると批判した。

ミシェル・マフェゾリが『小集団の時代』で、既存の制度に幻滅した人々は仲間うちで**独自の社会集団**を形成すると指摘した。

な強制・統制力を批判したが、そうした力を行使できるのは諸制度が人々の信任を得ている場合だけだとした。そして1980年代後半には、ミシェル・マフェゾリが現代におけるトライブ（部族、小集団）の復権を論じ、既存の制度に幻滅した人々は新たな社会集団を形成し、それぞれの制度を生み出していると指摘した。

宗教は人を惑わす「麻薬」だと断じたのはカール・マルクスだが、官僚制の定着に伴って宗教的制度の影響力は低下した。20世紀にはほとんどの国が（少なくとも名目上は）世俗国家となった。それでも、今なお世界の総人口の約75％は何らかの宗派・教団への帰属意識を抱いており、むしろ宗教の力が強まっている地域もある。

個人と社会

社会における諸制度の研究に加えて、20世紀後半の社会学は社会の成員に及ぼす諸制度の影響について、より解釈的なアプローチを試みるようになった。すでにマックス・ウェーバーは官僚制が人々を無力化し、合理主義の「鉄の檻（おり）」に閉じ込めていると批判していたが、1960年代にはアーヴィング・ゴッフマンが制度化の影響を論じ、制度に守られることに慣れた人々は制度なしで生きられなくなると指摘した。典型的なのは医療制度への依存で、この点についてはイヴァン・イリイチが詳述している。教育制度も同様で、人々の態度を規制し、社会秩序を維持する手段と化しているとの批判がある。

ちなみにエミール・デュルケームは早くも19世紀末に、社会規範への同調を求める制度と個人の軋轢（あつれき）に気づき、それをアノミー（個人の信念や欲望が社会の規範と合致しない状態）の概念で説明していた。後にはロバート・マートンが、いわゆる「逸脱行動」の背景にはアノミーがあると論じた。ハワード・S・ベッカーはさらに踏み込んで、制度側が「逸脱」のレッテルを貼ればいかなる行動も逸脱とみなされてしまうと主張。なおスタンリー・コーエンによれば、マスメディアも同様のレッテル貼りに加担している。■

宗教は
抑圧された人々の
深い溜め息だ
カール・マルクス(1818年〜1883年)

カール・マルクス

背景知識

テーマ
宗教

歴史に学ぶ

1807年 ドイツの哲学者ゲオルク・ヘーゲルが主著『精神現象学』で「疎外」の概念を提唱した。

1841年 ヘーゲルの流れを汲む哲学者ルートヴィヒ・フォイエルバッハが『キリスト教の本質』で、疎外の概念を用いてキリスト教を唯物論的に批判した。

1966年 ブライアン・ウィルソンが『世俗社会における宗教』で、すでに宗教の権威は失われたと指摘した。

2010年 ユルゲン・ハーバーマスが『脱世俗時代における信仰と理性』で、なぜ今も宗教が影響力を維持しているのかを考察した。

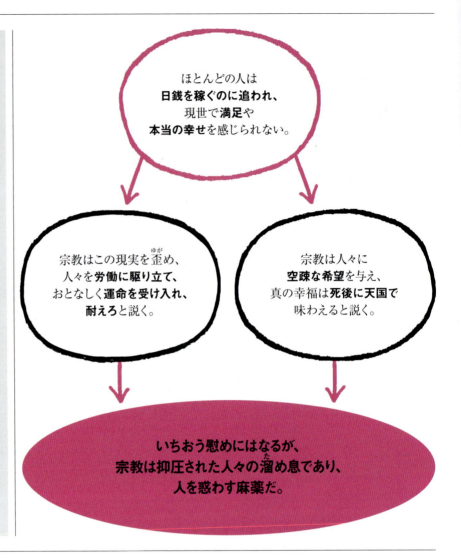

ドイツの哲学者ゲオルク・ヘーゲルによれば、真の自由を得るには何らかの倫理的制度への加入が不可欠であり、そうしてこそ「人は理性的存在となりうる」のだった。ヘーゲルはまた、キリスト教こそ近代社会に最も適合した宗教である、なぜなら理性と真実に忠実であれという時代精神を反映しているからだと信じていた。しかし何事も矛盾を胎んでいる（ヘーゲル弁証法によれば、正あるところには必ず反があり、その矛盾を止揚＝アウフヘーベンすることで次の段階に進める）ので、人がよかれと思って作りあげた社会制度（教会組織）が、いつしか人を支配し隷属させる仕組みとなる。そのとき理性的な存在は「疎外」感（裏切られた、排除されたなどの感覚）を抱く。

この疎外の概念を用いて宗教を批判したのがヘーゲルの弟子ルートヴィヒ・フォイエルバッハだ。人は人格を備えた神（人格神）を信じ、その人格ゆえに神を崇拝している。つまり人は自らを崇拝しているに等しいのだが、それに気づかず、自らの潜在能力を発揮できずにいる。言い換えれば、神は疎外された人間の意識の反映にすぎない。フォイエルバッハはそう論じた。カール・マルクスの同志フリードリッヒ・エンゲルスは、1840年代の二人がフォイエルバッハの『キリスト教の本質』に強い影響を受けたと認めている。

この社会の諸制度は有益なのか有害なのか

参照　オーギュスト・コント 22-25 ■ カール・マルクス 28-31 ■ フリードリッヒ・エンゲルス 66-67 ■ シルヴィア・ウォルビー 96-99 ■ マックス・ウェーバー 220-23 ■ ブライアン・ウィルソン 278-79 ■ ユルゲン・ハーバーマス 286-87

> 宗教は、たまたま地位にある人たちが権威をまとうために利用される。
> クリストファー・ヒッチェンズ
> （1949～2011）

人が宗教をつくった

マルクスの父はユダヤ教徒だったが、仕事の都合でキリスト教に改宗した。それでも息子には、宗教は大切だと説いたという。しかし息子は若いころから、宗教が社会秩序の維持に必要だという考えに反発していた。そして次第に、世俗化（宗教の社会的影響力の低減）が進めば人は信仰に名を借りた社会的抑圧から解放されると考えるようになった。そうした考えの概要は1884年の『ヘーゲル法哲学批判序説』に述べられている。

疎外の概念を発展させたマルクスは、ついに「人が宗教をつくるのであり、宗教が人をつくるのではない」と宣言した。人は自らが神を発明したことを忘れ、その間に神は一人歩きして人を支配するようになった。しかし、人が創造したものは人が破壊できる。そして革命的な労働者階級は資本主義のイデオロギーと諸制度が自らを奴隷化していることに気づき、その気になれば打倒できることにも気づく。ただし、そうなるまでの間、宗教は搾取と疎外に起因する病の兆候として存続し、哀れな患者（労働者）に偽りの慰めを与え続ける。マルクスはそう考えた。

信仰は理性の幼稚な段階であると断じたフランスの哲学者オーギュスト・コント同様、マルクスも科学の進歩に伴って社会は次第に世俗化するものと考えていた。しかし彼にとっては、宗教が社会的制度と化している点が問題だった。目標は労働者階級を資本主義の抑圧から解放することにあった。しかし当時は支配階級の理念が労働者に押しつけられており、マルクスによれば、それを社会に広めるためのツールが教会だった。

教会と国家

18世紀のイギリスにも、イギリス国教会は「宗教の顔をした政党」だと揶揄する知識人がいた。そして19世紀のマルクスにとっては、資本主義を利するいかなる制度（宗教を含む）も打倒すべき対象であり、その後には社会主義・共産主義にもとづく人間的な社会が到来するはずだった。

マルクスによれば、宗教は社会の現状を「諦めて受け入れさせ、正当化する」装置だった。支配階級の権威は超自然的な権威によって授けられたものであり、労働者が底辺にいるのは当然だと、教会は説いていた。そうした不平等が前提とされる社会では不

カトリック教会の貯め込む富はたびたび批判の的になってきた。マルクスに言わせれば、宗教は資本家の利益に奉仕するものであり、彼らが労働者階級を支配し抑圧するための道具だった。

カール・マルクス

マルクスによれば、宗教は支配階級が現世で権力を維持するための仕組みで、労働者には来世での救済を約束する。いま苦難に耐えれば死後に報われるという説教に、貧者は慰めを見いだす。おかげで社会の変化は避けられる。宗教が社会を安定させ、現状を維持するからだ。

死後の世界（天国）

地上の現世（現実）

置にすぎないのではないか。

宗教とラディカリズム

しかし初期のキリスト教が弾圧に抗して勢力を拡大し、惨めで希望のない人たちを支えてきたのは事実。マルクスはそれを踏まえて、宗教上の苦難は「真の苦難の表現であり、真の苦難への抵抗でもある」とし、宗教は抑圧された人々の深い「溜め息」だと論じた。つまり宗教にはラディカルで革命的な面もある。現に17世紀のイギリスではピューリタンが国王を処刑し、共和制を樹立している。しかしマルクスによれば、宗教は本物の幸せを求める人々に偽りの幸せをもたらすのみだ。だが日常の錯覚を捨て去るには、そんな錯覚を生む日常を切り捨てる必要がある。「ひとたび宗教的な自己疎外を暴いたなら、次は非宗教的な自己疎外を暴くこと」、それが歴史家や哲学者の仕事だとマルクスは述べた。

マルクス同様、マックス・ウェーバー

公正がまかり通る。だからマルクスは宣言した。「宗教に対する闘争は、宗教のスピリチュアルな香りをまとった世界との間接的な闘いでもある」と。ちなみにイギリスの社会学者ブライアン・ウィルソンも1960年代に、宗教の役割は次代の若者たちを教化して彼らの運命を受け入れさせることにあると論じていた。

マルクスは人々を幻惑する宗教の本質を暴き、それが支配階級のイデオロギーを広めるツールとなっていると批判した。死後の平安を約束し、現世で貧しく抑圧された人々を慰めるのが宗教であり、それは人を惑わせる「麻薬」だとマルクスは述べた。後にロシア革命を主導したウラジーミル・イリイチ・レーニンも、宗教は「精神に効く強い酒」だと言っている。つまり、宗教は労働者に辛い日々を忘れさせ、天国では楽をできると約束して現世の苦難を甘受させる。そうであれば、宗教は貧しい人たちに現状を肯定させ、支配階級に都合の悪い変化を阻む装

フェミニズムと宗教

19世紀のアメリカ人エリザベス・ケイディ・スタントンは『女のバイブル』で、神の言葉（聖書）は男の言葉であり、女を服従させるために使われてきたと批判した。フェミニズムの宗教論では、たいていこうした性差別が問題とされる。一般に男よりも女のほうが宗教上の義務を忠実に守っているのに、なぜか女は差別され、周縁化され、権利は少ないのに罰は重い。

エジプトのナワル・エル・サーダウィは、宗教自体が悪いのではなく、今の家父長制的な社会が宗教を変質させ、女性の抑圧に利用しているのだと論じた。またイギリスの社会学者リンダ・ウッドヘッドは、イスラム教徒の女性はその信仰と服装を自分たちの解放の象徴として用いていると指摘している。

女性の地位を向上させた宗教もある。たとえばイギリス国教会は1992年に女性司祭の容認を決め、現在では聖職者の5人に1人が女性となっている。

もプロテスタントの思想が資本主義の定着に大きな役割を果たしたと考えた。それは16世紀の商人や後の工場経営者の現世的ニーズに応えるものだったからだ。勤労は報われるというのが彼らの信念で、とくにカルヴァン派は物質的な成功を神の恵みと考えた。

マルクスにとって、宗教改革は昔のドイツで一人の聖職者（マルティン・ルター）の頭に宿った革命だった。マルクスによれば、ルターは「信仰の束縛を解き、代わりに自覚の束縛を据えた」のであり、聖職者を平民に貶めた代わりに平民を聖職者に仕立て上げた。プロテスタントの思想は「他者としての聖職者」との闘いを終わらせたが、代わりに人は「内なる聖職者」と闘わねばならなくなった。

一方で19世紀社会の現状は真の人間的解放を妨げていた。地主と資本家は地上で富を蓄積していたが、低賃金の長時間労働に耐える庶民は天国でしか報われず、現世では耐えることが美徳とされた。マルクスは当時の教会が地主や雇用主として機能している点にも気づき、やはり教会は支配階級のイデオロギー的ツールだと批判した。

信仰なき労働者

当時のイギリスでは労働者の教会

クエーカーなどのプロテスタント諸派は当初、宗教的・政治的な保守派（体制派）への脅威とみなされた。国策としての戦争や奴隷制に反対し、イギリス国教会への忠誠を拒んだからだ。

> 現代宗教の根っこには労働者階級への抑圧が埋め込まれている。
> **ウラジーミル・イリイチ・レーニン**
> （1870～1924）

離れが懸念されていた。キリスト教の新興諸派に流れ、あるいは人民憲章派などの政治運動に参加する人が増えていたからだ。そこで政府は1851年に信仰に関する全国調査を実施した。すると宗教に無関心な労働者が増えただけでなく、イギリス国教会と新興の庶民的教団（クエーカーなど）の分断も進んでいることが分かった。

とりわけ人気だったのはメソジスト派で、貧者救済に力を入れたため、工場地帯の労働者を多く獲得していた。労働者の不信心と不摂生（とりわけ酒浸り）に手を焼いた工場主が加入する例もあり、メソジスト派の集会や礼拝、聖書教室への参加を労働者に強いることもあった。そうやって労働者を「教育」すれば真面目に働くようになる、信仰を持たせれば革命運動などに関わらない従順な労働者になると期待したからだ。まさにマルクスの言うとおり、宗教が労働者支配のツールとして使われていたことになる。

しかしマルクス自身は16世紀の宗教改革に触れて、宗教がラディカルな社会的運動につながる可能性を認めていた。現に17世紀後半にイギリス国教会を離脱したプロテスタント諸派も長年にわたり、イギリス社会の改革に大きな役割を果たしたものだ。

21世紀になっても宗教は過去の遺物と化していない。ユルゲン・ハーバーマスは2010年に、宗教団体は今も世界各地で重要な役割を果たしていると指摘している。■

少数者による鉄壁の支配
ロベルト・ミヘルス（1876年〜1936年）

官僚制は自由な個人の敵だ。20世紀の初頭にロベルト・ミヘルスはそう論じ、官僚制と寡頭政治（少数者による支配）の一体性を指摘した。ミヘルスは政党や労働組合の分析を通じて、民主的な組織も巨大化・複雑化すれば官僚的にならざるをえないと見抜いた。それは指導部が明確な指揮命令系統を通じて底辺の大衆を統制するピラミッド型の組織構造であり、上に立つごく少数の人に権力が集中する。

官僚制は効率を改善するというマックス・ウェーバーの主張を受け入れつつも、そうすると権力が一部の人に集中して民主主義が脅かされる、とミヘルスは考えた。大衆の利益よりも一部エリート層の利益が優先され、民主主義の理想は口先だけになってしまう。

政党や政府のような組織では、権力の座を守る上で官僚制が大きな役割を果たす。幾重にも重なった投票制度や難解な用語、専門分化した部局や委員会に守られて、指導部は文字どおり雲の上の存在となり、自らの下した決定の責任を問われることもない。こうして官僚機構に守られた少数の支配者たちは安泰となり、一般大衆は自らが投票で選んだ指導者をコントロールできなくなる。■

組織あるところに
必ず寡頭制あり。
ロベルト・ミヘルス
（1876〜1936）

背景知識

テーマ
少数者による支配（寡頭制）

歴史に学ぶ

1904〜05年 マックス・ウェーバーが『プロテスタンティズムの倫理と資本主義の精神』で、官僚制に由来する合理主義こそ近代社会の特徴だと論じた。

1911年 ロベルト・ミヘルスが『現代民主主義における政党の社会学』で、官僚制の下で民主的政府はありえないと指摘した。

1916年 イタリアの社会学者ヴィルフレド・パレートが、民主主義は幻想であり、政界のエリートは自己利益しか考えないと主張した。

2009年 米軍のイラク侵攻（2003年）に同盟国として参戦を決めたイギリス政府の判断の是非を問う調査が始まったが、結局、当時の首相を含む政府高官は訴追されなかった。権力構造は上に行くほど守りが堅いのである。

参照 カール・マルクス 28-31 ■ マックス・ウェーバー 38-45 ■ フリードリッヒ・エンゲルス 66-67 ■ ミシェル・フーコー 270-77 ■ ユルゲン・ハーバーマス 286-87

この社会の諸制度は有益なのか有害なのか

健康な人が病院で出産する理由はなく、病院で死ぬ必要もない
イヴァン・イリイチ（1926年〜2002年）

背景知識

テーマ
イアトロジェネシス

歴史に学ぶ

紀元前460〜370年頃　古代ギリシャの医者ヒポクラテスは「医者が患者を傷つけてはならない」と考え、イアトロジェネシスは罰せられるとした。

1847年　ハンガリーの医師イグナーツ・ゼンメルワイスが執刀医に、感染症を防ぐため手術前には手を洗おうと呼びかけた。

1975年　イヴァン・イリイチが脱病院化社会　で、医療制度こそ健康の大敵だと論じた。

2002年　医療社会学者のデヴィッド・クラークが、末期癌の患者は強い化学療法で体をボロボロにされている、延命治療は偽りの希望を与えるだけだと述べた。

病院通いのもたらすリスクはよく知られている。妊娠中に何度もX線検査を受ければ胎児に悪影響がありそうだし、どんな処方薬にも必ず副作用がある。こうした医療行為に起因する弊害をギリシャ語で「イアトロジェネシス」と呼ぶ。いわゆる医原病だ。オーストリア出身の思想家イヴァン・イリイチによれば、今や医療機関は人命への深刻な脅威となっている。資本主義社会における医療は自己利益を追求する制度と化し、病を治すことより人を病気にすることに熱心だ。

イリイチによれば、現代のイアトロジェネシスには3つのタイプがある。まず臨床的イアトロジェネシスは、医者が手を出さなければ避けられたはずの問題（抗生物質の使いすぎによる耐性菌の出現など）を指す。社会的イアトロジェネシスは、現代人の暮らしの過剰な医療化を指す。ちょっとしたこ

病院での出産は、百年前には珍しかったが、今や当然のこととされる。イリイチの言う「社会的イアトロジェネシス」の典型的な例だ。

と（出産など）にも医療的介入が必要とされ、病気でもない状態（気分の落ち込み、肥満など）に余計な薬が処方され、高額な治療が施され、結果として製薬会社などが潤う。もっと深刻なのが文化的イアトロジェネシスで、重い病気や痛み、あるいは死と向き合う際の伝統的な態度や方法が否定・破壊されることを指す。そのせいで私たちは、ますます死や病の現実を受け入れにくくなる。■

参照　ジョージ・リッツァ 120-23 ■ ロバート・D・パットナム 124-24 ■ ウルリッヒ・ベック 156-61 ■ アーヴィング・ゴッフマン 264-69 ■ ミシェル・フーコー 270-77, 302-03

社会の圧力や期待に対する自分なりの答えとして人は犯罪に走る
ロバート・K・マートン（1910年〜2003年）

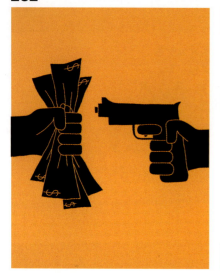

背景知識

テーマ
アノミーまたは緊張理論

歴史に学ぶ
1897年　エミール・デュルケームが『自殺論』で「アノミー」の概念を提唱し、自殺に関わる社会的要因を指摘した。

1955年　タルコット・パーソンズの弟子で犯罪学者のアルバート・コーエンが、下層階級の少年が差別に直面すると欲求不満（緊張）が生じて非行に走り、それが仲間たちの目には「格好いい」と映ると指摘した。

1983年　イギリスの犯罪学者スティーブン・ボックスが、アルバート・コーエンらによる非行の解釈では権力者の犯罪を説明できないと反論した。

1992年　アメリカの社会学者ロバート・アグニューが、アノミーや緊張理論の有効性を認めつつも、それを階級と結びつけるのは間違いだと論じた。

社会はその構成員に、**明確な人生の目標**を示す。

↓

しかし誰もが目標達成の**手段**を手に入れられるわけでない。

↓

同調圧力と周囲の期待が重荷になると**逸脱行動**に走りやすい。

↓

社会の圧力や期待に対する自分なりの答えとして、人は犯罪に走る。

逸脱行動はどこにでもある普通の、機能的な行動だ。エミール・デュルケームはそう論じた。人が（たとえば社会の激動期などに）社会への帰属意識を失い、その規範や規則に違和感を抱けば、逸脱や自殺に走りやすくなるのは当然のこと。そうした状態をデュルケームは「アノミー」（ギリシャ語で「無秩序」の意）と呼んだ。アメリカの社会学・犯罪学者ロバート・K・マートンは1938年の論文「社会構造とアノミー」でデュルケームの考え方を採り入れ、それを20世紀のアメリカに当てはめ、逸脱行動は社会的緊張の産物だと論じた。

アメリカンドリーム

アメリカにおける個人的な「成功」の理念や願望は「アメリカンドリーム」の語に集約され、そこでは金銭的な富と住宅・自家用車の所有が重視されるのだが、マートンによれば、この成功願望は社会的な産物であり、誰もが実現できるわけではない。社会的な階級

この社会の諸制度は有益なのか有害なのか　263

参照　リチャード・セネット 84-87 ■ ロバート・D・パットナム 124-25 ■ マックス・ウェーバー 220-23 ■ ハワード・S・ベッカー 280-85 ■ タルコット・パーソンズ 300

車を買って家を買い、お金を貯めて楽しく暮らす。それがアメリカンドリームだったが、貧しくて職もない人にとっては夢のまた夢だった。

など、まっとうな方法では越えられない壁があるからだ。そして周囲の期待と、それに応える個人の能力や意思の間に緊張や差異が生じると逸脱（この概念自体が社会的なものである点に注意）が起きやすい。マートンによれば、この「緊張理論」で失業率と犯罪率の直接的な相関関係も説明できる。職がなければ金がなく、合法的手段では車も家も買えない。しかし同調圧力（周囲の期待）があるので、人は非合法な手段（窃盗など）で車などを手に入れようとするわけだ。

反抗か同調か

さらにマートンは、当該社会の文化的目標（アメリカンドリームなど）と合法的な達成手段に対する態度によって、社会の構成員を5つのタイプに分類した。まず「同調型」の人は目標も合法的手段も受け入れ、学校を出て真面目に働き、目標到達を目指す。次に「儀礼型」は文化的目標の達成意欲を欠くが、そのための合法的手段は受け入れる。だから真面目に働き、社会的な義務も果たすが、出世して「成功」しようとは思わない。

第3の「革新型」（しばしば犯罪者と重なる）は文化的目標を共有するが、その達成のために非合法的ないし非伝統的な手段を用いがちだ。「逃避型」は社会の落伍者で、文化的目標にも合法的手段にも背を向ける。最後の「反抗型」は逃避型に似ているが、独自の目標を掲げ、独自の手段でそれを実現しようとする。彼らはカウンターカルチャーの旗手であり、時にはテロリストや革命家であったりもし、結果として社会の変化を促すこともある。

しかしマートンの緊張理論に対しては、個人の逸脱行動のみに注目して犯罪組織における集団心理を無視しているなどの批判がある。■

ロバート・K・マートン

1910年、米ペンシルベニア州フィラデルフィアの生まれ。両親はロシア系ユダヤ人の貧しい移民だった。本名はメイヤー・R・シュコルニックだったが、14歳で手品師としてステージに立つにあたり、名乗った芸名が「ロバート・マーリン」。その後、奨学金を得てテンプル大学に進むにあたり「ロバート・K・マートン」に改名した。

マートンは「自己成就的予言」「役割モデル」などの用語を提唱したことでも知られ、マーケティングに応用されているフォーカス・グループの手法を開発した人物の一人とされる。1957年にはアメリカ社会学会の会長に選ばれている。

主な著作

1938年　「社会構造とアノミー」
1949年　『社会理論と社会構造』
1965年　『巨人の肩の上で』

反社会的行動は、
文化的目標の合法的追求に必要な
正当な機会への
アクセス格差によって誘発される。
ロバート・K・マートン

「全制的施設」は
その入所者から
彼らの援助システムも
アイデンティティも奪う
アーヴィング・ゴッフマン（1922年〜1982年）

アーヴィング・ゴッフマン

背景知識

テーマ
収容施設

歴史に学ぶ

1871年 イギリスの精神科医ヘンリー・モーズレイが、精神病院は入所者（患者）の自己意識に悪影響を与えると主張した。

1972年 スタンリー・コーエンとローリー・テイラーがイギリスのダラムにある男子刑務所で実施した調査研究で、囚人たちは生き残るために振る舞いやアイデンティティまで変えていると指摘した。

1975年 ミシェル・フーコーが『監獄の誕生』で、刑務所や収容所がいかにして秩序を維持し、囚人たちを同調させているかを考察した。

1977年 アメリカの社会学者アンドリュー・T・スカルが『脱監禁』で、精神病者や囚人の収容施設の減少傾向が続けば十分なケアができなくなると警告した。

煩雑な官僚的手続きに付き合わされるのは億劫でフラストレーションもたまるが、たいていの人には逃げ場があり、自宅や週末の休暇で一息つける。しかし、そんな自由がない人もいる。刑務所や収容所に押し込まれ、日がな監視されている人たちだ。

アメリカの社会学者アーヴィング・ゴッフマンは、規則や規制による縛りから絶対に逃げられない人たちがどう状況に対処するかに興味を抱き、恒久的かつ遍在的な官僚制の下での生活に「自己」がどう適応するかを調べ、1961年刊の『アサイラム──施設被収容者の日常世界』にまとめた。ゴッフマンによれば、精神病院（アサイラム）に収容された患者にとって最も重要なのは、自分の病ではなく施設（病院）そのものであり、そうした患者たちの反応や適応の仕方は刑務所などの入所者にも見いだされる。

> こうした施設は私たちの社会に生きる人々を強制的に変えてしまう。そこで行われているのは、人をどこまで変えられるかの荒っぽい生体実験だ。
> アーヴィング・ゴッフマン

全制的施設

外界から（しばしば壁や塀によって物理的にも）隔離された施設を、ゴッフマンは「全制的施設（全面的収容施設）」と呼ぶ。刑務所や強制収容所、昔の精神病院に加えて、寄宿制の学校や修道院なども全制的施設と言える。

こうした施設の入所者は物理的に外界から隔てられるだけでなく、し

- 全制的施設の目標は、収容された**諸個人の生活**に全面的な**影響を及ぼす**ことにある。
  → 昨日までのアイデンティティや**自己意識**は**徹底的に破壊**され……
  → ……その施設の掲げる目標に沿った**適応・修正を強いられる**。
  → 「全制的施設」はその入所者から、**彼らの援助システムもアイデンティティも奪う**。

この社会の諸制度は有益なのか有害なのか

参照 エミール・デュルケーム 34-37 ■ ミシェル・フーコー 55-55, 270-77 ■ G・H・ミード 176-77 ■ イヴァン・イリイチ 261 ■ ハワード・S・ベッカー 280-85

ばしば何日も（時には強制的に）隔離される。それはきわめて特異な環境だから、施設側も特殊な運営方法を考え出す。ゴッフマンによれば、施設側は比較的少数のスタッフで相当数の入所者を管理しなければならないから、彼らを従わせるために監視の技術を発達させる。これはミシェル・フーコーも『監獄の誕生——監視と処罰』で指摘したところだが、ゴッフマンによれば、実は入所者側も、全制的施設で生き残るために自分たちの生き方を修正している。

機能主義の理論によれば、社会は社会的合意（目的意識の共有）によって成り立つ。全制的施設にも一定の目標があり、施設内のすべては目標達成のためにある。だが1955年から56年までアメリカの精神病院で働いたことのあるゴッフマンによれば、実は表向きの目標の他に隠された目標や慣行が

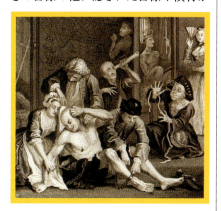

ベスレム王立病院は1247年に開設されたロンドンの精神病院で、かつては劣悪な環境で知られていた。今は近代的な施設に生まれ変わり、博物館も併設されている。

あり、それが施設の運営に重要な役割を果たしている。ゴッフマンはそれを公的施設の「裏生活（アンダーライフ）」と呼び、患者たちの観察を通じて「裏生活」の実態を理解しようと努めた。

ゴッフマンは自身の観察に加え、体験者による自伝や小説も参照した上で、入所者のアイデンティティは他者との相互作用を通じて形成・修正されていくと論じた。そして施設側は目標達成のために、必要とあらば表向きのルールなどを無視して行動すると指摘した。ゴッフマンによれば、入所者がそれまで保持していたアイデンティティや社会的関係は破棄され、代わりに施設での生活に適応できるような新しいアイデンティティが形成される。

「自己」の解体

このプロセスは古い「自己」の解体

アルカトラズ刑務所はアメリカ西海岸のサンフランシスコ湾に浮かぶ監獄島。ミシェル・フーコーは監獄に自由はないと説いたが、ゴッフマンによれば囚人たちは必要に応じて巧みに順応していく。

から始まる。まず患者は強制され、あるいは家族や医師の口車に乗って入所してくる。そして今までは自分を守っていてくれた人が、今度は自分の権利を奪い去ることに気づく。こうして患者は自立性を失い、屈辱を感じ、自分の行動や正気を疑われ、従来のアイデンティティを維持できなくなる。

自己の解体は入所の瞬間から始まる。顔写真を撮られ、私物を没収され、指紋を採られ、服を脱がされる——これで「今までの自己」は粉々になる。ゴッフマンによれば、「自己」の感覚には自分の外見や所持品、服装なども含まれる。それを否定・剥奪されたら、

アーヴィング・ゴッフマン

「**自己の壊死**」は、個人から自己の感覚を奪い去る制度的なプロセスを指す。そこでは個人のアイデンティティが組織のアイデンティティ（患者、囚人など）に置き換えられる。「今までの私」には固有の名前があり、所持品や服もあったが、施設に入った途端に番号で呼ばれ、髪を切られ、制服を着せられ、手錠や拘束着で自由を奪われ、規則で行動を縛られる。時には薬も使われ、やがて「新しい私」ができあがる。

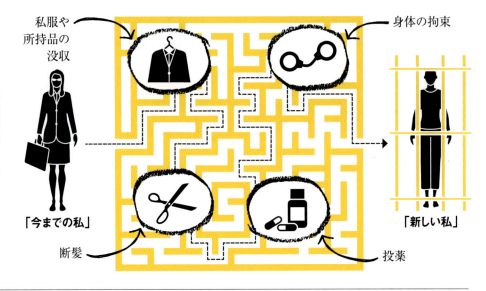

もう今までの自分ではない。この喪失感は入所した瞬間から、トイレに行くにも許可が必要といった不可解なルールによって増幅されていく。これがゴッフマンの言う「自己の壊死(*ええし*)」を招くプロセスだ。

こうした状況に対処する通常の手段（批判や抵抗）は、全制的施設では許されず、必ず罰せられる。入所者は施設側の言いなりにならざるをえず、結果として施設側は所与の機能を維持できる。調理場などで真面目に働けば一定の特権（自由）を認めるというシステムの下で、入所者はそれに従うことが自分のためになると思い、そのように行動する。こうして入所者をシステムに同調させる仕組みができあがる。

施設側の思惑どおりに行けば「転向」や「植民地化」が起きる。精神病院の場合なら、入所者が自分の立ち位置を受け入れ、自ら「模範的な患者」になろうとするのが「転向」だ。一方で入所者が施設側の体制に完全に呑み込まれ、外の世界より施設内のほうが好ましいと感じ、もう外の世界では暮らせないと思い込むと「植民地化」が完成する。

ささやかな自己救済

次なる段階では、入所者が少しでも自分らしさを取り戻そうとする。全制的施設は入所者の行動をすべて標準化しようとするが、入所者側もなんとか抜け道を見つけ出す。ゴッフマンによれば、この第2の適応プロセスを通じて人はささやかながらも自己を取り戻す。組織からは逃れられないが、その規則や規制の及ばない空間を見つけ、そこで自分らしさを発揮する。

この第2次適応で施設内の「裏生活」が生まれ、入所者は従順に日々を過ごしつつ、一定の自立性と個性を維持する。典型的なのは、施設側の人間と「うまくやる」一方で、あからさまな規則違反にならない範囲で施設側をだまし、鬱憤を晴らすこと。ゴッフマンによれば、入所者は施設内で調理場や作業場、医務室といったグレーゾーンを見つけ、そこで存分に自主性を発揮する。たとえばタバコを通貨代わりに用いて欲しいものを手に入れる、仲間内でしか通じない隠語を使って会話する、などだ。反抗精神が残っ

たいていの全制的施設は入居者の一時保管所としてのみ機能しているようだが表向きは合理的な組織のような顔をしている。

アーヴィング・ゴッフマン

ている証として、トイレに行く許可を願い出る代わりに暖房用ラジエーターに放尿する者もいる（すぐ蒸発してしまうから証拠は残らない）。そして施設側も、この程度の行為にはたいてい目をつぶる。それで入所者の気が済めば、あとは従順に規則を守ると知っているからだ。

もちろん、誰もがうまく施設での暮らしに順応できるわけではない。ゴッフマンはこの点について詳述していないが、中には抵抗・反抗の精神を持ち続ける者もいて、下水を詰まらせたり、仲間に呼びかけて食事のボイコットや暴動を起こしたりする。「事故」に見せかけて施設スタッフを襲う者もいる。

ご都合主義の施設

こうしたことをゴッフマンは淡々と記しているのだが、患者側に肩入れしすぎだという批判があるのは事実だ。またアメリカの社会学者ジョン・アーウィンなどは、やや焦点を絞りすぎて入所中の患者しか観察していない点を問題視している。

それでも「全制的施設」が入所者の利益を最優先するどころか、彼らを非人間化していると指摘した意義は大きく、ゴッフマンの研究はその後の精神科治療のあり方を変えるきっかけになったと評価されている。ゴッフマンによれば、全制的施設は自己正当化の組織であり、勝手に目標を設定し、そのための行為を正当化し、目標達成のためと称して手段までも正当化している。

ゴッフマンの仕事はアイデンティティの社会学としても重要だ。名前や所持品、服などもアイデンティティ形成に関わる重要なシンボルであることに気づき、公的に押しつけられた「自己」の定義（患者、囚人など）と個人の求めるそれのギャップを明らかにした。

1960年代以降、先進諸国では精神病者の隔離施設の多くが閉鎖され、脱制度化の流れで地域社会や在宅での

映画『カッコーの巣の上で』(1975)は精神病院を舞台に、理不尽な扱いに抵抗する患者たちと、それを押しつぶす施設側の対立を描いた。

ケアが重視されるようになった。しかし、それでもゴッフマンの研究は古くなっていない。今でも相当数の人々が刑務所などの施設に収容されているし、高齢化の進展に伴って老人ホームなどの介護施設に入らざるをえない人も増えている。そうした施設も「全制的施設」にありがちな問題を抱えているかもしれない。■

アメリカの拘置所は、起訴前あるいは判決前の被疑者を収容する施設だが、一般市民を囚人扱いしているとの批判がある。

獄中生活の体験

ジョン・キース・アーウィンはゴッフマンとは違う形で「全制的施設」を体験した。1952年から5年間、強盗の罪で服役したのだ。彼は獄中で猛勉強し、後に社会学の博士号を取得してアメリカにおける刑務所制度などの専門家となった。

自らの体験と囚人たちからの聞き取りをもとに、アーウィンは1985年に『拘置所——アメリカ社会の最下層階級の管理』を著し、献辞にゴッフマンの名を記した。同書によれば、起訴前あるいは判決前の被疑者を収容する拘置所は人を退化させ非人間化する場所だ。反抗的な人を抑制するよりも、むしろ一般人に特定の振る舞いを押しつけている。

アーウィンによれば、拘置所は「最下層階級」の人間や、中産階級の価値観にとって脅威となる「暴徒」を管理する施設だ。実際、拘置所は窃盗や麻薬の常習者、性的非同調者を一時的に放り込み、彼らに落伍者の自覚を持たせる場所と考えられている。

政府の役目は
物事を正しく
配置することだ
ミシェル・フーコー（1926年〜1984年）

ミシェル・フーコー

背景知識

テーマ
統治性（ガバメンタリティ）

歴史に学ぶ

1513年 イタリアのニッコロ・マキャベリが『君主論』を著し、権力者に権力維持の心得を説いた。

1567年 フランスのギヨーム・ド・ラ・ペリエールが『政治の鏡』で、「統治者」の語はさまざまな人や集団に適用できるとした。

1979年 ミシェル・フーコーが「統治性について」と題する論考を発表した。

1996年 イギリスのニコラス・ローズが、刑務所や学校のようなシステムがいかに国民の行動を縛っているかを検証した。

2002年 ドイツのトマス・レムケがフーコーの「統治性」の概念を現代の「新自由主義」社会に適用した。

中世のヨーロッパでは、誰にも2人の「**支配者**」がいた……

→ ……**君主**は神権により君臨し、**領地の安全と平穏**を維持していた。

→ ……**教会**は**人々の心を「統治」**していた。

↓

こうした役割はやがて**世俗の統治機関**（政府）に統合され、それが土地（領地から「国土」に格上げされていた）と人々の両方を守った。

↓

政府には**物事をうまく合理的な方法で管理する技術**（統治性）が求められるようになった。

↓

政府の役目は国民の幸せを最大化すること、そのために物事を正しく配置しておくことだ。

政府とは何か。それはどこで、どう必要になるのか。そして人々を統治する権利は誰にあるのか。フランスの思想家ミシェル・フーコーは権力についての考察を深めるなかで、16〜20世紀の西欧社会における政府のあり方とその正統性に関心を向けた。

権威あるコレージュ・ド・フランスの教授として、フーコーは1970年代を通じて一連の連続講義を行い、パリの知識人の間で人気を集めていた。そのうちの1つがまとめられ、1979年に雑誌に発表された。フーコーは「統治性について」と題するこの論考で、権力の形成を理解するには統治に使われるテクニックや合理性（理性）に目を向ける必要があると説いた。ただし、この合理性は（今までの哲学者が想定していたような）純粋理性で到達可能な絶対的なものではなく、権力形成の時と場所によって変わるものだ。ある時と場合に「合理的」であるものも、別の状況では非合理とされうる。この概念を、フーコーは「ガバナー（統治者）」と「メンタリティ（精神性）」を合わせた「ガバメンタリティ（統治性）」という語で表現した。つまり問題は、統治者＝政府が自らとその役割（その「合理性」）をどう理解しているかだった。

フーコーは哲学的な分析において「主体の系譜学」を重視した。つまり

この社会の諸制度は有益なのか有害なのか

参照 ミシェル・フーコー 52-55, 302-03 ■ デヴィッド・マックローン 163 ■ ノルベルト・エリアス 180-81 ■ マックス・ウェーバー 220-23 ■ ロバート・ミヘルス 260

普遍的かつ不変な解を求めるのではなく、いかに歴史を通じて主体が形成され、それがどう今に反映されているかに目を向けた。

フーコーは統治性に関する一連の講義で、自律的な個人という近代的概念が国民国家の概念と歩調を合わせて発展してきたことを検証した。問題は、この2つの概念がいかにして相互に作用し合い、時代の要請に合わせて変化してきたかだった。

中世における統治

フーコーは統治の方法が時代と場所によってどう変わってきたかを検討した。まず中世（およそ西暦500～1500年）のヨーロッパには、私たちの知るような国民国家は存在せず、統治性もなかった。人々が暮らしていたのは「正義の国」で、そこにはおおまかな決まり（違反した人は閉じ込める、など）があって、それで人々をまとめていた。それは封建制の時代であり、君主（地上における神の代理人とされていた）の下には多くの領主がいて、それぞれの領地の民を支配していた。1人の王様に忠誠を誓う領主たちのネットワークで、広い土地（国土）の秩序が維持されていた。

領主は軍役を提供して君主を支え、それで自らの地位と居城、領地の権利を買うのだが、やがてその特権は世襲的なものになった。小作農（農奴）は領内で働くことを強いられ、収穫を献上して領主に富をもたらす。そこにあるのは個人による権力の明確な行使であり、一貫性のある統治の意識はほとんどなく、領主たちはそれぞれのやり方で支配した。当然、紛争や身内の争いがよく起きた。庶民の間に国家への帰属感はなく、地域社会に密着し、それぞれの領主に従っていた。

新たな統治の方法

フーコーによれば、統治の問題が浮上してきたのは16世紀、つまり封建制の衰退が始まった時期だ。領土を広げて帝国を築くという観念が台頭するに伴い、個人や家族、そして国を治めるということが大きな問題になった。ここに統治性の概念が誕生した。

封建制の崩壊により、国家間の紛争も増えた。そうすると国家にとっては己の国力・戦力を知り、ライバルの国力・戦力を知ることが重要になってくる。16世紀に「ポリス（警察）」が登場したのはそのためだと、フーコーは言う。警察は統治者に安全を提供す

中世の小作農はひたすら土地を耕し、領主に富をもたらした。封建制は人々を力で支配するのみで、そこに本来の統治はなかった。

> 私がしたかったのは統治の技術、つまり最良の統治の吟味された方法を学ぶこと、そして考えられる限り最良の統治方法を考察することだ。
>
> ミシェル・フーコー

274 ミシェル・フーコー

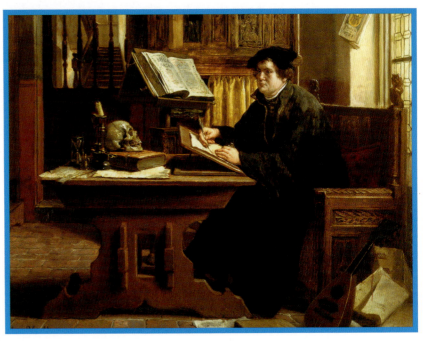

ドイツの聖職者**マルティン・ルター**が火をつけた宗教改革はカトリック教会の伝統的な権力に挑み、「支配」から「統治」への移行の先駆けとなった。

るだけでなく、国力の測定・評価をも可能にする。つまり警察は住民を監視下に置き、彼らが従順かつ生産的であるように仕向けて統治を容易にする。

16世紀には宗教面でも大きな変化があった。1517年に始まるプロテスタントの宗教改革はカトリック教会の伝統と権力に挑戦状を突きつけた。フーコーによれば、この宗派間の争いと諸国の領土争いを通じて、当時の理論家たちは2つの相容れない思想を結びつけることになった。まず神学者は、統治の問題にも一貫して信仰の面から取り組んだ。つまり羊飼いが羊の群れを導くように、牧師的指導者（司牧）の究極の義務は自らの「群れ＝信者」を導き、その魂を救うことにあると考えた。一方で世俗の政治家は、もっと現世的な用語を使って統治の問題に取り組み、政府の役目は他国との紛争を解決し、領土を守り、国内の安全を守ることだと考えた。そしてフーコーは、この両者の合体から新たな統治の術（アート）が生まれたと論じた。16世紀後半から17世紀にかけてのことだ。

「君主」への死刑宣告

こうして、ついに支配者と国民が1つの、しかも双方にとって有益なシステムに収まることが可能になったかに思えた。もはや支配者個人の利益は支配の指導理念ではなくなり、「支配」の概念は「統治」の概念に変容した。この変化の過程を、フーコーはマキャベリの『君主論』（1513年成立）に沿って検証している。同書での君主は、もっぱら領土の維持・拡大に専心する存在として描かれており、臣民のことはほとんど意に介さない。そして領内の誰に対しても義務・債務を負わない。しかし君主の（神から託された）主権が否定され、教会が権力を失い、新しい技術（印刷など）によって革命的な思想が広まるようになると、こうした考えは通用しなくなった。

中世の後期から17世紀にかけては、ルネサンスで古典時代の自由や民主主義の概念が復活し、さらに革命的な思想も登場し、君主の支配権はもとより、生命までも脅かされるようになった。現にイギリスでは、神を後ろ盾にした絶対君主のチャールズ一世が清教徒革命によって地位を追われ、1649年に処刑されている。

心やさしき政府？

フーコーはルネサンス期フランスの著述家ギヨーム・ド・ラ・ペリエールによる政府の定義（1567年）に言及している。そこでは「領土」が問題とされず、政府の役割は物事を正しく配置し、誰にも都合のよい状態をもたらすこととされていたからだ。そうした寛大さのイデオロギーを受け入れたなら、政府は国民の福利に責任を負うはずだった。しかし現実には人々の生活（とその労働の生産物）を管理し、国力の最大化に努めるのみだった。富の増大を確実にすることが統治の要とされる

この社会の諸制度は有益なのか有害なのか

一方、国民が健康で確実に子孫を増やしていくことも大事だった。さもないと長期の繁栄と生産力を維持できないからだ。フーコーによれば、この段階で領土よりも「人と物事」（人と富や環境、飢饉、出生率、気候などの関係）の効率的な管理が重要になった。統治が「術」になったのである。

市民か臣民か

フーコーによれば、17世紀のジョン・ロックや18世紀のアダム・ファーガソンに代表される初期のリベラルな市民社会観の下で、社会的な政府が可能になった。リベラルな統治術は「小さな政府」をよしとし、国家の介入を減らし、人々の役割を増やそうとする。ここで「人口」の概念が国家の成功に不可欠なものとして登場し、生きて働く社会的存在としての「人口を構成する個々の成員」の概念も導かれる。この自律的な個人という概念から、個人と国家の権利と責任といった難問が生じる。国家に統治されながら、人はいかにして自由でありうるのか。「自律的な」個人の自己制御と政治的な制御の関係、支配と経済的搾取の可能性なども大きな問題となる。

この時期を検証するにあたり、フーコーは「受動的身体」に関する自らの研究に立ち帰る。彼は1975年の『監獄の誕生——監視と処罰』で、17〜18世紀には身体が権力者によって使役・改良されるべき対象とみなされていたと指摘した。そして修道院や軍隊で用いられていた監視の技術が、いかにして人々の身体を支配し、反乱など考えもしない受動的な臣民を生み出していたかを検証した。

同書でのフーコーは、訓練や懲戒が人を従順にすると論じていた。しかし統治性を論じる段階になると、当時は問題を単純化しすぎていたとして自説を撤回し、個人には（当時の自分が考

> なぜ支配したがる人がいるのか
> と問うのではなく
> 私たちの身体や身振り、行動を
> 規制し支配するプロセスのレベルで、
> 物事がどう働いているのかを
> 問おう。
> **ミシェル・フーコー**

えていた以上に）自己を修正していく機会があると述べた。そして統治性とは社会が分権化され、市民が自己の統治において積極的な役割を果たすことであり、そこで重要なのは公権力と個人の自由の関係だと指摘した。

統治の術

フーコーによれば、統治性が重要な

体重を気にする人は、自分自身の選択よりも世間の声や文化的な要請に従って自らの行動を律している。

身体の統治

先進諸国によくあるダイエット推奨団体は、その時代に「正常」とされる観念に寄り添う自己統治の典型と言える。こういう団体は個人の自意識や価値観に訴えるのだが、一方で諸個人を権力の網に閉じ込め、結局は大企業を利することになっている。

アメリカのキム・チャーニンのようなフェミニストに言わせれば、ダイエットで完璧なボディをという願望は女性たちを「痩身の専制」に閉じ込めている。痩身産業は「自意識の向上」を約束して食事制限や運動を推奨する一方、女はスリムでか弱いのがよいとする男性上位の観念に女性たちを従わせている。現時点で「正常」とされる基準に女性を同調させることが重視され、ダイエットも個人的な食行動から社会的な義務に変質させられる。アメリカのスーザン・ボルドらは、こうして女たちは主体であると同時に支配される存在にされてしまうと論じている。

> 西洋におけるスジェ（主体／臣民）概念の系譜を分析するのなら、支配のテクニックだけでなく自己のテクニックも考慮しなければならない。
>
> ミシェル・フーコー

のは、それが「自己のテクノロジー」（個人の誕生）と「支配のテクノロジー」（国家の形成）をつなぐものだからだ。そもそも18世紀から比較的最近までの間、政府（ガバメント）という語は通常の政治だけでなく、家族や家政を導き、魂を導く役割も含む広い概念だった。こうした広義の政府の役割を、フーコーは「行為の導き」と呼んだ。つまり今の時代の統治は単純な上意下達の権力関係ではなく、幾重にも重なり合った関係の網で成り立っている。かつては暴力（または暴力の脅し）が統治を支えていたが、今や暴力は支配の一要素にすぎない。他にも複数の強制・威圧の戦略があり、市民の行動に枠をはめる手段がある。恐怖と暴力による統治は効率が悪く、もっと目立たない形の統制（少数の選択肢の提示、学校での訓練など）のほうが効果的に個人の行動を導ける。こうして自己制御が政治的支配や経済的搾取にリンクされ、そこでは個人の自主的選択と見えるものが「たまたま」国家の利益にもなる。フーコーによれば、近代の国民国家と近代の自律的個人は相互に依存し合っているのだ。

現代の統治性

集団や個人の選択やライフスタイルを形成し導くこと、それが統治性だというフーコーの考え方は、その後も多くの学者に引き継がれ、たとえばアメ

> 国家という「冷徹な怪物」によってプログラムされた社会という夢ないし悪夢は、私たちが統治されている仕方を理解するうえで有効ではない。
>
> ニコラス・ローズ
> （イギリスの社会学者、1947〜）

リカの人類学者マシュー・コールマンは統治性の問題を、中国人医師の喫煙習慣と関連づけて考察した。彼は2008年の論文「医師の喫煙──現代中国における統治性、具現、責任の転嫁」で、医師の喫煙が国民全体の高い喫煙率の原因だと非難されるプロセスに注目した。そこでは喫煙派の医師を標的としたキャンペーンが始まり、彼らを中国におけるタバコ関連疾病の

個人と国家

フーコーによれば、個人の存在が政治の世界で重要になったのは国王の神聖な権利とカトリック教会の絶対的権威が否定されてからだ。その後の政府は自己利益を追求しつつも、表向きは国民のために尽くしているふりをしなければならない。

君主と教会が支配していた時代
（およそ6世紀から16世紀まで）

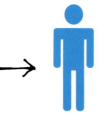

「個人」が台頭した時代
（16世紀後半から17世紀）

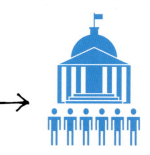

市民が自らの統治に参加する時代（18世紀以降）

原因と非難し、彼らに自分の体を統治し、喫煙をやめるよう求めたのだった。

近代の国民国家を統治性の概念で読み解くフーコーの議論には批判もある。そもそも統治性の概念があいまいで、一貫性を欠くとの指摘もある。またカナダの社会学者ダニカ・デュポンらは、フーコーによる西洋政治史の解釈に疑問を呈し、まるで「種から1本の木が育つ」ように単純化・理想化していると批判した。

新自由主義批判

それでもフーコーの統治性の概念は、今日の新自由主義（ネオ・リベラリズム）を批判する上で有力な概念的ツールとなっている。20世紀の終盤、いわゆる福祉国家が政治的にも経済的にも行き詰まるなかで登場したのが新自由主義で、簡単に言えば近代国家の担ってきた諸々の責任を再び個人に背負わせようとする政治思想だ。フーコー自身は一連の講義で当時の西ドイツとフランス、アメリカにおける新自由主義を論じ、それは国家に対する資本主義の勝利であり、個人を重視し共同体の絆を破壊する「反ヒューマニズム」の思想だと述べている。そこでは労働者も個人経営の企業とみなされ、仲間との競争を強いられるからだ。

新自由主義が依拠するのは責任感と理性を有する個人なら自分自身とその生活、周囲の環境に責任を持てるとする信念で、その際に用いられるのが「正常化のテクノロジー」、つまり社会的に合意され、「自明」で「正常」と目される目標や手続きだ。今の時代で言えば、リサイクルやダイエット、禁煙、さらには地域社会の見回りといった行為がこれに当たる。

フーコーによれば、健康や仕事、家族などについて私たちの語ること（言説）は、私たちを一定の行動に導く。人はそうやって、自分たちが真実と信じるところに従って自分自身を統治する。現に多くの社会は異性間の一夫一婦制による結婚が子育ての「正しい」

バラク・オバマは2008年のアメリカ大統領選で「そうだ、私たちは（変化を起こすことが）できる」と訴えた。そこにはフーコーの「自己統治」の概念が影響していた。

> 近代社会で人がいかに統治されているかの理解を、フーコーの仕事は完璧に変えた。
> **ブレント・ピケット**
> （アメリカの政治学者）

環境だとみなしており、この「真実」を確立するために各種の文化的な創造物や「家族の価値」に関する政府の言説が動員される。

イギリスのニコラス・ローズはフーコーの思想を受け継いで、「社会的なものの死」を論じ、新自由主義の国では公的サービスへのアクセスも個人が自分で「統治」しなければならないと嘆いた。こうして権力は、個人の利益を尊重しているように見せつつも抑圧的な体制であり続ける。政府のやっていることはすべて国民が自由意志で選択したことだと思わせること、それが最も効率的な統治術だと、フーコー自身も述べている。何も統治していないふりをして、したたかに統治する。現代の新自由主義は最も危険な統治術を発見したのかもしれない。■

もはや宗教は有効性も社会的意義も失った
ブライアン・ウィルソン（1926年〜2004年）

背景知識

テーマ
世俗化

歴史に学ぶ

1904〜05年 マックス・ウェーバーが『プロテスタンティズムの倫理と資本主義の精神』で、合理主義と世俗主義には強い関係があると主張した。

1966年 オーストリア系アメリカ人のピーター・バーガーらが、宗教者の発言が権威を失い、正統性の危機を招いていると指摘した。

1978年 イギリスのデヴィッド・マーティンが、いわゆる宗教の衰退を統計的に測定することは不可能だと論じた。

1985年 アメリカのロドニー・スタークらが、人には心のよりどころとなる超自然的な何かが必要であり、宗教は不滅だと主張した。

1992年 イギリスのスティーブ・ブルースが、伝統的な宗教が生き残るには時代に適応し、宗教色を薄める必要があると論じた。

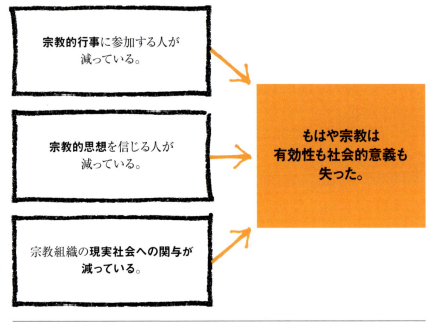

イギリスの町を歩くと、かつての教会や礼拝堂がパブや店舗、アパートに転用されている姿をよく目にする。イギリスのブライアン・ウィルソンは1960年代から1990年代前半にかけて、こうした世俗化（超自然的で神聖なものの意義が薄れ、宗教が社会生活や社会制度、そして個人に及ぼす影響が弱まること）のプロセスに注目していた。宗教生活のさまざまな面に関する統計データを駆使して、彼はイギリス国教会で洗礼を受ける子どもや復活祭の儀式に参加する人が減っていること、「神を信じない」とする人が増えていることを指摘した。

こうした宗教の衰退をもたらしたのは近代社会（の到来に伴う工業化・

この社会の諸制度は有益なのか有害なのか

参照　オーギュスト・コント 22-25　■　カール・マルクス 28-31, 254-59　■　エミール・デュルケーム 34-37　■
マックス・ウェーバー 38-45, 220-23　■　ユルゲン・ハーバーマス 286-87　■　ミシェル・マフェゾリ 291　■　ミシェル・フーコー 302-03

産業化、国民国家の発展、科学技術の進歩など）だ。ただしそれで宗教が直ちに敗北したわけではない、とウィルソンは言う。別の真理を語る思想との競争が始まり、やがて科学の力に屈することになった。結果、中世にはあれほど親密だった国家と教会が分離され、別々の領域に存在することになった。学校や職場でも、宗教の役割はほとんどなくなった。

神は死んだか？

ウィルソンもカール・マルクス同様、キリスト教に代表される世界宗教が社会の現状維持に貢献し、若い世代を感化して社会の分断を受け入れるように仕向けていると考えた。しかし近代の到来により、宗教は人々に何を信じ、どう振る舞うべきかを指示する権威を失った。そしてウィルソンによれば、教会側も自分たちが脇へ追いやられたことに気づき、道徳的価値観の変化に対応しようとしている。

古い秩序が崩れれば、人は新たな心のよりどころを求める。社会が細分化され、文化は多元化した。非正統の多彩な信仰が信者の獲得を競い合い、宗教はますます私的な行為となった。ウィルソンによれば、この点で世俗化はコミュニティの衰退とリンクしている。宗教がどこまで生き延びるかは別として、ウィルソンは「サイエントロジー」などの新宗教運動（NRMs）に「反文化」性を見る。NRMsは社会の解体を象徴しており、社会秩序や支配の維持に貢献しないからだ。

マルクスやデュルケーム、コントに代表される19世紀の主要な思想家は、工業化・産業化の進展に伴って宗教の意義は失われると考えていた。今もその支持者はいるが、近年ではむしろ世俗化という概念への批判が高まっている。たとえばイギリス人ジャーナリストのマイケル・プロウズは、世俗化

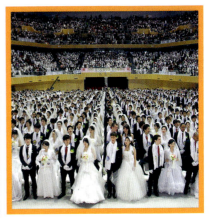

韓国の家庭連合（旧統一教会）は、ウィルソンの言う新宗教運動（NRMs）の1つで、近代社会の細分化・世俗化を反映している。

の概念は時代遅れであり、宗教の生命力は今も健在だと論じている。実際、アメリカでは教会に行く人が増えているし、イギリスではキリスト教以外の宗教（とりわけイスラム教）の信者が増えている。非欧米圏に目を転じれば、今なお宗教と政治が結託している国も少なくない。■

> 教会が広めようとする
> メッセージの中身も、
> 人々に守らせたい態度や価値観も、
> もはや私たちの国民生活に
> たいして役立たない。
> ブライアン・ウィルソン

ブライアン・ウィルソン

1926年、リーズ（イギリス）の生まれ。ロンドン・スクール・オブ・エコノミクスで博士号を取得し、7年間リーズ大学の教壇に立った後、オックスフォード大学に移り、1993年に退職するまでの30年間をそこで過ごした。1971～75年には国際宗教社会学会の会長を務めた。自身は不可知論者だったが、新興の宗教運動や宗派に強い関心を抱き、一貫して信仰の自由を擁護した。若者文化や教育に関する著述も多い。晩年にはパーキンソン病を発症し、2004年に死去。享年78。

主な著作

1938年	『世俗社会における宗教』
1973年	『魔術と千年紀』
1990年	『宗派主義の社会的位相』

人のアイデンティティも行動も
他者からどう評され、
どう分類されるかで決まる

ハワード・S・ベッカー（1928年〜）

282 ハワード・S・ベッカー

背景知識

テーマ
ラベリング理論

歴史に学ぶ

1938年 オーストリア系アメリカ人の歴史家フランク・タネンバウムが、犯罪的行動はコミュニティ全体と、そこに属する集団の対立から生じると論じた。

1951年 アメリカのエドウィン・レマートが『社会病理学』で、逸脱行動には2つの種類があると論じた。

1969年 アメリカのデヴィッド・マッツァが『逸脱者になる』で、逸脱者のアイデンティティは権力によって作られると主張した。

1976年 アメリカのアアロン・シクレルが、警察には「労働者階級の若い男は逸脱者になりやすい」という先入観があり、同じ犯罪を犯した中産階級の若者よりも起訴されやすいと指摘した。

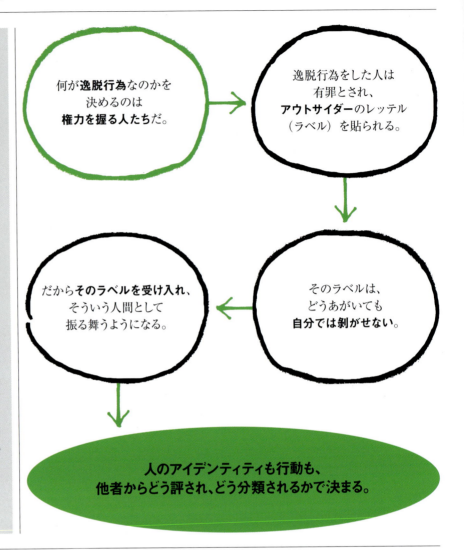

 世の中に法を破る人はたくさんいる（スピード違反や衝動的な万引きなど）のに、正真正銘の犯罪者とみなされる人はごく一部だ。なぜなのか。この問いに答えようとしたのがラベリング理論で、それは1960年代から70年代にかけてのアメリカとイギリスで、政府不信が高まるなかで生まれた。

 かつての犯罪学には、どんな人（や集団）が犯罪に走りやすいのかを考察し、いわゆる「犯罪者タイプ」を特定しようとする傾向があった。しかしラベリング理論では、なぜ特定の行為が（社会規範からの）逸脱とみなされるのか、他人の行動に「逸脱」のレッテルを貼る力を持つのは誰なのかを問題にし、そうしたラベル貼り（ラベリング）が社会と個人に及ぼす影響を検証する。

 たとえば、中産階級の若者たちが特別な日の晩に集まって泥酔し、乱痴気騒ぎを起こしたとしよう。たぶん警察は、若さゆえの過ちとして大目に見るだろう。しかし同じことを労働者階級の若者たちがやったらどうか。フーリガン（暴徒）とか犯罪者のレッテルを貼られる可能性が高い。

 なぜか。ラベリング理論によれば、社会のルールを決める人たち（裁判官や政治家など）はたいてい中流ないし上流階級に属していて、自分たちの同類による非行については労働者階級の逸脱行動の場合よりも寛大になりやす

この社会の諸制度は有益なのか有害なのか

参照 エミール・デュルケーム 34-37 ■ フェルディナント・テンニース 32-33 ■ エドワード・サイード 80-8 ■ イライジャ・アンダーソン 82-83 ■ G・H・ミード 176-77 ■ アーヴィング・ゴッフマン 190-95 ■ サミュエル・ボウルズとハーバート・ギンタス 288-89 ■ スタンリー・コーエン 290

> 逸脱行動とは、人が逸脱のラベルを貼った行動を指す。
> ハワード・S・ベッカー

になるかもしれない。

ベッカーは1963年の著書『アウトサイダーズ——ラベリング理論とはなにか』でレマートの議論を発展させ、ラベリング理論の基礎を築いた。ベッカーによれば、そもそも逸脱行為など存在しない。人がある行為を逸脱とみなすか否かは、当該社会でその行為に制裁が科されるか否かで決まる。たとえばテロリストが人を殺せば犯罪になるが、警察がテロリストを殺すのは許される。また欧米諸国でも1990年代までは、夫が妻にセックスを強いても強姦罪に問われなかった。逸脱とは行為そのものではない、とベッカーは言う。何が逸脱かは社会の反応が決めるのであり、とりわけ権力者の反応が社会全体に押しつけられる。ラベルを貼れるのは権力者だけで、たとえば刑事裁判で貼られた逸脱者のラベルいからだ。つまり「逸脱」の定義は、誰が何をしたかではなく、その行為を他者(とりわけ権力者)がどう見たかによって決められるのであり、すぐれて政治的な行為といえる。こうした議論はエミール・デュルケームやG・H・ミード、そしてシカゴ学派の流れを汲むもので、その中心にいたのがハワード・S・ベッカーとエドウィン・レマートだ。

逸脱のタイプ

レマートは逸脱の概念を「一次」と「二次」に分けて考える。一次逸脱は、犯罪などが犯されたが、公式には逸脱のラベルを貼られていない状態を指す。犯罪が気づかれなかった場合や、たまたま「魔が差した」だけと判断された場合がこれに当たり、いずれにせよ実行者はまだ「逸脱者」と呼ばれない。対して二次逸脱は、社会の反応が個人に及ぼす影響をさす。たとえば罪を犯して逮捕され、犯罪者ないし逸脱者のラベルを貼られた人は、以後そのラベルにふさわしい行動をとるよう

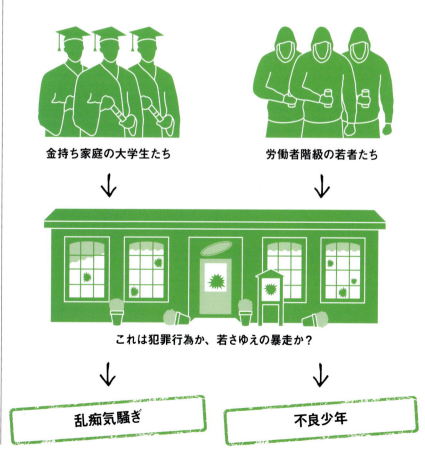

金持ち家庭の大学生たちがパーティーで深酒をし、レストランで暴れたとしても、若者にありがちな乱痴気騒ぎと非難される程度で済むが、労働者階級の貧しい若者たちが同じことをすれば「不良」のラベルを貼られかねない。

金持ち家庭の大学生たち / 労働者階級の若者たち

これは犯罪行為か、若さゆえの暴走か?

乱痴気騒ぎ / 不良少年

映画『マリファナ野郎の狂気』(1936)はマリファナ追放キャンペーンの一環として製作された宣伝映画。裕福な家庭の高校生カップルがマリファナのせいで転落していく物語だ。

はその人に一生ついて回る。逸脱は相対的な概念であり、「誰がやったか」と「社会がどう反応したか」で決まる。

モラルの起業家

　皮肉なもので、ベッカー自身も実に興味深いラベルを作り出した。それは「モラルの起業家」と言うラベルで、ある社会で他人にラベルを貼る権力をもつ人たちを指す。彼らの仕事は自分たちのモラル（道徳的信念）に沿った見方を世間の人に押しつけることであり、その仕事はルールを作ることと、ルールを守らせることに分けられる。モラルの起業家の地位やアイデンティティは社会によって異なるが、必ず相対的な権力を有する地位にあり、その権力を使って自分たちの流儀や価値観を押しつけ、あるいは交渉を通じて受け入れさせる。

　ベッカーはモラルの起業家の仕事ぶりを、1937年にアメリカのＦＢＩ（連邦捜査局）が仕掛けたマリファナ追放キャンペーンを例に詳述している。モラルの起業家たちは責任と自制というプロテスタントの倫理の持ち主で、公衆の面前で喜びやエクスタシーを表現するのを嫌っていたから、マリファナを非合法化しようと考えた。ベッカーによれば、そのためにＦＢＩはさまざまな手を使った。議論の喚起や政治家への働きかけはもちろん、『マリファナ野郎の狂気』のような宣伝映画まで作らせたのである。

逸脱者の「キャリア」

　自分に貼られた「逸脱者」のラベルを内面化し、それを自分の個性と認め、逸脱者にふさわしいライフスタイルを積極的に受け入れていく人もいる。ベッカーはマリファナ常用者の観察を通じ、彼らがどう逸脱者の「キャリア」を積んでいくかを考察した。まず初心者は、この麻薬の効果を知り、それを楽しむことを学ばねばならない。この学びがなければマリファナは不快な、あるいは何の効果もないものと感じられるかもしれない。学びは逸脱行為に不可欠なプロセスであり、逸脱者にとっては何が大事なのかを自発的に学んでこそ真の逸脱者になれる。マリファナの場合は、大人や警察に気づかれないように隠れて吸うことを学んでこそ一人前だ。そして運悪く捕まれば、それで一段と箔がつく。ベッカーによれば、逸脱者としてキャリアを積むこ

犯罪者をつくるプロセスは
……タグをつけ、定義し、特定し、
隔離するプロセスだ。
フランク・タネンバウム
（アメリカの歴史家、1893～1969）

法を犯した人間は、
自分を裁いた判事こそ
アウトサイダーだと思うだろう。
ハワード・Ｓ・ベッカー

この社会の諸制度は有益なのか有害なのか

> 規則違反が逸脱となるような規則を社会集団が作るから逸脱が生まれる。
> ハワード・S・ベッカー

とには相応の見返りがある。社会一般の評価は得られなくても、反抗精神で固く結ばれた小集団への帰属意識が生まれるからだ。

ラベリング理論への批判

ベッカーらの主張は今も強い影響力を持っているが、もちろん批判もある。たとえば、ラベリング理論はマイナーな逸脱行為に目を向けるばかりで、重大犯罪を説明できないとの批判だ。実際、殺人などの行為は世界中でほぼ誰からも非難されており、逸脱に関する社会の見方に左右されない。またアメリカのアルヴィン・グールドナーは、ベッカーの描く逸脱者が自らに貼られたラベルを受動的に受け入れるのみで、積極的に反撃しない点に疑問を抱く。実際には自分の行動を擁護するために戦う人がたくさんいる、人の自由意志はベッカーの想定以上に強いはずだ、とグールドナーは言う。またラベリング理論が逸脱者や落伍者（らくご）を美化しているとの批判もある。

いずれにせよ、ベッカーの仕事は権力関係や社会正義の問題について再考を迫るものであり、犯罪や逸脱行動の研究者に刺激を与えた。■

ジャズ・ミュージシャンは「逸脱型」のライフスタイルを選び、自分たちを一般社会から切り離して独自の価値観を築く。ベッカーによれば、それが逸脱をさらに加速させる。

ハワード・S・ベッカー

1928年、アメリカのシカゴ生まれ。幼時から音楽に親しみ、15歳の頃にはバーやナイトクラブでピアノ弾きのアルバイトを始めていた。そういう場所にはドラッグの文化があったから、後のベッカーが麻薬常習者の世界を研究対象に選んだのも自然の成り行きといえるかもしれない。シカゴ大学で社会学を学び、その後はノースウェスタン大学で長く教授を務めた。1998年にはアメリカ社会学会から、長年にわたる社会学への貢献を表彰されている。また学生たちに寛大なことでも知られ、現役引退後も博士課程の学生たちへの助言や論文発表の支援を続けている。音楽、特にジャズへの造詣も深い。

主要作品

1963年　『アウトサイダーズ──ラベリング理論とはなにか』
1982年　『アート・ワールド』
1998年　『社会学の技法』

経済危機は直ちに社会の危機に転化する
ユルゲン・ハーバーマス（1929年〜）

背景知識

テーマ
正統性の危機

歴史に学ぶ

1867年　カール・マルクスが『資本論』で、資本主義は経済危機から逃れられないと論じた。

1929年　ニューヨーク証券取引所で株価が大暴落し、以後10年にわたる大恐慌の発端となった。

1950〜60年代　タルコット・パーソンズが正統性と社会秩序の議論を展開し、人は社会化の過程を通じて価値観を受け入れ、社会規範に同調していくと論じた。

2007年　世界的な景気後退が深刻化するなか、ヨーロッパ各国で極右政党が台頭した。

2009年　チリの社会学者ロドリゴ・コルデロ・ベガがハーバーマスに反論し、マルクスの思想は現代社会でも有効だと主張した。

後期資本主義社会では周期的に**景気の後退**が起きる。

↓

ところが**政府の対策**は半数以上の有権者の目に**不公平**と映る。

↓

こうなると国民は**政府の権威に疑いの目**を向ける。

↓

デモや暴動が頻発し、体制の正統性が脅かされる。

↓

経済危機は直ちに社会の危機に転化する。

　資本主義社会は経済危機から逃れられず、その危機は徐々に深まって、やがて労働者が革命を起こす。カール・マルクスはそう説いた。しかし現実には、そうした危機に見舞われた社会では革命とは別な変化が政治に生じている。なぜか。これが1970年代前半に、ドイツのユルゲン・ハーバーマスが投げかけた疑問だ。1929年秋のアメリカにおける株価暴落に始まる世界的な大恐慌やヨーロッパにおけるファシズムの台頭と没落、第二次世界大戦、その後の東西冷戦。そうした一連の危機を、資本主義はいかにして乗り越えることができたのか。

　ハーバーマスによれば、伝統的なマルクス主義の理論は後期資本主義に突入した現代の西洋社会には通用しない。そこでは民主化が進み、いわゆる福祉国家の施策（公的な健康保険制度の導入など）により、ある程度まで経済的な不平等が相殺されているからだ。社会の細分化が進んで労働者の階級意識が薄れ、階級闘争が成

この社会の諸制度は有益なのか有害なのか

参照　アダム・ファーガソン 21 ■ カール・マルクス 28-31 ■ ヘルベルト・マルクーゼ 182-87 ■ ダニエル・ベル 224-25 ■ ミシェル・フーコー 270-77 ■ スタンリー・コーエン 290

り立ちにくい状況でもある。

正統性の危機

　景気の循環は何度も繰り返されてきたが、近代国家は経済危機の深化を回避するためにさまざまな政策を繰り出してきた。結果、初期の資本主義社会と違って、国家の管理する後期資本主義社会では危機が（経済ではなく）文化や政治の世界で噴出しやすい。

　ハーバーマスの見るところ、現代の西洋社会が直面しているのは「正統性の危機」だ。国は自由な市場経済を守る立場にあるが、一方で格差などの問題に対処して民主主義を守り、有権者の期待に応える必要も感じている。さもないと国民が政府に愛想を尽かすからだ。つまり政府は、資本家の利益と庶民の願いを勘案して巧みに政策を実行しなければならない。資本家や地主の利益を守る一方で、政府は庶民の利益を考えているふりもする。その際に対応を誤れば、政府はその正統性を問われることになる。

　政府のやっていることは正しく、国民のためになっていると思えば、国民は政府を支持するだろう。しかし政府の施策が国民のためにならないと思えば、国民は政治に何も期待しなくなり、あるいは大規模な反体制運動に走る。すると政府は、何としても現状を維持したいから、その場しのぎの福祉政策などで国民をなだめようとする。

　ハーバーマスによれば、民主的な資本主義は社会のシステムを少しずつ改良していこうとする「終わりなきプロジェクト」だ。2007～08年の世界金融危機以降における各国政府の政策対応も、資本家の利益と庶民の利益の間にある緊張関係をあぶり出す一方で、何としても自らの正統性を維持しようという決意の表れだった。■

ギリシャのアテネで暴徒化したデモ隊に対峙する機動隊。ギリシャでは財政悪化に伴う緊縮政策により政治不信が深刻化している。

ユルゲン・ハーバーマス

　1929年、ドイツのデュッセルドルフの生まれ。10代の時期をナチスの青年組織で過ごし、第二次世界大戦の成り行きやホロコースト（ユダヤ人大虐殺）の経緯を目の当たりにしたことが、その後の彼の世界観に決定的な影響を与えた。

　80歳を超えた今も世界有数の社会思想家であり、知識の伝達や公共空間と私的空間の関係などについて活発に発言している。先天的な口蓋破裂で話すことが困難だったため、仲間とのコミュニケーションがうまく取れず、その体験が後のコミュニケーション研究につながったとの説もある。

　フランクフルトの社会研究所でマックス・ホルクハイマーやテオドール・アドルノに師事し、社会学と哲学を学んだ。自身も後に社会研究所の所長を務めている。

主な著作

1968年　『認識と関心』
1973年　『晩期資本主義における正統化の問題』
1981年　『コミュニケイション的行為の理論』

学校は貧者のためにもなるが貧者を従属させる場でもある

サミュエル・ボウルズ（1939年〜）とハーバート・ギンタス（1940年〜）

学校は貧困層の子どもに、近代的な職場の特徴である上下関係の構造を受け入れ、**文句を言わずに働く**よう教え込む。

貧困層のための学校は、平等な社会を実現するために**無償で教育機会を提供**する政策の一環として設立された。

↓　↓

学校教育は貧者のためにもなるが、同時に貧者を従属させる場でもある。

背景知識

テーマ
隠れたカリキュラム

歴史に学ぶ

1968年　アメリカのフィリップ・W・ジャクソンが『教室での暮らし』で、子どもたちは「隠れたカリキュラム」を通じ、教室で社会化されていると論じた。

1973年　ピエール・ブルデューが、中産階級の成功は「文化資本（物事の文化的背景を理解する知識や、異なる社会状況でも適切に振る舞える能力など）」の再生産で説明できると唱えた。

1978年　キャスリーン・クラリコッツがイギリスでの調査をもとに、隠れたカリキュラムには女性蔑視の要素が含まれると指摘した。

1983年　アメリカのヘンリー・ジルーが、隠れたカリキュラムには複数あり、ジェンダーや民族による差別も生み出していると指摘した。

学校は子どもたちが大人の社会へ入るのに必要な準備をする場所。そんな近代社会の素朴な信念は1960年代に崩れ落ちた。1968年にはフィリップ・W・ジャクソンが「隠れたカリキュラム」という概念を用いて、学校では正規の教育カリキュラムに含まれていない社会化のプロセスが進められていると論じた。一定の価値観を教え込む社会的プロセスについては19世紀のエミール・デュルケームも指摘していたが、今度はその好ましからぬ側面に光が当てられ、さまざまな学校教育批判が展開された。

最も痛烈だったのが、アメリカの経済学者サミュエル・ボウルズとハーバート・ギンタスだ。彼らの共著『アメリカ資本主義と学校教育——教育改革と経済生活の矛盾』によれば、教

この社会の諸制度は有益なのか有害なのか

参照　エミール・デュルケーム 34-37　■　ピエール・ブルデュー 76-79　■
アーヴィング・ゴッフマン 264-69　■　ポール・ウィリス 292-93　■　タルコット・パーソンズ 300-01

育の場は中立的空間ではなく、資本主義のニーズを満たす人間を再生産する場であり、そこではひそかに若者を従順な（したがって疎外された）労働者に仕立てている。学校は社会の不平等を再生産しているとボウルズらは主張した。子どもの将来は学業の成績や知能ではなく、もっぱら親の経済的ステータスで決まる。表のカリキュラムでは機会均等を説いても、学校教育の主眼は仕事に必要なスキルを教えることではなく、「隠れたカリキュラム」を子どもたちの心に刷り込むことにある。彼らはそう主張した。

ボウルズらは、19世紀前半におけるアメリカの学校制度が移民をアメリカ的な勤労倫理に同化させるために設立されたと論じた。しかも学校における上下関係のシステムは、労働現場におけるそれと対応している。学校での勉強と労働の間にも共通点がある。生徒たちには何を勉強するかを選ぶ自由がないし、勉強しても真の知識が得られるわけではない。つまり労働者同様、生徒たちも疎外されている。

階級の維持

フランスのピエール・ブルデューはボウルズらの見解に異を唱え、いわゆる「隠れたカリキュラム」は知識の文化的再生産を通じて教えられると主張した。支配階級は自らの文化や価値観を「優れた」ものと定義でき、それ

教育における社会関係の構造は
生徒たちを
労働現場の規律に慣れさせる。
サミュエル・ボウルズと
ハーバート・ギンタス

に即して何を教えるかを決める。教えられた人は、上流階級に属するとされるものに敬意を払い、下層階級に属するとされるものを蔑視するようになる。たとえばクラシック音楽は大衆音楽より上等だと教えられると、労働者階級の子は「クラシックは難しくて理解できない」と思いがちになる。一方で中産階級の子にはクラシック音楽の鑑賞法が教えられ、社会でリーダーとなるために必要な資質も教えられる。結果として、下層階級の子は彼らに不利な社会的偏見から逃れられない。

他にも多くの社会学者が、学校は子どもに経済的な機会を提供する場になっていないと批判している。ボウルズらの主張は極端だが、20世紀を通じて労働者階級の地位がほとんど改善されていないのも事実だ。欧米諸国では軒並み最貧層の実質収入が減り続けており、階級間の格差は広がるばかりだ。■

サミュエル・ボウルズと
ハーバート・ギンタス

共にアメリカ人で、ボウルズはコネチカット州、ギンタスはペンシルベニア州の出身。共にハーバード大学で博士号を取得し、その後も共同で多くの研究を続けている。1968年には公民権運動の指導者マーティン・ルーサー・キング師の依頼で、同年の「貧者の行進」に向けた教育的なパンフレットを執筆している。アメリカにおけるマルクス主義の論客とされる彼らは、学校を含む社会的制度の多くでは権力による規律の押しつけが行われていると論じた。

両人とも1973年にマサチューセッツ大学に迎えられたが、ボウルズは2001年にニューメキシコ州のサンタフェ研究所に移籍して行動科学の研究部長となり、シエナ大学（イタリア）の経済学教授にも就任している。近年の共同研究では、何の関係もない人たちが大勢集まっても仲良く働けるのはなぜかの解明に取り組んだ。

主な著作

1976年　『アメリカ資本主義と学校教育——教育改革と経済生活の矛盾』
1986年　『民主主義と資本主義——繁栄、コミュニティ、そして近代社会思想の矛盾』
2005年　『不平等な機会——家庭的背景と経済的成功』（編著）

この社会ではいつどこでモラル・パニックが起きてもおかしくない
スタンリー・コーエン（1942年〜2013年）

背景知識

テーマ
モラル・パニック

歴史に学ぶ

1963年 ハワード・S・ベッカーが『アウトサイダーズ』でラベリング理論にもとづき集団的な逸脱行動を詳しく論じ、モラル・パニック論の基礎を築いた。

1964年 イギリスで若者の暴走族グループが衝突を繰り返し、メディアが大げさに騒いだのでモラル・パニックが起きた。

1971年 イギリスの社会学者でスタンリー・コーエンの友人でもあるジョック・ヤングが『薬物常用者——薬物常用の社会的意味』で、薬物常用の社会的意味を論ずるなかでモラル・パニックの概念に言及した。

1994年 アメリカのエリック・グードらが『モラル・パニック——逸脱の社会構造』でコーエンのモラル・パニック論を発展させた。

欧米のメディアや政治家は厳密な定義もなしに「モラル・パニック」という語を使っているが、本来は1970年代に登場した社会学的な概念だ。いち早くこの語を用いたのは南アフリカ生まれの社会学者スタンリー・コーエンで、1972年に発表した『フォーク・デビルズとモラル・パニック』は、1964年のイギリスで若者の暴走族グループが衝突を繰り返し、メディアの偏った報道で大騒ぎになった事例にもとづいている。

いかにして個人や集団の行動が社会の支配的価値観に対する脅威とみなされるか、いかにしてマスメディアがそうした見方を増強し、当該行動をネガティブに報道し、パニックを煽っているか。コーエンはそれらを検証し、メディアは権力側の価値観を反映しがちであり、視聴者・読者が専門家（政治家や警察など）の見解を受け入れるように誘導していると指摘した。

メディアが非難した人たちは「フォーク・デビル（民衆の悪魔）」とみなされ、問題の原因が国や社会の側にある場合でも、メディアは彼らに責めを負わせたがる。メディアの注目が「予言の自己成就」をもたらし、彼らの逸脱行動を加速する場合もある。

モラル・パニックの概念は今の学界でも使われており、たとえばイギリスのアンジェラ・マクロビーは、メディアが逸脱行動を煽る一方で、逸脱集団への規制強化を正当化する役割も果たすと指摘している。■

2001年9月11日にアメリカを襲った同時多発テロはモラル・パニックを引き起こしただけでなく、もっと大規模なイスラム恐怖症（イスラム教徒に対する偏見と排除の感情）につながった。

参照 ハロルド・ガーフィンケル 50-51 ■ エドワード・サイード 80-81 ■ ヘルベルト・マルクーゼ 182-87 ■ スチュアート・ホール 200-01 ■ ハワード・S・ベッカー 280-85

この社会の諸制度は有益なのか有害なのか

部族（小集団）の時代だ
ミシェル・マフェゾリ（1944年〜）

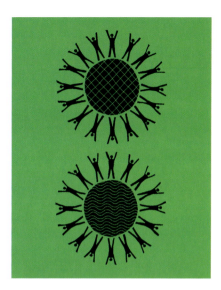

背景知識

テーマ
新部族主義

歴史に学ぶ

1887年 フェルディナント・テンニースが『ゲマインシャフトとゲゼルシャフト』で、伝統的共同体から近代社会への移行を論じた。

1970〜80年代 ロバート・K・マートンの逸脱行動論を踏まえ、階級やジェンダーで結ばれた若者たちのサブカルチャーへの関心が高まった。

1988年 フランスのミシェル・マフェゾリが『小集団の時代――大衆社会における個人主義の衰退』を著した。

1998年 イギリスのケヴィン・ヘザーリントンがマフェゾリの概念を発展させ、新部族はポストモダンの社会の細分化を反映しており、感情でつながるコミュニティだと論じた。

私たちは部族（小集団）の時代に生きている、とフランスのミシェル・マフェゾリは言う。変化が速くリスクだらけで先の読めない世界に生きる個人は、今までとは違う方法で生きる意味を見つける必要があるからだ。そこで登場してきたのが部族（トライブ）だとマフェゾリは言う。部族はダイナミックで、うつろいやすく、「ディオニソス的」でもある（ギリシャ神話の酒神ディオニソスの信者たちは官能的に踊りながら練り歩き、秩序を破壊しまくったという）。そこでは成員の個性よりも社会的体験の共有や集合的な美意識が重視され、共通の儀礼を繰り返すことでグループの連帯感が深まっていく。

よい例が1980年代から90年代にかけてイギリスの若者たちを熱狂させた「レイブ」現象だ。強烈なビートの音楽と激しいダンスに酒とドラッグが加

部族のメタファーを使うと現代の小集団で各人に求められる役割を説明できる。
ミシェル・マフェゾリ

わったゲリラ的な野外パーティーで、そこでは共通のアイデンティティよりも共通の嗜好が重視された。伝統的な社会制度と違って、こうした部族的集団やコミュニティは個人の積極的参加によって形成されるのであり、階級や地縁血縁は関係ない。

マフェゾリによれば、現代の部族は比較的に短命で柔軟、流動的なものであり、人は日々の暮らしで異なる集団を渡り歩いている。■

参照 フェルディナント・テンニース 32-33 ■ ピエール・ブルデュー 76-79 ■ ジグムント・バウマン 136-43 ■ ベネディクト・アンダーソン 202-03

労働者階級の子はいかにして労働者階級の職に就くか
ポール・ウィリス（1950年〜）

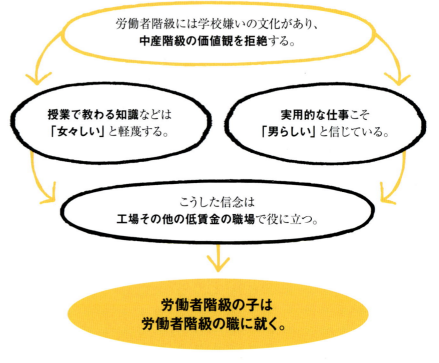

背景知識

テーマ
文化的再生産と教育

歴史に学ぶ

1971年 イギリスの社会学者バジル・バーンスティンによる調査で、労働者階級の子は学校で不当な扱いを受けていると報告された。

1976年 アメリカのサミュエル・ボウルズとハーバート・ギンタスが、学校は生徒に社会での立ち位置を教え込む場所だと指摘した。

1979年 イギリス人ジャーナリストのポール・コリガンが教育現場に取材した著書で、労働者階級の子は「努力すれば報われる」という中産階級の価値観を拒絶していると論じた。

1994年 イギリスの社会学者マーチン・マッカンゲイルがポール・ウィリスの所見に言及し、「マッチョな」男子生徒には学校への反発があると論じた。

　今の社会は実力主義だから、人は能力次第で出世できる。そういう世間の通念にポール・ウィリスは反論し、ではなぜ労働者階級の息子たちは労働者階級の仕事にしか就けないのかと問う。彼は1970年代のイギリスで、ある工業都市に暮らす労働者階級の少年たちを調査した。調査対象は12人、それぞれ学校生活最後の2年間と職場で最初の1年間を観察した結果として、彼らを取り巻く文化と価値観が彼らの職業選択を決めているとウィリスは論じた。彼らには学校の哲学（よく勉強

この社会の諸制度は有益なのか有害なのか　293

参照　ミシェル・フーコー 52-55 ■ フリードリッヒ・エンゲルス 66-67 ■ ピエール・ブルデュー 76-79 ■ R・W・コンネル 88-89 ■ スチュアート・ホール 200-01 ■ サミュエル・ボウルズとハーバート・ギンタス 288-89

すれば上に行けるという考え）に反発する対抗文化があり、言葉づかいや服装、喫煙や飲酒などの習慣を通じて中産階級の理想を拒む姿勢を鮮明に示す一方、実用的な技能や人生経験の大切さを固く信じており、男性上位主義ないし家父長制的な態度を身につけていく。

「ガリ勉」は意気地なし

こういう少年たちは学校で教わる知識を「女々しい」ものとみなし、いわゆる「ガリ勉」型の生徒を「意気地なし」と見下す。一方で工場労働やそれに類する雇用形態は、ウィリスによれば、男にふさわしい仕事とされる。こうした男子の多くはアルバイトで商品の補充や合い鍵作りなどの仕事をしており、そういう職場にありがちな価値観や文化を吸収している。

また女性観は搾取的・偽善的で、いわゆる「セクシー」な女性を欲しがる一方、時に軽蔑したりもする。ウィリスによれば、こうした見方には性別で仕事を分ける考えが反映されている。彼らの文化には人種差別の要素もあり、白人工場労働者のアイデンティティを際立たせるのに役立っている。ちなみに工場などの労働文化には、彼らの学校生活と共通する面もある。笑うな、辛い仕事を嫌がるなと、どちらでも口を酸っぱくして言われる。

工場のアイデンティティ

ウィリスによれば、労働者の男らしさを誇示する生徒たちの「パフォーマンス」は結果的に家父長制の文化を支え、（マルクス主義の観点からすれば）低賃金の男性労働者の供給を通じて資本主義を支えてもいる。しかし、こうした少年たちが賃金労働を「搾取」と感じることはなく、むしろ自分たちの意志で選んだ仕事と思っている。ただし、それは支配階級のイデオロギーが上から押しつけられた結果ではないとウィリスは言う。むしろ、階級やジェンダー、人種に関する彼らの考えは彼ら自身の文化から生まれていて、社会的な上昇志向を持てば自分たちのアイデンティティが失われてしまうと感じている。

一方で彼らを教える側の教師たちも、こうした男子生徒にはたいして期待しておらず、彼らに何かを教えようという意欲を次第に失っていく。結果として学校は、既存の価値観や経済的格差を再生産し、労働者の子弟を労働者に再生産する場と化す。

ジェンダー化した仕事

ウィリスの急進的な主張には、もち

イギリス労働者階級の男子が学校に反発するのは、彼らが「学校の規則の及ばない象徴的かつ物理的な場所を必死で求めている」証拠だとウィリスは言う。

ろん反論がある。12人では調査サンプルが少なすぎるという方法論的な疑問もある。その一方、1990年代には同じイギリスの社会学者イング・ベイツがウィリスの問い（なぜ労働者階級の息子たちは労働者階級の仕事にしか就けないのか）に触発されて、なぜ労働者階級の娘たちは労働者階級の、しかも「女向き」とされる仕事に就くのかという問いを発している。■

ポール・ウィリス

イギリスのヴォルヴァーハンプトンに生まれ、ケンブリッジ大学で文芸批評の学位を取得後、バーミンガム大学の現代文化研究所で博士号を取得した社会学者で、エスノグラフィー（民族誌）にも詳しい。

1989年から90年にかけてはイギリス労働党の若者政策ワーキンググループに参加。最近は文化の民族誌的研究に注力しており、2000年には学術誌「エスノグラフィー」の創刊メンバーとなっている。キール大学で社会・文化民族誌の教授となった後、アメリカの名門プリンストン大学の教授（社会学部）に就任。

主な著作

1977年　『ハマータウンの野郎ども──学校への反抗・労働への順応』
1978年　『冒瀆（ぼうとく）的な文化』
2000年　『エスノグラフィックな想像力』

家族とは何か、性的なアイデンティティとは？

はじめに

文化人類学者マーガレット・ミードの比較文化研究が、**ジェンダーの役割やセクシュアリティに対する西洋的な常識に疑問を投げ掛けた。**

アン・オークレーが『家事の社会学』で、**女性がいかに家事労働によって疎外されているか**を描いた。

アドリエンヌ・リッチが論文「強制された異性愛とレズビアン存在」で、**異性愛を「普通」とする社会における女性への抑圧**を告発した。

1930〜40年代 — **1974年** — **1980年**

1955年 — **1976年** — **1984年**

タルコット・パーソンズが『家族――核家族と子どもの社会化』で、家族は社会の**文化的ルールを子どもに教え込む機能を果たしている**と論じた。

ミシェル・フーコーが『性の歴史Ⅰ　知への意志』で、**社会規範を統制する権力関係**を暴いた。

クリスティーヌ・デルフィが『なにが女性の主要な敵なのか』で、**女性差別と資本主義の関係**を論じた。

初期の社会学は、もっぱら科学的な手法で社会全体の制度や構造を解明することに取り組んだ。しかし20世紀も半ばになると、研究の重心は諸個人の社会的行為の理解へとシフトし、量的調査や相関分析よりも動機や意味の解明が重視されるようになった。いわゆる「解釈的アプローチ」だ。

1950年代には、この解釈的アプローチの対象が家族にまで広がった。家族を個人と社会制度の中間に位置する社会的単位と捉え、個人と家族だけでなく、家族と社会の関係をも考察の対象とした。ここから対人関係の検証や、そこに社会が及ぼす影響の研究が進んだ。

家族の役割

こうしたアプローチで家族の研究に取り組んだ先駆者の一人がアメリカのタルコット・パーソンズだ。彼はマックス・ウェーバーの解釈的アプローチに「機能」という概念を取り入れた。家族は社会の「構成要素」であり、社会の存続のために必要な機能を有している。パーソンズはそう考えた。家族の主たる機能は、子どもに社会のルールや規範を教え込み、社会に役立つ人間に育て上げることであり、家族はまた大人どうしが安定した関係を築き上げる枠組みともなっている。

昔ながらの家族の概念に激しく反発する学者もいた。家族は昔から社会全体の規範（男が稼ぎ、女は子育てと家事を担当するという家父長制的な規範）を反映してきた。しかし第二次世界大戦後に状況は一変した。専業主婦という在り方は抑圧の一形態とみなされるようになり、アン・オークレーやクリスティーヌ・デルフィらのフェミニズム系社会学者は、専業主婦がいかに疎外されているかを克明に描いた。

家族内（ひいては社会全体）で男女の役割分担があるのはおかしくないか？　そもそも「典型的」ないし「普通」の家族とは何なのか。こうした疑問が浮上し、家父長制的なモデルが衰退するにつれ、今では多くの夫婦が仕事と家庭の両立という新たな問題に直面している。ジュディス・ステイシーに

家族とは何か、性的なアイデンティティとは？

1989年
ジェフリー・ウィークスが『セックス・政治・社会』で、**セクシュアリティ**は生物学的にではなく**社会的に構築される**と示唆した。

1990年代
ジュディス・ステイシーの調査によって、欧米でそれまで**「普通」とされてきた伝統的な家族形態とは異なる**新しい家族形態が示された。

1997年
スティーブン・サイドマンが『差異をめぐるトラブル』で、性的な行動やアイデンティティに関して**「何が普通か」という考え方そのものを拒絶**した。

1990年
ジュディス・バトラーが『ジェンダー・トラブル』で、**性に関わるアイデンティティは揺るがない**という伝統的な考え方に異議を唱え、クィア理論の先駆けとなった。

1995年
ウルリッヒ・ベックとエリーザベト・ベック゠ゲルンスハイムが『愛のノーマルな混沌』で、近代社会で**親密な関係を維持することの難しさ**を論じた。

よれば、家族形態は時代の要請に応じて絶えず変化する一方、新たな社会規範を生み出していく。

対人関係

しかし、欧米社会が性的関係やセクシュアリティに関して寛容になるには時間がかかった。人々の意識が変化する素地をつくったのは、1930〜40年代における文化人類学者マーガレット・ミードの仕事だ。ミードは世界各地の異文化におけるジェンダーの役割やセクシュアリティに関する調査を行い、性的な行動に関する意識は生物学的な事実よりも社会の構造によって決まることを明らかにした。しかし世俗化が進んだと言っても、当時の西洋社会では宗教の影響力が大きく、性交渉は婚姻関係にある男女の間だけに認められるという社会規範が依然として支配的だった。

大きな転機が訪れたのは1960年代のことだ。若者を中心とするカウンターカルチャーの隆盛により性に関するタブーが破られ、フリーセックスが支持され、同性愛に対する態度も寛大になっていった。こうした時代精神を背景に、学界でもフランスのミシェル・フーコーらに注目が集まった。

どんな形の性的関係も受け入れよう、そうすれば社会が押しつけてくる性的な規範に抵抗できる。フーコーはそう論じた。そしてこれが、セクシュアリティそのものを社会学の研究対象とする道を開いた。

1980年代には、ジェフリー・ウィークスが「性的規範は社会の構成物だ」という考えの下で男性同性愛の研究に取り組んだ。またクリスティーヌ・デルフィは、異性愛主流の社会でレズビアンとして生きることの現実を描いた。しかし、この分野で最も大きな影響を与えたのはジュディス・バトラーだろう。バトラーはセクシュアリティの概念だけでなく、ジェンダーとジェンダー・アイデンティティの概念も見直す必要があると主張した。その先に登場したもっとラジカルな考え方が「クィア理論」で、そこでは「普通」の性的関係についての伝統的・常識的な観念がすべて批判にさらされる。■

男と女の違いを生み出すのは文化だ
マーガレット・ミード
(1901年〜1978年)

背景知識

テーマ
文化によってジェンダー役割も異なる

歴史に学ぶ
1920年　アメリカで女性が参政権を獲得。

1939〜45年　男たちが第二次世界戦で戦場に赴いていたころ、英米では女性たちが工場などの職場で働くことになり、結果として、女でも「男の仕事」をこなせることが証明された。

1972年　イギリスのアン・オークレーが『セックス・ジェンダー・社会』で、ジェンダーは文化の問題だと論じた。

1975年　アメリカの文化人類学者ゲイル・ルービンが論文「女たちによる交通――性の『政治経済学』についてのノート」で、異性愛にもとづく家族というシステムが男に権力を与え、女を抑圧していると主張した。

男女とも報酬と制裁というシステムを通じて**自分が担うべきジェンダー役割を学ぶ**……

↓

……しかし何を男女の**「生来の」**特徴とするかは**文化によって異なる**。

↓　　　　　　　　　　↓

女性が**育児を受け持つ必要はない**。　　　男性が**(女性を)支配する必要はない**。

↓　　　　　　　　　　↓

男と女の違いを生み出すのは文化だ。

20世紀初頭には、「男は仕事、女は家事・育児」というのが男女それぞれにふさわしい役割分担であると考えられていた。しかしマーガレット・ミードは、そうした男らしさ・女らしさの概念は生物学的な性（セックス）の差よりも社会的・文化的な性差（ジェンダー）の産物だと考えた。

ミードは1930年代から1940年代にかけて、非西洋人の親密な人間関係における男女の気質や行動様式を調査し、この点を明らかにした。そのうえで、アメリカ社会のジェンダーとセクシュ

家族とは何か、性的なアイデンティティとは？

参照 ジュディス・バトラー 56-61 ■ R・W・コンネル 88-89 ■ タルコット・パーソンズ 300-01 ■ アン・オークレー 318-19 ■ ジェフリー・ウィークス 324-25

アリティに対する硬直した理解が男女双方の可能性を狭めていると批判した。ミードによると「男らしくすべき」「女らしくすべき」といった社会規範にはサンクション（同調行為には報酬、逸脱行為には制裁）が伴っており、男性的とされる価値が優越する。

比較文化研究

ミードは、ニューギニアの3つの民族を比較研究した。結果は、西洋人が抱く男女の行動様式に対する固定観念を覆すものだった。アラペシュ族は男女とも「温和な性格」で協力的。西洋では「女性の仕事」とされる育児も男女両方で行う。ムンドグモール族は男女ともに気性が激しく攻撃的だった。チャンブリ族は西洋とは真逆ともいえる女性優位社会であり、男性は従属する側とみなされていた。

ある社会で「男らしい」とされる行動が、別の社会では「女らしい」とされる可能性がある。こうしてミードは、男女の性質や行動様式が生物学的な性別（セックス）で決まっているわけではないことを実証した。

男女の役割は社会的に形成されたものという理論によって、ミードは「ジェンダー」という重要な概念を打ち立てた。この新たな概念によって、男性性や女性性、セクシュアリティがイデオロギーによって形成される歴史的過程を観察し、異文化を比較することが可能になった。

そして変革のとき

ミードの業績は女性解放運動の拠り所として、1960年代以降の「性革命」の理論的支柱になり、ジェンダー役割やセクシュアリティについての固定観念に見直しを迫った。

これに続いてアメリカの文化人類学

ジェンダー役割は文化の産物であり、そもそも男より女のほうが家事や育児に向いているという証拠はない。

者ゲイル・ルービンらが、男女の役割が社会的要因によって規定されたもの（ジェンダー）であるならば、女性が不当に扱われるいわれはないと主張した。「ジェンダー」の概念を用いることによって、法律や結婚制度、メディアなどによって固定化された性関係のあり方に異議を唱えることが可能になった。

マーガレット・ミード

マーガレット・ミードは1901年にアメリカのペンシルベニア州フィラデルフィアで生まれた。父親はファイナンスの教授、母親は社会学者。ミードはニューヨーク市にあるアメリカ自然史博物館の名誉キュレーターの称号を得た。

1929年にコロンビア大学から博士号を取得。オセアニア研究などで有数の文化人類学者として名を馳せる。ジェンダーとセクシュアリティに関する初期の研究は物議をかもし「薄汚い年増女」と呼ばれた。それでも人気は変わらず、女性の権利から性行動や家族まで幅広い社会的課題について講義を行った。著作は20冊以上にのぼり、その多くは文化人類学をもっと身近にしたいとの思いから書かれた。1978年にニューヨークにて死去。

主な著作

1928年　『サモアの思春期』

1935年　『3つの未開社会における性と気質』

1949年　『男性と女性――移りゆく世界における両性の研究』

家族は
パーソナリティの生産工場

タルコット・パーソンズ
（1902年〜1979年）

背景知識

テーマ
子どもの社会化と成人の
パーソナリティの安定化

歴史に学ぶ

1893年 社会学者エミール・デュルケームは『社会分業論』で、労働の分業制は基本的に経済的、道徳的、社会的秩序維持のためにあると指摘。

1938年 アメリカの社会学者ルイス・ワースが、工業化が家族とコミュニティを破壊していると主張。

1975年 デイヴィッド・モーガンはフェミニスト理論に影響を受け、核家族を特別扱いするのは害があると『社会理論と家族』で主張。

1988年 『社会契約と性契約——近代国家はいかに成立したのか』で、イギリスの政治学者キャロル・ペイトマンは「分離すれども平等」という概念が公私両領域で男性が権力を握っているという実態を隠していると指摘。

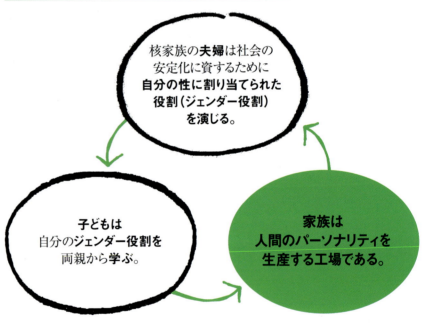

社会学者のタルコット・パーソンズが多くの著書で描いたのは1940年代と1950年代のアメリカ社会。エミール・デュルケームやマックス・ウェーバーの議論を踏まえ、彼はアメリカの経済秩序が小家族化を進行させたと主張し、家族は教育や法制のような制度のひとつであり、構成員が互いに支え合い、社会全体の安定化に寄与するという機能を有するとした。

パーソンズによれば、現代の核家族は、子どもが社会で生活するために必要なことを学ぶ重要な場だ（子どもの社会化）。子どもは家族という集団の中で地位や役割を学ぶ。第二次世界

家族とは何か、性的なアイデンティティとは？

参照　エミール・デュルケーム 34-37　■　マックス・ウェーバー 38-45　■　マーガレット・ミード 298-99　■　ジュディス・ステイシー 310-11　■　ウルリッヒ・ベックとエリーザベト・ベック＝ゲルンスハイム 320-23

大戦中には（出征した男性に代わって）従来「男の仕事」とされていた役割を女性がこなしていたが、多くの非フェミニスト系の学者は、男女の役割が異なるのは当然と決めてかかっていた。パーソンズも例外ではない。

幸せな家族

女性は世話を焼くように生まれついているのだから、その能力を発揮しやすい家事を担当するのは理に適っているとパーソンズは考えた。そうであってこそ、男性が一家の大黒柱の役目を果たすこともできる。仕事と家事を分業制にすれば、どちらの稼ぎが多い少ないでもめることもない。専業主婦となった女性は育児、そして家族が明日への英気を養う場所を提供することに専念できる（成人のパーソナリティの安定化）。

この機能を果たすには料理や洗濯に加えて、情緒面での家庭管理能力も必要になる。パーソンズは、パーソナリティは生まれつき備わったものではなく、つくられるものであり、家族はパーソナリティが育まれる最初の場所だと考えた。

そして子どもは同性の親と自分を同一視し、自分の役割を学ぶ。女の子は「女らしく」、男の子は「男らしく」なることで、自分が将来営むべき異性愛の家庭生活に備える。

核家族の威力

このようにすっきりと分業することで、理詰めで競争の激しい外の世界から家族を守ることができる。だが、しかるべき時が来たら、父親は外の世界と家庭との橋渡し役を務めることもできるわけだ。

核家族はかつて、近代社会の典型的な家族の姿だった。しかし今は同性婚の家庭など、さまざまな家族の形がある。

当時の社会科学ではこのような家族理解が主流だったが、1970年代、1980年代になるとフェミニストたちが異議申立てを始めた。核家族に関する従来の理論は西洋の中産階級・白人家族にしか当てはまらず、それ以外にも多数存在する集団の異なる実情を無視しており、さらには男女間の不平等を正当化していると批判された。■

> 家族は社会にとって
> 重要な機能を有している。
> それが男女の役割に
> 違いがある理由だ。
> タルコット・パーソンズ

タルコット・パーソンズ

タルコット・パーソンズは1902年にアメリカのコロラド州に生まれた。実家はアメリカで最も古くから続く一族のひとつ。父親はリベラル派の学者で、大臣経験者。

アマースト大学で哲学と生物の学位を取得。その後、イギリスのロンドン・スクール・オブ・エコノミクスとドイツのハイデルベルク大学で学ぶ。ファシズムや共産主義を厳しく批判する一方、アメリカ社会を熱心に支持した。学者生活の大半をハーバード大学で送り、1973年に退職。その後も理論構築を続け、講義を行った。脳卒中のため1979年に、ドイツのミュンヘンで講義の最中に死去。

主な著作

1937年　『社会的行為の構造』
1951年　『社会体系論』
1955年　『家族——核家族と子どもの社会化』

欧米の男性は告白好きな生き物

ミシェル・フーコー
（1926年～1984年）

背景知識

テーマ
真理への意志

歴史に学ぶ

1782年 ジュネーブ生まれのフランスの哲学者ジャン＝ジャック・ルソーが自叙伝『告白』を発表（死後刊行）。宗教体験などを記した従来型の自伝とは異なり、回顧録的な内容が特徴。

1896年 オーストリアの神経科医ジークムント・フロイトが「精神分析」の理論を構築した。

1992年 社会学者アンソニー・ギデンズが『親密性の変容』で、男性は人前で感情を出すことを嫌い、人間関係における感情面での役割を女性に頼る傾向があると指摘した。

2003年 フランク・フレディは『セラピー文化』で（心の病気を治療する目的で）赤裸々に語ることの弊害を指摘した。

近頃の人はなぜこうもセックスの話をしたがるのか。フランスの哲学者ミシェル・フーコーは著書『性の歴史Ⅰ　知への意志』（1976年）でこう問い掛けた。フーコーは、告白と真理と性の間に重要な関係があると主張。近代西洋社会におけるセクシュアリティの本質を理解するには、性の科学や心理学のような「知」が、ジェンダーやセクシュアリティについての人々の思考をいかに支配するようになったかを考察する必要

> キリスト教会は**「肉欲の罪」を償う手段として**告解を求める。

> 精神医学と心理学は**本当の自分を知るために性的欲望について**告白するよう求める。

↓

「真理」を明かすことが救いの道と教えられる。

↓

欧米の男性は告白好きな生き物になった。

家族とは何か、性的なアイデンティティとは？

参照 ミシェル・フーコー 55-55, 270-77 ■ ノルベルト・エリアス 180-81 ■ アーリー・ホックシールド 236-43 ■ カール・マルクス 254-59 ■ ジェフリー・ウィークス 324-25

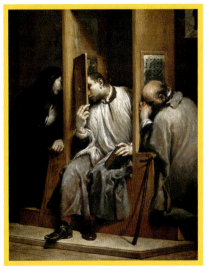

告白するとき、人は専門家（神父やセラピストなど）に裁きや処罰、矯正の権限を付与している。そして罪の意識と告白の無限循環におちいる。

があると指摘した。

ある社会の「真理」は「ディスクール（言説）」という方法でつくり出され、社会制度によって「知」へと体系化される。性についての言説が世の中にかくも氾濫するようになったのは400年前の西洋社会でのこと。17世紀にキリスト教会が「肉欲の罪」を厳しく戒めたためにかえってセクシュアリティに対する関心が高まり、18世紀には禁断の性行為を描いた小説が出版されるようになった。この言説から19世紀における性の科学が生まれ、近代的なセクシュアリティがつくられた。そしてセックスは「行為」から「アイデンティティ」になった。

告白

19世紀末に精神医学と心理学が登場すると、キリスト教の告解という宗教行為（自分の罪を認め、神の赦しを乞う）が科学として再構築された。性癖や性欲について語ることが「本当の」自分を知る手段と考えられた。

こうして、西洋社会では告白が「真実」を明らかにする最も価値ある手段のひとつとみなされるようになった。もともと宗教行為だった告白が一般に広まり、いまや家庭生活や人間関係、仕事、医学、そして犯罪捜査にも取り入れられるようになった。

健全な関係を保つには真実を語る必要がある。「専門家」（セラピストや医師など）は患者に「本当の」自分をさらけ出させる必要がある。具体的に語れば語るほど自分のことがよく分かり、自由になれると言われれば抗いがたい。心にトラウマを抱えた人は、原因となった体験を語ることに治療効果があるといわれる。しかしこの「真理への意志」を巧みに操っているのは実は権力であり、やがて監視と規制に形を変える恐れがある。告白は真実を明らかにするのではなく生み出すのだ。フーコーはそう主張する。

フーコーの仕事は1980年代以降のフェミニズムやセクシュアリティ研究に多大な影響を与えた。とくにイギリスの社会学者ジェフリー・ウィークスはフーコーの議論を踏まえ、法律がいかにジェンダーやセクシュアリティの規制に使われてきたかを解き明かした。■

セラピー文化

ハンガリーの社会学者フランク・フレディ（イギリスのケント大学の社会学名誉教授）は、現代人は感情にとらわれすぎているという。憂鬱な気分や倦怠感など昔なら問題なしと片づけられていた心理状態が、いまでは治療や医療的介入が必要と考えられている。

スター選手の薬物中毒や有名人のセックス依存症のニュースを頻繁に目にする。そして、心の病気を治すには痛みを他者に打ち明け、他者との垣根を取り払うように言われる。私生活を赤裸々に語って外部に助けを求めることがセラピー文化ではよしとされる。精神状態はアイデンティティを左右する大切な要素とされ、自分の病を知るには自分の精神状態を理解する必要があると教えられる。フレディは、こうした風潮は逆効果であると主張する。皮肉にも「セラピー」文化がかえって人々を傷つきやすくしているのだ。

すべてが語られなければならなかった……
セックスについて、洗いざらい。
ミシェル・フーコー

異性愛は社会的な制度として理解され、研究されるべきだ

アドリエンヌ・リッチ（1929年〜2012年）

アドリエンヌ・リッチ

背景知識

テーマ
強制的異性愛

歴史に学ぶ

1864年 イギリスで伝染病法が成立。客から性病をうつされた売春婦が罰せられることになった。

1979年 アメリカの弁護士キャサリン・A・マッキノンが『セクシャル・ハラスメント・オブ・ワーキング・ウィメン』で、職場での女性の地位は著しく低く、補助的な仕事ばかりさせられていると主張。

1993年 アメリカのすべての州で夫婦間レイプがようやく犯罪とされた。

1996年 イギリスの社会学者ダイアン・リチャードソンは『異性愛の理論化』で、(当たり前すぎて分析対象とされてこなかった) 異性愛について論じた。

もし異性愛がデフォルトでも唯一の「正常な」セクシュアリティでもないとしたらどうだろう。異性愛が当たり前という「規範」に、アドリエンヌ・リッチは論文「強制的異性愛とレズビアン存在」(1980年) で挑んだ。リッチが影響を受けたのは、女は男より劣った「第二の性」として社会から特定の役割を押しつけられてきたと主張したフランスの思想家シモーヌ・ド・ボーヴォワールだ。

リッチはこう主張する。異性愛は自然の摂理などではなく、人為的に「強制」されたものである。これは、異性愛と同性愛、男性と女性という誤った二項対立の議論を煽り、「同性愛」より「異性愛」を、「女性」より「男性」を優位に立たせたい権力システムの企みと捉えるべきである、と。強制的異性愛は、人間関係の築き方やジェンダーの「演じ方」の見本を示した「台本」であり、男性は性に能動的、女性は受け身といった演技指導がなされ

> ポルノグラフィが発する最も有害なメッセージは、男性にとって女性は性的な獲物であり、女性もそれを喜んでいるというもの。セクシュアリティと暴力が一体化している。
> **アドリエンヌ・リッチ**

る。だが、そんな違いを裏付ける証拠はどこにもない。

女性は控えめに行動し、男性に依存するよう期待され、その期待を裏切れば、異常だ、危険だとみなされる。性に奔放な女性は尻軽女のレッテルを貼られる。家父長制 (男性優位を前提とした権力システム) は女性への抑圧を説明するのに便利な概念だ。女性の従属的な地位について理解する鍵は「男性の女性支配」だとリッチは考えた。

- **異性愛が規範**とされ、男性は能動的、女性は受動的とみなされる。
- **異性愛はイデオロギーと強制力**によって**推進・維持**される。**レズビアニズム**は否定され、**侮辱される**。
- **異性愛は、男性が女性を従属させ利益を得るための制度および権力システム**として認識されるべきだ。

家族とは何か、性的なアイデンティティとは？ 307

参照　カール・マルクス 28-31 ■ ジュディス・バトラー 56-61 ■ R・W・コンネル 88-89 ■ ベル・フックス 90-95 ■ シルヴィア・ウォルビー 96-99 ■ スティーブン・サイドマン 326-31

イデオロギーの圧力

リッチは強制的異性愛というイデオロギーが女性に、男性との性的な関係を「強要」するさまざまな手段について論じている。たとえば男女の賃金格差が原因で女性が経済的に男性に依存せざるをえないケース。女性はよその男性から暴力被害を受ける恐れがあるので外出を控え、男性に守ってもらわなければならないという根拠のない社会通念など。男性と女性は捕食者と被食者という「自然界の」仕組を刷り込まれ（その考えは痴漢などの存在でもっともらしく強化され）、異性と性的関係をもてば女性は安全を得られるという（間違った）考えを植えつけられる。

結婚を急がない人が増えてはいるが、多くの若い女性はいずれ自分も結婚するものと考えている。こうした期待が醸成されたのも異性愛の押しつけがあってのこと。イデオロギーはここでも、映画『タイタニック』や童話『シンデレラ』のようなロマンチックな物語を通じて異性愛の素晴らしさを喧伝(けんでん)するのに一役買っている。

異性愛が当たり前との認識が社会に広がっているため、あえて否定しない限りは異性愛者とみなされる。すると「カミングアウト」したレズビアンやゲイ男性は、性的指向をわざわざ表明する必要のない異性愛者よりも性欲が強いかのような印象を与えてしま

う。一方、異性愛者はおのずと「正常」とみなされるのだ。

抑圧作戦

カール・マルクスは、資本主義は征服や隷属といった暴力的なやり方で維持される側面があると論じた。リッチは、異性愛もこれと似た角度から捉えることができるという。労働者に賃金労働以外の選択肢がないように、強制的異性愛のもとでは異性愛か同性愛かの選択肢はない。

イデオロギーの暴力と並行して、身体的な暴力が女性の行動を制御するために使われることがよくある。女性

レズビアンを殺人鬼として描いた『氷の微笑』のようなハリウッド映画は、レズビアンは邪悪で異常、異性愛は正常というイメージの定着に一役買っている。

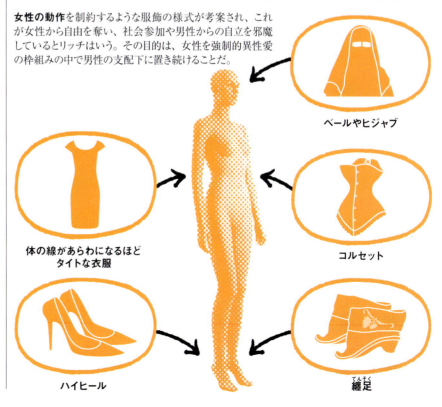

女性の動作を制約するような服飾の様式が考案され、これが女性から自由を奪い、社会参加や男性からの自立を邪魔しているとリッチはいう。その目的は、女性を強制的異性愛の枠組みの中で男性の支配下に置き続けることだ。

ベールやヒジャブ

体の線があらわになるほどタイトな衣服

コルセット

ハイヒール

纏(てんそく)足

アドリエンヌ・リッチ

の性器切除や、妻の不貞行為や女性間の同性愛を罰する行為などだ。児童婚や（親に相手を決められる）強制結婚、女性が性暴力や凌辱を喜んでいるかのように描いたわいせつ画像、児童への性的虐待、近親相姦。レイプもそうだ。西洋の多くの国では1990年代に入るまで夫婦間レイプへの認識がなかった。その根底には、妻は夫に性的に服従すべきとの考えがあった。リッチは「男性が女性を取引の対象にする」ことも強制的異性愛がもつ暴力的側面として挙げる。たとえば性的搾取や売春目的での女性の人身売買だ。

娘は結婚していずれ家を出ていくのだから、実家に残る息子を進学させたほうがよいという考えが一部の文化には根強く残り、女子の中等教育進学率は開発途上国においてはわずか30パーセントにすぎない。満足な教育を受けられなければ就業機会も減る。

接待ゴルフなどに使われる名門カントリークラブが女性会員を排除してい

> （異性愛は）強制力によって課され、管理され、組織され、宣伝され、維持されてきた。
> アドリエンヌ・リッチ

るのも、男性の権力維持の方法のひとつだ。

このように、異性愛はジェンダーやセクシュアリティの硬直した社会構造を前提とした制度として理解できる。ジェンダーに関するこうした既成概念を強化するために、暴力的手段を含めた社会統制が行われる。その目的は女性を異性愛制度の内部に閉じ込め従属的な地位に置き続けること。女性の抑圧は異性愛の直接の帰結だとリッチは考える。

レズビアニズム（女性間の同性愛）を歴史や文化から抹消ないし否定する行為も、異性愛制度維持の手段のひとつだ。社会は「男に同一化」しており、女性よりも男性の都合、女性との友情よりも男性との恋愛が優先され、女性は男性のために美しくあらねばならないと思う。

そこでリッチはこう訴える。女性たちよ、女性を中心に自分の人生を考えよ、「女に同一化」せよ、と。だからといって、すべての女性が男性との関係を断ち、女性と恋愛すべきだというのではない。ただリッチはすべての女性に、レズビアンのコミュニティに限定されていた「女性を愛する経験」をしてほしいという。

レズビアン連続体

リッチは偏ったレズビアン像に挑み、レズビアンは男嫌いの女でも女と寝る女でもなく、ただ純粋に女を愛する女だと論じた。それは「政治的レズ

アドリエンヌ・リッチ

フェミニスト、詩人、エッセイスト。アドリエンヌ・リッチは1929年にアメリカのメリーランド州に生まれた。両親の間で宗教的・文化的な不一致があったために、家庭生活は張り詰めたものだった。

のちにレズビアンであると自覚したが、親元から離れるためなどの理由で結婚。その間、コロンビア大学で教職を得た。母親と妻を経験したことで、知的開花は遅れ、急進化した。反戦運動に身を投じ、フェミニズムと公民権運動にも積極的に参加。1997年には、アメリカの不平等に抗議して、ビル・クリントン大統領からの全米芸術勲章の受賞を拒否。

主な著作

1976年 『女から生まれる——アドリエンヌ・リッチ女性論』
1979年 『嘘、秘密、沈黙。——アドリエンヌ・リッチ女性論 1966-1978年』
1980年 「強制的異性愛とレズビアン存在」

家族とは何か、性的なアイデンティティとは？

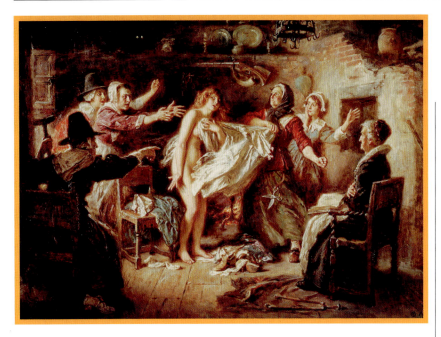

魔女は「異質」として恐れられ、迫害されることが多かった。15世紀後半、魔女は男性を性的不能にする力をもつと信じられていた。

ビアニズム」と呼ばれ、リッチはそこに、単なる性的指向を越えた家父長制への抵抗を見た。レズビアニズムは連続体であり、そこには女性に性的な魅力を感じる女性もいれば、異性愛者だが政治的には他の女性に共感する女性もいる。とはいえ、社会的に受け入れられやすい程度に「少しだけ」レズビアンというグループがあるわけではない。そうではなくて、リッチは何百年もの間、強制された社会の因習に抵抗し、レズビアン連続体の内外にいた女性の存在を示したかったのだ。とくに16世紀から17世紀にかけてのヨーロッパでは、家父長制の外で生活するなどしたために魔女狩りの犠牲となり、絞首刑や火あぶりにされた女性が大勢いた。19世紀の後半のイギリスでは、女性炭鉱労働者がズボンの着用を主張して物議を醸した。

イギリスの急進的なフェミニストであるシーラ・ジェフリーズは、異性愛者の女性が男性との関係を断つことなく政治的な発言力を維持することを許すことになると批判した。しかしリッチの研究の主眼は、異性愛の女性を非難することではなく、制度としての異性愛への批判だ。

リッチは異性愛／同性愛という二項対立に疑問を投げかけ、セクシュアル・アイデンティティは欧米文化の産物だと主張するアメリカのイヴ・コゾフスキー・セジウィックのようなクィア理論の研究家を登場させた。セジウィックは、これをレズビアンやゲイ男性のようなマイノリティだけの問題に限定することにも反対した。

概念の変化

リッチが1980年の論文で異性愛を制度として研究したことは、セクシュアリティ研究に間違いなく非常に大きな変化をもたらした。以前には決してなかったことだ。なぜならイギリスの社会学者キャロル・スマートが指摘するように、異性愛というアイデンティティは、白人入植者のアイデンティティと同じように、それが規範とされ、何の努力もなしに優位性を保ち、わざわざ取り上げられることがなかったからだ。リッチの研究は、イギリスの社会学者スティーヴィー・ジャクソンなどの異性愛者フェミニストたちにとっても「異性愛」を制度として考える契機となった。またフランスのモニック・ウィティッグは1992年に、異性愛は女性の隷属の上に成り立っている政治体制だと批判した。■

> 家父長制の下で
> 制度として構築された母性は
> 生得的なものではない。
> 生まれついての
> 奴隷などいないのと同じことだ。
> **アドリエンヌ・リッチ**

家族のあり方は多様になり、活動的で、今も変わりつつある
ジュディス・ステイシー

背景知識

テーマ
ポストモダン家族

歴史に学ぶ

1970年　アメリカの急進的なフェミニストの一人ケイト・ミレットが、核家族は女性の服従の場であると主張。

1977年　アメリカの社会評論家クリストファー・ラッシュは『非情な世界における家族』で、現代社会で伝統的な家族の価値がいかに損なわれてきたかを説明。

1997年　『レズビアンのライフスタイル』で、イギリスの学者ジリアン・ダンは、レズビアン関係は異性愛のパートナーシップよりも対等だと主張。

2001年　『同性間の親密性』で、ジェフリー・ウィークスらは、家族のあり方が個人の選択の問題になってきていると論じた。

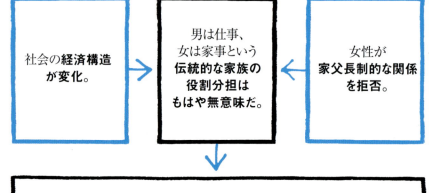

家族のあり方は多様になり、活動的で、今も変わりつつある。

核家族はまさしく「近代的」な家族の形だと、1960年代半ばまでは考えられていた。しかし今や時代遅れであり、抑圧を内包する制度と化している。ジュディス・ステイシーはそう考えた。ステイシーはニューヨーク大学の名誉教授で、家族やクィア理論、セクシュアリティ、ジェンダーを中心に社会や文化の分析を行ってきた。

ステイシーはシリコンバレーで暮らす家族の詳細な調査を行った。それによると、貧困や失業をもたらす経済構造の変化に適応するために家族形

家族とは何か、性的なアイデンティティとは？

参照 シルヴィア・ウォルビー 96-99 ■ タルコット・パーソンズ 300-01 ■ アドリエンヌ・リッチ 304-09 ■ ウルリッヒ・ベックとエリーザベト・ベック＝ゲルンスハイム 320-23 ■ ジェフリー・ウィークス 324-17

態は大きく変容した。女性は家父長制的な関係を拒否し、従来型の家族関係は弱体化した。今は子連れ再婚によってできた混合家族や、同性婚の家族、同棲や事実婚、ひとり親の家族など、家族形態は多様化している。これらを一括してステイシーは「ポストモダン家族」と呼ぶ（一方、こうした家族の形は以前から存在しており、いわゆる核家族も中産階級の恵まれた人たちにのみ可能な家族の形だったと考える学者も多い）。

パイオニア精神

経済的な理由で家族をもつ意義は薄れ、親密な関係や愛の重要性が増した。結婚は減っても人が意味のある人間関係をもたなくなったわけではない。むしろ、離婚や再婚で複雑な人間関係は増えているとステイシーは考える。

今日、家族内での伝統的な役割や、家族間の法律上の関係や血縁関係の重要性が低下している。その結果、個々人の選択肢は広がり、さまざまな形が試されている。異性愛か同性愛かの二元論には収まりきらなくなり、それに代わって家族関係の「クィア化」が進行しつつある。こうした「素晴らしき新家族」は、変化と多様性を完全に受け入れ、非伝統的かつ対等な関係を築こうと努力している。

ステイシーは、ジェフリー・ウィークスやイギリスの社会学者ジリアン・ダンらの系譜に連なる。その主張は、レズビアンやゲイの家族はより民主的でより対等な関係づくりのフロントラ

> 近代的な家族システム
> という意味での
> 家族は死んだ。
> **ジュディス・ステイシー**

ンナーであり、伝統的役割が当てはまらない「ポストモダン家族」の理想像だというものだ。

対等な愛？

イギリスの社会学者アンソニー・ギデンズはステイシーの意見に賛同する。現代の家族形態は構成員の対等な関係の構築と、ステレオタイプや伝統的な性別役割分業の解消に貢献するとギデンズはいう。これとは対照的に、異性愛夫婦では家事負担が妻に大きく偏っていることが、イギリスでの最近の研究で明らかになっている。

では、同性愛カップルの関係はどの程度、対等なのだろうか。カナダの研究者ジャニス・リストックは、同性愛カップルでも家庭内暴力が頻発していると指摘。社会学者ウルリッヒ・ベックとエリーザベト・ベック＝ゲルンスハイムなどは、新しいタイプの家族生活に伴う多くの困難に目を向けている。理想の家族を求める社会実験に終わりはない。■

ゲイが親になること

このままだとアメリカから父親のなり手がいなくなる――複数の圧力団体の警鐘にステイシーは注目する。異性愛者の男性が妊娠した恋人を捨てる。生涯子どもをもたない選択をする。技術の進歩や避妊法の普及でセックスが生殖と切り離される。親は老後の世話に子どもを当てにできない。子育ては経済的な問題ではなく気持ちの問題になった。

他方、親になることを選ぶゲイ男性は増えている。だが彼らの場合、生殖手段（どこから卵子の提供を受けるか、誰の子宮を借りるか）など、レズビアンや異性愛者よりもさらに多くの問題に直面する。養子縁組の場合も、異性愛者カップルならたいてい健康な赤ん坊を託されるが、ゲイのカップルは、生後日数が経っている、体調不良などの理由で育てるのが難しい、といった子どもを迎えるケースが多い。最も助けを必要としている子どもに「家庭」を提供しているのはゲイ男性なのだと、ステイシーはいう。

子どもをもつ決断をしたゲイ男性は、男性性や父性、乱交といった社会の偏見に悩まされている。

婚姻の契約は労働契約だ
クリスティーヌ・デルフィ（1941年〜）

クリスティーヌ・デルフィ

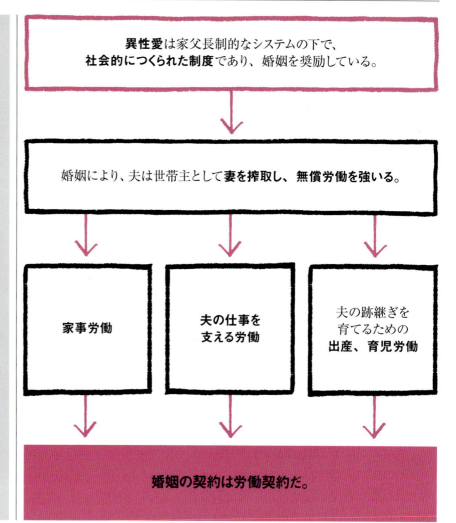

背景知識

テーマ
唯物論フェミニズム

歴史に学ぶ

1974年 イギリスの社会学者アン・オークレーは『家事の社会学』でフェミニストの観点から家事を俎上にのせた。

1980年 アメリカの作家でフェミニストのアドリエンヌ・リッチは、異性愛は男性に権力を与え、女性を支配させるための政治制度であると主張した。

1986年 イギリスの社会学者シルヴィア・ウォルビーによると、家庭でのジェンダーの役割分担は家父長制を維持するための主要な構造のひとつだという。

1989年 フランスの唯物論フェミニストのモニック・ウィティッグは『社会契約』で、異性愛の契約はセックスの契約であり労働の契約でもあると論じた。

くの社会で何百年もの間、結婚は女性のゴールであり憧れとされてきた。無数の芸術作品——おとぎ話から小説や映画にいたるまで——がこうした結婚観の強化に一役買ってきた。しかし1980年代に入ると、現実の結婚はきわめて虐待的な制度で、男性による女性への抑圧が続く元凶だと、アン・オークレーやクリスティーヌ・デルフィなどのフェミニストが主張した。

マルクス主義の理論家クリスティーヌ・デルフィは、この種の抑圧調査にはマルクス流の分析方法しかないと考える。このやり方で、結婚は誰にとってメリットがあるのかを調べる。マルクスは階級構造を通して抑圧を分析したが、デルフィは（権力と権威を男性が握る）家父長制の権力構造を通じて女性に対する抑圧を分析した。家父長制の下では、異性愛（と、その結果として男女の夫婦）は個人の性的指向ではなく社会がつくり出した制度であり、男性支配の維持に資する。男性が搾取しやすいように女性が妻になり母になるように仕向けられているのがその証拠——これがその分析の結果だ。

家内制生産様式

マルクスの概念は家庭の場にも応用可能とデルフィは考える。家庭は家父長制の生産現場。ここでは男性が

家族とは何か、性的なアイデンティティとは？ 315

参照　ジュディス・バトラー 56-61 ■ フリードリッヒ・エンゲルス 66-67 ■ シルヴィア・ウォルビー 96-99 ■ アーリー・ラッセル・ホックシールド 236-43 ■ テリ・リン・キャラウェイ 248-49 ■ アドリエンヌ・リッチ 304-09 ■ アン・オークレー 318-19 ■ スティーブン・サイドマン 326-31

ジェーン・オースティンの小説を映画化した『プライドと偏見』などのストーリーは、「完璧な」男性を見つけて結婚することが女性の願いという価値観を強めている。

女性の労働を狡猾に利用して得をする仕組になっている。女性は世帯主たる男性のために、やってもやっても終わらない家事に追われる。業務内容の定めもなければ、協定賃金も労働時間の制限もない。これが会社なら搾取とみなされるところだ。また、共働きの家庭でも妻が家事と育児を行うケースが多い。これを唯物論者流に表現すれば「不払い労働」ということになる。

マルクス主義の理論によれば、階級は互いの関係性のなかにおいてのみ存在する。プロレタリアート（労働者階級）がいなければ、ブルジョアジー（生産手段の所有者）は存在しない。フリードリッヒ・エンゲルスは、階級社会の進展と女性への抑圧の関係を広範囲にわたって記述した。19世紀の私有財産の増加によって格差が広がった。男性が生産活動に従事し、富を蓄え、権力を手にしたからだ。そして男性は考える。自分の財産を嫡男に相続させたいと。その最も確実な方法は一夫一婦・家父長制だ。こうして、結婚は私有財産を基礎に置いた関係になった。

無報酬の補助作業

続く産業革命期には労働需要が高まり、労働力確保のために多産が奨励された。だが、子どもを産めば産むほど女性は家庭にしばられ外で働くことが難しくなる。独身女性も父親や兄弟や雇い主から「妻」的な働きを強いられたとデルフィはいう。こうした見方にはイギリスの社会学者のジャネット・フィンチの『仕事との結婚』の影響もある。この本には女性が、時には（商談相手や政治家の）接待などで間接的に、時には（職人や学者の）助手として直接的に、時には（聖職者の）料理や掃除の世話係として、無報酬で働かされている様子が記録されている。

唯物論フェミニズム

資本主義と家父長制は別個の社会システムだが、労働の私物化という共通点があり互いに影響し合っている。こうしたデルフィの家族に対する唯物論フェミニズム的分析手法は、資本主義の役割を考慮しない初期のフェミニストのそれとは異なる新しいアプローチだ。結婚したら家事は妻の仕事という役割分担が制度化されており、これでは婚姻契約は労働契約だとデルフィは指摘する。

この見解は論議を呼んだが、イギリ

家庭での女性搾取は、男性支配の永続に資する家父長制と資本主義によってもたらされたと、デルフィはいう。

OECD（経済協力開発機構）加盟国を対象に2009年から2011年にかけて家事労働時間を調査した結果、男女間に大きな差があることが分かった。女性の方が男性よりはるかに多くの時間を家族の世話（食事の支度など）や雑用に充てていた。

家族の世話（1日当たり）

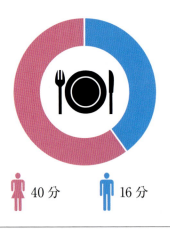

♀ 40分　♂ 16分

日常の家事（1日当たり）

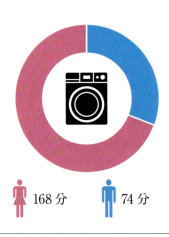

♀ 168分　♂ 74分

スの政治理論家キャロル・ペイトマンをはじめ、ほかの学問分野から支持を得た。イギリスの哲学者ジョン・ロックは社会契約説で、個人はよき市民として行動し、その対価として国家から保護を受けると考えた。これを応用してペイトマンは、異性愛を性契約という観点から考えた。女性は結婚の対価として男性からの保護を受ける。夫は妻の労働と肉体を自由にする権利を得る（ペイトマンが『社会契約と性契約——近代国家はいかに成立したのか』を執筆した1988年当時のイギリスでは「夫婦間レイプ」はまだ犯罪とはされていなかった）。

一部のフェミニストが主張するような女性の労働の過小評価といった単純な話ではなく、女性の賃金を上げれば済む問題でもないとデルフィはいう。マルクス主義の階級分析が示すように、搾取される者がいてこそシステムは成り立つ。搾取する相手がいなければ得られるものはない。そして搾取対象が次々と生み出される状況を維持するには社会全体に一定のイデオロギーを浸透させる必要がある。そのイデオロギーが、資本主義・家父長制社会では女性蔑視だ。

このデルフィの見方に対しては批判もある。女性も結婚から経済的・性的に恩恵を受けているではないか、と。デルフィもこれは否定しない。だが、問題は等価交換でないところだ。夫を愛していれば妻も務めを果たしたという満足感を得られるかもしれない。しかし、だからといってただ働きを強いていいという理由にはならない。ダイアナ・レナードとの共著でデルフィは、愛し合っていても「妻を搾取する夫はいる」と書いている。

ジェンダーがセックスに先行

性別は自明ではないと、デルフィはいう。ペニスと胸毛さえあれば男というわけでも、妊娠機能があれば女というわけでもない。社会が性別を強調するのは、そのほうが女性より男性を、同性愛より異性愛を上に置くのに都合がいいからだ。こうしてジェンダーがセックスを規定、セックスに「先行」する。

性別で人間を分類する方法は間違っており、誤解を生むものだとデルフィはいう。ほかにも識別しやすい身体的な特徴があるのに、どうして性別を重視する必要があるか。なぜ生物学的な性だけが人間を二つのグループに分ける唯一の判断材料にされた上、見た目に「自然な」特徴と役割を負わされるのか。性による分類は間違って

> 特定の家事を無償でしなければならない理由はない。同じ仕事を他人に頼めば対価を求められるのだから。
> **クリスティーヌ・デルフィとダイアナ・レナード**
> （イギリスの社会学者：1941〜2010年）

家族とは何か、性的なアイデンティティとは？ 317

婚姻契約への署名は、法的パートナーシップを結ぶということ。国によって解釈は異なるが、デルフィは得をするのはいつも男性だという。

いるというのが、デルフィの家父長制に対する批判の出発点だ。なぜなら、家父長制の下で、性が人間を（経済的・社会的・性的な）支配・被支配関係に分けるための詭弁に使われているからだ。

この理論の構築に大きな影響を与えたのが、フランスのフェミニストのシモーヌ・ド・ボーヴォワールの著書だった。ボーヴォワールは、男性が女性を「他者」と位置づけ、不平等な家父長制を正当化しようとしたと考えた。「男」とか「女」とかいう区別に異議を唱えたデルフィの主張は、従来の性やセクシュアリティ、ジェンダーとそれぞれの固定化した役割分担に疑問を投げかけるクィア理論の先駆けとみられている。

フェミニズムとマルクス主義

デルフィの理論が紹介されると世の中に旋風が巻き起こった。ちょうどフェミニストが家事労働の問題に取り組み始めた時期だった。しかし、フェミニズムとマルクス主義の関係についてはかなり反論もあった。男性が妻の労働から利益を得て、搾取しているという主張に対して猛烈に反発したのはイギリスのミッシェル・バレットやメアリー・マッキントッシュなどのマルクス主義のフェミニストたちだった。一つの社会に搾取の二つの形態（家父長制と資本主義制）は同時に存在できないと主張する者もいた。

永続する不平等

1980年代以降、デルフィなど多くのフェミニストはこうした批判を受け入れ、丁寧に対処した。こうしてデルフィの理論は世界中のフェミニストに影響を与え続けた。アメリカの哲学者ジュディス・バトラーなどはデルフィの、とくに性とジェンダーの区別に関する理論を自分の研究に大いに取り入れた。フランスのフェミニストのモニック・ウィティッグはデルフィの理論を発展させ、社会を二つの性に分けるのは不平等の原因ではなく結果だと主張した。ジャーナリストで活動家のベアトリクス・キャンベルは、親密な関係における女性搾取が続く背景を紹介した。たとえば世界を見回してみても夫が育児を公平に負担している社会は少ない。現代のグローバル資本主義が男性優位を強める役割を果たしているとキャンベルはいう。

一部の国で議論になっている妊娠中絶など、経済的な搾取以外の抑圧に関する問題についても、デルフィの分析が参考になる。出産・育児を女性に対する強制労働と捉えれば、女性が搾取逃れの産児制限という手段に出るのではないか。これは男性にとっては悪夢だろう。北アイルランドなどの中絶禁止法、アメリカでの激しい中絶論争。これらは、資本主義と家父長制を維持したい男性が女性の選択権を奪って搾取し続ける企てと見ていい。■

クリスティーヌ・デルフィ

クリスティーヌ・デルフィは1941年、フランス生まれ。パリと、アメリカのカリフォルニア州バークレーで大学教育を受けた。1968年にパリで起きた政治的抗議行動に触発され、フランス女性解放運動に参加。1977年に、雑誌『フェミニストの新しい問題』をフランスの哲学者のシモーヌ・ド・ボーヴォワールと創刊。

レズビアンの蔑称「ダイク」を、大改革を起こす人の意味に転用しようと試みる集団「レッド・ダイク」のメンバー。最近では、フランスの公立学校でイスラム教徒の女生徒がヒジャブ（ベール）を着用することを禁止する法律を人種差別的行為と非難した。

主な著作

1984年　『なにが女性の主要な敵なのか——ラディカル・唯物論的分析』
1992年　『家庭内搾取』（ダイアナ・レナードとの共著）
1993年　『セックスとジェンダー概念の再考』

家事労働は自己実現につながらない

アン・オークレー（1944年〜）

背景知識

テーマ
疎外された家事労働

歴史に学ぶ

1844年 カール・マルクスが労働者の疎外に関する理論を発表。

1955年 社会学者タルコット・パーソンズは家事労働を女性の役割の不可欠な部分と考える。

1985年 イギリスの社会学者メアリー・メイナードは『家事と家事労働者』で、共働き夫婦の妻は夫に比べてはるかに多くの時間を家事労働に費やしていることを明らかにした。

1986年 イギリスの社会学者リンダ・マッキーとコリン・ベルは、男性は無職の場合でも女性より家事をしないのは、ただでさえ夫の男性性が脅かされている時に、そのうえ家事協力を求めて男のプライドを傷つけたくないと妻が遠慮するためだと指摘。

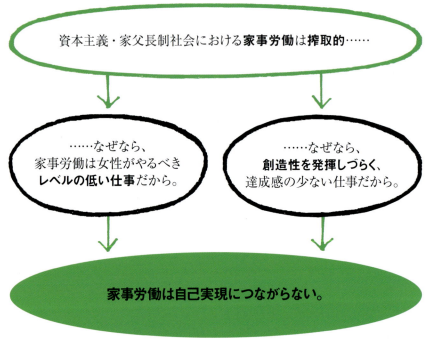

　女性に割り振られるのは家回りの仕事が大半。1世代以上前の1974年に、社会学者のアン・オークレーがフェミニストの見地から家事労働に関する先駆的な調査を行った。ロンドンに住み、5歳未満の子どもを最低1人は育てている20歳から30歳の主婦40人にインタビューを行った。狙いは女性目線で家事を捉えることだ。

　家事は労働と認知されるべきであり、妻や母親の役割の延長線上にあるわけではないとオークレーは主張する。女性はただ働きを強いられている。

家族とは何か、性的なアイデンティティとは？ 319

参照 シルヴィア・ウォルビー 96-99 ■ ハリー・ブレイバーマン 226-31 ■ ロバート・ブラウナー 232-33 ■ アーリー・ホックシールド 236-43 ■ タルコット・パーソンズ 300-01 ■ クリスティーヌ・デルフィ 312-17

それは資本主義を機能させているのと同じ搾取の構造だ。男性労働者の要求に応えることで、主婦は男性労働者の経済活動を支えている。

それは女性の役割なのか？

女性には子どもを産む機能が備わっているのだから家事をやるのは当然だという。だが、それとアイロンの腕前とどういう関係があるのか。しかも女性たちは家事労働の対価を求めてこなかった。

カール・マルクスが描く資本家による男性労働者の搾取の構図は、家庭内における女性搾取のケースにも当てはまる。しかしイデオロギーがこの事実を覆い隠し、家事は主婦がやるのが「当たり前」で賃金には値しないという意識を広めている。これに対しオークレーは、ジェンダーとその役割は文化や歴史を反映したものであって、生物学的に決まっているものではないと主張した。

疎外感

マルクスは、私有財産制のもとで労働者は自分の労働の成果を手にすることができず疎外感を味わうと考える。これと同じように、大半の主婦は家事から満足感を得られず、孤独で単調で退屈な作業に価値を見いだせずにいるとオークレーはいう。主婦の地位の低さも不満の種だ。工場労働者同様、家事も同じ作業の繰り返しで断片的。主婦も時間に追われてばかりいる。

オークレーによれば、労働で疎外を感じる割合は、工場労働者より主婦の方が高いという。それには社会から取り残されるような焦りも影響している──彼女たちの多くは結婚を機に仕事を辞めていた。彼女たちには決定権も管理権もなく、家事を自分だけでこなさなければならない。

こうしてみると、家事は女性の潜在能力発揮の妨げになっている。オークレーが指摘した問題は今日でもまだ存在する。オークレーの調査から約40年後にイギリスの社会学者キャロライン・ガトレルが行った調査では、女性の社会進出が進んだ現在でも家事の大半を女性が負担する状況が変わっていないことが示された。■

> 女性にとって家庭生活とは、搾取と服従の繰り返し。
> アン・オークレー

1950年代の家庭用品の広告に描かれたステレオタイプの主婦像。毎日の生活に欠かせない洗剤に愛着を感じている。

アン・オークレー

社会学者でフェミニスト。1944年にイギリスで生まれる。ロンドン大学の社会学と社会政策の教授。オックスフォード大学で初めて社会学を選択した女学生の一人。卒業後、小説を2編書き上げたが出版社を見つけられず、その後、博士課程に進み、初めての学術書『セックス・ジェンダー・社会』で「ジェンダー」という用語を世に広めた。1988年に出版された最初の小説『メンズルーム』は、1991年にはBBCでビル・ナイ主演でドラマ化され人気を博した。いまもフェミニズム研究を続けており、その多くはジェンダーを扱っている。環境にやさしい洗浄製品の開発にも興味をもっている。

主な著作

1972年　『セックス・ジェンダー・社会』
1974年　『家事の社会学』
1974年　『主婦の誕生』

愛には犠牲がつきもの
ウルリッヒ・ベック（1944年〜2015年）と エリーザベト・ベック＝ゲルンスハイム（1946年〜）

背景知識

テーマ
愛という名の混沌

歴史に学ぶ

1992年 アンソニー・ギデンズは『親密性の変容』で、近代社会の特質である再帰性（内省的であること）によって社会的営みは修正され変容していくと考え、対等な関係構築の実現に楽観的な見方を示した。

1994年 アメリカの保守派チャールズ・マレーは社会の崩壊を食い止めるために、伝統的な家族中心の価値観を強調する必要があると主張。

1998年 イギリスの社会学者リン・ジェイミソンは、パーソナルな関係を表現するのに最適な用語として「親密性」を提唱。

1999年 イギリスの学者キャロル・スマートとブレン・ニールは、壊れやすい親密なパートナーシップよりも親子関係のほうがずっと長続きすると指摘。

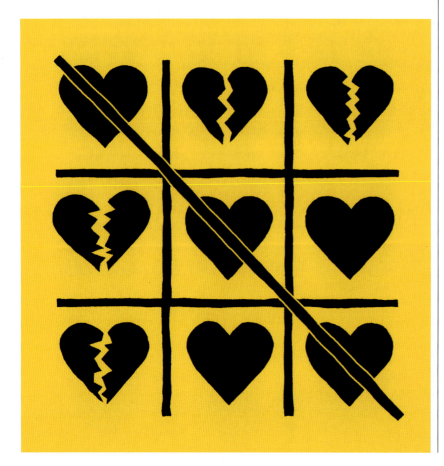

　幸福で愛情に満ちた関係を維持するのは骨が折れる。そして今、それは切実な問題になっている。共著『愛のノーマルな混沌』で、ドイツ人の学者夫婦、ウルリッヒ・ベックとエリーザベト・ベック＝ゲルンスハイムは、人々の生活様式を変容させる新しい社会秩序の発展過程を検証した結果、その理由をこう説明する。この新秩序の特徴の一つは「愛情と家族と個人の自由の衝突」だ。「ジェンダー役割の上に築かれた」伝統的な核家族は「個人の解放と平

家族とは何か、性的なアイデンティティとは？ 321

参照　ウルリッヒ・ベック 156-61　■　デヴィッド・ヘルド 170-71　■　コリン・キャンベル 234-35　■
タルコット・パーソンズ 300-01　■　アドリエンヌ・リッチ 304-17　■　ジュディス・ステイシー 310-11

エリーザベト・ベック＝ゲルンスハイム

　1946年、ドイツのフライブルク生まれ。社会学者、哲学者、心理学者。ユダヤの血をひいており、家族の多くは1930年代にナチス支配下のドイツを逃れた。親戚の一部もイギリスのロンドンに移住。

　夫のウルリッヒ・ベック（夫もロンドン・スクール・オブ・エコノミクスを通じてロンドンと縁がある）との共著多数。他方で、社会変動から生命工学まで幅広い分野の著書もある。最近では、国際結婚や移民、エスニック・アイデンティティにも興味を広げている。現在は、ミュンヘン大学コスモポリタン研究所の上級研究員。

主な著作

1995年　『愛のノーマルな混沌』（ウルリッヒ・ベックとの共著）

2002年　『個人化』（ウルリッヒ・ベックとの共著）

2002年　『新しい家族の形』

人は愛のために結婚し、愛のために別れる。
ウルリッヒ・ベックと
エリーザベト・ベック＝
ゲルンスハイム

等意識」の高まりで崩壊しつつある。伝統的な社会的アイデンティティ（自己と所属集団を同一化し、その成員との自覚をもって行動すること）が消失すると、ジェンダー役割をめぐる男女の対立が「最も身近な場所で」噴出する。その結果、離婚や破局が増え、今までとは異なる家族形態が形成される。つまり「愛という名のきわめてノーマルな混沌（カオス）状態」だ。

個人化する生活

　ウルリッヒ・ベックは初期の著書『危険社会――新しい近代への道』（1986年）で、女性は「解放」と昔ながらのジェンダー役割の間で引き裂かれていると指摘した。「再帰的近代化」の時代はチャンスと同時に、その副作用として新たなリスクを生み出す。グローバル資本主義が突きつける社会的・経済的条件は家族よりも個人の意識を高める。

　「個人化」は、19世紀の終わりに編纂されたドイツ民法典で確立された「結婚を夫婦の意思とは無関係の道徳・法秩序と考える」との見方とは真逆の

ストレスの多い現代社会では離婚率が昔より高まっているにもかかわらず、愛と結婚を求める人は多い。

原理である。個人化は、新しい形の個人的・社会的実験を容易にする。この見解は、アンソニー・ギデンズの意見に同調するものだ。ギデンズは『親密性の変容――近代社会におけるセクシュアリティ、愛情、エロティシズム』(1992年)で、現代社会ではアイデンティティは受け継ぐものではなく、つくり出すものになったとし、こうした変化は家族体験や性体験を変容させると論じた。

ギデンズによれば、人々が恋愛感情でなく経済的な理由で結婚していた時代には、期待値が低い分、失望も少なかった。だが今では男性も女性も日々の決定を通して反射的に自己のアイデンティティを確立せざるを得ない。彼らは相互理解をベースにパートナーを選ぶことができるようになった。この「純粋なパートナーシップ」は自分たちの都合で出入り自由、互いに満足である限り続く。こうしたパートナーシップが個人間に対等な関係をもたらし、伝統的なジェンダー役割に疑問を突きつける。

親密だが不平等

ベックとベック＝ゲルンスハイムは、現代社会には男女が自分の人生を切り開き、ジェンダーに対する固定観念を壊せる領域があるというギデンズの見方には同意する。だが、二人はギデンズほど楽観的ではない。

個人は自分の制御が及ばない力に支配されており、自分の人生を「切り開く」といっても好き勝手にできるわけではない。女性も男性も、カップルともなれば「正しく生きる道を否応なしに模索する」ことになる。そして「豊かだが非人間的な社会から逃げ込める場所」を提供してくれるような家族

個人が社会環境を自由に選べる時代には（人間関係が多様化し）、愛の重要性が増す。
ウルリッヒ・ベックとエリーザベト・ベック＝ゲルンスハイム

の手本を見つけようと努める。個人化は人々を、工業化社会が定めたジェンダー役割からは解放したかもしれない。だが現代生活の物質的要求のために、人々は労働市場のニーズに合わせて自分の生活を構築するよう強いられる。家族というのは労働市場で働く人と家事労働に従事する人の組み合わせであり、二人とも労働市場で働くのは難しい。なぜなら人はどうしても自分の利益を優先してしまうからだ。

壊れやすいが回復力もある

ベックとベック＝ゲルンスハイムの議論の中心は、親密な関係は対等ではありえず、対等を求めるなら関係を断つしかないという主張だ。

男性も女性も、前の時代には考えられなかったような選択や制約に直面する。（家族、夫婦、母子、父子など）どんな関係においても、相手の要求と職場の要求（リモートワークやフレキシブルワーク）が両立しないからだ。

こうした選択と制約が家族を引き離す。現代の家族は、義理や義務で結びついた「必要だからつながる共同体」から、選択や気質にもとづいた「選択的関係」にシフトしている。それでもロマンスへの憧れは依然として強い。不確かな社会で「伝統を脱ぎ捨て、あらゆるリスクに傷つきながら」愛を育むことは「以前にも増して重要になり、同時に難しくなった」。

いま、個人は心を満たす関係を求めている。そのためにカップルセラピーや自己啓発本の出版業界などが盛り上がっている。それでも人とのつながりはもろく、完璧を求めるあまり長続きしない。恋に落ちても、戦いは終わらない。意見の相違、相手への憤り、離婚など、前途多難だ。

個人的な関係を育みながら、急速に変化する世界経済に対応するのは綱渡りのようなもの。結局、離婚が増える。だが幸せを求めて、多くの離婚経験者は懲りずに再婚する。

子どもが大切

ベックとベック＝ゲルンスハイムによれば、もう後戻りできないし、誰もそれを望んでもいない。だが個人化でノスタルジーに浸り、政府がよく口にする「伝統的な家族中心の価値観」という幻想に憧れる気持ちは強くなる。関係がもろければもろいほど、人は愛を渇望する。

現代社会における過去への憧憬の一つの表れは、子どもを重要視する風潮だ。大人どうしの愛は一時的で頼りない。だから子どもへの愛の重要性が増す。両親揃って子どもに精神的な投資を行う。子どもだけが愛を愛で返してくれる。

そうなると、女性が担ってきた家族の世話係のポジションを男性が奪おうとするかもしれない。離婚の際に子どもの親権を求める父親が増えていることや、父親の親権強化を求めるグループの台頭にその傾向がみられる。

フェミニストのダイアナ・レナードはこの見方を支持する。親は子どもを

> 子どもとの絆は何よりも強く、長続きする。
> **ウルリッヒ・ベックと
> エリーザベト・ベック＝
> ゲルンスハイム**

手元に置いておきたいがためにプレゼント攻勢などで子どもを「甘やかす」。大人どうしの関係には期待できない永遠の愛を求めて、子どもとのつながりは自己中心的で激しくなりがちだ。

ベックとベック＝ゲルンスハイムの議論には当然、批判もある。それでも『愛のノーマルな混沌』以降、家族研究は変化した。それまでは、家族は社会変化に対応する制度とみなされていた。だが家族が社会変化をもたらすと考えられるようになった。■

欧米での結婚・離婚率は過去半世紀に大きく変化した。法改正と社会の変化で結婚は減り離婚が増えた。この傾向は落ち着いたようにみえるが、家族関係は弱体化した。

1960年　　2012年
　結婚　　　結婚
　離婚　　　離婚

（注）スペインで離婚が合法化されたのは1981年。最古のデータは1990年。

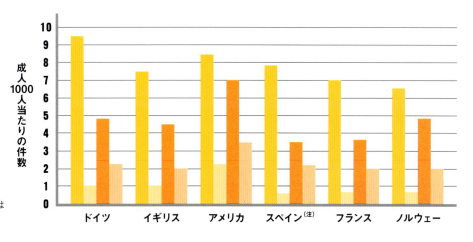

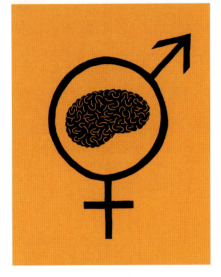

セクシュアリティは肉体の問題というより、信念やイデオロギーの問題だ
ジェフリー・ウィークス（1945年～）

背景知識

テーマ
社会的に構築された
セクシュアリティ

歴史に学ぶ

1885年 イギリスで刑法改正法が成立。男性の同性愛が犯罪化され、売春の取り締まりは強化された。

1968年 イギリスの社会学者メアリー・マッキントッシュの論文「社会的役割としての同性愛」の影響もあって、セクシュアリティは生物学的にではなく社会的に決められているとの見方が広まった。

1976年 『性の歴史Ⅰ 知への意志』で、フランスの哲学者ミシェル・フーコーは、セクシュアリティの分類における「専門家」の役割について論じた。

2002年 イギリスで同性カップルによる養子縁組の権利が法的に認められた。

2014年 イギリスで同性どうしの結婚を認める法律が施行された。

ジェフリー・ウィークスの著作がセクシュアリティについてイギリスで最も影響力があるのは間違いない。歴史的に見て、セクシュアリティは社会によってどのように形成され規制されてきたのか。彼はセクシュアリティを肉体よりも、イデオロギーによって社会的に形成された概念と考える。イギリスの社会学者メアリー・マッキントッシュの研究に着想を得て、工業化と都市化がジェンダーの分業を固定化し、男性の同性愛者に社会的な烙印を押したと論じた。

| 性科学が「同性愛」と「異性愛」というカテゴリーを創設。 | 健全で安定した社会のために必要であるとして結婚を奨励。 | 法律が、誰が何をしてよいかを決定する形でセクシュアリティを規制。 |

↓

同性愛は異常、異性愛が正常とされた。

↓

セクシュアリティは肉体の問題というより、
信念やイデオロギーの問題だ。

家族とは何か、性的なアイデンティティとは？

参照 シルヴィア・ウォルビー 96-99 ■ マーガレット・ミード 298-99 ■ ミシェル・フーコー 302-03 ■ アドリエンヌ・リッチ 304-09 ■ スティーブン・サイドマン 326-31

アイルランドの作家、オスカー・ワイルドは19世紀後半に、男どうしの「著しく猥褻な行為」を行ったとして逮捕され、有罪となった。

ヴィクトリア朝時代の社会が、どのように心理学と性科学という新しい「科学」を用いて同性愛者を断罪してきたかをウィークスは研究した。

当時、セクシュアリティの分類に対する関心は高まっていた。そこでは根拠がないまま、生まれながらにして女性は性的に受け身、男性は能動的とされていた。こうした（セクシュアリティは生物学的に決まるという）「エッセンシャリスト（本質主義者）」の見方に合致しないことはすべて異常と片づけられた。新しい「科学」は従来の家父長制の考えをしっかりと守っていた。

結婚制度は安定した「健全な」社会の維持に欠かせないという見方が強まっていたとウィークスは指摘する。また男性の「自然な」性欲を結婚によって制御できるという考えもあった。結婚が規範であり、社会に不可欠なものとして歓迎されると、「同性愛」という概念も考案された。同性愛行為はそれ以前から犯罪とされていた。しかし性科学者が「同性愛者」を新しいタイプの存在として定義したのはこれが初めてのことだった（「異性愛」の概念はその後に考案された）。

社会統制としてのセクシュアリティ

男性の同性愛は性的倒錯として問題視されるようになり、法的・社会的な規制が強化された。イギリスでは1885年に改正刑法が成立。同性愛行為とされる範囲が広がり、再定義された。同性愛が異常とされたことに加え、エッセンシャリストが提唱する男性性・女性性の概念もあいまって、異性愛だけが正常かつ合法な性行為と考えられるようになった。

こうしたセクシュアリティの定義は社会的に構築された概念であり、社会統制の形でもある。法律は婚姻・養子縁組・性行為の許される要件や年齢を定められるし、宗教は生殖につながらない性行為を断罪できる。

しかし、誰がセックスをすべきで、誰はいけないのかを社会が決めることには深刻な問題が伴う。現にイギリスでは50歳以上の性感染症患者数が著しく増加している。中高年の性行為を嫌悪する風潮のせいで検査や受診が遅れがちなためだ。■

ジェフリー・ウィークス

社会歴史学者。1945年、イギリスのウェールズ、ロンダ生まれ。ゲイ解放運動の「ゲイ・リベレーション・フロント（GLF）」に活動家として参加したことが研究のきっかけになった。

雑誌『ゲイ・レフト』の創刊メンバー・編集者。レズビアン・ゲイ政策、社会主義、フェミニズムがいまも研究の着想の源泉になっている。セクシュアリティや性生活に関する著書は20冊を超え、寄稿も多数。現在はイギリスのロンドン・サウスバンク大学の、自身の名前を冠した「ウィークス社会・政治研究センター」の特任教授。2012年に、社会科学への貢献が認められ、大英帝国勲章（OBE）を受賞。

主な著作

1977年 『カミングアウト——イギリスの同性愛政策』
1981年 『セックス・政治・社会』
2001年 『同性間の親密性』

> 社会は
> 個人の性的欲望を分類して
> 烙印を押すばかりか、
> 欲望の構築までも行う。
> **ジェフリー・ウィークス**

クィア理論は
アイデンティティを根本から問い直す
スティーブン・サイドマン（1950年〜）

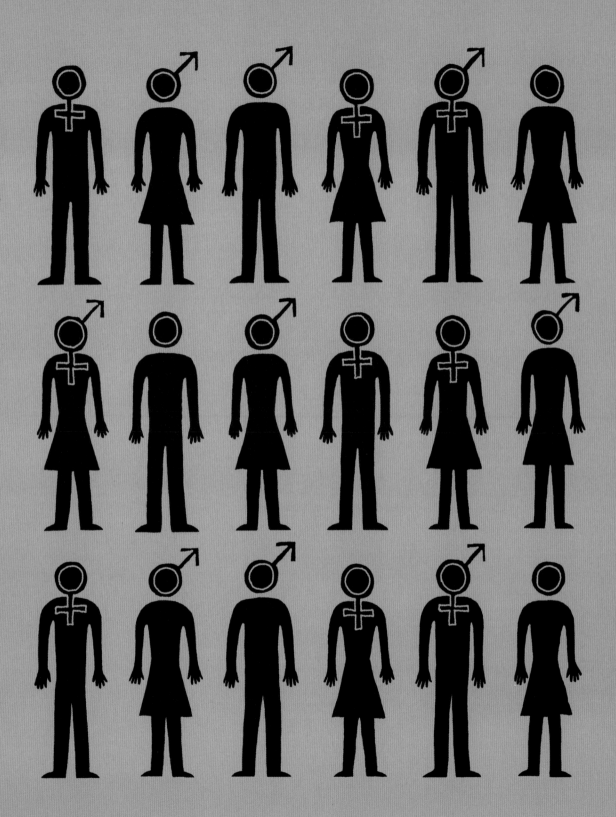

スティーブン・サイドマン

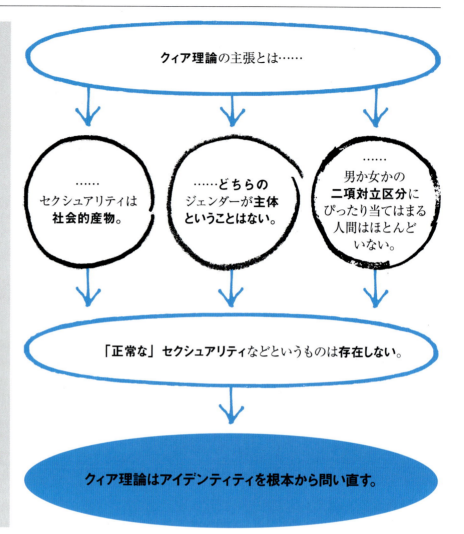

背景知識

テーマ
クィア理論

歴史に学ぶ

1976年 ミシェル・フーコーは『性の歴史I 知への意志』の序章で、セクシャリティが社会的に形成されてきた道のりを振り返り、セクシュアル・アイデンティティは歴史の中で権力によって形づくられたものであり、生物学的なものではないと論じた。

1987年 ホモフォビア（同性愛嫌悪）への対処とエイズに関する啓発活動を目的にした活動団体「アクト・アップ」がニューヨークで創設された。

1990年 ジュディス・バトラーは『ジェンダー・トラブル』で、ジェンダーは社会的に決められ、行為の反復によって形成されると主張。

1998年 アメリカの学者ジュディス・（「ジャック」・）ハルバースタムは『女性の中の男性性』で、男性とは無関係に存在する男性性について論じた。

1980年代初めにエイズ（後天性免疫不全症候群）が流行すると、エイズがゲイの病気であるかのような誤解が生まれた。極度の健康不安やホモフォビア（同性愛者嫌悪）が広まり、レズビアンやゲイ・コミュニティは社会から孤立し周縁化された。

これに対してゲイやレズビアンの活動家は、「クィア」理論打ち立てて対抗した。「クィア」という言葉から侮蔑的なニュアンスを取り除き、あえて自分たちを指す言葉として肯定的に使用するようになった。しかし今なお差別的なニュアンスがあるので使うべきではないと考える人もいる。「クィア」は、広義には異性愛に違和感を覚える人々を指す。ゲイやレズビアンに限らず、トランスジェンダーやクロスドレッサー（異性装者）、そして「規範」を拒絶する異性愛者も含まれる。

クィア理論とその政治的活動の誕生には、ミシェル・フーコーとジュディス・バトラーの思想が大きく関わっている。彼らの影響下でイヴ・コゾフスキー・セジウィックやゲイル・ルービン、スティーブン・サイドマンらの理論家が登場し、伝統的かつ単純な「男か女か」の分類を打破した。「女」とか「ゲイ」とかに分類された人も決して一様ではないから、そもそも分類することに意味はない。彼らはそう主張した。また初期のクィア理論は既存の同性愛コミュニティに批判的で、同性婚の権利を求めるなどの運動は社会の主流（＝異性愛者たち）にすり寄るものだと見なしていた。

つくられたセクシュアリティ

スティーブン・サイドマンはクィア

家族とは何か、性的なアイデンティティとは？ 329

参照 ジュディス・バトラー 56-61 ■ R・W・コンネル 88-89 ■ ミシェル・フーコー 302-03 ■ アドリエンヌ・リッチ 304-09 ■ クリスティーヌ・デルフィ 312-17 ■ ジェフリー・ウィークス 324-25

を語る上で欠かせない人物だ。彼はほかのクィア理論家についての解釈や論評を行った。フーコーやイギリスの社会学者ジェフリー・ウィークスと同様、サイドマンもセクシュアリティは「つくられたもの」と考える。工業化と都市化は「男は仕事、女は家庭」として社会空間を二つに分け、男性性・女性性の理解やセクシュアリティの規制を大きく変えた。現在、自然なことと考えられているジェンダーとセクシュアリティの特徴の多く（女性は優しく面倒見がよい、男性は性に積極的、同性愛者は倒錯者、など）はこの時期に確立された。

サイドマンによると、20世紀後半までのセクシュアリティ研究は同性愛の歴史研究と捉えることもできる。19世紀の科学にとって、そして性科学やフロイト派の心理学にとっても異性愛は正常なのだから検討する必要さえなかった。ちなみに、男女差別など今日まで残る多くの社会的不平等はこの時代に確立されている。

2014年にインドの最高裁判所は、男女の分類に当てはまらない「ヒジュラ」（第三の性）と呼ばれる人々に自分の性別を自分で決める権利を認めた。

アイデンティティへの疑問

サイドマンらは性のアイデンティティを社会的に構築された概念とみなし、不安定で一貫性を欠くものと考える。そして生物学的な性別の安定性にも疑問をぶつける。そもそも男か女かの単純な分類にすっきり収まる人間はほとんどいない。染色体やホルモン、遺伝子の検査や解剖などを行ってみると、たいていの人は純粋な男性と純粋な女性という両極の間のどこかに位置していることが分かる。男性的に見えても女性ホルモンの分泌が多い人もいる。ペニスが極端に短い男性もいれば、相当に毛深い女性もいる。

性別判定が難しい新生児の場合、外科医が小さなペニスを切除して、女児として育てるよう助言することもあった。この場合、医師はペニスの大きさを「男性」の条件と考える偏見を示す一方、性別不明の新生児を「女児」に変える手術によって、「アイデンティティは社会的につくられる」ことを実証したこともなる。

固定的な性のアイデンティティに反論し、伝統的な男女の二分法を拒絶することによって、サイドマンはアイデンティティをベースにした理論や政策を徹底して批判している。

フェミニズムやレズビアン／ゲイの解放運動は当初、家父長制と異性愛を軸とする社会規範に対する挑戦として始まった。しかしサイドマンらによれば、そうした運動の中心にいたのは白人中産階級（レズビアン／ゲイ運動の場合は主として男性）だった。

彼らは性のアイデンティティに対し

> 主流に、すべての主流派と権威に「差異」の名において宣戦を布告しよう。
> **スティーブン・サイドマン**

て、エッセンシャリスト的なアプローチ（アイデンティティは生物学的に決まる自然なものとする考え方）をとることもあった。しかし、そうなると周縁化された人たちのアイデンティティは固定化されてしまい、結果として男性対女性の二項対立を認めることになる。サイドマンによれば、アイデンティティの固定化は打倒すべき権力のプロセスを再生産するものであり、そうした規範的なレズビアン／ゲイ運動に対抗する軸を提供するのがクィア理論だということになる。

規範をめぐる課題

マイケル・ワーナーは反響の大きかった著書『ノーマル化問題』（1999年）で、「クィア」という概念は単なる規範への抵抗ではなく、ノーマルな行為という概念自体への挑戦だと主張した。「クィア」はアイデンティティというより姿勢の問題なので、規範に抵抗している人、しようとしている人なら誰でも（たとえば子どもを持たないと決めた夫婦も）「クィア」たりうる。»

サイドマンは『差異をめぐるトラブル』（1997年）で、クィア理論が現代政治や文化に果たした貢献については認めながらも、差異の政治学を支持してきた人々が直面する困難について研究を進めた。社会思想家はセクシュアリティとか人種といった差異をどうやって差別することなく概念化することができるのか。

彼は実用主義的な観点から「抑圧的にならずに差異を見る方法」を提唱し、ポストモダニズムの時代には「クィア」はもはや名詞ではなく、行動を表す動詞だと考える。彼の狙いは、差異を認識した上で「差異を肯定する政治活動」を行い、あらゆる規範に挑むこと。「差異と民主主義は共存できる」というような「偏狭なアイデンティティ政治」ではない。他の社会思想家同様、クィア理論家も多様な社会理論を参照しつつ、主要な社会制度を批評し続けるべきだとサイドマンは主張する。

「クィア」概念と、その理論的アプローチには多くの批判がある。アイデンティティの概念には反対しておきながら、「クィア」は、とくにゲイやレズビアン、バイセクシャル、トランスジェンダーの総称になっている。つまり「クィア」は古い概念に新しい名称を

> クィアとは、正常・正統・支配的なものと相容れないものすべて。
> **デイヴィッド・ハルプリン**
> （アメリカの学者）

つけただけと見ることもできる。「クィア」は幅広いカテゴリーの人々を一緒くたに扱い、重要な違いや不平等を無視しているとの指摘もある。

欠陥のあるアプローチなのか

アメリカのデイヴィッド・ハルプリンなどのクィア理論家は「クィア」を、性的指向のせいで周縁化されていると感じている人なら誰でもとり得るポジションと解釈する。一方でオーストラリアの学者エリザベス・グロスは、クィア理論は「サディストや（少年を相手にする）男色家、そしてポン引き」などの倫理的に疑問のある行為の正当化に使われるおそれもあると警告している。

クィア理論はセクシュアリティの研究ばかりに没頭して、他のカテゴリーを排除しているとの批判もある。ワーナーは、ポルノが「クィア」なのは、度が過ぎた性的妄想のせいで「正常」の対極にあるからだと主張した。だが彼は、ポルノでの女性の役割が「正常な」男性性を前提にしている点を見逃している。南アフリカの学者イアン・バーナードは『クィア・レイス』で、クィア理論は人種を無視した白人中心の西洋

セクシュアリティの自己決定を主張するグループは、男女間の異性愛を正常な性的指向とする認識に反対している。下記のシンボルは主流派に、異なる性のアイデンティティが存在することを知らしめるために現在使用されているもののほんの一部。

自分のアイデンティティを示すシンボル

シンボル	性的指向	シンボルの由来
⚢	女性同士のカップル	占星術や錬金術で金星（鏡）を表す記号のペアで、伝統的に女性を表す。
⚣	男性同士のカップル	占星術や錬金術で火星（盾と槍）を表す記号のペアで、伝統的に男性を表す。
○	半陰陽（インターセックス）、あるいは男女のどちらにも属さない人	金星と火星の円のみを取り出し、ジェンダーを規定する部分を省いた。
⚧	トランスジェンダー	男性と女性を表す記号を合体させた。
☾☽	バイセクシャル	2つの月の記号は北ヨーロッパで広く使用される。一部の国で「再利用」されているナチスの強制収容所のピンク・トライアングルよりも好まれる。

家族とは何か、性的なアイデンティティとは？

版「クィア」だと批判。イギリスの歴史家ジェフリー・ウィークスは、資金不足などの物質的な制約を無視している点を問題視した。慣習に逆らう決断をできるのは経済的にゆとりのある人だけであり、結局のところクィア理論は白人中流階級のためのものとされた。

クィア理論は性とジェンダーの区別に疑問を呈した最初の社会理論とされる。しかしそれは言い過ぎだと、イギリスの社会学者ダイアン・リチャードソンは指摘した。『主要な敵』(1970年)の著者クリスティーヌ・デルフィなどの急進的なフェミニストは、1970年代からすでにその区別を始めていたという。

こうした批判はあったが、一方でクィア理論は広い学問分野、とくに男性性研究に影響を与えた。アメリカの学者ジュディス・ハルバースタムは、男性性を理解したいなら、女性の男性性のような周縁化された、あるいは下位に置かれた形式まで考慮することが大切だとして「クィア」に新たな視点を提示した。サイドマンは、クィア理論のアプローチは小説や映画に応用された時に威力を発揮すると指摘。現代文学批評の目的は文学にたびたび登場する二項対立を解体することで、これを可能にするのが「クィア」なのだという。

物語を「クィア」の文脈で再解釈する「クィア・リーディング」は、自分のセクシュアリティが周縁化された者、自分たちに発言力がないと感じる者に、作者もクリエーターも想定していなかったような新しい解釈の扉を開く。コナン・ドイルの〈シャーロック・ホームズ〉ものはホームズとワトソンのロマンチックな友情物語、シェイクスピアの作品のクロスドレッサーは「クィア」で、映画『エイリアン』シリーズは、「強い女の象徴」……。「クィア」はアメリカのリアリティ番組シリーズ『クィア・アイ』のように、テレビの世界にも浸透している。■

「クィア」的な演出は多くの映画に見られるようになった。『エイリアン4』では、人間とエイリアンの遺伝子をあわせもつエレン・リプリーが、女性アンドロイドとエロチックなからみをみせる。

女性の男性性

ジュディス・(「ジャック」・)ハルバースタムは、男性性は男性と無関係に存在するとし、おてんば娘のような「男勝り」の女性を中傷する態度を批判する。女と女性性、男と男性性は必ずしも結びつかない。

この見解は、社会がつくったジェンダー（男性性）は生物学的な性（男性）の自然な表出として認識されるジェンダーと性に関する考え方を根本から否定するもの。本人の仕事が「クィア」と理解されているハルバースタムはこう話す。「クィア」な女性をすべて「レズビアン」と一緒くたにしてしまいがち。しかし「レズビアン」とか「ゲイ」という単純な分類方法では従来の異性愛に当てはまらない性愛行為まで扱えない。女性の男性性は「もどき」ではなく「ジェンダー」なのだ。

男性性が本質などではなく、「男らしく」振る舞い続けることによる単なる刷り込みに過ぎないことは、「ドラァグ・キング」（男性の衣装を着た女性）を見ればよく分かる。

アメリカのドラァグ・キングのマレー・ヒル（写真）は「男性性を分解し、喜劇的な一面を取り出してみせた」と称賛されている。

社会学人名録

社会学人名録

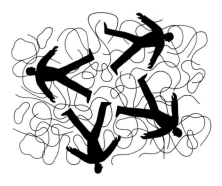

社会学が科学として認知されたのは比較的最近だが、そのルーツは古く、古代の思想家にまでさかのぼることができる。たとえばプラトンは「理想の」社会について考察している。ただし昔の社会学は、もっぱら支配者を利するものだった。人がいかにして大きな集団(社会)を形成し、情報や文化的価値観、富や権力を伝達するかを理解することは効率的な支配に役立った。しかし、そうした理解は社会を変えようとする改革者の役にも立つ。そのことに気づいた人々が「科学」としての社会学を構築していった。本書では社会学の分野で指導的な役割を果たした人たちの理論を紹介したが、以下には本書に収録できなかったが立派な業績を残した人たちを紹介する(生年順)。

ハーバート・スペンサー
1820年～1903年

イギリスの社会学者・哲学者。社会進化論のパイオニアの一人で、「適者生存」の語を提唱した。社会も生物同様に単純な形から複雑なシステムへと進化すると考え、最も強力な社会だけが生き残り繁栄するという「社会ダーウィン主義」を唱えた。

参照：ハリエット・マルティノー 26-27
カール・マルクス 28-31

チャールズ・H・クーリー
1864年～1929年

ミシガン州(アメリカ)の出身で、「鏡に映った自我」理論を唱えた。私たちのアイデンティティは主として「自分が他者からどう見られているか」の意識であり、従って社会的な相互作用を通じて形成されると論じ、いわゆる「社会化」の理論のベースとなった。

参照：G・H・ミード 176-77
アーヴィング・ゴッフマン 190-95

ロバート・E・パーク
1864年～1944年

アメリカの社会学者で、主として集団行動や人種関係、人間生態学(人間も動植物と同様に機能するとの考え方)の研究で知られる。都市を社会学的「リサーチの実験室」と捉える彼の都市社会学は、後のシカゴ学派に引き継がれた。

参照：ゲオルク・ジンメル 104-05
G・H・ミード 176-77

ジークフリート・クラカウアー
1889年～1966年

フランクフルト(ドイツ)生まれで、現代文化の研究や、テクノロジーが記憶に取って代わることに警鐘を鳴らしたことで知られる。ヴァルター・ベンヤミンやエルンスト・ブロッホらと共に「フランクフルター・ツァイトゥング」紙の映画・文学担当エディターとして活躍。広告から映画までの幅広い文化的事象を批評し、テオドール・W・アドルノに大きな影響を与えた。1933年にナチスの迫害を逃れてパリへ、次いでアメリカへ移住。

参照：ヴァルター・ベンヤミン 334
テオドール・W・アドルノ 335

ヴァルター・ベンヤミン
1892年～1940年

ベルリン(ドイツ)生まれの批評家。1919年にスイスのベルン大学で博士号を取得し、いったんドイツに戻ったが、1933年にナチスの迫害を逃れて国外へ脱出。亡命中もフランクフルトの社会研究所へ論文の寄稿を続けた。

社会学人名録

1939年にフランスで収容所に入れられ、解放後にスペインへ逃れようとしたが入国を拒まれ、自ら命を絶った。
参照：ユルゲン・ハーバーマス 286-87
ジークフリート・クラカウアー 334

カール・マンハイム
1893年〜1947年

ハンガリーで生まれ、ドイツでゲオルク・ジンメルに師事した。世界を「知る」プロセスに注目する知識社会学のパイオニアの一人。人は自分の属する文化やイデオロギーのレンズを通して世界を見るのであり、「真実」は相対的なもので、その人の社会的地位に依存していると論じた。1933年にはナチスの迫害を逃れてイギリスに渡った。
参照：カール・マルクス 28-31
マックス・ウェーバー 38-45
ゲオルク・ジンメル 104-05
ノルベルト・エリアス 180-81

バーバラ・アダム・ウートン
1897年〜1988年

イギリスの社会学者で、1963年の著書『犯罪と刑法』で、「犯罪的人格」に関する伝統的な見解に反論した。1919年にケンブリッジ大学で経済学を学び、1920年には修士課程に進んだが、女性であるがゆえに正規の学生と認められず、学位も授与されなかった。後にロンドンなどの大学で社会学を講じた。
参照：シルヴィア・ウォルビー 96-99
アン・オークレー 318-19

アルフレッド・シュッツ
1899年〜1959年

オーストリアのウィーン大学で法哲学の博士号を取得した後、マックス・ウェーバーや哲学者エトムント・フッサールの思想に傾倒し、現象学的社会学の基礎を築いた。人の主観的な意識において「経験される世界」を考察したフッサールの現象学を受けて、シュッツは社会的現実の本質を解明しようとした。
参照：マックス・ウェーバー 38-45
ピーター・L・バーガー 336

ハーバート・ブルーマー
1900年〜1987年

アメリカの社会学者で、シカゴ大学で博士号を取得、同大で27年間、教壇に立った。1952年にはカリフォルニア大学バークレー校で社会学の初代学部長に就任。1969年の著書『シンボリック相互作用論』で、個人的・集合的行為は人々が物事に見いだす意味づけを反映しており、そうした意味は集団生活のコンテクストから生じると論じた。
参照：G・H・ミード 176-77
ハワード・S・ベッカー 280-85
チャールズ・H・クーリー 334

テオドール・W・アドルノ
1903年〜1969年

マルクス主義的な「批判理論」の提唱者。フランクフルト（ドイツ）に生まれ、ジークフリート・クラカウアーに師事し、フランクフルト大学で博士号を取得。1932年頃からフランクフルト学派の拠点となる社会研究所に関わる。その後、ナチスの迫害を逃れて出国し、イギリスを経てアメリカに渡り、ニューヨークに移転していた研究所に参加した。この研究所は後に、アメリカ資本主義の「見せかけの」快楽を強く批判した。1949年に帰国し、晩年はスイスで過ごした。
参照：ヘルベルト・マルクーゼ 182-87
ユルゲン・ハーバーマス 286-87
ジークフリート・クラカウアー 334
ヴァルター・ベンヤミン 334

アンセルム・L・ストラウス
1916年〜1996年

アメリカの社会学者で、現地調査にもとづく定性分析の画期的な方法論を提唱し、理論を証明するための調査ではなく、調査をもとにして理論を構築すべきだと説いた。シカゴ大学でハーバート・ブルーマーに師事し、1949年にアルフレッド・リンドスミスとの共著で『社会心理学』を発表。ハワード・S・ベッカーらと共にシカゴ学派の第2世代と称される。
参照：アーヴィング・ゴッフマン 264-69
ハワード・S・ベッカー 280-85
ハーバート・ブルーマー 335

ルイ・アルチュセール
1918年〜1990年

フランスの思想家で、世界を記号論

の視点から分析する構造主義の潮流の中心的人物。マルクスの思想を再解釈し、特定のイデオロギーを支える「イデオロギー的国家装置」の役割に注目した。アルジェリア生まれで、1930年にフランスへ移住したが、戦時中はドイツの収容所に入れられ、そこで心に傷を負ったといわれる。終戦後にパリの高等師範学校で哲学を学び、精神病院に入院中も多くの著作を発表した。1980年に妻を殺害し、10年後に精神病院で死去。

参照：カール・マルクス 28-31
アントニオ・グラムシ 178-79

パブロ・ゴンサレス・カサノバ
1922年〜

メキシコの歴史家・社会学者で、1965年に「内なる植民地主義と国家の発展」と題する画期的な論文を発表した。「国家の内なる国家」の概念を提唱したのは1930年代のW・B・E・デュボイスだが、カサノバはその構造的基盤を実例に即して解明した。メキシコの政治的・社会的構造に関する彼の分析は、その他の開発途上国の社会についても理解を深める一助となった。

参照：W・E・B・デュボイス 68-73
デヴィッド・マクッローン 163

ドロシー・E・スミス
1926年〜

ヨークシャー（イギリス）の生まれ。いわゆる「女性のための社会学」を提唱し、男目線に偏りがちな在来の理論を排し、現象学的なアプローチで日々の暮らしの主観的体験に光を当てた。ロンドンで教壇に立ち、アメリカに渡ってカリフォルニア大学バークレー校で研究生活を送り、その後はカナダのブリティッシュ・コロンビア大学で黎明期の女性学を講じた。

参照：カール・マルクス 28-31
アルフレッド・シュッツ 335

ロバート・N・ベラー
1927年〜2013年

アメリカの社会学者で、20世紀における宗教社会学の第一人者。宗教的象徴と政治の関係を検証した論文「アメリカの市民宗教」は高く評価されている。ハーバード大学で社会人類学を学んだ後、タルコット・パーソンズに師事して同大で博士号を取得。カナダのマギル大学でイスラム学を講じた後、ハーバード大学に復帰。1967年にはカリフォルニア大学バークレー校に教授として迎えられた。

参照：ブライアン・ウィルソン 278-79
ユルゲン・ハーバーマス 286-87
タルコット・パーソンズ 300-01

デヴィッド・ロックウッド
1929年〜2014年

イギリスの産業社会学者で、ブルーカラーとホワイトカラーの労働者の違いなどを実証的に研究し、「豊かな労働者研究」と題するシリーズで多くの論考を発表した。10歳で父親を亡くし、生活苦から学校をあきらめて働き始めたが、軍隊生活でカール・マルクスの思想と出会い、ロンドン・スクール・オブ・エコノミクスに入って社会学を学んだ。

参照：カール・マルクス 28-31
エミール・デュルケーム 34-37

ピーター・L・バーガー
1929年〜

世の中の「現実」は一種の社会的合意を通じて構築されると論じた『現実の社会的構成』（1966、トーマス・ルックマンとの共著）で知られる社会学者。オーストリア生まれだが17歳でアメリカに移住。ニューヨークのニュースクール大学で学び、社会学の博士号を取得。後にボストン大学で社会学と神学の教授となり、1985年にはボストン経済文化研究所の所長に就任した。

参照：カール・マルクス 28-31
カール・マンハイム 335
アルフレッド・シュッツ 335

フェルナンド・エンリケ・カルドーゾ
1931年〜

ブラジルの元大統領。1986年にサンパウロ州選出の上院議員となり、1994年の大統領選に勝利し、98年に再選。軍政の続いたブラジルに経済的安定と社会改革をもたらしたことで

知られる。サンパウロ大学で社会学を学び、1958年に教授となったが、当時の軍事政権の迫害により、64年に国外へ脱出。祖国へ戻るまでの間、各国の大学で教壇に立った。
参照：カール・マルクス 28-31
イマニュエル・ウォーラーステイン 144-45

クリストファー・ラッシュ
1932年〜1994年

アメリカの政治・歴史学者。左翼系知識人の家庭に育ち、1954年にハーバード大学を卒業し、コロンビア大学で歴史学の修士号を取得。サバティカルでイギリスに滞在中に執筆した『アメリカの新ラディカリズム』（1965）でアメリカの知識人を痛烈に批判し、彼らは自己満足的で他人に説教をしたがるが、実は地位と権力にしがみついていると論じた。主流や伝統を徹底して拒否したラッシュは、いわゆる民主的な市民精神やエリート集団、消費社会や大衆文化を激しく批判し、欧米社会が「進歩」しているとの考えを退けた。
参照：カール・マルクス 28-31
ユルゲン・ハーバーマス 286-87
テオドール・W・アドルノ 335

ジョン・H・ゴールドソープ
1935年〜

ヨークシャー（イギリス）に生まれ、ロンドン・スクール・オブ・エコノミクスに学んだ。社会流動性や階級分類の研究で知られ、その7層の階級分類は広く欧州各国やオーストラリア、北米などで採用されている。またピエール・ブルデューらの提唱した「文化資本」や「ハビトゥス」の概念を批判している。2002年までオックスフォード大学の研究員を務め、米コーネル大学の客員教授でもある。
参照：マックス・ウェーバー 38-45
ピエール・ブルデュー 76-79

ミシェル・レヴィ
1938年〜

サンパウロ（ブラジル）生まれのフランス系ブラジル人で、両親はオーストリアからの移民。サンパウロ大学でフェルナンド・カルドーゾらに師事し、社会学を学んだ後、仏パリ大学で博士号を取得。ゲオルク・ルカーチの言う「ロマンティックな反資本主義」の概念（資本主義を打破して社会主義を建設するのではなく、産業革命以前の社会に戻ろうとすること）を発展させたことで知られる。
参照：カール・マルクス 28-31
ピエール・ブルデュー 76-79
ヴァルター・ベンヤミン 334

ヤン・エルスター
1940年〜

ノルウェーの社会学者で、合理的選択理論（人は合理的な思考にもとづいて意思決定をするとの考え方）の研究者として知られ、経済学や心理学、さらには各国の行政機関にも大きな影響を与えた。1995年には米コロンビア大学ロバート・K・マートン社会科学教授に推挙されている。
参照：カール・マルクス 28-31
マックス・ウェーバー 38-45
タルコット・パーソンズ 300-01

ジュリア・クリステヴァ
1941年〜

ブルガリア生まれの批評家で、言語学や記号論、精神分析、フェミニズムなど幅広い分野の著作がある。同国の首都ソフィアの大学を卒業後、奨学金を得てパリへ渡り、セーヌ川左岸のサンジェルマン地区に集まる左翼系知識人の仲間に加わり、言語に関する考え方では同時代のミシェル・フーコーやロラン・バルトらの強い影響を受けた。後には精神分析家となり、言語と身体の関係への関心を深めた。
参照：ミシェル・フーコー 52-55, 302-03・エリザベス・グロス 339

ナンシー・チョドロウ
1944年〜

ニューヨーク（アメリカ）出身で、フェミニズムの代表的論客の1人。マサチューセッツ州のラドクリフ大学で人類学を学び、サンフランシスコで精神分析の訓練を受け、1975年にブランダイス大学で社会学の博士号を取得。学際的なアプローチによりフェミニズムの精神分析的理論を構築し、いわゆ

るフェミニスト心理学の先駆けとなった。引退するまではカリフォルニア大学バークレー校で教授を務めた。

参照：ハリエット・マルティノー 26-27
ジュディス・バトラー 56-61
エーリッヒ・フロム 188

ダナ・ハラウェイ
1944年〜

いわゆる「テクノサイエンス」の専門家。アメリカ人だがパリで哲学と神学を学び、後に帰米して動物学、哲学、文学を学び、イェール大学で生物学の博士号を取得。生物学は政治、宗教、文化の一部と考えており、人間とテクノロジーの関係を一貫して追究。人はすでに半人間・半機械だと論じた「サイボーグ宣言」は有名。ハイブリッド化した女性に自己意識の再構築を迫る「サイボーグ・フェミニズム」も提唱している。カリフォルニア大学サンタクルーズ校名誉教授。

参照：カール・マルクス 28-31
ミシェル・フーコー 52-55, 302-03
ブルーノ・ラトゥール 338

シュラミス・ファイアストーン
1945年〜2012年

オタワ（カナダ）出身の急進的フェミニスト。アメリカで美術を学び、シカゴ美術館に在籍中にシカゴ女性解放連盟に参加し、アメリカにおける女性解放運動の先駆けとなった。1970年に『性の弁証法——女性解放革命の場合』を著し、女性は抑圧された階級であり、性の不平等は究極的には生物学に支配されているとし、女性が（新しい避妊手段の獲得などにより）生殖の主導権を握らねばならないと論じた。

参照：ハリエット・マルティノー 26-27
カール・マルクス 28-31

ウォルデン・ベロ
1945年〜

マニラ（フィリピン）に生まれ、70年代のマルコス政権による戒厳令下で反体制活動に身を投じた。その後はフィリピンやアメリカ、カナダの大学で社会学を講じ、マルコス政権打倒後は帰国して下院議員も務めた。反グローバリズムの論客として知られる。

参照：ロバート・N・ベラー 336
ミシェル・レヴィ 337

ブライアン・S・ターナー
1945年〜

バーミンガム（イギリス）生まれ。宗教社会学の権威で1974年の著書『ウェーバーとイスラーム』は必読文献とされる。関心領域は広く、グローバル化と宗教、宗教的権威と電子的情報、人権と宗教の関係などに及ぶ。『身体と文化』（1984、2008増補）では、社会学は階級などの抽象的概念よりも身体にこそ焦点を当てるべきだと論じた。1998年からケンブリッジ大学教授。

参照：エドワード・サイード 80-81
マックス・ウェーバー 220-23

ブルーノ・ラトゥール
1947年〜

ブルゴーニュ（フランス）出身の哲学者・人類学者で「アクター・ネットワーク理論」の提唱者の一人。知識は未知の「真実」に依存するのではなく、複数のアクターとそのネットワークの分析を通じて獲得されると論じ、ネットワーク上で意味の創出に関わるアクターは物理的な存在でも象徴的な存在でもありうるとした。パリ政治学院教授。

参照：ハロルド・ガーフィンケル 50-51
ミシェル・フーコー 302-03
ダナ・ハラウェイ 338

シーダ・スコッチポル
1947年〜

アメリカの社会学者・政治学者。初期にはフランスとロシア、そして中国の革命を比較研究し、1970年代には国家自律論を唱え、国家を含む社会制度は政治生活を構築し、政治理念を体現するものと捉えるべきだとした。著書に『国家と社会革命』（1979）、『歴史社会学の構想と戦略』（1984）など。アメリカの社会政策やアメリカ民主主義における市民参加などに関する考察も多い。ハーバード大学教授（社会学、行政学）。

参照：マックス・ウェーバー 38-45
デヴィッド・マックローン 163
アルジュン・アパデュライ 166-69

アンジェラ・マクロビー
1951年～

　フェミニズム理論やカルチュラル・スタディーズで知られるイギリスの研究者で、ロンドンのゴールドスミス・カレッジ教授。20世紀後半の第2波フェミニズムで一定の男女同権が達成されたとする社会通念は間違いで、1990年代にはフェミニズムへの逆風が吹いたと主張。2009年の『フェミニズムの余波』ではウルリッヒ・ベックやアンソニー・ギデンズを参照しつつ、「女性の個人化」はポスト・フェミニズム時代の虚構であり、男性による支配を強化していると論じた。
参照：アンソニー・ギデンズ 148-49
スチュアート・ホール 200-01
ビヴァリー・スケッグス 339

エリザベス・グロス
1952年～

　オーストラリア出身のフェミニズム理論家。フランスのジャック・デリダを初めとするポスト構造主義の思想家の影響を受け、ジェンダーや女性のセクシュアリティ、時間の本質などをフェミニストの視点から論じている。2011年の『ビカミング・アンダン』ではダーウィン進化論の再解釈を通じて独自のフェミニズム理論を提示した。デューク大学（アメリカ）の女性学教授。
参照：ミシェル・フーコー 52-55, 302-03 ▪ ジュリア・クリステヴァ 337

タリク・モドゥード
1952年～

　カラチ（パキスタン）生まれでイギリス育ちの社会学者。1997年にブリストル大学（イギリス）の民族性・市民権研究所の初代所長となった。人種差別や文化的多元主義、世俗化の問題に詳しく、今の時代にイスラム教徒の自己主張が高まっているのはアイデンティティ・ポリティクスの影響であり、宗教とは無縁だと論じている。学術誌「エスニシティーズ」の創刊にも加わった。
参照：スチュアート・ホール 200-01
ブライアン・S・ターナー 338

ハートムート・ローザ
1965年～

　ドイツの社会学者で「社会的加速」の理論で知られる。ローザによれば現代社会は3つの面（技術の革新、社会の変化、生活のペース）で加速されているが、実は減速している面もあり、そこでは多くの人が変化から取り残されている。そしてすべてが流動的なように見えても、本質的なものは何も変わっていないという。現在はフリードリッヒ・シラー大学（ドイツ）教授。
参照：カール・マルクス 28-31
マックス・ウェーバー 38-45
ユルゲン・ハーバーマス 286-87

トム・シェイクスピア
1966年～

　イギリスの医療社会学者で、ケンブリッジ大学に学んだ後、ジュネーブ（スイス）の世界保健機関（WHO）本部に5年間勤務した。自らも障害者で、人は「社会によって、そして自らの肉体によって障害を負わされる」と主張する。遺伝学や障害者研究の倫理的側面に関心を寄せ、人権問題でも積極的に発言している。
参照：G・H・ミード 176-77
アーヴィング・ゴッフマン 190-95
ハワード・S・ベッカー 280-85

ビヴァリー・スケッグス

　イギリスの社会学者で、ヨーク大学とキール大学で学んだ後、ランカスター大学で女性学のディレクターに就任。主著『階級とジェンダーの形成』（1997）で、ジェンダーやアイデンティティ、権力の研究では階級の視点が欠かせないと論じた。現在はロンドンのゴールドスミス・カレッジ教授。
参照：カール・マルクス 28-31
ピエール・ブルデュー 76-79
アン・オークレー 318-19

用語解説

あ行

アイデンティティ identity：自分は何者かという個人の自覚。または「あなたは……だ」という社会からの定義づけ。

アノミー anomie：急激な社会変化のために**規範**が崩壊した混乱状態。エミール・デュルケームが提唱した概念。社会の規範や価値観が急に変わると、新しい秩序が構築されるまで、人は進むべき方向を見失いやすいとされる。**逸脱者**も参照。

イアトロジェネシス iatrogenesis：医療機関による治療行為が、かえって患者の健康を害すること。「医原病」などと訳される。

異性愛 heterosexuality：自分とは異なる性の人に性的魅力を感じること。

逸脱者 deviant：特定の社会または社会集団の**規範**を自覚的に破る人。

イデオロギー ideology：特定の社会集団に共有された信念や世界観の体系。

右翼 right-wing：（政治の世界で）伝統的な社会秩序や価値観にこだわる保守的な思想の持ち主。

エージェンシー agency：主体的に行動する人や組織。行為主体性。

エスニシティ ethnicity：民族意識。ただし社会学では、特定の社会集団に共有されている言語や宗教などの**文化**を指す。

エッセンシャリズム essentialism：人や実体には生得的・内在的な特徴（エッセンス）があり、それが生き方・あり方を規定しているとする考え方。「生まれついての労働者」といった決めつけや差別につながりやすい。

エリート elite：社会における富や権力の大半を握っている少数者の集団。特権層。

か行

階級闘争 class conflict：異なる**社会階級**が社会・経済的利益を求めて競合するなかで生じる緊張状態。「階級抗争」とも。

解釈的 interpretive：社会の検証において主観的なアプローチをとること。客観的・科学的であることを重視する**実証主義**の対極に位置する。

核家族 nuclear family：両親とその子どもの2世代で構成される家族。近代社会における家族の典型。

家事労働 domestic labour：家庭内で行われる無償の労働。炊事、洗濯、掃除、育児、病人の世話など。いずれも家庭外で行えば有償の労働になる。

価値観 values：物事やプロセス、行動などの価値に関する考え方や信念。個人の価値観はその人の行動を左右するし、社会の価値観は当該社会で何が重要か、重要でないか、何が受容でき、何が受容できないかを決める。

家父長制 patriarchy：男が女を支配し、搾取し、抑圧する社会的な階層システム。

感情労働 emotional labour：アーリー・ホックシールドの用語で、顧客を満足させるために特定の感情を示すことが求められる労働（旅客機の客室乗務員など）。

官僚制 bureaucracy：マックス・ウェーバーによれば、すべての行為を記録し規則を遵守する官僚の垂直的な階層構造を特徴とする組織のシステム。

機能主義 functionalism：社会学では、社会も生物と同様な有機体であり特定の機能を有する多くの器官（制度）から成るとする考え方を指す。諸器官は相互に依存しあっており、社会全体の機能と安定を支えているとされる。

規範 norms：特定の社会や状況で、その成員に求められる「普通」の行動を定義する社会的なルール。

共産主義 communism：土地や**生産手段**の共同所有にもとづく経済システム。

近代性 modernity：17世紀以降、とりわけ**産業革命**と都市化によって生み出された社会の状態。

クィア理論 queer theory：人間を男と女に二分する単純な考え方を拒否し、セクシュアリティは文化的に構築されたもので、時代や場所によって異なるとする理論。

グローカル化 glocalization：グローバル化したファッションや音楽、商慣行などが現地のコミュニティとの接触を通じて修正・調整されること。

グローバル化 globalization：メディアや文化、消費財、経済活動などが国境を自由に越え、世界中の社会が相互につながり、相互依存を強めること。

経済決定論 economic determinism：唯物論的な歴史観で、経済活動の諸力がすべての社会現象や人間社会の進化を規定するとの考え方。

啓蒙主義 Enlightenment, the：17、18世紀のヨーロッパに見られた文化的・知的な運動で、感情的・本能的な判断を排し、論理的・合理的思考で世界を見ようとした。

決定論 determinism：人の行動は何らかの外的な力（神、遺伝、環境など）によって決められているとする考え方。そこでは真に自由な選択はありえない。**経済決定論**も参照。

言説（ディスクール）discourse：社会学の用語としては、ある社会に暮らす人々の行動や議論に一定の方向性を与え、統制する思考の枠組みやシステムの意。出来事に意味を付与するのは言説だ。また言説は時代や地域、社会集団によって異なる。

構造主義 structuralism：テキストや人の精神、さらに社会は、その構造に含まれる要素や関係のパターンを通じて理解すべきだとする考え方。

誇示的消費 conspicuous consumption：ソースティン・ヴェブレンの用語で、有閑階級の人が自らの地位を見せびらかすために行う消費を指す。**物質文化**も参照。

国家 state：特定の領土に関する合法的な支配権を有し、その領土内における武力行使の権限を独占する組織された権威。

さ 行

サブカルチャー subculture：社会に含まれるが、何らかの点で他の人たちとは異質なものとして区別される集団。そのメンバーは社会の価値観や信念、慣習の大半は受け入れるとしても、その他の点では社会通念に従わない人たちの集団。

左翼 left-wing：現状維持よりも改革を、あるいは社会主義的な思想を支持する政治的な立場。

産業革命 Industrial Revolution：18世紀のイギリスで始まった社会的・技術的な大変革。農業中心の経済から都会的で工業中心の経済への転換を促した。

ジェンダー gender：生物学的な性差とは別に、社会的に生み出された男女の差異。

ジェンダー・アイデンティティ gender identity：ジェンダー役割や生物学的な性に関して人が抱く（または抱かせられる）「自分は……だ」という自覚。

ジェンダー役割 gender role：社会が男女それぞれに期待し、要求する社会的行動。

ジェントリフィケーション gentrification：都市空間の再開発による高級化。結果として不動産価格の高騰や富裕層の流入が起きる。

シカゴ学派 Chicago School：1920年代から30年代にかけて形成された社会学の学派で、その関心領域はさまざまだが、いわゆる都市社会学のパイオニアとされる（経済学におけるシカゴ学派とは無縁）。

自己疎外（疎隔）self-estrangement：自分自身からの疎外感。自分自身に否定的な評価を下したり、自分の労働が自分のためになっていないと感じること。

実証主義 positivism：社会学では、社会的な事象も科学的に測定・検証可能な方法で観察でき、社会の真理を解明できるとする考え方を指す。オーギュスト・コントの提唱したもの。この考え方の延長に、科学は社会の改良に役立つという主張が生まれた。

実証的根拠 empirical evidence：人間の五感によって観察・計測可能な証拠。

資本 capital：新たな収入を生むために用いられる資産（製造用の機械など）や現金。土地や労働力、企業体などと並び、経済活動に不可欠な要素。

資本家 capitalists：工業化社会で生産手段を所有している人たち。または彼らの社会階級。

資本主義 capitalism：土地や生産手段の私的所有をベースとした経済システム。そこでは労働者が一定の賃金で働かされ、会社は利益を上乗せして製品を売る。

シミュラクラ simulacra：現実には存在しないが、実際の世界にある物事を反映していように見えるイメージ。

社会階級 social class：社会の上下関係において、富や権力、教育、権威などに応じて一定の地位を占める人々の集

団。社会によって異なるが、欧米的な資本主義社会では一般に次の3つの階級に分けられる。「上流階級」は最上位を占める少数者の社会集団で、数は少ないのに社会の富の多くを所有している。「中流（中産）階級」は教育水準が高く、肉体労働以外の仕事に従事する人たち。「労働者階級」は工場や農場などで肉体労働に従事する人たち。

社会構成 social construct：ある社会でつくり出された概念や知覚。

社会構造 social structure：ある社会を構成するさまざまな社会制度と、それらの関係。

社会主義 socialism：社会的・経済的な平等の実現を目指す政治思想。社会の多数派が経済を支配していれば、より平等な**社会構造**ができるはずだと考える。

社会的ネットワーク social network：興味や関心を同じくする人や家族、集団のつながり。

社会的流動性 social mobility：人や家族などが、ある**社会階級**から別の階級へ移動（上昇）できること。

周縁化 marginalization：特定の個人や集団が支配的な集団から排除され、その権力や地位、影響力が失われるプロセス。

消費者 consumer：何かを生産するためではなく、自らが使うためにモノやサービスを購入する人。

消費社会 consumerism：高度な**資本主義**社会で、モノやサービスの活発な生産・消費を特徴とする状態を指す。消費主義とも。また「消費者運動」を指すこともある。

植民地主義 colonialism：一国が他国または他の地域を支配し、経済的に搾取すること。主として20世紀前半までの欧州諸国による他地域の征服・入植を指す。

新自由主義 neo-liberalism：自由な市場経済と「小さな政府」を信条とし、物事の解決には国家の介入より個人の判断のほうが有効だとする政治・経済的な思想。

人種主義 racism：肌の色などで人を差別する考え方。生物学的な違いにもとづく区別だと主張されるが、そうした違いは科学的に実証されていない。

新部族主義 neo-tribalism：変化の速い時代に生きる人々は柔軟かつ流動的でうつろいやすい小集団（部族）に属することで生きる意味を見つけるとする考え方。

シンボリック相互作用論 symbolic interactionism：自己とは社会的相互作用から生じる実体であるとする理論。象徴的相互作用論。

スティグマ stigma：不名誉または好ましからざる身体的または社会的な特徴に対して付される印（しるし）で、これを付された人は社会に完全には受け入れてもらえない。そうした人は社会で**周縁化**される。なぜなら他の成員からネガティブに見られ、好ましくないアイデンティティの持ち主とされ、その社会にふさわしくないとされるからだ。

ステレオタイプ stereotype：固定観念、先入観。人や社会集団について、一般の人が抱いているが、あまりに単純化されたイメージ。

性差別 sexism：人の性別による差別や偏見、固定観念。

生産手段 means of production：社会的に有用なモノの生産に必要な資源（土地や機械、工場など）。

生産様式 mode of production：**マルクス主義**の概念で、ある社会においてモノやサービスを生産するために考案された仕組み。**生産手段**や労使関係を含む。

性的指向 sexual orientation：人が男女どちらの性に魅力を感じるかの方向性。

世俗化 secularization：宗教とその諸制度（教会など）の社会的影響力が失われていくプロセス。

疎外 alienation：カール・マルクスによれば、労働者が職場や社会で権力を奪われ、自分で自分をコントロールすることもできず、充実感も満足感もない日々で自分を見失った状態。一部の人が**生産手段**を独占している**資本主義**社会で見られる現象。今日に至るまで多くの研究者がこの概念を発展させてきた。

た 行

大衆文化 mass culture：一般大衆に供する娯楽として生産された書物やテレビ番組、映画など。

他者性 the other：シモーヌ・ド・ボーヴォワールの用語で、ある社会集団（ボーヴォワールの議論では男性）が自らを**規範**と見なし、自分以外の集団（ボーヴォワールの議論では女性）にもっぱら自分たちの基準を押しつけ、そうした集団の持つ独自性を認めようとしないこと。

用語解説

地位 status：ある人物が持つ社会的な権威や重要性で、その社会の他の成員から認知されたもの。

同性愛 homosexuality：自分と同じ性の人に性的魅力を感じること。

都市化 urbanization：多くの人が農村部を捨てて都会に移り住む傾向。また、それに伴う社会変化。都市化は今や世界中で進行している。

は 行

ハイパーリアリティ hyperreality：ジャン・ボードリヤールの用語で、もはや「現実」は存在せず、さまざまな方法でシミュレートされた現実があるのみで、それは本来の現実よりも現実的だとされる。

覇権的男性性 hegemonic masculinity：個々の社会が理想とする男らしさの概念。欧米社会で言えば、**異性愛**で「タフ」で、金持ちで女性を支配する男性が覇権的とされてきた。男性性は生得的なものではないという前提に立つ。

ハビトゥス habitus：ある**社会階級**に属する人々が価値観を共有するのに必要な特定の態度や性向。人は誰でも自分を特定の種類の人間とみなすものだというトマス・アクィナスの思想を、ピエール・ブルデューが発展させた概念。

非行 delinquency：法的には、未成年者による犯罪などの意。社会学では、当該社会の**規範**に照らして「受け入れがたい」とされる行動を指す。

貧困 poverty：シーボーム・ラウントリーによる定義では、収入が不十分で生きていくのに必要な最低限のものも満足に買えない状態。「絶対的貧困」は食料や住居、燃料、衣服などの必需品を確保できない生活水準を指す。今日の先進諸国では、貧困は一般に想定される生活水準との比較で判定されることが多く、こちらは「相対的貧困」という。一定の技能や健康など、その欠如が社会からの排除につながりかねない要素も考慮に入れた定義もある。

フェミニズム feminism：社会的にも政治的にも経済的にも男女の平等を実現しようとする社会運動。第1波、第2波、第3波に区分され、それぞれに異なる目標を掲げている。

物質文化 material culture：人工的につくり出されたモノに関する歴史や哲学。人間とモノとの関係。

フランクフルト学派 Frankfurt School：20世紀に**マルクス主義**的な思想を復活させ、学際的な社会理論を展開した学派。当初はフランクフルト大学付属の社会研究所を拠点としていた。

ブルジョアジー bourgeoisie：**マルクス主義**の用語で、**生産手段**を所有する**社会階級**のこと。資本家階級とも。

プロレタリアート proletariat：労働者階級。**マルクス主義**の理論では賃金労働に従事する人たちの**社会階級**。

文化 culture：ある社会における暮らしを形成する言語や習慣、知識、信念、価値観、**規範**などの総体。また音楽や演劇、文芸などのアート全般を指すこともある。

ヘゲモニー hegemony：覇権。ある社会集団が他の社会集団に対して行使する権力。アントニオ・グラムシはヘゲモニーを、支配的な**社会階級**がその地位を維持するための装置と定義した。

封建主義 feudalism：ヨーロッパ中世に支配的だった社会制度。各地の豪族が君主に軍役を提供する代わりに領地を与えられ、領民を働かせて税を徴収する代わりに領民を保護する仕組み。

ポストモダニズム postmodernism：脱近代主義。物事には「一つの真実」があるという考え方を否定し、テキストも人間も社会もさまざまな視点から、さまざまな「複数の真実」へと脱構築できるとする立場。したがってポストモダンの社会学理論も定義されること自体を拒否しており、明確な定義は難しい。

ま 行

マルクス主義 Marxism：カール・マルクスとフリードリッヒ・エンゲルスが唱えた社会理論で、歴史には発展段階があり、社会の変革は**生産手段**の所有者と搾取される労働者という**社会階級**の闘争から生じるとする考え方。

民族 nation：共通の**文化**や歴史、言語によって結ばれ、通常は同じ地域に暮らす人々の集団。

民族学 ethnology：異なる民族の文化を比較研究する学問。

民族誌学 ethnography：諸民族の**文化**を広範に記録する学問。

民族主義 nationalism：**民族**を土台にした共通の自覚で、共有されたイデオロギーや**文化**を意識的に守ろうとする考え方。

や 行

役割 roles：ある社会で、その成員に求められる行動のパターン。ジェンダー**役割**など。

索引

太数字(ゴシック体)は見出し項目の掲載ページ。

あ行

アーリ、ジョン 135, 162
愛という名の混沌 320-23
アグニュー、ロバート 262
アサビヤー(連帯) 20
アトキンソン、ウィル 138
アドルノ、テオドール 247, 287, 335
アノミー 34, 37, 252, 253
　緊張理論 262-63
アパデュライ、アルジュン 135, 166-69
アメリカ
　「赤狩り」 46, 49
　解放奴隷局 71-72
　公民権法 64, 70
　黒人と「ゲットー」 65, 82-83
　女性の解放 26-27, 298-99
　新左翼 49
　人種隔離と暴力 70-73
　独立宣言 26-27
　奴隷解放の歴史 27, 70-73
　二重意識 71
　夫婦間レイプ 306
　「分離すれど平等」方針の学校 70
アルチュセール、ルイ 335-36
アレクサンダー、ジェフリー 175, 204-09
アンダーソン、イライジャ 65, 82-83
アンダーソン、ベネディクト 175, 202-03
イアトロジェネシス 261
イギリス
　工業化 66, 67, 144
　大気清浄法 148
　同性婚 324
　「貧困と社会的排除調査」 74
一條都子 163
逸脱
　アノミー／緊張理論 262-63
　スティグマ 190-95
　ラベリング理論 282-85
イノベーション →技術革新(テクノロジー)
イブン・ハルドゥーン 18, 20
イリイチ、イヴァン 253, 261
医療行為による弊害(イアトロジェネシス) 261
イングリス、デヴィッド 150
インターセクショナリティ 90-95
ウィークス、ジェフリー 297, 303, 311, 324-25, 329, 331
ウィティッグ、モニック 309, 317
ヴィヒテリッヒ、クリスタ 249
ウィリアムズ、レイモンド 174, 175, 189
ウィリス、ポール 253, 292-93
ウィルキンソン、リチャード 65
ウィルソン、ブライアン 253, 258, 278-79
ウートン、バーバラ・アダム 335
ウェーバー、マックス 13, 14
　階級闘争 31, 64
　合理主義(合理性) 19, 36, 38-45, 47, 122-23, 252
　プロテスタントの労働倫理 220-23, 234-35, 258-59
ウェブスター、フランク 155
ヴェブレン、ソースティン 212, 213, 214-19, 246
ウォータム、アン 75
ウォーラーステイン、イマニュエル 134, 135, 144-45, 150-51
ウォルビー、シルヴィア 65, 96-99, 213, 249
ウッドヘッド、リンダ 258
ウッドワード、ソフィー 247
ウットン、アンソニー 195
エスノメソドロジー 50-51
エティオーニ、アミタイ 21, 103, 112-19, 188
エリアス、ノルベルト 174, 180-81
エルスター、ヤン 337
エンゲルス、フリードリッヒ 18, 64, 66-67, 134, 212, 256, 315
オークレー、アン 296, 314, 318-19
オリエンタリズム 80-81

か行

ガース、ハンス 49, 238
ガーフィンケル、ハロルド 19, 50-51
階級
　意識 30, 64
　階層化 64
　格差 84-87
　金銭的競争 218-19
　クィア理論 331
　構造 186-87
　搾取 66-67
　ジェンダー 339
　熟練の解体 230-31
　闘争 28-31
　ハビトゥス 76-79
　フェミニズム 92-95, 338
　文化的再生産と教育 292-93
　文化的ヘゲモニー 178-79
　マルクス主義 28-31, 315, 316
　有閑階級と資本主義 216-17, 219
　→文化とアイデンティティ
核家族 300, 301, 311, 320-21
隠れたカリキュラム 288-89
カサノバ、パブロ・ゴンサレス 336
カステル、マニュエル 134, 135, 152-55
家族と性的アイデンティティ 296-97
　愛という名の混沌 320-23
　核家族 300, 301, 311, 320-21
　家族の役割 296-97
　強制的異性愛 304-09
　共同体主義(コミュニタリアニズム) 117-18, 119
　クィア理論 326-31
　ゲイが親になること 311

結婚・離婚率　323
「健全な」社会と結婚制度　325
現代社会における子どもへの愛　323
工業化　300
告白　302-03
子どもの社会化と成人のパーソナリティの安定化　300-01
社会的に構築されたセクシュアリティ　324-25
セラピー文化　303
疎外された家事労働　318-19
対人関係　297
同性婚　301, 311, 324
文化によってジェンダー役割も異なる　298-99
ポストモダン家族　310-11
唯物論フェミニズム　312-17
家庭内暴力　98, 99
寡頭制　260
ガバメンタリティ(統治性)　270-77
家父長制　96-99
　家庭内暴力　98, 99
　グローバル資本主義　317
　ジェンダーの平等　65
　支配　94, 95
　覇権的男性性　88-89
　唯物論フェミニズム　312-17
　レズビアニズム　308-09
　→フェミニズム
カルヴァン、ジャン　222
カルドーゾ、フェルナンド・エンリケ　336-37
環境
　気候変動とギデンズのパラドックス　148-49
　誇示的消費と無駄　217-18
　新自由主義　277
　リスク啓発　160, 161
監視の技術　275
感情労働　127, 236-43
管理(マネジメント)
　労働者の生産性　230
　労働者の同意の生産　244-45
官僚制　40-45, 139, 252, 253

寡頭制　260
気候変動　148-49
記号論　235, 335-36, 337
技術革新(テクノロジー)　15
　インターネット上のコミュニティ　117
　階級の消滅　187
　仮想世界とシミュラークル　198-99
　記憶　334
　グローバル化　168
　グローバル・シティ　164-65
　自己疎外　188
　熟練の解体　226-31
　情報過剰　199
　疎外　232-33
　脱工業化　224-25
　テクノサイエンス　338
　モビリティーズ　162
　リスク　158-59, 160
ギデンズ、アンソニー　44, 119, 135, 148-49, 195, 311, 322
ギデンズのパラドックス　148-49
機能主義　34-37, 267
キャラウェイ、テリ・リン　213, 248-49
キャンベル、コリン　212, 213, 219, 223, 234-35
教育
　隠れたカリキュラム　288-89
　共同体主義の学校　118
　熟練の解体　229
　標準化　123
　文化的再生産　292-93
　「分離すれど平等」方針の学校(アメリカ)　70
　マルクス主義　293
　リキッド・モダニティ　141
強制的異性愛　304-09
競争原理　33
共同体(コミュニティ)　13, 20, 108-09, 112-19, 124-25
　社会　32-33
　新部族主義　291
共同体主義(コミュニタリアニズム)　112-19

ギルロイ、ポール　65, 75
金銭的競争と階級　218-19
近代社会　134-35
　感情労働　127, 236-43
　官僚制　42-43, 45, 139
　共同体主義(コミュニタリアニズム)　112-19
　グローバル化と近代の受容　166-69
　合理的な近代　38-45
　コミュニケーションのシステム　110-11
　ジェントリフィケーションと都市生活　128-31
　市民参加　125
　社会関係資本(ソーシャル・キャピタル)　124-25
　ディズニー化　126-27
　都市への権利　106-07
　歩道の重要性　109
　マクドナルド化　120-23
　リキッド・モダニティ　136-43
　→グローバル化、都市化
ギンタス、ハーバート　288-89
緊張理論　262-63
クィア理論　58, 61, 297, 309, 310, 311, 317, 326-31
クーリー、チャールズ・H　176, 334
クーリー、マイケル　231
グールドナー、オルヴィン　285
クラカウアー、ジークフリート　334
グラスナー、バリー　158
グラムシ、アントニオ　174-75, 178-79, 252
グリーン、ギル　195
クリステヴァ、ジュリア　337
クレンショー、キンバレー　92-93
グローカル化　146-47
グローバル化　15, 134-35, 170-71
　懐疑論者　171
　家父長制　317
　気候変動とギデンズのパラドックス　148-49
　金融リスク　161
　グローカル化　146-47
　グローバル化と近代の受容　166-69

グローバル・シティ　164-65
グロス、エリザベス　330, 339
コグニティブ・ジャスティス　150-51
コスモポリタニズムとリスク　161
職場の女性化　248-49
人員削減　141
世界システム論　144-45
ソリッド・モダニティ　138-40
脱工業化　153
デジタル技術　152-55
テロのリスク　161
転換主義者　171
ネオナショナリズム　163
ネットワーク社会　152-55
ハイパーグローバリスト　171
文化　→文化とアイデンティティ
〈南〉の認識論　150-51
モビリティーズ　162
リキッド・モダニティ　136-43
リスク社会　156-61
→近代社会
啓蒙思想　12, 21, 23, 24, 64, 139-40, 235
ゲットー（アイコンとしての）　82-83
ゲマインシャフトとゲゼルシャフト　32-33
現実
　シミュラークル　196-99
　社会的構成　336
　ハイパーリアル　199
現象学的社会学　335, 336
権力と抵抗　52-55
工業化　102-03
　階級間の搾取　66-67
　家族　300
　自動化と疎外　232-33
　熟練の解体　226-31
　女性の無報酬労働　315
　セクシュアリティ　329
　労働の分業制　33, 36-37, 228, 300
　→社会的不平等
構造化理論　195
合理化　40-45, 228-31
　社会学的想像力　46-49
　マクドナルド化　120-23

効率　40-45, 121-23, 228-31
合理的選択理論　337
合理的な近代　38-45
コーエン、スタンリー　253, 266, 290
ゴールドソープ、ジョン　337
国際連合
　「京都議定書」　148
　「世界人権宣言」　64
告白　302-03
誇示的消費　214-19
個人（個人主義, 個性）
　共同体主義（コミュニタリアニズム）
　　　114, 116, 118-19
　施設　253
　資本主義　21, 43-45, 93-94, 321-22
　社会的相互作用　239-40
　収容施設　268-69
ゴフマン、アーヴィング
　収容施設　264-69
　スティグマ　174, 190-95
コブ、ジョナサン　64, 84, 87
コミュニケーションのシステム　110-11, 153-55
コミュニティ　→共同体（コミュニティ）
コント、オーギュスト　13, 18, 22-25, 29, 35, 36
コンネル、R・W　65, 88-89

さ 行

サービス業と脱工業化　225
サイード、エドワード　65, 80-81
サイドマン、スティーブン　297, 326-31
サヴェージ、マイク　219
ササテッリ、ロベルタ　234
サッセン、サスキア　134, 164-65
作法と文明化の過程　181
サン＝シモン、アンリ・ド　13, 18, 23, 24
産業革命　12, 13, 15, 66
G7　150
シーマン、メルビン　188
シェイクスピア、トム　339
ジェイコブズ、ジェイン　102, 103, 108-09

ジェンダー
　クィア理論　58, 61, 297, 309, 310, 311, 317, 326-31
　ジェンダーを演じる（ジェンダー・パフォーマティビティ）　56-61
　不平等と感情労働　242-43
　文化的再生産と教育　293
　文化によってジェンダー役割も異なる　298-99
　→フェミニズム、セクシュアリティ
ジェントリフィケーションと都市生活　128-31
シカゴ学派　102, 104, 105, 128, 164, 334
自我の発達　176-77
シクレル、アアロン　282
自己
　アイデンティティを示すシンボル　330
　「鏡に映った自我」理論　334
　グローバル化　146-147
　自尊心と階級格差　84-87
　収容施設　266-69
　消費主義　142, 143, 201
　疎外　188
　文化的アイデンティティ　200-01
仕事の満足感と職場の「ゲーム」　245
自己利益と資本主義　21, 30-31
実証主義　22-25, 36, 37, 40, 44
史的唯物論　29-30
資本主義
　家父長制　98
　感情労働　236-43
　競争　33
　金銭的競争　218-19
　勤労階級と有閑階級　216-17, 219
　合理的な近代　38-45
　コグニティブ・ジャスティス　150-51
　個人（個人主義, 個性）　21, 43-45, 94, 321-22
　ジェントリフィケーション　128-31
　自己疎外　188
　自己利益　21, 30-31
　史的唯物論　29-31
　熟練の解体　226-31

索引

消費者の欲望　235
商品と価値　198
新自由主義　277
正統性の危機　286-87
世界システム論　144-45
中世的資本主義　223
デジタル技術　152-55
人間性の喪失　42-43
ヒエラルキー　93
プロテスタントの労働倫理　41-42, 220-23, 259
文化的ヘゲモニー　178-79
マルクス主義　18, 107, 134, 145, 221, 307
利益の追求　221-22
労働契約としての結婚　315-16
労働者の抑圧　47
→消費主義、労働と消費主義
シミュラークル　196-99
市民精神　21
社会
　共同体主義（コミュニタリアニズム）　112-19
　近代性　12-13
　史的唯物論　29-30
　リスク社会　156-61
社会運動　49, 160
社会学的想像力　46-49
社会学の基礎
　エスノメソドロジー　50-51
　階級闘争　28-31
　科学としての社会学　23-25, 34-36
　機能主義　34-37, 267
　共同体と社会　32-33
　権力と抵抗　52-55
　工業化と労働の分業　33, 36-37, 293, 300
　合理的な近代　38-45
　ジェンダーを演じる（ジェンダー・パフォーマティビティ）　56-61
　実証主義　22-25
　実証性　24
　市民精神　21
　社会学的想像力　46-49

フェミニズムと社会的不公正　26-27
フランス革命の影響　25
連帯（アサビヤー）　20
社会関係資本（ソーシャル・キャピタル）　124-25
　衰退　116
　ハビトゥス　78-79
社会ダーウィン主義　334
「社会的加速」の理論　339
社会的不平等
　アイコンとしてのゲットー　82-83
　移民と労働　85-86
　オリエンタリズム　80-81
　階級意識　64
　階級格差　84-87
　階級間の搾取　66-67
　家父長制　96-99
　家父長制とジェンダーの平等　65
　教育と隠れたカリキュラム　288-89
　グローバルな構図　145
　公共空間の喪失　107
　ジェントリフィケーション　130-31
　自尊心と階級格差　84-86
　宗教　257-58, 259
　人種と民族　68-73
　相対的貧困　74
　二重意識　71
　妊娠中絶　317
　覇権的男性性　88-89
　ハビトゥス　76-79
　リキッド・モダニティ　142-43
　リスク社会　160
　労働者階級の教育　86-87
社会の科学としての社会学　13-14, 18-19
社会の非人間化　47-48
社会の流動性とハビトゥス　79
社会保障とリキッド・モダニティ　141
ジャクソン、フィリップ・W　288
宗教
　アイデンティティ・ポリティクス　339
　社会的不平等　257-58, 259
　宗教社会学　338
　宗教的象徴と政治　336

世俗化　252-53, 278-79
プロテスタントの労働倫理　41-42, 220-23, 259
マルクス主義　252, 253, 254-59, 279
熟練の解体　226-31
主権とナショナリズム　203
シュッツ、アルフレッド　335
消費主義
　グローバル化　168
　広告業界　235
　誇示的消費　214-19
　ジェントリフィケーション　131
　自己　142, 143, 201
　消費者信用　143
　リキッド・モダニティ　141-42
　ロマン主義の倫理　234-35
　→資本主義、労働と消費主義
植民地主義　75, 94, 181
　オリエンタリズム　80-81
　世界システム論　144-45
シルヴァ、エリザベス　247
新自由主義　277
人種差別　64-65, 75, 92-95
　アイコンとしてのゲットー　82-83
人種と民族　68-73
新部族主義　291
シンボリック相互作用論　192, 239, 335
ジンメル、ゲオルク　102, 104-05
ズーキン、シャロン　103, 128-31
スカル、アンドリュー・T　266
スケッグス、ビヴァリー　339
スコッチポル、シーダ　338-39
スティグマ　190-95
ステイシー、ジュディス　297, 310-11
ストラウス、アンセルム・L　335
スペンサー、ハーバート　18, 19, 34, 35-36, 334
スペンサー＝ブラウン、G　111
スマート、キャロル　309, 320
スミス、ドロシー・E　336
性的アイデンティティ　→家族と性的アイデンティティ
制度　15, 36, 252-53

アノミー／緊張理論　262-63
イアトロジェネシス　261
寡頭制　260
ガバメンタリティ　270-77
監視と統制　54
教育と隠れたカリキュラム　288-89
個人主義と社会　253
宗教　254-59
収容施設　264-69
女性の家事労働　316
新部族主義　291
正統性の危機　286-87
世俗化　252-53, 278-79
統治性　270-77
文化的再生産と教育　292-93
モラル・パニック　290
ラベリング理論　280-85
正統性の危機　286-87
世界システム論　144-45
世界社会フォーラム　150, 151
セクシュアリティ
　アイデンティを示すシンボル　330
　家父長制　96-99
　強制的異性愛　304-09
　クィア理論　58, 61, 297, 309, 310, 311, 317, 326-31
　権力　55
　工業化　329
　告白　302-03
　ジェンダーを演じる(ジェンダー・パフォーマティビティ)　56-61
　社会的に構築された　324-25
　女性解放運動　299
　男性性とクィア理論　331
　同性愛カップル　311
　覇権的男性性　88-89
　フェミニズムと社会的不公正　26-27
　文化によってジェンダー役割も異なる　298-99
　レズビアニズム　308-09
　→フェミニズム、ジェンダー
セジウィック、イヴ・コゾフスキー　309
世俗化　252-53, 278-79

プロテスタントの労働倫理　223
セネット、リチャード　64, 84-87, 119, 141
セラピー文化　303
想像の共同体　202-03
相対的貧困　74
ソープ、クリストファー　206
疎外　40-45, 122, 123, 155, 187, 188, 213, 228-30, 232-33, 236, 239, 242, 259, 293, 297
　自己疎外　188
　宗教　256-59
　マルクス主義　155, 228, 231, 232, 238, 319
疎外された家事労働　318-19

た 行

ダーウィン、チャールズ　35, 217
ターナー、ブライアン・S　338
タウンゼント、ピーター　65, 74
多国籍企業とグローバル・シティ　165
多国籍都市文化とグローバル・シティ　165
脱工業化　224-25
多文化主義　200-01
ダン、ジリアン　311
地球温暖化　148-49, 160
　→環境
知識(知)
　「アクター・ネットワーク」理論　338
　権力　55
　「3段階の法則」　24
　知識社会学　335
チョドロウ、ナンシー　337-38
「ツーリスト」とリキッド・モダニティ　142-43
デ・ソウサ・サントス、ボアベンチュラ　134, 150-51
ディーガン、メアリ・ジョー　192
帝国主義　→植民地主義
ディズニー　126-27, 199
ディズニー化　126-27
テイラー、ローリー　266

テクノクラートと脱工業化　225
デバサハヤム、テレサ　238
デュボイス、W・E・B　64, 65, 68-73, 82
デュルケーム、エミール　13, 19, 24, 31, 33, 34-37, 44, 77, 102, 206, 207, 209, 220, 252, 253, 262
デルフィ、クリスティーヌ　296, 297, 312-17, 331
テロリズム
　社会構造　209
　モラル・パニック　290
　リスク　158, 161
テンニース、フェルディナント　18, 32-33, 102, 105, 114, 115-16
統治性(ガバメンタリティ)　270-77
都会人の精神　104-05
独立宣言(アメリカ合衆国)　26-27
都市化　102-03, 145, 181, 324
　「異邦人」の役割　104, 105
　階級格差　84-87
　グローバル・シティ　164-65
　公共空間と私的空間　107
　合理的な近代　38-45
　ジェンダー　329
　ジェントリフィケーションと都市生活　128-31
　都会人の精神　104-05
　都市再生　129-30
　都市のコミュニティ　108-09
　都市への権利　106-07
　歩道の重要性　109
　→近代社会
都市への権利　106-07
トムリンソン、ジョン　123
奴隷制　27, 70-73

な 行

ナショナリズム
　想像の共同体　202-03
　ネオナショナリズム　163
ニール、ブレン　320
ネオナショナリズム　163

ネットワーク社会 152-55

は 行

バーガー、ピーター・L 278, **336**
パーク、ロバート・E 102, **334**
パーソンズ、タルコット 44, 50, 111, 207, 296, **300-01**
ハーバーマス、ユルゲン 253, 259, **286-87**
バーンスティン、バジル 292
ハイパーリアル 199
バウマン、ジグムント 105, 134, **136-43**, 155, 222
覇権的男性性 **88-89**
パットナム、ロバート・D 20, 103, 115, **124-25**
バトラー、ジュディス 19, 54, **56-61**, 297, 317, 329
ハビトゥス **76-79**
ハラウェイ、ダナ **338**
バルト、ロラン 235
ハルバースタム、ジュディス 328, 331
パワーエリート **48-49**
犯罪 **282-85**
　アノミー／緊張理論 **262-63**
　犯罪的人格 335
ピーターソン、リチャード・A 216, 219
ピケット、ケイト 65
ファーガソン、アダム 18, 21
ファイアストーン、シュラミス **338**
フィンチ、ジャネット 315
フーコー、ミシェル
　権力と抵抗 15, 19, **52-55**, 267
　真理への意志 **302-03**
　セクシュアリティ 19, 58-59, 296, 297, **302-03**
　統治性（ガバメンタリティ） 252-53, **270-77**
フェザーストーン、マイク 200
フェミニズム
　インターセクショナリティ **90-95**
　階級 95, 338

強制的異性愛 **304-09**
共同体主義 119
クィア理論 329, 331
宗教 258
職場の女性化 **248-49**
女性解放運動 299
疎外された家事労働 **318-19**
　第 1 波 **97-98**
　第 2 波 26, 58, 65, 92, 98
　第 3 波 98
フェミニスト心理学 **337-38**
マルクス主義 92, 98
唯物論フェミニズム **312-17**
　→ジェンダー、家父長制、セクシュアリティ
フォイエルバッハ、ルートヴィヒ 256
フックス、ベル 65, 89, **90-95**
物質文化 **246-47**
ブライマン、アラン 103, **126-27**
ブラウォイ、マイケル 213, 231, **244-45**
ブラウナー、ロバート 212, 213, **232-33**
フランクフルト学派 31, 44, 232, 247
フランス革命の影響 **22-25**
ブルーマー、ハーバート 335
ブルデュー、ピエール 14, 65, **76-79**, 195, 208, 213, 219, 288, 289
ブレイバーマン、ハリー 212, 213, **226-31**, 243
フレディ、フランク 303
プロテスタントの労働倫理 **41-42**, **220-23**, 258
フロム、エーリッヒ 174, **188**
文化とアイデンティティ
　偽りのニーズ **185-86**
　感情の構造 189
感情労働 **236-43**
グローバル化 **170-71**
グローバル化と近代の受容 **166-69**
ジェンダーを演じる（ジェンダー・パフォーマティビティ） **56-61**
自我の発達 **176-77**
自己疎外 **188**
シミュラークル **196-99**
社会構造 44, **208-09**

神聖なものとしての文化 207
シンボリック相互作用論 192
スティグマ **190-95**
世俗化 **278-79**
ナショナリズムと想像の共同体 **202-03**
文化産業 **182-87**
文化資本とハビトゥス 78, 79
文化社会学 **204-09**
文化的アイデンティティ **200-01**
文化的再生産と教育 **292-93**
文化と現実の隔たりの消滅 **186-87**
文化と社会秩序 **174-75**
文化によってジェンダー役割も異なる **298-99**
文化の独立性 **207-08**
文化的ヘゲモニー **178-79**
文明化の過程 **180-81**
→階級
分業制 13, 19, 33, 35-37, 102, 212, 300
文明化の過程 **180-81**
ベイツ、イング 293
ペイトマン、キャロル 315
ヘーゲル、ゲオルク 29, 246, 256
　歴史の弁証法 29
ベガ、ロドリゴ・コルデロ 286
ベッカー、ハワード・S 252, 253, **280-85**
ベック、ウルリッヒ
　愛という名の混沌 297, **320-23**
　リスク社会 134, 135, **156-61**
ベック＝ゲルンスハイム、エリーザベト 297, **320-23**
ベラー、ロバート・ニーリー 118, 207, **336**
ベル、ダニエル 212, 213, **224-25**, 234
ヘルド、デヴィッド 135, **170-71**
ベロ、ウォルデン **338**
ペロー、チャールズ 158
ベンヤミン・ヴァルター **334-35**
ボウルズ、サミュエル 253, **288-89**
ボーヴォワール、シモーヌ・ド 58, 59, 306, 317
ボードリヤール、ジャン 126, 175, 189, **196-99**, 235

ホール、スチュアート　175, **200-01**
ポストモダン家族　**310-11**
ホックシールド、アーリー・ラッセル　213, **236-43**
ボランティア主義　124-25
ホワイト、ハリソン　152

ま行

マートン、ロバート・K　252, 253, **262-63**
マクドナルド化　**120-23**
マクロビー、アンジェラ　290, **339**
マッグルー、アンソニー　135
マックローン、デヴィッド　135, **163**
マフェゾリ、ミシェル　253, **291**
マルクーゼ、ヘルベルト　175, **182-87**, 247
マルクス、カール　13, 14, 22, **28-31**, 40, 41, **44-45**, 64, 138, 144, 189, 220, 228, **254-59**
マルクス主義
　階級　**28-31**, 64, 66-67, 315, 316
　経済学　25, 31, 178, 179, 286
　資本主義　18, **44-45**, 107, 134, 145, 184, 221, 307
　宗教　252, 253, **254-59**, 279
　疎外　155, 232, 238, 319
　フェミニズム　92, 98, 319
　→フランクフルト学派／マルクス、カール
マルティノー、ハリエット　18-19, 25, **26-27**, 64-65
マロン、ドナカ　143
マンハイム、カール　181, **335**
ミード、ジョージ・ハーバート　174, **176-77**, 201
ミード、マーガレット　13, 58, 296, 297, **298-99**
〈南〉の認識論　**150-51**
ミヘルス、ロベルト　252, **260**
ミラー、ダニエル　213, **246-47**
ミルズ、チャールズ・ライト　14, 19, 44, **46-49**, 238, 239
民主主義と寡頭政治　**260**
無駄と誇示的消費　217-18

メディア
　階級闘争　187
　グローバル化　168
　消費主義　235
　不安をあおる　160
　モラル・パニック　290
モーガン、デイヴィッド　300
モドゥード、タリク　**339**
モビリティーズ　162
モラル(道徳)
　共同体主義(コミュニタリアニズム)　114-19
　宗教　256-57
　モラルの起業家　284
モラル・パニック　290

や行・ら行・わ行

ヤング、ジョック　290
唯物論フェミニズム　**312-17**
有閑階級と資本主義　216-17, 219
ライト・ミルズ、チャールズ　→ミルズ、チャールズ・ライト
ラズ、アビアド　243
ラッシュ、クリストファー　310, **337**
ラディカリズムと宗教　258-59
ラトゥール、ブルーノ　247, **338**
ラベリング理論　**280-85**
リキッド・モダニティ　**136-43**
リスク社会　**156-61**
リチャードソン、ダイアン　306, 331
リッチ、アドリエンヌ　296, **304-09**
リッツァ、ジョージ　103, **120-23**, 127
ルービン、ゲイル　299, 328
ルーマン、ニクラス　103, **110-11**
ルソー、ジャン＝ジャック　29, 302
ルックマン、トーマス　336
ルッツ、ヘルマ　92
ルビオ、フェルナンド・ドミンゲス　247
ルフェーブル、アンリ　103, **106-07**
レヴィ、ミシェル　**337**
レナード、ダイアナ　316, 323
レマート、エドウィン　283

レムケ、トマス　272
連帯(アサビヤー)　20
労働者の裁量と自動化された仕事のプロセス　232
労働者の同意の生産　**244-45**
労働と消費主義　212-13
　「アメリカン・ドリーム」　262-63
　感情労働　**236-43**
　金銭的競争　218-19
　現世での成功と救済　222-23
　誇示的消費　**214-19**
　好みと物質文化　247
　資本主義と消費者の欲望　235
　熟練の解体　**226-31**
　消費社会　212-13
　職場の「ゲーム」　245
　職場の女性化　248-49
　疎外　40-45, 122, 123, 212-13, 228-230, **232-33**, 238, 239, 242
　大衆欺瞞としての消費主義　235
　脱工業化　**224-25**
　デニム現象　247
　物質文化　**246-47**
　プロテスタントの労働倫理　41-42, **220-23**, 258
　文化的雑食性　219
　利益の追求　221-22
　労働組合と生活協同組合　245
　労働者の同意の生産　**244-45**
　ロマン主義の倫理と消費社会　**234-35**
　→資本主義、消費主義
労働力の流動化　33
ローザ、ハートムート　**339**
ローズ、ニコラス　277
ロックウッド、デヴィッド　**336**
ロバートソン、ローランド　134, **146-47**
ロマン主義の倫理　**234-35**
ワーナー、マイケル　**329-30**

出典一覧

Dorling Kindersley would like to thank John McKenzie for his contribution to chapter 3, Christopher Westhorp for proofreading the book, and Margaret McKormack for providing the index.

PICTURE CREDITS

The publisher would like to thank the following for their kind permission to reproduce their photographs:

(Key: a-above; b-below; c-centre; l-left; r-right; t-top)

20 Corbis: Frans Lemmens (br). **23 Getty Images:** Apic/Contributor (tr). **25 Corbis:** Leemage (br). **27 Corbis:** Bettmann (tr). Francis G. Mayer (bl). **30 Corbis:** (bl). **31 Corbis:** Michael Nicholson (tr). **33 Alamy Images:** Mary Evans Picture Library (bl). **35 Corbis:** Bettmann (tr). **41 Corbis:** Bettmann (br). **42 Dreamstime.com:** Delstudio (bl). **44 Corbis:** Bettmann (bl). **45 Corbis:** George Steinmetz (tr). **Alamy Images:** Everett Collection Historical (bl). **48 Getty Images:** The Washington Post/Contributor (tr). **49 Corbis:** Bettmann (tc). **51 Corbis:** Dave & Les Jacobs/Blend Images (br). **53 Corbis:** Bettmann (tr). **55 Getty Images:** Otto Stadler (tr). **59 Alamy Images**: epa european pressphoto agency b.v. (tr). **Corbis:** Andrew Holbrooke (bl). **61 Alamy Images:** Pictorial Press Ltd (tr). **67 Corbis:** Hulton-Deutsch Collection (cr). Michael Nicholson (bl). **72 Corbis:** (tr). **73 Corbis:** Bettmann (bl). **74 Getty Images:** Design Pics/John Short (bc). **77 Corbis:** Karen Kasmauski (br). **78 Getty Images:** Les and Dave Jacobs (tl). **79 Getty Images:** Ulf Andersen/Contributor (tr). **81 Getty Images:** Ionas Kaltenbach (tr). **Corbis:** Bettmann (bl). **83 Alamy Images:** Image Source (tl). **85 Alamy Images:** Archive Pics (br). **87 Corbis:** Colin McPherson (tr). **Getty Images:** Alfred Eisenstaedt/Contributor (bc). **89 Corbis:** Jen Rosenstein (bl). **93 Getty Images:** Spencer Grant/Contributor (tl). **94 Corbis:** Christie's Images (tl). **95 Getty Images:** The Washington Post/Contributor (bl). **97 Alamy Images:** Pictorial Press Ltd (br). **99 Getty Images:** Nikki Bidgood (tl). **105 Alamy Images:** INTERFOTO (bl). **107 Dreamstime.com:** Özgür Güvenç (tl). **109 Alamy Images:** Chris Brown (tr). **Topfoto:** The Granger Collection (bl). **111 Corbis:** Amy Scaife/Demotix (tr). **114 Alamy Images:** Agencja Fotograficzna Caro (bl). **115 Corbis:** Fine Art Photographic Library (br). **116 Alamy Images:** Stuart Black (b). **117 Corbis:** Colleen Cahill/Design Pics (br). **118 Alamy Images:** dpa picture alliance archive (tl). **119 Corbis:** KidStock/Blend Images (bl). **121 George Ritzer:** (tr). **122 Corbis:** Danny Lehman (tl). **123 Alamy Images:** Maurice Crooks (br). **125 Corbis:** David Muench (tl). **127 Alamy Images:** imageBROKER (tr). **129 Corbis:** Peter Cook/VIEW (br). **130 Chris Yuill:** (tl). **139 Getty Images:** isifa/Contributor (tr). Scott Barbour/Staff (bl). **140 Corbis:** Bettmann (bl). **141 Dreamstime.com:** Photka (tc). Damiano Poli (tr). Ekays (tr). Flynt (br). **142 Corbis:** Juice Images (tl). **143 Getty Images:** Brand New Images (br). **147 Corbis:** Steven Limentani/ISI (tl). **151 Getty Images:** Scott Wallace/Contributor (bl). **153 Alamy Images:** paulo fridman (br). **155 Alamy Images:** epa european pressphoto agency b.v. (tr). **159 Dreamstime.com:** Markwaters (bl). **161 Corbis:** Jon Feingersh/Blend Images (tl). Rainer Hackenberg (br). **163 Corbis:** HO/Reuters (br). **164 Dreamstime.com:** Viewapart (bc). **167 Alamy Images:** Alexander Pylyshyn (tr). **168 The Kobal Collection:** UGC / STUDIO CANAL+ (br). **171 Getty Images:** DreamPictures (tl). **177 Corbis:** 237/Paul Bradbury/OJO Images RF/Ocean (tr). **179 Getty Images:** DEA PICTURE LIBRARY/Contributor (bl). **181 Bridgeman Art Library:** Bourne Gallery, Reigate, Surrey, UK (tr). **184 Dreamstime.com:** Stephen Troell (tr). **185 Dreamstime.com:** Georgerudy (br). **186 Bridgeman Art Library:** Private Collection (tr). **Corbis:** Bettmann (bl). **193 Getty Images:** Digital Vision (tl). **194 Dreamstime.com:** Erikthered (bl). **197 Corbis:** Sergio Gaudenti/Kipa (tr). **198 Alamy Images:** Friedrich Stark (tl). **199 Alamy Images:** Andre Jenny (br). **201 Alamy Images:** blickwinkel (tl). **203 Getty Images:** Mail Today/Contributor (tr). **209 Corbis:** Elio Ciol (tr). Bettmann (bl). **217 akg-images:** (br). **218 Dreamstime.com:** Americanspirit (t). **221 Alamy Images:** Kathy deWitt (br). **222 Dreamstime.com:** Llareggub (tr). **225 akg-images:** Armin Pongs (tr). **Dreamstime.com:** Lyinker (bl). **229 Alamy Images:** INTERFOTO (br). **231 Corbis:** Bettmann (tl). **233 Corbis:** George Steinmetz (tc). **235 Alamy Images:** M.Flynn (tl). **239 Corbis:** Barry Austin/Moodboard (tr). **240 Getty Images:** Flying Colours Ltd (tr). **241 Dreamstime.com:** Robseguin (bl). Robseguin (bc). **242 Dreamstime.com:** Monkey Business Images (bl). **243 Corbis:** Sven Hagolani (tc).

247 **Corbis:** ZenShui (bl). **249 Getty Images:** Bloomberg/Contributor (bl). 257 **Corbis:** Godong/Robert Harding World Imagery (br). **259 Getty Images:** Egbert van Heemskerk the Elder (br). 261 **Corbis:** Ariel Skelley/Blend Images (cr). 263 **Bridgeman Art Library:** Peter Newark American Pictures (tl). 267 **Corbis:** Cameron Davidson (tr). **Getty Images:** Stock Montage/Contributor (bl). 269 **Alamy Images:** Moviestore collection Ltd (tr). **Dreamstime.com:** Photographerlondon (bl). 273 **akg-images:** British Library (tr). 274 **Corbis:** Fine Art Photographic Library (tr). 275 **Corbis:** 68/Ocean (bl). 277 **Dreamstime.com:** Walter Arce (tr). 279 **Getty Images:** Chung Sung-Jun/Staff (tr). 283 **Dreamstime.com:** Ayse Ezgi Icmeli (bc). Ayse Ezgi Icmeli (br). 284 **The Kobal Collection:** G&H PRODUCTIONS (tl). 285 **Corbis:** Sophie Bassouls/Sygma (tr). 13/Nick White/Ocean (bl). 287 **Dreamstime.com:** Markwaters (tr). **Getty Images:** Milos Bicanski/Stringer (bl). 290 **Corbis:** Neville Elder (br). 293 **Getty Images:** Evening Standard/Stringer (tr). 299 **Corbis:** Mika (tr). Bettmann (bl). 301 **Alamy Images:** ClassicStock (tr). 303 **Corbis:** Leemage (tl). 307 **Alamy Images:** Carolco Pictures (tr). **Dreamstime.com:** Zakaz (br). 308 **Corbis:** Christopher Felver (bl). 309 **Alamy Images:** SuperStock (tl). 311 **Corbis:** Nick Cardillicchio (br). 315 **The Kobal Collection:** WORKING TITLE (tl). **Getty Images:** Mel Yates (br). 317 **Alamy Images:** Wavebreak Media ltd (tl). 319 **Getty Images:** Heritage Images/Contributor (bl). 322 **Dreamstime.com:** Rolfgeorg Brenner (tr). 325 **Corbis:** Bettmann (tl). 329 **Alamy Images:** epa european pressphoto agency b.v. (bl). 331 **Alamy Images:** Photos 12 (tr). WENN Ltd (bl).

All other images © Dorling Kindersley. For more information see:

www.dkimages.com

訳者あとがき

社会学は若い学問である。しかも研究対象は社会全般にわたり、政治も経済も文化も含まれるし、学校生活も家族生活も性生活も含まれる。しかも中世までの時代と違って、今は社会の変化が驚くほど速い。

30年前はテレビの影響を論じるのが最先端だったかもしれないが、今はフェイスブックやツイッターを経由してVR（ヴァーチャル・リアリティ）の影響まで論じないと最先端とは言えないだろう。ほんの数年前まではLGBT（レズビアン、ゲイ、バイセクシャル、トランスジェンダー）を論じていればよかったが、今は性的少数者の概念にQ（クィア）やI（インターセックス）も加えなければならず、アメリカとカナダでは2（トゥースピリット＝先住民族のうち、男でもあり女でもあると感じている人たち）も加えなければいけない。

そんな事情だから、社会学には（物理学におけるニュートン力学や相対性理論のように）統一的な理論は成立しにくい。そのせいだろう、本書は社会学の主要理論や研究のトレンドを追う形をとらず、多彩な研究者の関心領域と業績を概観するにとどめている。だから読者も、第1章（社会学の成り立ち）を読み終えたら、あとは目次を眺めて、気になる項目から読み進めていただければいい。そして本当に気になったら、それぞれの研究者の原典に当たっていただきたい。

なお本書の翻訳にあたっては秋山絵里菜さん、壁谷さくらさん、吉村裕子さんにご協力いただいた。ここに記して感謝します。そして例によって怠惰な筆者に最大限の圧力をかけ続けてくれた編集の樋口真理さん、土壇場で出張校正までしてくれた校閲・校正の方々、細かい修正に根気よく対応してくれたDTP担当の方にも多謝。

2018年4月　沢田博